Linguagem & Direito
caminhos para linguística forense

EDITORA AFILIADA

COMITÊ EDITORIAL DE LINGUAGEM

Anna Christina Bentes
Edwiges Maria Morato
Maria Cecilia P. Souza e Silva
Sandoval Nonato Gomes-Santos
Sebastião Carlos Leite Gonçalves

CONSELHO EDITORIAL DE LINGUAGEM

Adair Bonini (UFSC)
Arnaldo Cortina (UNESP — Araraquara)
Heliana Ribeiro de Mello (UFMG)
Heronides Melo Moura (UFSC)
Ingedore Grunfeld Villaça Koch (UNICAMP)
Luiz Carlos Travaglia (UFU)
Maria da Conceição A. de Paiva (UFRJ)
Maria das Graças Soares Rodrigues (UFRN)
Maria Eduarda Giering (UNISINOS)
Maria Helena Moura Neves (UPM/UNESP)
Mariângela Rios de Oliveira (UFF)
Marli Quadros Leite (USP)
Mônica Magalhães Cavalcante (UFC)
Regina Célia Fernandes Cruz (UFPA)

Dados Internacionais de Catalogação na Publicação (CIP)
(Câmara Brasileira do Livro , SP, Brasil)

Linguagem & direito : caminhos para linguística / Virgínia
Colares (org.). — São Paulo : Cortez, 2016.

"Uma homenagem a Malcolm Coulthard"
Vários autores.
ISBN 978-85-249-2517-7

1. Coulthard, Malcolm 2. Direito - Linguagem 3. Linguística
forense 4. Prática forense I. Colares, Virgínia.

16-09303   CDU-340.113

Índices para catálogo sistemático:

1. Linguística forense : Direito   340.113

Virgínia Colares
(Org.)

Linguagem & Direito
caminhos para linguística forense

Uma homenagem a
Malcolm Coulthard

LINGUAGEM & DIREITO: Caminhos para Linguística Forense —
Uma Homenagem a Malcolm Coulthard
Virgínia Colares (Org.)

Capa: de Sign Arte Visual
Preparação de originais: Elisabeth Matar
Revisão: Nair Hitomi Kayo
Composição: Linea Editora Ltda.
Coordenação Editorial: Danilo A. Q. Morales

Nenhuma parte desta obra pode ser reproduzida ou duplicada sem
autorização expressa da organizadora e do editor.

© 2016 by Virgínia Colares

Direitos para esta edição
CORTEZ EDITORA
Rua Monte Alegre, 1074 – Perdizes
05014-001 – São Paulo – SP
Tels. (55 11) 3864-0111 / 3611-9616
cortez@cortezeditora.com.br
www.cortezeditora.com.br

Impresso no Brasil – março de 2017

SUMÁRIO

APRESENTAÇÃO: Homenagem a Malcolm Coulthard
Viviane M. Heberle 9

1ª PARTE

LINGUÍSTICA FORENSE: Estudo da linguagem como evidência e os linguistas como peritos na justiça

Algumas aplicações forenses da Linguística Descritiva
Malcolm Coulthard 17

Detecção de plágio intencional: uma abordagem da Linguística Forense
Rui Sousa-Silva 49

2ª PARTE

DISCURSO JURÍDICO: Estudo dos direitos linguísticos e dos gêneros textuais legais

Língua oficial e direitos linguísticos na Constituição Brasileira de 1988: Revisitando o tema

Gustavo Ferreira Santos 77

Política, justiça e mídia impressa no Pará: Disputa de sentidos

Netília Silva dos Anjos Seixas 99

Valores tradicionais sobre gênero em processos da Lei Maria da Penha

Lúcia Gonçalves de Freitas 127

Discurso jurídico, gênero e poder: Uma análise de marcadores de agenciamento e causalidade em acórdãos britânicos em casos de estupro

Débora de Carvalho Figueiredo 149

STF em análise – A virada jurisprudencial sobre a função do Advogado-Geral da União no controle concentrado de constitucionalidade

Igor Aragão Brilhante 181

A licitude da prova ilícita nas decisões do STF: Observações linguístico-pragmáticas, com Richard Rorty

Artur Stamford da Silva, Henrique Carvalho Carneiro e Marcelle Virgínia de Araújo Penha 199

Negligência informacional: Uma análise crítica do discurso jurídico de precedente do STJ

Vinicius de Negreiros Calado e Virgínia Colares 229

3ª PARTE

PROCESSO JUDICIAL & LINGUAGEM:
Análise e interpretação dos textos legais em
uso nos eventos comunicativos do Judiciário

"Quem é quem" e "Como é o local": A intersubjetividade como ponto-
-chave da coconstrução do evento interacional "interrogatório"

Daniela Negraes P. Andrade e Ana Cristina Ostermann 263

Os interrogatórios policiais da Delegacia de Repressão a Crimes
contra a Mulher: A leitura do Boletim de Ocorrência

Débora Marques e Paulo Cortes Gago 289

Análise contextual e léxico-gramatical da sentença condenatória no
caso Isabella Nardoni

Cristiane Fuzer 325

A construção do *self* e do outro nas narrativas de um suspeito em um
interrogatório policial da Delegacia da Mulher

Débora Marques e Liliana Cabral Bastos 363

Hermenêutica endoprocessual: Abrindo o diálogo entre as Teorias do
Processo e a Análise Crítica do Discurso Jurídico

Virgínia Colares 387

SOBRE OS AUTORES 425

APRESENTAÇÃO

Homenagem a Malcolm Coulthard

Coube a mim a agradável e honrosa tarefa de fazer a apresentação deste volume, intitulado *Linguagem & Direito: caminhos para Linguística Forense no Brasil*, organizado pela colega e amiga Virgínia Colares. O livro presta uma homenagem ao notável analista do discurso e linguista forense Malcolm Coulthard e traz contribuições importantes para pesquisadores interessados em investigar possíveis interfaces entre as práticas discursivas tanto da área do Direito quanto das Ciências das Linguagens. São duas as razões especiais para eu ter prontamente aceito o convite para esta tarefa, com pinceladas de emotividade e orgulho.

A primeira razão deve-se ao fato de que o professor Malcolm exerceu e ainda exerce um papel fundamental em minha trajetória acadêmica, como professor, mentor e atualmente como colega no Programa de Pós-Graduação em Inglês da Universidade Federal de Santa Catarina (PPGI-UFSC), além de ser também um grande amigo.

Em 1993-1994 tive o privilégio de realizar um estágio de doutorado sanduíche sob sua coorientação na Universidade de Birmingham, na Inglaterra, onde ele atua. Naquela época, o interesse do professor Malcolm por questões de linguagem e discurso relacionadas ao Direito já se tornava realidade.

Antes de se dedicar mais concentradamente à pesquisa na área da Linguística Forense, os estudos deste renomado professor britânico incluíram aulas com o sociólogo da Educação Basil Bernstein e o linguista Michael Halliday. Seu livro *Towards an analysis of discourse,* publicado em coautoria com seu orientador de doutorado, Prof. John Sinclair, tornou-se leitura obrigatória em estudos da linguagem em universidades ao redor do mundo. Além disso, *An introduction to discourse analysis* e os volumes organizados por ele, *Advances in spoken discourse analysis* e *Advances in written discourse analysis,* também são considerados destaques acadêmicos internacionalmente reconhecidos.

Em outra publicação relevante, na coletânea *Texts and practices: Readings in critical discourse analysis,* de 1996, organizada em parceria com a Profa. Dra. Carmen Rosa Caldas-Coulthard (minha querida orientadora de doutorado na UFSC), o Prof. Malcolm apresenta um capítulo intitulado "A versão oficial: manipulação de audiência em relatos policiais de entrevistas com suspeitos". Nesse estudo pode-se observar, entre outros aspectos, uma breve exposição sobre o sistema jurídico inglês com análise de questões relacionadas à transcrição de dados, modulação e marcadores discursivos nessas transcrições de entrevistas.

Malcolm Coulthard seguiu uma trajetória acadêmica brilhante na Universidade de Birmingham, onde atuou em ensino, pesquisa e orientação por 37 anos, antes de assumir a primeira cátedra no mundo de Linguística Forense na Universidade de Aston, em 2004. Ele é também um dos fundadores da Associação Internacional de Linguistas Forenses (International Association of Forensic Linguists) e também o primeiro editor-chefe do periódico *Linguística Forense: O Periódico Internacional de Fala, Linguagem e Direito (Forensic Linguistics, the*

International Journal of Speech Language and the Law). Além da atuação na formação de pesquisadores ao ministrar cursos e orientar doutorandos em Linguística Forense, ele já redigiu relatórios de perícias linguísticas em mais de 220 casos e tem apresentado provas de identificação de autoria e outros casos civis e criminais nos Tribunais em Londres, bem como em instâncias inferiores da Inglaterra, Alemanha, China (em Hong Kong), Irlanda do Norte e Escócia.

No Brasil, sua influência do mesmo modo merece reconhecimento, pois ele vem contribuindo para o fortalecimento da Linguística Forense em nosso país não só como professor, palestrante e orientador de doutorado no PPGI-UFSC, mas também empresta sua *expertise* como convidado em outras instituições de ensino superior. Graças ao seu incentivo, vários eventos significativos para a área vêm sendo organizados. Entre eles destaco o Congresso Internacional Linguagem e Direito: Construindo Pontes, realizado na UFSC em 2013, que contou com a presença de diversos pesquisadores de universidades do Brasil (incluindo vários autores/as de capítulos do presente livro) e de outros países, além de profissionais do Direito e da polícia, peritos/as e representantes do Ministério Público, oportunizando, assim, o intercâmbio entre essas áreas.

O Prof. Malcolm também envidou esforços junto a Virgínia Colares para a criação da Associação de Linguagem e Direito (Alidi), em 3 de setembro de 2012, na Unicap — Universidade Católica de Pernambuco, em Recife, durante o evento organizado por ela intitulado Linguagem & Direito: os Múltiplos Giros e as Novas Agendas de Pesquisa no Direito. Atualmente a Associação de Linguagem e Direito (ALIDI) tem registro junto ao 1º Cartório de Títulos de Documentos, desde 24 de abril de 2014, na cidade de Recife. A primeira diretoria da ALIDI conta com: Virgínia Colares Soares Figueiredo Alves (presidente), Richard Malcolm Coulthard (presidente de honra), Vinicius de Negreiros Calado (1º secretário), Maria das Graças Soares Rodrigues (2ª secretária), Luciane Reiter Frohlich (1ª tesoureira), José Antônio Albuquerque Filho (2º tesoureiro), Carmen Rosa Caldas Coulthard (diretora de fomento à pesquisa), Lucia Gonçalves de Freitas (diretora de cultura) e Rui Sousa Silva (diretor de relações internacionais).

Para leitores/as em geral interessados em estudos das esferas jurídica e linguística, e mais especificamente tanto os/as pesquisadores novatos/as quanto os/as mais experientes da área da Linguística Forense, o respeitável percurso acadêmico do Prof. Malcolm, suas pesquisas e as iniciativas como as mencionadas podem ser consideradas como a alavanca para estudos posteriores.

A segunda razão pela alegria de poder dizer algumas palavras na apresentação deste livro é também aprazível, porque a leitura proporcionará ao público encontrar reflexões sólidas e análises criteriosas que contribuem para o desenvolvimento da Linguística Forense, bem como das diversas outras áreas de estudos da Linguagem e do Direito não só no Brasil como também em outros países de língua portuguesa. Uma característica relevante, por exemplo, refere-se à diversidade dos textos investigados e das perspectivas teórico-metodológicas adotadas.

As pesquisas relatadas neste livro evidenciam o interesse e a abrangência da Linguística Forense, não somente nos círculos acadêmicos no Brasil como também no exterior, pois um autor é da Universidade do Porto e os demais atuam em universidades de diferentes regiões do nosso país, a saber, Universidade Federal de Santa Catarina (UFSC), Universidade Católica de Pernambuco (Unicap), Universidade Estadual de Goiás (UEG), Universidade Federal de Juiz de Fora (UFJF), Universidade do Vale dos Sinos (Unisinos), Pontifícia Universidade Católica do Rio de Janeiro (PUC-Rio), Universidade Federal de Santa Maria (UFSM), Universidade Federal de Pernambuco (UFPE) e Universidade Federal do Pará (UFPA).

Da mesma forma, os enfoques teórico-metodológicos dos estudos no presente volume também são variados e inscrevem-se dentro da Análise Crítica do Discurso, Análise da Conversa, Gramática Sistêmico-Funcional, Linguística Aplicada, Linguística Interacional, Socioconstrucionismo e Sociolinguística Interacional. Também a bibliografia de apoio abrange desde renomados pensadores críticos como Bakhtin, Benveniste, Boaventura de Sousa Santos, Bourdieu, J. Butler, Deleuze, Foucault, Giddens, Rorty e Wittgenstein, estudos linguísticos e de discurso conforme propostos por Atkinson, Bazerman, Biber,

Brazil, Charaudeau, Drew e Heritage, Fairclough, Halliday, Hasan, Hodge e Kress, Garfinkel, Goffman, Labov, Maingueneau, Sacks, Schegloff e Jefferson, Sarangi, Sinclair e Coulthard, van Leeuwen, até investigações na interface entre estudos da Linguagem e Direito, tais como os de Cotterill, Gibbons, Coulthard e Johnson. Entre os estudiosos brasileiros que compõem a sustentação dos trabalhos, encontramos referência, por exemplo, a Guacira Louro, Luiz Paulo da Moita Lopes, Luiz Antônio Marcuschi, Pedro Garcez, Viviane Resende, Viviane Ramalho e ao saudoso analista do discurso José Luiz Meurer, além dos/as autores/as dos capítulos do presente volume.

Com alegria vejo que esses/as autores/as, colegas de profissão (alguns/algumas muito próximos/as), discutem suas pesquisas com especificações descritivas dos textos analisados (unidades lexicogramaticais, como diria Michael K. Halliday), aliadas a um olhar crítico para questões sociais. Suas análises levam a uma problematização quanto a práticas discursivas relacionadas ao contexto jurídico, práticas essas muitas vezes opressoras, mas infelizmente ainda entendidas como procedentes dentro de determinadas instâncias nos processos da justiça.

Não discorrerei sobre cada um dos capítulos para que os/as leitores/as possam mais agilmente usufruir das considerações pertinentes e penetrar nos meandros das diversas possibilidades de investigação das áreas da Linguística, Direito e principalmente da Linguística Forense. Parabenizo cada um/a dos/as autores/as e a organizadora do volume por suas ponderações que certamente contribuirão para tornar mais enriquecedor o diálogo entre essas áreas.

Espero que a leitura seja a mais proveitosa possível e possa iluminar nossa compreensão e consequentemente nossas ações relacionadas a questões de cidadania, justiça, liberdade e direitos humanos.

Viviane M. Heberle
Universidade Federal de Santa Catarina

1ª PARTE

LINGUÍSTICA FORENSE:
estudo da linguagem como evidência e os linguistas como peritos na justiça

ALGUMAS APLICAÇÕES FORENSES DA LINGUÍSTICA DESCRITIVA*

MALCOLM COULTHARD**

1. Introdução

Trinta e sete anos atrás, Jan Svartvik publicou *The Evans statements: a case for forensic linguistics,* no qual demonstrou que as partes polêmicas de uma série de quatro declarações ditadas aos funcionários da polícia por um jovem chamado Timothy Evans, que o incriminavam como assassino de sua mulher e filha, tinham um estilo gramatical mensuravelmente diferente do estilo das partes incontestes das declarações e uma nova disciplina nasceu. De início, o desenvolvimento foi lento. Em lugares inesperados apareceram artigos isolados nos quais algum autor, em geral um linguista renomado,

---

* Tradução do inglês para o português feita por Leonor Scliar Cabral.
** Professor emérito da University of Birmingham, atualmente ensina na Universidade Federal de Santa Catarina (UFSC).

analisava confissões polêmicas ou comentava a aparente autenticidade de registros supostamente *verbatim* de interações ou identificava e avaliava inconsistências na linguagem atribuída a imigrantes ou a aborígenes nos registros policiais dos depoimentos (para detalhes dos casos iniciais, consulte-se Levi, 1994a).

Não havia, contudo, neste período inicial, nenhuma tentativa de estabelecer uma disciplina, ou mesmo uma metodologia para a Linguística Forense — o trabalho era, em geral, assumido como um desafio intelectual e quase sempre exigia a criação, em vez da simples aplicação de um método de análise. Em contraste, nos últimos quinze anos, houve um crescimento rápido na frequência com que o Judiciário, em uma série de países, requisitou a especialização dos linguistas e, em consequência, existe agora uma nova metodologia em desenvolvimento e um crescente número de linguistas que atuam como testemunhas especializadas, alguns, inclusive, em tempo integral (consultem-se Levi, 1994b; Eades, 1994; McMenamin, 2002; Rose, 2002).

2. O que fazem os linguistas forenses?

Os linguistas forenses são mais frequentemente requisitados para ajudar o Judiciário a responder a uma ou ambas as seguintes questões: o que um dado texto "diz" e quem é o autor? Ao responder estas questões, os linguistas se fundamentam nas técnicas e conhecimento derivados de uma ou mais subáreas da Linguística Descritiva: Fonética e Fonologia, Lexicologia, Sintaxe, Semântica, Pragmática e Análise do Discurso e do Texto. Por esta razão, assim como dentro do campo geral da Linguística alguns muitas vezes preferem distinguir-se como foneticistas, lexicógrafos, gramáticos ou analistas do discurso, também dentro da análise Linguística Forense existem duas subclasses distintas de especialistas, *foneticistas forenses* e *linguistas forenses*.

3. O que diz um texto?

Para o foneticista, esta é uma questão de decodificar palavras e frases de gravações — quando a gravação for de má qualidade, o leigo poderá ouvir uma coisa, enquanto o especialista com um ouvido treinado e com a ajuda de equipamento sofisticado e de *software* poderá perceber algo inteiramente diferente. Em um caso no qual estive envolvido, uma palavra indistinguível numa gravação clandestina de um homem, mais tarde acusado de manufaturar a droga sintética Ecstasy, foi mal percebida de modo crucial pelo policial que a transcreveu como "alucinógeno":

mas se é como você diz alucinógeno, se encontra no catálogo Sigma[1]

enquanto o que ele realmente disse foi:

mas se é como você diz é *alemão*, se encontra no catálogo Sigma[2]

Em um outro caso, um homem com um forte sotaque das Índias Ocidentais teve sua fala transcrita como dizendo que entrou num trem e então "atirou num homem para matar",[3] enquanto o foneticista foi capaz de demonstrar que o que ele realmente tinha dito foi o inócuo e muito mais plausível "mostrou o bilhete para o homem".[4]

Não concerne ao linguista forense decifrar palavras, mas sim interpretá-las. O sentido das frases ou mesmo de palavras individuais pode ser de importância crucial em alguns julgamentos. Talvez o exemplo britânico mais famoso aconteceu em 1950, o caso de Derek Bentley e Chris Craig. Atribuiu-se a Bentley, já preso à época, ter declarado que atirou em Craig, que portava uma arma na mão, "per-

---

1. No original: "but if it's as you say its *hallucinogenic*, it's in the Sigma catalogue".
2. No original: "but if it's as you say its *German*, it's in the Sigma catalogue".
3. No original: "shot a man to kill".
4. No original: "showed a man ticket".

mita-lhe tê-la, Chris",[5] logo em seguida Craig atirou várias vezes e matou o policial. Houve um longo debate no tribunal sobre a interpretação do enunciado ambíguo de Bentley, que foi solucionado em favor da interpretação incriminatória da acusação, "atirou nele",[6] em vez da atenuante da defesa "deu-lhe a arma",[7] um adendo a Bentley para o assassinato pelo qual foi condenado e mais tarde enforcado.

Embora legisladores e juízes em geral se considerem os guardiões do sentido dos textos legais e, na verdade, um juiz dos Estados Unidos recusou-se a admitir a linguista Ellen Prince como uma especialista, baseado em que é função do tribunal decidir sobre o sentido, permite-se aos linguistas expressar sua opinião profissional. Kaplan et al. (1995) relatam um caso que subiu à Suprema Corte em 1994. Os fatos são os seguintes: um certo Sr. Granderson alegou-se culpado de uma acusação por destruir correspondência, para a qual a sentença máxima era a prisão por seis meses. Na realidade, o juiz decidiu não prendê-lo e sim multá-lo e também colocá-lo em regime probatório por cinco anos. No decurso, o Sr. Granderson violou o regime probatório ao ser apanhado na posse de cocaína. Em tais casos a lei instrui a Corte a revogar a sentença de regime probatório e sentenciar o acusado a "não menos do que um terço da sentença original". Isto causou à Corte um problema, porque se ela considerasse a "sentença original" como se referindo a "regime probatório", ditar uma sentença de "não menos do que um terço" reduziria a pena a mais do que vinte meses ainda por correr, então decidiu-se que a interpretação correta requereria que a Corte o sentenciasse a *vinte meses na prisão*, apesar de ser uma sentença três vezes maior do que o máximo original.

Kaplan et al. (1995) argumentaram com base na Linguística que esta interpretação era inadmissível, e também baseados em que a Corte tratou a frase ambígua "sentença original" como se pudesse ter simultaneamente dois sentidos: ela a interpretou em referência à

---

5. No original: "let him have it, Chris".

6. No original: "shot him".

7. No original: "gave him the gun".

"prisão" com o propósito de determinar o tipo de punição, mas, após a imposição de cinco anos (de regime probatório), para determinar a *duração* da sentença. Para esclarecer a confusão, eles observaram que se trata do equivalente linguístico de um francês ao tomar a frase *Pierre a fait tomber l'avocat* como significando Pierre causou algo em um advogado (significado 1 de *avocat*) e fez com que um abacate (significado 2 de *avocat*) caísse. A Suprema Corte aceitou o argumento e modificou a sentença.

Mais amiúde, a disputa não decorre do que o emissor profissional original de uma mensagem tencionaria que um item significasse, mas sim a interpretação razoável que o leigo, o homem comum do dia a dia, poderia atribuir à expressão. Por exemplo, no presente há vários casos chegando aos tribunais sobre o sentido e a clareza das advertências nos maços de cigarro (veja-se Dumas, 1990) e sobre a explicitação e honestidade dos conselhos de cautela às mulheres acerca dos implantes de mama.

Como ilustração, focalizarei o caso de um senhor de 58 anos, trabalhador na indústria de cimento, que processou uma companhia de seguros que se recusou a pagar a pensão sob a alegação de que ele havia mentido ao responder quatro questões do formulário da proposta original. Uma das questões era a seguinte:

> Você tem alguma deficiência?... Perda de visão ou de audição?... Perdeu um braço ou perna?... Você é manco ou tem alguma deformação?... Em caso afirmativo, explique...

A companhia de seguros argumentou que o homem tinha mentido quando respondeu ao questionário com a negativa, uma vez que "estava acima do peso, tinha um nível de colesterol alto e dores ocasionais nas costas", apesar do fato de que nenhuma destas condições fizeram-no faltar ao serviço (Prince, 1981, p. 2). Em sua evidência, Prince focaliza a vagueza da palavra *deficiência* e argumenta, aparentemente com sucesso, que qualquer "leitor cooperativo" inferiria racionalmente, dadas as frases subsequentes à palavra *deficiência*, que ela estava sendo utilizada naquela questão para significar uma condição física de incapacidade relativamente severa e que, portanto, o homem na verdade havia respondido "não 'com adequação em boa consciência'", mesmo sendo uma resposta inverídica à questão (reclamada como tendo sido) de acordo com a companhia de seguros (Prince, 1981, p. 4).

Quando o que está em jogo é o sentido de palavras isoladas, o problema a ser equacionado pelo linguista é como descobrir e, em sequência, como demonstrar a uma audiência de leigos qual o sentido "comum" que um item na verdade tem. Um método bastante novo é usar a evidência do uso real derivado de um *corpus*, isto é, uma coleção de milhões de palavras de textos falados ou escritos informatizados em arquivos legíveis. A equipe do COBUILD da Universidade de Birmingham construiu um *corpus* de 400 milhões de palavras, denominado com o trocadilho *Bank of English*, o qual é uma fonte valiosa para o linguista forense, assim como o são as 100 milhões de palavras do *British National Corpus*.

Sinclair (manuscrito) utilizou o *British National Corpus* quando solicitado a opinar sobre a compreensão que o homem comum tem da palavra *visto*. Aparentemente, para a lei britânica o visto não constitui, de fato, "a permissão de entrada", mas sim "a permissão para pedir 'permissão de entrada'". Pediu-se a Sinclair que fornecesse evidência de que este não é o uso e o significado habituais da palavra. Ele baseou sua evidência principalmente no *corpus* de 5 milhões de palavras do jornal *The Times*, embora suplementasse os dados reportando-se a todo o *Bank of English*. O *subcorpus* do *Times* incluía 74 instâncias de "visto" e "vistos" com o sentido sob consideração, das quais umas 50 coocorriam ou se *posicionavam* com verbos usuais como "conceder", "fornecer", "recusar", "solicitar", "necessitar", "requisitar". Sinclair observou que, embora o modificador mais comum de "visto(s)" fosse "de saída", a palavra também coocorria com "de entrada" e "de reentrada":

> Você não pode *entrar* num país árabe com um visto israelense estampado em seu passaporte...

Os portadores de passaporte britânico *não necessitam* vistos...
Estudantes não pertencentes à comunidade britânica que *requisitarem* um visto *de entrada necessitarão* um visto de *reentrada,* mesmo se você sair do país por poucos dias...

Então, ele concluiu que a média dos visitantes que encontrasse o inglês cotidiano do tipo registrado no *corpus* deduziria que o visto era uma espécie de permissão para entrar num país... Não existia nada nos exemplos que sugerisse que uma pessoa na posse de um visto válido, ou que não fosse obrigada a tê-lo, fosse impedida de entrar. A implicação é muito forte de que um visto ou assegura a entrada, ou não é necessário para a entrada. Em adendo, as circunstâncias para que alguém requeira "permissão para entrar", para obter o fornecimento de um visto correto, não emergem de nenhum dos exemplos, e a palavra "sair" não ocorre próxima a "visto(s)", exceto com o sentido de "partir" (Sinclair, manuscrito).

Este é um exemplo do que pode ser conseguido com uma palavra bastante comum e com um *corpus* relativamente pequeno e demonstra de forma clara a utilidade de um método. Contudo, também mostra que é essencial possuir um número substancial de ocorrências da palavra em questão e é, portanto, a justificativa para a coleta de vastíssimos *corpora* — se, por exemplo, alguém estiver interessado em uma palavra que ocorra em média uma vez em 2 milhões de palavras, deveria ter que consultar idealmente o total de um *corpus* de 400 milhões de palavras.

4. Quem é o autor?

Em um número significativo de casos, o que está em questão é a autoria. Em geral, pergunta-se ao foneticista se a voz da amostra em gravações é a mesma voz de quem cometeu o crime. Com frequência tem havido tentativas de disfarce, algumas vezes apenas para proteger o falante, mas noutras, de forma mais interessante, a fim de fingir que é outra pessoa, como no caso de chamadas telefônicas imitando pessoas importantes ou em fraudes financeiras. O foneticista tem meios de identificar os disfarces — um sotaque assumido pode escorregar — mas existem certos casos em que o disfarce é bem-sucedido (Rose, 2002; Schlichting; Sullivan, 1997).

A autoria, com certeza, é um conceito ambíguo — a produção física de um texto pode estar dissociada da criação de seu conteúdo, como qualquer um que ditou uma carta e depois tem que corrigir os erros de ortografia sabe muito bem. Assim, há casos em que não existe controvérsia de que um determinado texto foi escrito por uma dada pessoa, ou falado por uma dada voz, mas pode persistir uma dúvida real sobre quem foi o *autor da mensagem*. Os exemplos mais óbvios são as notas suicidas suspeitas, mas existem ocorrências quando cartas foram escritas sob pressão, confissões escritas ditadas pelos policiais ao acusado e um caso interessante de uma mulher que reclamou que a confissão aparentemente espontânea e digitada foi na realidade sua leitura em voz alta de uma declaração preparada antecipadamente pelo oficial.

5. A investigação linguística da autoria

O linguista também pode enfocar o problema da autoria em debate a partir da posição teórica de que todo falante nativo tem sua versão individual e distinta da língua que fala e escreve, seu próprio *idioleto* e o pressuposto de que este *idioleto* se manifestará através de escolhas idiossincráticas e distintivas (consultem-se Halliday et al., 1964, p. 75). Cada falante possui um vocabulário ativo muito vasto, construído no decorrer de muitos anos, que será diferente dos vocabulários que os outros também construíram, não apenas no que diz respeito às palavras reais, mas também no que concerne às preferências na seleção de determinados itens em vez de outros. Assim, embora em princípio qualquer falante/redator possa usar qualquer palavra em qualquer tempo, os falantes, de fato, tendem a fazer cosseleções típicas e individuais de palavras preferidas. Isto implica que é possível conceber um método de *impressões digitais linguísticas* — em outras palavras, que as "impressões" linguísticas criadas por um dado falante/ouvinte podem ser utilizadas, tal como uma assinatura, para identificá-los. Até agora, contudo, a prática é um longo caminho nos passos da teoria e ninguém sequer começou a especular nem sobre qual a quantidade e tipo de dados que serão necessários para caracterizar um *idioleto* como único, nem sobre como os dados, uma vez colhidos, deverão ser analisados e arquivados; na verdade, o trabalho na tarefa muito mais simples de identificar as características linguísticas ou as "impressões digitais" do conjunto de *gêneros* ainda está na infância (Biber, 1988, 1995).

Na realidade, o conceito de impressões digitais linguísticas é uma metáfora enganadora, para não dizer sem préstimo, pelo menos quando utilizado no contexto das investigações forenses de autoria, porque leva-nos a imaginar a criação de bancos de dados gigantescos, consistindo de amostras linguísticas representativas (ou de análises sumárias) de milhões de idioletos contra as quais um dado texto poderia ser emparelhado e testado. De fato, tal empreendimento é, e continuará sendo num futuro previsível, impraticável, senão impossível. O valor da impressão digital física é o de que cada amostra é não só idêntica e exaustiva, isto é, ela contém toda a informação necessária para a identificação de um indivíduo, enquanto, em contraste, uma amostra linguística, mesmo uma muito extensa, provê apenas informação parcial sobre o idioleto de seu criador. A situação se torna mais complexa pelo fato de que muitos dos textos que o linguista forense é chamado a examinar são na verdade muito curtos — a maioria das notas suicidas ou cartas de ameaças, por exemplo, gira em torno de 200 palavras e algumas consistem de menos de 100 palavras.

Apesar disto, a situação não é tão ruim como poderia parecer à primeira vista, porque tais textos são em geral acompanhados por informação ou pistas que restringem de forma sólida o número de autores possíveis. Assim, a tarefa do detetive linguista jamais consiste em identificar um autor entre milhões de candidatos na base de uma só evidência linguística, mas, ao contrário, a de selecionar (ou, é claro, a de descartar) um autor entre um número muito pequeno de candidatos, em geral, menos do que uma dúzia e, em muitos casos, apenas entre dois (Coulthard, 1992, 1993, 1994a, 1994b, 2016; Eagleson, 1994).

Um dos primeiros e persuasivos exemplos da significância forense da cosseleção idioletal foi o caso Unabomber. Entre 1978 e 1995, alguém que morava nos Estados Unidos e que se autodenominava como FC, enviou uma série de bombas, em média uma por ano, pelo correio. No início, parecia não haver um padrão, mas, depois de alguns anos, o FBI observou que as vítimas pareciam ser pessoas que trabalhavam em universidades e companhias aéreas e assim denominaram o indivíduo de Unabomber. Em 1995, seis publicações nacionais receberam um manuscrito de 35.000 palavras, intitulado *Industrial society and its future* (*A sociedade industrial e seu futuro*), de alguém assumindo ser o Unabomber, junto com uma proposta de parar o envio das bombas se o manuscrito fosse publicado.

Em agosto de 1995, o *Washington Post* publicou o manuscrito na forma de suplemento, e três meses mais tarde um homem contatou o FBI com a observação de que o documento parecia ter sido escrito por seu irmão, a quem não via há dez anos. Ele citou em particular o uso da frase "lógico de cabeça fria",[8] como sendo a terminologia de seu irmão, ou, em nossa nomenclatura, uma preferência idioletal, a qual ele tinha observado e lembrado. O FBI seguiu e prendeu o irmão, que vivia numa cabana de madeira em Montana. Ali encontraram uma série de documentos e realizaram uma análise linguística — um dos documentos era um artigo de jornal de 300 palavras sobre o mesmo tópico que havia escrito uma década antes. A análise do FBI detectou similaridades linguísticas maiores entre os documentos com 35.000 e 300 palavras: eles partilhavam uma série de itens gramaticais e lexicais e frases fixas que, o FBI argumentou, forneciam evidência linguística de uma mesma autoria.

A defesa contratou um linguista que contra-argumentou que não se poderia atribuir significância aos itens compartilhados porque

---

8. No original: "cool-headed logician".

qualquer um poderia usar qualquer palavra em qualquer tempo e, portanto, o vocabulário compartilhado não poderia ter significância diagnóstica. O linguista assinalou doze palavras e frases para uma crítica específica, baseado em que eram itens cuja ocorrência era esperada em qualquer texto como argumento para um caso — *de qualquer modo, claro, conseguido, na prática, além do mais, mais ou menos, por outro lado, presumivelmente, propaganda, por aí,* e palavras derivadas dos radicais ou "lemas" *argu** e *propos**. O FBI deu uma busca na internet que, naqueles dias, era uma fração do tamanho de hoje, mas mesmo assim descobriram uns três milhões de documentos que incluíam um ou mais dos doze itens. Contudo, quando eles refinaram a busca aos documentos que incluíam trechos com todos os doze itens, eles encontraram uns meros 69 e, numa inspeção mais acurada, ficou comprovado que cada um destes documentos era uma versão na internet do manifesto de 35.000 palavras. Isto foi uma rejeição robusta do ponto de vista do especialista da defesa a favor da criação de um texto como escolha meramente em aberto, bem como um exemplo poderoso do hábito idioletal de cosseleção e uma ilustração das consequentes possibilidades forenses de como a cosseleção idioletal contribui para a atribuição da autoria.[9]

6. Falhas e erros

É um princípio básico em Linguística de que não apenas a língua é governada por regras, mas também a produção na forma falada ou escrita, embora, é claro, qualquer texto falado ou escrito possa apresentar itens que violem as regras da língua *padrão*. Podemos dividir tais violações em duas categorias: *falhas* de "desempenho", quando ela/e violou uma regra, o que, é claro, não a/o isenta de violá-la de

---

9. Para uma versão acessível dos eventos de alguém que escreveu um relatório sobre a linguagem do manuscrito, consulte-se Foster (2001). O texto completo do manuscrito Unabomber está disponível no sítio: <http://www.panix.com/~clays/Una/>.

novo (e de novo, e de novo, como os aprendizes de uma língua estrangeira sabem, para sua tristeza); e *erros* de "competência", quando o falante/redator está trabalhando com um conjunto de regras não pertencentes à língua padrão, mas regras que ela/e seguem, contudo, consistentemente, embora ela/e possam também cometer falhas que violem suas próprias regras. Nos textos curtos que são o foco do linguista forense, somente é possível focalizar as violações gramaticais e ortográficas, porque, a fim de examinar a escolha de vocabulário característica, necessitam-se muito mais dados textuais do que aqueles usualmente disponíveis.

Os casos mais difíceis de identificação de autoria são os que envolvem cartas anônimas, porque, em geral, há um número bastante grande de autores potenciais e apenas uma pequena quantidade de texto escrito para examinar. Por esta razão, o sucesso está primariamente limitado àqueles casos que envolvem autores semialfabetizados, os quais fornecem necessariamente um grande número de falhas idioletais e erros em uma quantidade de texto comparativamente menor. (É óbvio que todo o redator intencional de uma carta anônima deveria usar um processador de texto com corretor e com as opções para implementar o estilo, atualmente disponíveis nos programas mais recentes, a fim de homogeneizar o estilo e, em consequência, disfarçar seu idioleto.)

Reproduzo abaixo uns poucos extratos pequenos de uma carta anônima datilografada que a empresa destinatária suspeitou ter sido escrita por um de seus empregados. Ressaltei em itálico as palavras que contêm traços não pertencentes à língua padrão (há muitos exemplos mais, no restante da carta, do fenômeno específico que escolhi para focalizar):

> ... Espero que você aprecie que *to atipo* para dar minha *indentidade* como isto *ai* afinal ameaçar minha posição...(adaptações da tradutora).[10]

---

10. No original: "I hope you appreciate that *i* am *enable* to give my true *idenitity as this wolud ultimately jeopardize my position...*".

... Gostaria *de talhar* minha maior preocupação...

... considero além do mais *desnecesario imvestijar* estes *asuntos*... (adaptações da tradutora).[11]

Existem muitos traços interessantes, desvios da língua padrão, observáveis de imediato, embora um dos problemas ao tratar de um texto digitalizado seja que os erros e falhas possam ser confusos e combinados — pode-se não saber, para um dado item, particularmente se ocorrer apenas uma vez, se a forma "errada" é o produto de um engano na digitação ou da violação de uma regra da língua padrão — por exemplo, se num texto (em inglês britânico) que incluir a palavra "color", trata-se de uma falha de digitação ou de ortografia, ou pior, do resultado de o usuário do computador ser incapaz de mudar o corretor para o inglês britânico.

Ao examinar os itens desviantes da língua padrão nos extratos que constam no original em inglês nas notas de rodapé, observa-se, em primeiro lugar, que o redator é um digitador inexperiente, pois a primeira pessoa do singular do pronome pessoal "I" aparece também como "i" e como o bastante inusitado "l"; em segundo lugar, as palavras apresentam letras em metátese (reversão), outras adicionadas ou omitidas; em terceiro lugar, o redator apresenta sérios problemas ao ortografar palavras contendo vogais átonas — assim, encontramos as seguintes ortografias "gnable" = "unable", "investegate" = "investigate", e noutros textos "except" = "accept"; em quarto lugar, o redator é inseguro quanto a escrever certas sequências de morfemas numa só palavra e quando separá-los em duas — assim, "high light" e "with out". Em adendo, mas não aqui exemplificados, existem problemas quanto a homófonos: "weather" aparece em vez de "whether" e "there" em vez de "their". Finalmente, o redator apresenta alguns problemas gramaticais: a omissão frequente dos marcadores do passado e da terceira pessoa do singular do presente do indicativo e mesmo dos

---

11. No original: "... I would like to *high light* my greatest concern... have so far *deened* it unnecessary to *investegate* these *issus*...".

artigos — "have now (a) firm intention". Em conjunto, estas falhas e erros são distintivos de forma idiossincrática e idioletal e provaram ter ocorrido nas cartas autênticas de apenas um dos empregados que tinham acesso à informação contida na carta de ameaça. Acabou por ser o empregado já suspeito pela empresa.

7. Textos fabricados

Há ocasiões em que alguém afirma que um texto foi falsificado em parte ou no todo — isto é, que o verdadeiro autor é diferente do autor declarado. Neste contexto, o falsificador, esteja ela/e criando uma gravação para entrevista, uma declaração de confissão, ou uma nota suicida, atua como um dramaturgo ou romancista amador, imaginando o que o falante/autor produziria nas mesmas circunstâncias. Como em qualquer falsificação, sejam elas papel moeda ou textos escritos, a qualidade do produto final dependerá do grau de compreensão que a/o falsária/o tiver sobre a natureza do que estiver falsificando. Dependendo da natureza do texto a ser examinado, são apropriados diferentes enfoques linguísticos.

8. Língua falada e escrita

Este caso concerne a uma declaração controversa, na qual o acusado confessou envolvimento num assassinato terrorista. Ele alegou que parte do contido na declaração tinha sido registrado com bastante exatidão, mas negou ter ditado uma proporção substancial da declaração.

Entre os linguistas está bem estabelecido agora que a língua oral e a escrita possuem princípios diferentes de organização e que podem, em geral, ser distinguidas tanto gramatical quanto lexicalmente

(Halliday, 1989). De maneira geral, a língua falada tende a apresentar orações curtas, uma baixa relação itens lexicais/gramaticais e representa o que acontece como *processo* através do uso de verbos, enquanto a língua escrita tende a apresentar orações maiores, uma maior densidade lexical e representa o que aconteceu como *produto*, através do uso de nominalizações. Por exemplo, a sentença a seguir, que o acusado admitiu ter dito, exibe orações coordenadas curtas e uma densidade lexical muito baixa, que são típicas da narrativa oral:

> Eu dirigi até os apartamentos & eu o vi no telhado & eu gritei para ele & ele disse que ia descer em poucos minutos.[12]

Observa-se que a sentença no original em inglês (vide nota de rodapé) contém trinta e uma palavras, das quais apenas sete são itens lexicais, e é dividida em cinco orações, fornecendo uma média de 6,4 palavras por oração e uma densidade lexical de 1,4 item lexical por oração. A primeira sentença em disputa, apresentada abaixo, está em flagrante contraste com a indisputável sentença acima, consistindo, como o faz, de meras três orações, que contêm quarenta e sete palavras (considerei de forma tradicional "1987" e "A.B.C." como uma só palavra), 25 das quais são lexicais, fornecendo uma média de extensão da oração de 15,7 e uma densidade lexical de 8,3.

> Eu desejo fazer mais uma declaração para explicar meu completo envolvimento no roubo da van Ford Escort de John Smith na segunda-feira, 28 de maio de 1987, em favor da A.B.C., que foi utilizada posteriormente no assassinato de três pessoa (sic) em Newtown naquela noite.

Em outras palavras, esta sentença apresenta uma alta densidade lexical, uma grande subordinação e o uso frequente de nominalizações — por exemplo, *declaração, envolvimento, roubo* e *assassinato* —

---

12. No original: "I drove down to the flats & I saw him on the roof & I shouted to him & he said that he would be down in a couple of minutes".

típicos dos textos escritos. No exame do contraditório, o funcionário/ escrivão policial concordou com que a declaração, afinal, pudesse não ter sido toda ela gravada *verbatim*, mas continuou a manter que todas as palavras, na verdade, tinham sido proferidas pelo acusado, embora "talvez não na ordem exata"!

9. Regras conversacionais sobre explicitação e detalhe

Alguns casos requerem referência às regras sociolinguísticas que governam a produção da fala. Grice (1975) em seu artigo seminal "Lógica e conversação" observou que um dos controles sobre as contribuições dos falantes é a *máxima da quantidade*, que ele resumiu como:

a) faça com que sua contribuição seja tão informativa quanto é requerido (para os propósitos em curso da troca);

b) não faça com que sua contribuição seja mais informativa do que o requerido.

Aquilo com que Grice está preocupado aqui é o fato de que todos os enunciados são modelados para um destinatário específico na base das pressuposições do falante sobre o conhecimento e as opiniões compartilhados e à luz do que já foi dito, não apenas durante a interação em curso, mas também de prévias interações relevantes. Esta invocação ao que Brazil (1985) denominou de "território comum" torna as conversações frequentemente opacas e às vezes incompreensíveis para um ouvinte casual.

Por esta razão, seria impossível apresentar uma conversação verdadeiramente "autêntica" no palco, porque o verdadeiro destinatário de qualquer enunciado no palco é, de fato, a audiência que necessita de informação suplementar sobre a experiência. Assim, surgiu a convenção dramática sobre superexplicitação, que permite aos personagens quebrar a máxima da quantidade e dizer entre si coisas já sabidas, até mesmo coisas tipicamente irrelevantes, a fim de transmitir de forma econômica informação essencial à audiência. É uma convenção que o dramaturgo Tom Stoppard parodia no começo de *The real inspector Hound*:

> A Sra. Drudge (ao telefone) — Alô, sala de estar da casa de campo de dama Muldoon manhã do início da primavera... Alô! — o Draw — Quem? Com quem deseja falar? Receio que não haja ninguém com esse nome aqui, isso tudo é muito misterioso e estou certa de que vai causar algo, espero que nada inoportuno porque nós, isto é, dama Maldoon e seus hóspedes, estão aqui para se desligar do mundo, inclusive Magnus, inclusive, em cadeira de rodas, o meio-irmão do marido de Sua Senhoria, lorde Albert Muldon, o qual há dez anos saiu para uma caminhada nos rochedos e jamais foi visto de novo — e completamente sozinhos porque não tiveram filhos.

Ao considerarmos o falsificador de textos, podemos constatar que ele se encontra numa situação diretamente análoga à do dramaturgo, tendo em mente um ouvinte casual, neste caso, o juiz (e o júri) no julgamento e, por esta razão, está ansioso para tornar a informação incriminadora que está sendo transmitida pelo texto o menos ambígua possível. Assim, por vezes, o falsificador, tal como o dramaturgo, violará a máxima de quantidade, embora raramente de forma tão extrema quanto o texto abaixo, que foi extraído do início de uma conversação telefônica falsificada, na qual um réu condenado, o Sr. B, está tentando desacreditar o Sr. A, que apresentou evidência contra ele junto ao tribunal. Observem-se, em particular, os enunciados B2, B3 e A4:

> A1: Alô.
> B1: Alô, posso falar com o Sr. A, por favor?
> A2: Falando.
> B2: Você ficou surpreso por eu ter telefonado em vez de descer para vê-lo, conforme você pediu em sua mensagem ao telefone outro dia?

A3: Não, não estou surpreso. Por que você está me telefonando aqui? Por que você não entra para me ver, se você não quer me ver lá fora?

B3: Ora, você me arrastou a um pesadelo e eu não pretendo dar-lhe a oportunidade de armar uma arapuca para me incriminar por outra coisa ou espancar-me de novo e me abandonar a milhas de distância, como você fez fora da prisão de Newcastle com os dois detetives; para sua informação, como você deve saber, preenchi uma queixa oficial contra você e os dois detetives da C.I.D.

A4: Os detetives e eu o espancamos e os C.I.D., eles negaram, eles não o espancaram, mas você pode fazer o que quiser porque não tem provas.

A superexplicitação pode se efetuar na escolha de grupos nominais também. Na confissão em disputa atribuída a William Power, um dos assim denominados Birmingham Six, num famoso caso ocorrido a partir de meados de 1970 (consulte-se Coulthard, 1994a), houve a referência frequente a "sacos plásticos (de transporte) brancos":

Walker estava carregando *dois sacos plásticos de transporte brancos...*
Hunter estava carregando *três sacos plásticos de transporte brancos...*
Richard estava carregando *um saco plástico de transporte branco...*
Walker me deu *um dos sacos plásticos de transporte brancos...*
Hughie deu a J. Walker seu *saco plástico de transporte branco...*

Nosso conhecimento sobre as regras de composição conversacional nos diz ser improvável que Power tivesse utilizado a combinação "numeral + sacos + plásticos + de transporte + brancos", mesmo que fosse apenas uma vez. Em primeiro lugar, é um traço observado da fala que os falantes não produzam normalmente frases nominais longas deste tipo; ao contrário, eles combinam a informação complexa em dois ou três pedaços ou cortes. Em segundo lugar, representa um grau de detalhamento não observado no resto de sua declaração. Finalmente, o detalhamento não parece ter nenhuma importância na história como *ele* a conta e é inusitado que os narradores forneçam detalhes sem relevância para *sua* história. Comparemos a forma como a informação similar veio à tona na entrevista de Power para a polícia, a qual tem um tom de autenticidade:

> Power: Ele tinha uma mochila e *dois sacos*.
> Policial: Que *tipo de sacos*?
> Power: Eles eram *brancos*, acho que eram *sacos de transporte*.

E mesmo assim nada foi dito sobre "plásticos". O extrato abaixo tirado do reexame do contraditório durante o julgamento mostra claramente que, uma vez utilizada a forma completa de uma expressão referencial, o hábito normal do falante é empregar uma versão abreviada em ocasiões subsequentes.

> Sr. Field-Evans: E você disse *"dois sacos plásticos de transporte brancos"*?
> Power: Sim, senhor.
> Sr. Field-Evans: De quem foi a ideia de que Walker estava carregando *dois sacos plásticos de transporte brancos*? Estas foram palavras suas ou palavras dos funcionários da polícia?
> Power: Foram palavras dos funcionários da polícia. Eles continuaram insistindo em que eu lhes havia dito que eles carregavam *sacos plásticos* para dentro da estação.
> Sr. Field-Evans: O *mesmo* se aplica ao que Hunter estava carregando?
> Power: Não sei o que o senhor quer dizer, senhor.
> Sr. Field-Evans: Desculpe. De quem foi a ideia de que deveria dizer que Hunter estava carregando *três sacos plásticos de transporte brancos*?
> Power: Bem, senhor, eu disse aquilo.
> Sr. Field-Evans: Mas foi sua a ideia?
> Power: Não. Eles continuaram dizendo que eu já lhes havia falado que eles estavam carregando *sacos plásticos* dentro da estação. Quando eu disse isto, eles disseram "quem *as* estava carregando? quem *as* estava carregando?". Eles me ameaçaram. Eu disse "Eles todos *as* estavam carregando". Eles perguntaram *quantos* eles estavam carregando e eu simplesmente disse *um, dois, três, um e um*.

10. Traços de registro

Os linguistas há muito reconheceram que a língua que cada indivíduo utiliza varia de acordo com os contextos nos quais ela/e a está usando e com os tópicos sobre os quais ela/e a está usando — isto é denominado variação de *registro*. Assim, em sua forma mais simples, um policial em seu trabalho terá uma série de opções linguísticas, tal como, na verdade, um médico, um economista, um linguista etc. Quando um texto está sendo falsificado, existe sempre a possibilidade de que o autor real permita que traços de seu próprio uso se introduzam no texto; estes traços podem ser idioletais, como vimos acima, mas também podem ser devidos ao registro.

Para ilustrar isto, focalizarei a declaração de Derek Bentley, que já foi referido acima, a qual foi feita em torno de três horas depois de sua prisão. Em seu julgamento, Bentley argumentou que esta declaração era, de fato, um documento composto, não simplesmente uma transcrição, mas em parte escrito pela polícia. Focalizarei apenas um pequeno traço linguístico para ilustrar como a análise opera; obviamente uma análise exaustiva focalizaria uma série completa de traços (reproduzo a declaração completa de Bentley a seguir).

11. A declaração de Derek Bentley

Conheci Craig desde que fui para a escola. Nossos pais proibiram de andarmos juntos, mas ainda continuamos saindo juntos — quero dizer, não havíamos saído juntos até a noite de hoje. Eu estava vendo televisão (2 de novembro de 1952) e entre 20:00 e 21:00 Craig me chamou. Minha mãe atendeu à porta e ouvi-a dizer que eu tinha saído. Eu tinha saído mais cedo para ir ao cinema e voltei logo depois das 19:00. Um pouco mais tarde Norman Parsley e Frank Fazey me chamaram. Não atendi à porta nem falei com eles. Minha mãe me disse que eles chamaram e que eu então fui atrás deles. Caminhei pela estrada até a papelaria, onde eu vi Craig de pé. Todos nós conversamos e então Norman Parsley e Frank Fazey foram embora. Chris Craig e eu então pegamos um ônibus para Croydon. Descemos em West Croydon e caminhamos pela estrada onde ficam os banheiros — acho que é Tamworth Road.

Quando chegamos ao lugar onde vocês me encontraram, Chris olhou pela janela. Existe um pequeno portão de ferro deste lado. Chris então pulou por cima e eu o segui. Chris então escalou o cano de esgoto até o telhado e eu o segui. Até aquele momento, Chris não tinha dito nada. Nós dois saímos até o topo do telhado plano. Então alguém no jardim do lado oposto iluminou uma tocha em nossa direção. Chris disse: "É um tira, te esconde atrás de mim". Nós nos escondemos atrás de um abrigo enjambrado no telhado. Ficamos esperando ali por uns dez minutos. Eu não sabia que ele ia usar a arma. Um policial à paisana escalou o cano de esgoto em direção ao telhado. O homem disse: "Sou um funcionário da polícia — o lugar está cercado". Ele me agarrou seguro e enquanto íamos embora Chris atirou. Não havia mais ninguém ali naquele momento. O policial e eu então rodeamos a esquina, com uma porta. Um pouco mais tarde a porta abriu e um policial uniformizado saiu. Chris atirou de novo e este policial caiu. Pude ver que ele estava ferido, pois saía muito sangue de sua testa, logo acima do nariz. O policia arrastou-o ao redor da esquina, atrás da entrada de alvenaria até a porta. Lembro que atirei algo, mas esqueci o que foi. Não pude ver Chris quando atirei — ele estava atrás de um muro. Ouvi mais alguns policiais atrás da porta e o policial que estava comigo disse: "Acho que não restaram muitas balas mais". Chris gritou "Ó, sim, eu tenho" e atirou de novo. Acho que o ouvi atirar três vezes em seguida. O policial então me empurrou escada abaixo e eu não vi mais nada. Eu sabia que íamos forçar a entrada. Eu não sabia o que iríamos conseguir — simplesmente que algo estava acontecendo. Eu não tinha uma arma e não sabia que Chris tinha uma até o momento em que atirou. Agora sei que o policial uniformizado está morto. Eu deveria ter mencionado que depois que o policial à paisana escalou o cano de esgoto e me prendeu, um outro policial uniformizado o seguiu e ouvi alguém chamá-lo de "Mac". Ele estava conosco quando o outro policial foi morto.

12. O uso de "então"

Um dos traços frequentes na confissão de Derek Bentley é o uso frequente da palavra "então", com sentido temporal — 11 ocorrências em 582 palavras. Isto pode não parecer de todo algo remarcável, à primeira vista, dado que Bentley está narrando uma série de eventos sequenciais e de que uma das exigências óbvias de declaração de uma testemunha é a precisão sobre o tempo. Contudo, uma olhada rápida a uma série de outras declarações de testemunhas me sugeriu que o uso de Bentley era pelo menos atípico e, em consequência, uma intrusão potencial de um traço específico do registro do policial, derivado de uma preocupação profissional com a documentação precisa da sequência temporal. Para testar esta hipótese, criei dois *corpora* pequenos: o primeiro composto de três declarações de testemunhas comuns, uma de uma mulher envolvida no próprio caso Bentley e duas de homens envolvidos em outro caso sem relação, que totalizaram umas 930 palavras de texto; o segundo, composto pelas declarações de três funcionários policiais, dois dos quais estavam envolvidos com o caso Bentley e um terceiro de um caso sem relação, que totalizaram em torno de 2.270 palavras. Os resultados foram surpreendentes: enquanto nas declarações das testemunhas comuns "então" ocorre apenas uma vez em 930 palavras, "então" ocorre 29 vezes nas declarações dos funcionários policiais, isto é, uma média de uma ocorrência a cada 78 palavras. Assim, o uso temporal por Bentley de "então" a cada 58 palavras coloca sua declaração firmemente no grupo daquelas produzidas pelos funcionários policiais. Neste caso, tive a sorte de ser capaz de checar a representatividade dos dados de minhas "testemunhas comuns" contra um *corpus* de referência, o *Corpus of Spoken English*, um subconjunto do banco do inglês COBUILD, que naquela ocasião consistia de aproximadamente 1,5 milhão de palavras em curso, colhidas de muitos tipos diferentes de fala natural recorrente. Ficou provado que "então", em todos os seus sentidos, ocorreu apenas 3.164 vezes, isto é, em média, uma a cada 500 palavras, o que comprovou a representatividade dos dados da testemunha e a especificidade alegada dos dados da polícia e de Bentley (cf. Fox, 1993).

O que talvez fosse ainda mais surpreendente sobre a declaração de Bentley foi a frequente posposição de "então", como se pode verificar nas duas amostras de sentenças abaixo, selecionadas de um total de 7 ocorrências no texto de 582 palavras:

Chris então pulou por cima e eu o segui.
Chris então escalou o cano de esgoto até o telhado e eu o segui.

Isso soa estranho não só porque os falantes comuns usam "então" muito menos frequentemente que os policiais, eles também o utilizam de forma estruturalmente diferente — por exemplo, nos dados de fala do COBUILD eles usam "então eu" dez vezes com mais frequência do que "eu então"; na verdade, a estrutura "eu então" ocorreu em escassas 9 vezes no total da amostra de fala, em outras palavras, uma vez em cada 165.000 palavras. Em contraste, a frase ocorre 3 vezes na declaração curta de Bentley, uma em cada 194 palavras, uma frequência quase mil vezes maior. Em adendo, não apenas este "eu então", como se poderia predizer a partir dos dados do *corpus,* não ocorre em absoluto em nenhuma das três declarações das testemunhas, também há 9 ocorrências em apenas uma declaração do policial de 980 palavras, assim como no *corpus* total de fala com 1,5 milhão de palavras. Considerada em conjunto, a média de ocorrências nas três declarações policiais é de uma a cada três palavras. Assim, a estrutura "eu então" parece ser um traço do registro (escrito) dos policiais.

De um modo mais geral, a estrutura sujeito (+ verbo) seguida por "então" é que é de fato a típica do registro dos policiais; ela ocorre 26 vezes nas declarações dos três oficiais e 7 vezes na declaração do próprio Bentley. Quando nos voltamos para observar ainda um outro *corpus*, a transcrição taquigráfica *verbatim* da evidência oral fornecida ao tribunal durante o julgamento de Bentley e de Craig, e escolhemos um dos funcionários policiais ao acaso, deparamo-nos com ele utilizando a estrutura duas vezes em sentenças sucessivas, "atirou nele *então* entre os olhos" e "ele foi *então* acusado". Na evidência oral de Bentley, há também duas ocorrências de "então", mas desta vez os "então" ocorrem na posição normal anteposta: "e *então* as outras pessoas foram embora", "e *então* voltamos para cima". Mesmo o Sr. Cassels, um dos advogados de defesa, que alguém poderia esperar que tivesse sido influenciado pelo estilo do relato policial, diz "Então você".

Recentemente, outros linguistas que trabalharam numa série completa de declarações de testemunhas e da polícia britânica confirmaram o uso do "então" posposto no registro policial.

13. Idioletos e a identificação do plágio

Um dos maiores problemas de identificação da autoria que faz parte do dia a dia da vida acadêmica é o plágio. Na sua forma mais simples, ou de forma mais precisa, o tipo de plágio que nós, como linguistas, somos competentes para tratar é o roubo ou uso sem citação de um texto criado por outrem. Conforme o próprio sítio de minha universidade expressa:

> O plágio é uma forma de fraude na qual a/o estudante procura passar o trabalho de outrem como próprio. Tipicamente, passagens substanciais são "surrupiadas" *verbatim* de uma dada fonte sem que a atribuição adequada tenha sido feita.[13]

Qualquer investigação de plágio é baseada consciente ou inconscientemente na noção de *idioleto*. Em outras palavras, espera-se que quaisquer dois autores, ao escreverem sobre o mesmo tópico, mesmo com a intenção de expressar sentidos muito similares, escolherão um conjunto de itens léxico-gramaticais coincidentes, mas de modo algum idênticos, para fazê-lo. Na verdade, linguistas de todas as convicções subscrevem alguma versão do princípio da "unicidade do enunciado" (Chomsky, 1965; Halliday, 1975) e assim esperam que até a mesma

---

13. Disponível em: <http://www.birmingham.ac.uk/>.

pessoa falando/escrevendo sobre o mesmo tópico em ocasiões diferentes faça um conjunto diferente de escolhas léxico-gramaticais. Segue-se disto que, em qualquer comparação entre dois textos, quanto mais similar o conjunto de itens, maior a probabilidade de que um dos textos tenha derivado, pelo menos em parte, do outro (ou, é claro, que ambos tenham derivado de um terceiro), em vez de produzidos de forma independente.

Na maioria dos casos de plágio envolvendo estudantes, existe pouca dúvida sobre a culpabilidade, como os dois exemplos de aberturas de ensaio de Johnson (1997, p. 214) demonstram — todos os itens que o estudante B "compartilha" com o estudante A estão realçados em negrito:

A. É essencial que todos professores entendam a história da Grã-Bretanha como uma nação multicultural e multirracial. Os professores, como qualquer pessoa, podem ser influenciados por crenças e mitos arcaicos. Contudo, somente tendo um conhecimento sobre o passado é que poderemos começar a compreender o presente.

B. A fim de que os **professores** possam apreciar de forma competente a minoria étnica, **é essencial entender a história da Grã-Bretanha como uma nação multicultural e multirracial. Os professores** são propensos a acreditar em **crenças e mitos populares; contudo, somente tendo um conhecimento sobre** e apreciando as teorias **do passado é que poderemos começar a** antecipar o presente.

Embora curtos, estes extratos fornecem evidência suficiente de itens compartilhados que permitem questionar a originalidade de pelo menos um dos ensaios. Quando este nível de compartilhamento também ocorre em outras partes dos mesmos textos, não existe espaço para dúvidas ou controvérsias. O caso do ensaio C, contudo, não é tão nítido (os itens que C compartilha com um ou ambos os ensaios A e B estão realçados):

C. É muito importante para nós, educadores, dar-se conta de que a **Grã-Bretanha como uma nação** tornou-se ao mesmo tempo **multicul-**

tural e multirracial. É claro que é vital para os **professores** e professores associados assegurar que os **mitos e** estereótipos **populares** mantidos pela comunidade mais vasta não **influenciem** seu ensino. Ao examinar a história britânica, isto ajudará nossa **compreensão** e, deste modo, a estar melhor equipados para lidar com o **presente** e com o futuro.

Embora ainda haja bastante material lexical compartilhado aqui, é evidente que as sequências mais longas idênticas são meras três palavras corridas. Mesmo assim, é-se compelido a querer categorizar este grau de coincidência lexical, se recorrente em outras partes do texto sem citar a fonte, embora de forma mais sofisticada, como roubado e, portanto, como plágio, mesmo se não enquadrado facilmente dentro da observação de Birmingham de que "Tipicamente, passagens substanciais são 'surrupiadas'". Não discutirei aqui a questão importante de se uma proporção significante dos textos escritos dos estudantes, que tecnicamente caem dentro da definição textual de plágio, não é em absoluto o resultado de tentativas deliberadas de enganar, mas sim a consequência do que vem sendo conhecido como "escrita colcha de retalhos",[14] que são tentativas sinceras, mas defeituosas, de estudantes que falharam, de algum modo, em adquirir as regras para citar as fontes quando copiam textos, para incorporar o trabalho de outros em seus próprios textos (vejam-se Pecorari, 2000; Howard, 1999).

A solução de Johnson (1997) para detectar este tipo de plágio ou *maquinação* dos estudantes é descartar o uso de cadeias ou sequências de palavras como traços de diagnóstico e focalizar, em vez, na porcentagem de tipos e ocorrências lexicais individuais compartilhados como uma medida melhor para a derivatividade (uma versão automática deste método analítico, produzido por Woolls (2002), está agora disponível como o programa informatizado *Copycatch Gold*). Um teste intensivo demonstrou que esta medida de coincidência lexical separa com sucesso aqueles ensaios que compartilham vocabulário comum simplesmente porque são escritos sobre o mesmo tópi-

---

14. No original: "patchwriting".

co daqueles que compartilham muito mais vocabulário porque um ou mais deles são derivativos (vejam-se Woolls; Coulthard, 1998). Por exemplo, no estudo de Johnson, enquanto os ensaios A, B e C compartilharam 72 tipos lexicais diferentes em suas 500 primeiras palavras, um conjunto de três outros ensaios pertencentes ao mesmo lote, cujos autores não tinham fraudado, compartilhou apenas 13 tipos lexicais, a maioria dos quais era central ao tópico em discussão. Trabalho posterior (Woolls, 2003) demonstrou que a evidência mais significativa não é a mera quantidade do léxico compartilhado, mas sim o fato de que, no caso de alguns itens compartilhados, ambos os autores selecionaram ambos e então apenas os usaram uma vez. Em consequência, os itens "uma vez apenas" são, por definição, centrais ao principal interesse do texto, do contrário teriam sido utilizados com maior frequência. As chances de dois redatores escolherem de forma independente muitas das mesmas palavras para um uso apenas são tão remotas que podem ser descartadas. Para uma aplicação desta metodologia ao espanhol, consulte-se Turell (2004).

Se for necessária prova para o poder distintivo e diagnóstico das palavras usadas uma vez apenas — *hapaxes* como são tecnicamente rotuladas —, ela provém de buscas bem-sucedidas na internet, quando há suspeita de plágio. A experiência confirma que o método mais econômico a ser usado ao checar a internet na suspeita de texto plagiado é realizar a busca utilizando marcos distintivos cujos itens individuais ocorram apenas uma vez no texto em questão. Exemplificarei com a abertura de uma história escrita por uma menina de onze anos:

Os soldados

(adaptações dos erros de ortografia do original ao português)

Entardecer no campo um casal de velhos marido e mulher Brooklyn e Susan. Quando uma tarde eles estavam tomando chá eles ouviram um som de tambores que estava vindo lá embaixo do caminho. Brooklyn pergunta, "O que é aquele som glorioso que gorjeia nos ouvidos?", quando Susan respondeu com sua voz tão doce "Apenas os soldados escarlates, querido".

> Os soldados estão chegando. Os soldados estão chegando. Brooklyn está confuso, ele não sabe o que está acontecendo. O Sr. e a Sra. Waters ainda estavam tomando o seu chá da tarde quando de repente uma luz viva estava brilhando através da janela.
>
> "O que é aquela luz radiante que eu vejo cintilando tão clara à distância tão brilhante?", disse Brooklyn com voz tão espantada, mas Susan logo tranquilizou-o quando ela respondeu...

O início do primeiro parágrafo é comum, mas a pergunta muda dramaticamente, "O que é aquele som glorioso que gorjeia nos ouvidos?". A história então retorna ao estilo de abertura, antes de mudar para "O que é aquela luz radiante que eu vejo cintilando tão clara à distância tão brilhante?". É difícil acreditar que o mesmo autor pudesse escrever com ambos os estilos e levanta a questão de se o(s) outro(s) copiado(s) esteja(m) disponível(is) na internet.

Se alguém selecionar como termos de busca pares de marcos de *hapaxes* "gorjeia/ouvidos", "cintilando/clara" e "distância/brilhante", percebe-se de novo a distinção da cosseleção idioletal; o par único "cintilando/clara" produz mais de meio milhão de ocorrências no Google, mas os três pares juntos apenas umas 360 ocorrências, das quais as primeiras treze são todas do poema de W. H. Auden "Oh, Que é aquele som". A primeira linha do poema é "Oh, que é aquele som que **gorjeia** nos **ouvidos**", enquanto o começo do segundo verso "Oh, que é aquela luz que eu vejo **cintilando** tão **clara** à **distância brilhante**, brilhante?". Se adicionarmos uma sétima palavra e procurarmos a frase "cintilando tão clara", todas as ocorrências retornam ao poema de Auden.

14. Conclusão

A Linguística Forense ainda tem um longo caminho a percorrer em certas áreas para convencer os tribunais sobre a confiabilidade e validade de sua metodologia, particularmente nos Estados Unidos (vejam-se Tiersma; Solan, 2002), mas espero ter dito o suficiente para convencê-los de que a disciplina possui sólidas bases e já pode oferecer opiniões interessantes e fundamentadas em algumas áreas.

Referências

BALDWIN, J.; FRENCH, J. *Forensic phonetics*. London: Pinter, 1990.

BIBER, D. *Variation across speech and writing*. Cambridge: CUP, 1988.

_____. *Dimensions of register variation*: a cross-linguistic comparison. Cambridge: CUP, 1995.

BRAZIL, D. C. *The communicative value of intonation*. Birmingham: English Language Research, 1985. v. 1.

CHOMSKY, N. *Aspects of the theory of syntax*. Cambridge: MIT Press, 1965.

COLLINS, H. Modal profiling in oral presentations. In: BARBARA, L.; SCOTT, M. (Orgs.). *Reflections on language learning*. Clevedon: Multilingual Matters, 1994. p. 214-229.

COULTHARD, R. M. (Org.). *Talking about text*. Birmingham: ELR, 1986.

_____. Forensic discourse analysis. In: COULTHARD, R. M. (Org.). *Advances in spoken discourse analysis*. London: Routledge, 1992. p. 242-257.

_____. Beginning the study of forensic texts: *corpus*, concordance, collocation. In: HOEY, M. P. (Org.). *Data description discourse*. London: HarperCollins, 1993. p. 86-97.

_____. Powerful evidence for the defence: an exercise in forensic discourse analysis. In: GIBBONS, J. (Org.). *Language and the law*. London: Longman, 1994a. p. 414-442.

_____. On the use of *corpora* in the analysis of forensic texts. *Forensic Linguistics: the International Journal of Speech, Language and the Law*, v. 1, n. 1, p. 27-43, 1994b.

COULTHARD, R. M.; JOHNSON, A.; WRIGHT, D. *An introduction to forensic linguistics*. 2. ed. London: Routledge, 2016.

DAVIS, T. Forensic handwriting analysis. In: COULTHARD, R. M. (Org.). *Talking about text*. Birmingham: ELR, 1986. p. 189-207.

_____. ESDA and the analysis of contested contemporaneous notes of police interviews. *Forensic Linguistics*: The International Journal of Speech, Language and the Law, v. 1, n. i, p. 71-89, 1994.

_____. Clues and opinions: ways of looking at evidence. To appear In: KNIFFKA, H.; COULTHARD, R. M.; BLACKWELL, S. (Orgs.). INTERNATIONAL CONFERENCE OF FORENSIC LINGUISTS, 1., 1993, Bonn, 1995.

DUMAS, B. Adequacy of cigarette package warnings. In: LEVI, J.; GRAFFAM WALKER, A. (Orgs.). *Language in the judicial process*. New York: Plenum, 1990. p. 309-352.

EADES, D. Forensic Linguistics in Australia: an overview. *Forensic Linguistics*: The International Journal of Speech, Language and the Law, v. 1, n. 2, p. 113-132, 1994.

EAGLESON, R. Forensic analysis of personal written text: a case study. In: GIBBONS, J. (Org.). *Language and the law*. London: Longman, 1994a. p. 362-373.

FOSTER, D. *Author unknown*: on the trail of anonymous. London: Macmillan, 2001.

FOX, G. A comparison of "policespeak" and "normalspeak": a preliminary study. In: SINCLAIR, J. M.; HOEY, M. P.; FOX, G. (Orgs.). *Techniques of description*: spoken and written discourse, a festschrift for Malcolm Coulthard. London: Routledge, 1993. p. 183-195.

FRENCH, J. P. An overview of forensic phonetics. *Forensic Linguistics*: The International Journal of Speech, Language and the Law, v. 1, n. 2, p. 169-181, 1994.

GIBBONS, J. (Org.). *Language and the law*. London: Longman, 1994.

GRICE, H. P. Logic and conversation. In: COLE, P.; MORGAN, J. (Orgs.). *Syntax and semantics III*: speech acts. New York: Academic Press, 1975. p. 41-58.

HALLIDAY, M. A. K. *Learning how to mean*. London: Edward Arnold, 1975.

_____. *Spoken and written language*. 2. ed. Oxford: OUP, 1989.

_____; McINTOSH, A.; STREVENS, P. *The linguistic sciences and language teaching*. London: Longman, 1964.

HOWARD, R. M. The new abolitionism comes to plagiarism. In: BURANEN, L.; ROY, A. M. (Orgs.). *Perspectives on plagiarism and intellectual property in a postmodern world*. Albany: State University of New York Press, 1999. p. 87-95.

JOHNSON, A. Textual kidnapping: a case of plagiarism among three student texts. *Forensic Linguistics*: The International Journal of Speech, Language and Law, v. 4, n. 2, p. 210-225, 1997.

KAPLAN, J. P.; GREEN, G. M.; CUNNINGHAM, C. D.; LEVI, J. N. Bringing linguistics into judicial decision making: semantic analysis submitted to the US Supreme Court. *Forensic Linguistics*: The International Journal of Speech, Language and the Law, v. 2, n. 1, 1995.

LEVI, J. N. *Language and the law*: a bibliographical guide to social science research in the USA. Chicago: American Bar Association, 1994a.

_____. Language as evidence: the linguist as expert witness in North American Courts. *Forensic Linguistics*: The International Journal of Speech, Language and the Law, v. 1, n. 1, p. 1-26, 1994b.

McMENAMIN, G. *Forensic linguistics*: advances in forensic stylistics. London: CRC Press, 2002.

PECORARI, D. E. *Original reproductions*: an investigation of the source use of postgraduate second language writers. Tese (Ph.D. em Linguística) — University of Birmingham, 2000.

PRINCE, E. Language and the law: a case for linguistic pragmatics. *Working papers in sociolinguistics*. Austin: Southwest Educational Development Laboratory, 1981. p. 112-160.

ROSE, P. *Forensic speaker identification*. London: Taylor and Francis, 2002.

SCHLICHTING, F.; SULLIVAN, K. The imitated voice: a problem for voice line-ups?. *Forensic Linguistics*: The International Journal of Speech, Language and the Law, v. 4, n. 1, p. 148-165, 1997.

SCOTT, M.; JOHNS, T. *Microconcord*. Oxford: OUP, 1993.

SHUY, R. *Language crimes*: the use and abuse of language evidence in the courtroom. Cambridge MA: Blackwell, 1993.

SINCLAIR, J. M. Expert opinion on the ordinary man's understanding of the word "visa". [Manuscrito não publicado.]

SVARTVIK, J. *The Evans statements*: a case for forensic linguistics. Göteborg: University of Gothenburg Press, 1968.

TIERSMA, P.; SOLAN, L. The linguist on the witness stand: forensic linguistics in American courts. *Language*, v. 78, p. 221-239, 2002.

TURELL, T. Textual kidnapping revisited: the case of plagiarism in literary translation. *International Journal of Speech, Language and the Law*, v. 11, n. 1, 2004.

WOOLLS, D. *Copycatch Gold* a computerised plagiarism detection program. 2002.

_____. Better tools for the trade and how to use them. *Forensic Linguistics: International Journal of Speech, Language and the Law*, v. 10, n. 1, p. 102-112, 2003.

_____; COULTHARD, R. M. Tools for the trade. *Forensic Linguistics*: *International Journal of Speech, Language and the Law*, v. 5, n. 1, p. 33-57, 1998.

DETECÇÃO DE PLÁGIO INTENCIONAL: UMA ABORDAGEM DA LINGUÍSTICA FORENSE*

*RUI SOUSA-SILVA***

1. Apresentação

Por motivos históricos e legais, o conceito de plágio é frequentemente associado ao conceito de propriedade intelectual. Por essa razão, as abordagens ao problema do plágio giram sobretudo em torno de duas vertentes: ética e legal. Contudo, estudos realizados (e.g. Angèlil-Carter, 2000) mostraram a necessidade de distinguir o plágio intencional do plágio inadvertido, alegando que, quando inten-

---

* Este capítulo baseia-se no artigo: Sousa-Silva, R.; Grant, T.; Maia, B. "I didn't mean to steal someone else's words!": a forensic linguistic approach to detecting intentional plagiarism. In: INTERNATIONAL PLAGIARISM CONFERENCE: TOWARDS AN AUTHENTIC FUTURE, 4., *Proceedings*..., 2010: <PlagiarismAdvice.org>.

** Investigador do Centro de Linguística da Universidade do Porto (CLUP): r.sousa-silva@lflab.pt. Disponível em: <http://www.linguisticaforense.pt>.

cional, deve ser penalizado, não devendo, porém, ser sancionado se resultante da falta de capacidade e conhecimento da escrita académica. Avaliando, assim, o grau de intenção por detrás do plágio, é possível determinar a natureza da ação disciplinar a tomar com mais rigor e justiça. Neste capítulo, defende-se que a "intenção de ludibriar" não pode ser dissociada do plágio enquanto matéria legal. Utilizando um *corpus* de trabalhos académicos de estudantes do ensino superior acusados de plágio, mostra-se que uma análise Linguística Forense de paráfrases inadequadas em textos suspeitos tem potencial para detectar e provar a intenção, ou, pelo contrário, identificar falsos casos de plágio.

2. Plágio e Linguística Forense

O conceito de plágio está frequentemente associado ao conceito de propriedade intelectual. A abordagem à propriedade de bens "morais", não materiais, evoluiu ao longo do tempo até chegar ao direito de propriedade intelectual, originando a necessidade de estabelecer um enquadramento legal para dar conta da violação desses direitos. As abordagens aos casos de plágio assentam, normalmente, numa distinção entre duas categorias distintas: ética e legal. Numa perspectiva ética, os estudos interculturais e, sobretudo, no campo da pedagogia, adotaram uma abordagem crítica ao problema do plágio, com o objectivo, por um lado, de melhorar as políticas e os princípios de ética na academia (<PlagiarismAdvice.org>, 2008) e, por outro lado, de demonstrar que o conceito de plágio está bem longe de ser universal e consensual (Howard; Robillard, 2008). Estas perspectivas reforçam, assim, o argumento de que o conceito de plágio não pode ser investigado com base no princípio de que uma determinada definição é entendida e interpretada universalmente, por todos, de forma única e consensual; antes, pelo contrário, existem diferenças culturais estruturais na forma de perspectivar o plágio, como mostram diversos autores (Scollon, 1994, 1995; Howard, 1995; Angèlil-Carter, 2000; Pecorari, 2008) e estudos (Sousa-Silva, 2013).

Com base num estudo realizado junto de estudantes na África do Sul, Angèlil-Carter (2000) concluiu que o conceito de plágio é bastante difuso e difícil de definir, adquirindo significados distintos conforme os contextos em que ocorre. Por essa razão, as questões culturais não podem ser colocadas de parte, como demonstrou Scollon (1994, 1995) no seu estudo de plágio no contexto asiático (sobretudo com estudantes de Hong Kong), e como comprovou Pecorari (2008), na sua análise de casos de plágio de alunos cuja língua materna não é o inglês (NNSEs — Non-native Speakers of English). Por sua vez, no seu estudo comparativo entre Portugal e o Reino Unido, Sousa-Silva (2013) conclui que, embora não haja diferenças significativas relativamente ao que os participantes consideram situações de plágio, a avaliação da gravidade das situações diverge, o que revela diferenças interculturais, inclusivamente na "tradição ocidental". Outro aspecto a ter em conta, segundo Angélil-Carter (2000), será o género de texto, pois, como nos leva a entender, não seria justo nem adequado "julgar" casos de plágio académico e casos de plágio não académico utilizando os mesmos princípios e as mesmas regras. Ou seja, analisar e solucionar o caso de plágio de um estudante universitário no seu primeiro ano pressupõe um tratamento distinto do de um profissional cuja formação académica está concluída. Por conseguinte, como argumenta Howard (1995), no caso de plágio entre estudantes, é fulcral determinar se aquele decorre da incapacidade do estudante para escrever academicamente conforme esperado, ou, pelo contrário, da intenção de ludibriar, fazendo passar como sendo seu o trabalho da autoria de outrem.

A intenção existente por detrás das ocorrências de plágio é, assim, indispensável para determinar a natureza da ação disciplinar a adotar. Se o plágio académico, no caso de estudantes do ensino superior, se deve a problemas de literacia decorrentes de discursos sociais contraditórios pré-existentes que podem interferir com o discurso académico (Angèlil-Carter, 2000), então será necessário fazer uma distinção entre plágio intencional e plágio não intencional (cometido inadvertidamente): se fizer parte integrante do processo de aprendizagem e resultar da falta de familiaridade e conhecimentos do plagiador com o tema, deverá ser considerado "plágio positivo" (Howard, 1995, p. 796), e, portanto, não constituir um ilícito; porém, deve ser punido quando for cometido intencionalmente.

Diversos autores (e.g. Garner, 2009; Goldstein, 2003) argumentaram que o plágio é imoral, mas não é ilegal. Contudo, na maioria dos sistemas jurídicos (incluindo o sistema jurídico português), a definição de "ilegal" e "ilícito" assenta no princípio da "imoralidade", pelo que aquilo que é imoral também é, muitas vezes, ilegal (Finnis, 1991; Eiras; Fortes, 2010). Nestes casos, o plágio fica, então, sujeito a julgamento nos tribunais, como demonstrado por Turell (2008) e ilustrado por alguns casos julgados nos tribunais portugueses.[1]

Partindo deste enquadramento legal, e não das teorias linguísticas de intenção como as propostas por Austin (1962) e Searle (1969), este capítulo defende que a distinção entre ações intencionais e ações não intencionais não pode ser uma distinção dualista, e que a maioria dos sistemas penais (ou criminais) assenta numa gradação da intenção de acordo com a sua gravidade. Nesta escala, a *intenção* é aquela que ocupa o primeiro lugar na lista, sendo a mais gravosa; segue-se a *intenção oblíqua*, e, finalmente, a ausência de qualquer intenção, a "*não-intencionalidade*". Nesta conceptualização, fazer algo intencionalmente implica fazer algo para o qual não temos uma desculpa nem uma justificação legal, sabendo que determinada ação desencadeará determinados resultados. A intenção oblíqua, por seu turno, aplica-se no caso de ações cuja intenção é meramente indireta, i.e., ações que, não sendo "não intencionais", também não são intencionais. A intenção oblíqua, muitas vezes descrita como "dolo", pressupõe que determinados resultados decorram necessariamente das ações de determinada pessoa. Finalmente, são ações não intencionais todas aquelas resultantes de acidentes, por erro ou imprevisibilidade.

---

1. Ver *Biblioteca Digital da Justiça Portuguesa*. Disponível em: <http://biblioteca.mj.pt/Paginas/default.aspx>.

Na legislação penal, ter determinada intenção significa pretender que algo exista ou ocorra, ter conhecimento ou certeza praticamente absoluta de que esse algo existe, ou que existirá ou ocorrerá, pelo que agir intencionalmente contra uma qualquer instância de um bem humano básico — seja destruindo-o, causando-lhe dano, ou colocando-lhe obstáculos — significa optar por agir de acordo com um estado de espírito previamente existente, e que é contrário àquele que a conduta humana estabeleceu como sendo moral. "Optar", neste sentido, implica estar determinado(a) a executar o plano definido e obter os benefícios inteligíveis que tornam um determinado fim apelativo à razão (Finnis, 1991), uma vez que, aquilo que determinado indivíduo possui como sendo a sua intenção, faz parte daquilo que é escolhido como sendo o seu plano, seja como um fim (propósitos últimos), seja como um meio (propósitos imediatos).

Pelo contrário, algumas ações são "efeitos colaterais" das intenções do indivíduo, isto é, não constam do plano ou propósito adotado. Se, por exemplo, um docente for forçado a demitir-se na sequência de não ter detectado o plágio de um dos seus estudantes, muito dificilmente terá sido intenção do estudante que o docente fosse demitido, quer como um meio, quer como um fim em si mesmo. O raciocínio prático subjacente ao plano ou ao propósito determinará se uma situação é um meio ou um efeito ou dano colateral. Há que ter em atenção, no entanto, que a aceitação de efeitos colaterais só poderá justificar-se quando esta for proporcionada (Finnis, 1991, p. 56), ou seja, deverá considerar-se como provado que determinadas ações contribuem para um fim legítimo; o efeito deve ser consideravelmente compensado pela importância e pelos benefícios decorrentes da ação, não existindo alternativas menos danosas. Os efeitos colaterais são, por conseguinte, todos os efeitos que não são intencionais, seja como um fim, seja como um meio. Quando o plano ou o propósito não incluírem no raciocínio prático o efeito das ações de determinado indivíduo, considera-se a ação como não sendo intencional. Do mesmo modo, se for possível prever o resultado das ações de determinado indivíduo como sendo possível, então o plano ou o propósito também deverão considerar os efeitos das ações do indivíduo. O sistema judicial faz, assim, uma distinção entre aquilo que é "altamente provável" (i.e., não necessariamente intencional) e aquilo que é "praticamente certo" (i.e., necessariamente intencional), sendo esta distinção fulcral para ajudar a determinar casos de plágio intencional.

Nos casos de plágio, a intenção reside no fato de o plagiador utilizar conscientemente determinados meios para atingir um fim: o plagiador, conhecendo as normas definidas e consideradas como sendo aceites (e que se espera que respeite), bem como as implicações inerentes às suas acções, comete plágio conscientemente. O plágio intencional inclui, ainda, "imprudência" ou "negligência". Nos sistemas judiciais, considera-se imprudência agir com insuficiente atenção, tendo em consideração as circunstâncias e as capacidades do agente; a negligência, por outro lado, pressupõe que determinado agente não adopte as medidas necessárias para evitar os resultados considerados "imorais". Neste caso, o agente, tendo obrigação de prever os resultados dos seus atos, reage com indiferença ou não consegue prever os mesmos. Segundo os tribunais[2] (portugueses), negligência e imprudência diferem, também, na natureza das atividades às quais corresponde a violação da norma. Falamos de negligência se a regra de conduta consagrar uma atividade positiva, e de imprudência quando essa regra de conduta, a regra de conduta violada, prescrever a obrigação de não executar determinada ação, ou de a executar de modo diferente.

Não obstante, tecer considerações sobre se a negligência é consciente ou inconsciente é irrelevante quando se espera que o agente reúna as condições necessárias para prever os resultados. A intenção do plagiador pressupõe uma intenção: a intenção de ludibriar. O texto é conscientemente, de livre vontade ou imprudentemente (re)produzido com a intenção de que outrem — os leitores — o leiam como sendo um texto original, daí retirando benefício próprio.

---

2. Ver Acórdão do Supremo Tribunal de Justiça da República Portuguesa. Disponível em: <http://biblioteca.mj.pt/AcordaoSTJ.aspx?DocId=9A4D96467955585480257496004EBA92>.

A análise destes estudos, no seu conjunto, indica que julgar o plágio em si não será um problema de discussão entre os princípios éticos e os princípios ilegais, nem tão pouco um problema de falta de consenso relativamente ao facto de o plágio intencional dever ou não ser punido, mas antes um problema de descrição, explicação e justificação da análise textual de uma forma que seja suficientemente capaz de demonstrar (ou, pelo menos, de indiciar) a intenção do plagiador.

O presente trabalho tem como objectivos, em primeiro lugar, mostrar a relevância da Linguística Forense para a detecção de plágio, estabelecendo um paralelo com a legislação penal, de modo a conceber uma definição de plágio que consagre diferentes graus de intenção — e, por conseguinte, diferentes graus de gravidade; e, em segundo lugar, estudar de que modo a análise linguística poderá identificar padrões utilizados para plagiar, com vista a determinar a intenção do plagiador sem necessidade de recorrer a informações contextuais adicionais (como seja, por exemplo, interrogatórios aos estudantes) para determinar a existência ou ausência de intenção.

Como demonstraram empiricamente Johnson (1997) e Turell (2004), a análise linguística tem a capacidade de provar que determinada sobreposição textual não é acidental e tem sido, por isso, utilizada em contextos forenses (Turell, 2007). Para o efeito, a análise socorre-se do princípio do idioleto, conforme abordado por Coulthard (2004), de que a probabilidade de dois autores produzirem exatamente o mesmo texto, contemporaneamente ou em dois momentos distintos, é ínfima. No entanto, uma das dificuldades inerentes à utilização da análise linguística para detecção da intenção do plagiador é o facto de a função do linguista, como bem referem Coulthard e Johnson (2007), consistir em tirar conclusões linguísticas da sua análise do texto, não sendo tradicionalmente seu objeto de estudo tentar compreender as motivações subjacentes ao ato de plágio. Partindo, porém, do princípio de que a Linguística Forense é uma área científica inter e multidisciplinar, o presente trabalho exploratório procura compreender o contributo da análise linguística para determinar a intenção do plagiador. Assim, considerando que o princípio do plágio assenta no facto de o texto ser, em todo ou em parte, baseado no trabalho, nas palavras ou nas ideias de outrem, defendo que, quanto mais elevado for o nível de manipulação de um texto com vista a disfarçar a autoria original e sugerir que o texto foi escrito pelo(a) próprio(a), mais elevado será o grau de intencionalidade — e, respectivamente, de gravidade.

Este capítulo apresenta e discute a análise de dois mecanismos linguísticos em particular: *paráfrase* e *verbos de referenciação*. Para efeitos desta pesquisa, entende-se por paráfrase quer a reformulação lexical e sintáctica de orações, frases ou parágrafos (i.e., casos de reutilização das palavras de um autor, exprimindo-as por outras palavras), quer os casos em que o plagiador sumariza ou resume as ideias de outrem, utilizando palavras suas, mas sem qualquer referência ao autor original. Por ora, coloca-se, portanto, de parte o debate entre os limites da paráfrase e da sumarização, bem como considerações sobre se a paráfrase deve ou não incluir todas as informações semânticas do texto parafraseado, se tem de ser de dimensões idênticas etc. (Vila et al., 2011). Por verbos de referenciação, entende-se os verbos *dicendi*. Neste trabalho, no entanto, o termo "verbos *dicendi*", provavelmente utilizado mais correntemente, é preterido em favor do termo "verbos de referenciação", uma vez que este último ajuda a limitar o objecto de estudo ao género de texto académico. Uma vez que os verbos *dicendi* são utilizados de forma corrente, em todos os géneros de texto (como, por exemplo, os títulos de notícias), serão, porventura, demasiado abrangentes para as finalidades deste trabalho, que se debruça sobre o contexto académico. A utilização do termo *verbos de referenciação*, pelo contrário, permite considerar, *strictu sensu*, os verbos que se convencionou utilizar na academia para reportar resultados, teorias ou trabalhos de investigação, próprios ou de outrem. Estes verbos serão aqueles que, como afirma Pecorari (2008), implicam a adopção de um posicionamento crítico e um conhecimento profundo da orientação seguida pelo texto, com o intuito de indicar ao leitor um percurso de leitura numa determinada direção.

3. Operacionalização da análise

Com o intuito de verificar esta hipótese de intenção, utilizei um pequeno *corpus* de dados empíricos, constituído por cinco trabalhos académicos de dimensão considerável, com uma média de 3.000 palavras por trabalho, conforme ilustrado na Tabela 1, abaixo:

Tabela 1

Trabalhos académicos que constituem o *corpus*

Estudante	Número de Palavras
S1	3.638
S2	1.370
S3	3.333
S4	4.629
S5	2.033

Colocando de parte quaisquer considerações de natureza quantitativa — uma vez que, nesta matéria, não existe, necessariamente, uma correlação entre o tamanho do texto e o número de mecanismos utilizados para disfarçar a autoria —, prestou-se particular atenção à natureza dos casos com alterações parafrásticas ou com recurso a verbos de referenciação.

Todos estes trabalhos académicos foram escritos em português, por estudantes de pós-graduação de universidades portuguesas (cujos dados identificativos foram, por questões éticas, anonimizados), provenientes de duas áreas diferentes: três foram elaborados por estudantes de comunicação (S3, S4 e S5) e dois por estudantes de *design* (S1 e S2). Uma das principais vantagens da aplicação desta análise a textos escritos em português decorre do facto de a língua portuguesa ser uma língua morfossintactamente muito rica, e mais diversa e flexível do que, por exemplo, a língua inglesa, oferecendo, assim, mais possibilidades de flexão e combinação lexical. Consequentemente, o potencial decorrente da aplicação dos resultados obtidos neste estudo à análise de textos escritos em língua inglesa é consideravelmente maior do que o inverso.

Os cinco trabalhos, redigidos por diferentes estudantes, foram considerados pelos respectivos docentes como plágio dos textos de outrem. Embora as acusações de plágio pelos docentes tenham obtido resultados diversos, os docentes consideraram-se suficientemente confiantes para penalizar os estudantes: deste grupo de estudantes, três foram sujeitos a sanção académica, enquanto os restantes dois foram obrigados a reescrever os seus trabalhos. As informações fornecidas pelos docentes para efeitos da presente investigação incluíam o trabalho académico original, uma indicação das partes do trabalho que foram plagiadas (literalmente) e as fontes de onde os textos foram, supostamente, copiados. Nesta fase, não se utilizou qualquer *software* de detecção de plágio, uma vez que o objectivo não consistia em determinar se os trabalhos académicos eram objecto de plágio (essa avaliação fora já feita pelos respetivos docentes), mas sim em analisar as estratégias textuais utilizadas pelos estudantes para plagiar.

A potencial relação direta entre as estratégias textuais/tipos de plágio utilizados pelos estudantes e o seu grau de intenção é explorada na análise descritiva dos dados. Em primeiro lugar, alinhou-se os trabalhos plagiados e os originais, lado a lado, com o objectivo de realizar uma comparação manual de breves trechos de texto, sobretudo frase a frase, ou, nos casos em que o original incluía citações no próprio texto, parágrafo a parágrafo. Este tipo de alinhamento permite comparar, uma a uma, as diferenças e as semelhanças entre o texto plagiado e o trecho original correspondente. Foram dispensados os trechos de texto reutilizados literalmente do original, de modo a manter na análise apenas os textos em que houve um esforço, por parte dos estudantes, para introduzir alterações (ainda que mínimas). Este processo conduziu, sem surpresa, a um conjunto de trechos consideravelmente menor.

O passo seguinte desta análise consistiu em identificar, em primeiro lugar, os trechos de texto que foram alterados por meio de paráfrase e, em segundo lugar, os casos em que os verbos de referenciação constantes das citações contidas no texto original foram alterados, de modo a fazer com que o texto passasse como sendo da sua autoria. Finalmente, foi realizada uma análise para determinar se as alterações poderiam ter sido efetuadas inadvertidamente ou, pelo contrário, intencionalmente.

4. Análise linguística

4.1 Identificação dos casos de paráfrase

A primeira etapa da análise linguística consistiu em identificar os trechos de texto que foram alterados, com recurso a um esforço maior ou menor, para parafrasear o texto original. A paráfrase desempenha um papel fundamental na determinação de provas de intenção: por exemplo, uma situação em que o fraseamento original é mantido, alterando apenas algumas palavras e omitindo a referência às fontes, é uma estratégia óbvia de ludíbrio. Propõe-se, por conseguinte, a seguinte tipologia de paráfrases.

4.1.1 *Substituição lexical (por palavras semanticamente relacionadas)*

O primeiro recurso linguístico desta análise é a paráfrase, tendo por princípio básico o caso em que as palavras de um trecho são substituídas por palavras que mantêm, entre si, algum tipo de relação semântica. Este processo ocorre quando o plagiador substitui os elementos lexicais de uma frase ou de uma oração por palavras do mesmo campo semântico, com significados que estão, de algum modo, relacionados (i.e., sinónimos, antónimos, hipónimos, hiperónimos etc.). Contrariamente ao que acontece com o plágio literal, em que as alterações são efectuadas ao nível do eixo sintagmático, a paráfrase opera ao nível do eixo paradigmático. Esta será, possivelmente, uma das principais estratégias de plágio, e seguramente uma das mais difíceis de detectar, pelo menos computacionalmente (Madnani; Dorr, 2010). Esta questão será ainda mais relevante em línguas que dispõem de uma morfologia complexa, como é o caso do português, onde uma simples variação ao nível da lematização de uma palavra pode ser suficiente para reformular o texto e ludibriar sistemas automáticos de detecção de plágio. A paráfrase deste tipo é intencional, no sentido em que exige ao seu autor que faça, conscientemente, alterações significativas ao texto original.

Atentemos ao seguinte exemplo, do estudante S1. A frase original incluía o texto "opção que condicionará a forma e o conteúdo da publicação", que o estudante reformulou como "Esta opção irá condicionar a forma e o conteúdo da publicação". Embora o trecho "a forma e o conteúdo da publicação" se mantenha, esta expressão é tão comum que muito dificilmente se poderia considerar plágio. A solução que conduz à identificação deste trecho como sendo plágio está dependente das restantes palavras da frase, i.e., "Esta opção irá condicionar". A diferença morfossintática entre "esta opção irá condicionar" e o original "opção que condicionará" é, na realidade, uma diferença mínima do ponto de vista semântico. A primeira alteração consiste em introduzir um determinante, "esta", que não existe (nem é necessário) no original. Porém, a principal alteração ocorre ao nível do verbo: "condicionará" é alterado para "irá condicionar", e o tempo futuro do indicativo é transferido do verbo principal ("condicionar") para o verbo auxiliar ("ir"), passando o verbo principal do futuro para o infinitivo, conforme previsto na gramática da língua portuguesa.

Porém, não são apenas os tempos verbais que tendem a ser alterados. Por exemplo, o estudante S4 utiliza o original "Como resposta a essa constatação, os artistas do futurismo adoptam como princípio enxergar a vida com olhos vorazes e febris, sem nada perder do que acontece à sua volta", que altera para "Como resposta a essa constatação, os artistas do Futurismo adoptam como princípio olhar a vida com olhos vorazes e febris, sem nada perder do que acontece à sua volta". Neste caso, o verbo "enxergar", de utilização recorrente no português do Brasil, é utilizado mais raramente no português europeu, às vezes tendo, inclusivamente, uma conotação algo negativa. Possivelmente por essa razão, o estudante substitui-o por "olhar". Outro exemplo é a frase "Em linhas gerais, os futuristas tentaram plasmar em suas pinturas a idéia de dinamismo, entendido como a deformação e desmaterialização por que passam os objectos e o espaço quando ocorre a acção", que o mesmo estudante altera para "Em linhas gerais, os futuristas tentaram passar nas suas pinturas a ideia de dinamismo, entendido como a deformação e desmaterialização por que passam os objectos e o espaço quando ocorre a ação". Neste caso, o verbo "plasmar" é substituído por "passar". Porém, esta característica não é exclusiva deste estudante. O estudante S5, por exemplo, também recorrc à mesma estratégia, substituindo o original "mesclado" por "embaralhado", bem como "exigem" por "necessitam" na frase "Todos os objectos que não exigem ser experienciados esteticamente são objectos práticos, veículos de comunicação e funcionais".

À semelhança do que acontece com os verbos, também os nomes estão sujeitos a mudanças, sobretudo quando a terminologia de uma variante linguística difere da variante da língua na qual se cria o texto plagiador. Um exemplo deste aspecto é o utilizado pelo estudante S4, onde a palavra "superposição", da versão original em português do Brasil, é substituída pelo termo "sobreposição", utilizado na variedade europeia. As alterações de terminologia, no entanto, não são exclusivas da reutilização de textos noutras variedades, como ilustram alguns exemplos deste *corpus*. O estudante S5, por exemplo, substitui "fotodocumentalismo", na versão original escrita na variedade europeia, por "fotodocumentário", também da mesma variedade.

Por vezes, contudo, os casos de paráfrase são mais sofisticados, como mostra um trecho do texto do estudante S1, onde os nomes em "um cantor ou uma actriz", no original, são substituídos por nomes mais coerentes com o tema do trabalho académico, neste caso, "um designer ou um artista plástico". Outro exemplo, proveniente do texto do mesmo estudante, que mostra uma adaptação ao tema do trabalho é a substituição de "os professores e os pais" por "profissionais e o público em geral", e "educativa" por "cultural", bem como a cuidada substituição de todas as referências a "futebol" (i.e., "jogo de futebol", "jogo" e "partida de futebol") por referências a arte ("performance de um artista", "performance" e "performance", respectivamente). Um processo semelhante, mas envolvendo uma relação de hiperonímia, é o utilizado pelo estudante S3, onde o topónimo "Puta Burgos" é alterado para "Puta Espanha"; neste caso, o nome de uma cidade espanhola ("Burgos") é substituído pelo nome de um país ("Espanha").

4.1.2 Eliminação de especificação

Também é possível criar textos com recurso a plágio eliminando elementos linguísticos que tornam o texto menos específico, ou seja, transformando o texto num texto mais genérico — e, por conseguinte, mais difícil de comparar com as suas (suspeitas) fontes originais. Numa das suas frases, o estudante S1, por exemplo, elimina as três palavras originais ("um ou dois") para tornar o texto que dele deriva menos específico. Noutro caso, o mesmo estudante suprime todas as referências à comunidade escolar — que, no original, se encontram entre parênteses ou travessões — pelo facto de não serem relevantes para o seu tema. Outros exemplos incluem frases do estudante S3, que, simplesmente, elimina informações detalhadas, incluídas entre parênteses, ou deixa de parte informações complementares que se seguem aos dois pontos (":"). Também o estudante S5 elimina uma referência específica à "Agência Lusa", a agência noticiosa portuguesa, referência essa que é irrelevante para o seu texto.

É importante referir, no entanto, que a eliminação de elementos de um texto faz, frequentemente, parte integrante do processo de edição, pelo que a eliminação de especificação poderá considerar-se um caso de intenção oblíqua, mais do que da simples intenção de enganar.

4.1.3 Adição de especificação

Não é pouco comum, pelo contrário, encontrar casos em que são acrescentados elementos de especificação ao original para criar um texto derivado. Um exemplo desta estratégia é utilizadao pelo estudante S5, onde "na fotografia noticiosa" é acrescentado ao original "fotografia de notícias" (ainda que desnecessariamente, pois os dois são sinónimos), escrevendo "na fotografia de notícias, na fotografia noticiosa".

Contrariamente ao que acontece com a eliminação de especificação, a adição de especificação implica inserir texto conscientemente, pelo que, defendo, é mais intencional do que a eliminação de especificação.

4.1.4 Adição de palavras a trechos de texto copiados literalmente

Os sistemas de detecção automática podem ser facilmente ludibriados através da introdução de elementos novos, inexistentes no original (como erros ortográficos ou palavras novas), no texto copiado literalmente. A adição de palavras difere da adição de especificação no sentido em que, enquanto a última resulta de uma tentativa intencional de melhorar o texto, a primeira decorre, mais provavelmente, de uma intenção de ludibriar.

No texto do estudante S2, por exemplo, é introduzido o texto "no corrente ano de 2006 todos estes números já estão ligados ao passado..." para reforçar o grau de coerência, fornecendo uma maior contemporaneidade ao texto. São, também, particularmente dignas de nota as alterações de pontuação (como, por exemplo, a manutenção das reticências), numa tentativa de manter a consistência com o texto original. O estudante S4 utiliza uma estratégia semelhante, substituindo "Com vermelhos" por "Com cores vermelhas" — i.e., é introduzido um novo nome ("cores"), e transformado o nome existente ("vermelhos") em adjetivo, com a correspondente alteração da flexão de género ("vermelhas"). Existem, ainda, outros exemplos no texto do estudante S5, que introduz um texto adicional, como "e a fotografia publicitária", "orientados para o fotojornalismo" e "e que conferem o conceito artístico ao fotojornalismo, diferenciado da simples foto de imprensa".

4.1.5 Omissão e substituição de elementos textuais para aumentar a coerência do texto derivado

Como ilustra a análise linguística do texto plagiador, é frequente a reutilização do texto original, introduzindo algumas alterações com o objectivo de aumentar a coerência do texto. Esta estratégia é utilizada, por exemplo, em casos nos quais o tema do original é semelhante, mas não idêntico. Este recurso demonstra intenção, no sentido em que requer um posicionamento consciente por parte do autor com o intuito de adaptar o texto aos seus objectivos. Existem, neste *corpus*, diversos exemplos desta estratégia. Veja-se, por exemplo, o texto do estudante S1. A frase "Há receituários de desenho gráfico que podem ser consultados para procurar inspiração", fazendo referência a estratégias de *design* utilizadas pelos jornais, faz sentido no contexto do original (o artigo procurava mostrar às escolas como criar um jornal escolar), mas não faz sentido no contexto do texto derivado (plagiador), uma vez que este trabalho teria, supostamente, sido escrito por estudantes de *design*. Por isso, este trecho foi eliminado do texto plagiador. Outros exemplos do mesmo estudante incluem a alteração do conceito "comunidade escolar" para comunidade em geral, e de "estudantes e professores" apenas para "estudantes". No mesmo texto, "o estabelecimento de ensino", "o endereço", "o telefone", e "o e-mail" são omitidos, uma vez que são relevantes apenas para o público-alvo do original. Curiosamente, ainda neste texto "do estabelecimento de ensino, as autarquias locais" é alterado para "do as autarquias locais", introduzindo um erro gramatical: ao eliminar "do estabelecimento de ensino", a contração da preposição "de" com o artigo "o" — "do" — também deveria ter sido eliminada.

O estudante S3 recorre a esta estratégia com frequência. Ao utilizar o texto original (que foi traduzido de espanhol para português), altera com frequência o texto derivado, não só para transmitir a ideia de que é o autor do texto, mas também a ideia de que viveu os eventos que levaram à redação deste trabalho de reflexão académica. Somos levados a crer que isto se deve, em parte, ao facto de o original comportar uma opinião pessoal muito forte. Por exemplo, o original "debajo de mi casa" é omitido no texto plagiador, tal como as referências a "Barcelona" e à rede ferroviária espanhola "RENFE".

De modo idêntico, a frase "Hace años también, en el antiguo cauce del río Esgueva, antes de su remodelación, a la altura de la plaza de las Batallas, tuve el placer de ver a un anciano", que fornece bastantes informações específicas, é simplesmente substituída pelas palavras "um idoso". São, também, frequentes casos em que frases que mostram o posicionamento pessoal do original — recorrendo, por exemplo, a determinantes, pronomes e verbos na primeira pessoa — são substituídas por trechos impessoais, ou em que trechos com um conteúdo de avaliação pessoal são simplesmente eliminados. Além disso, nalguns casos o texto é alterado para um estilo mais adequado ao género de texto: por exemplo, a hesitação pessoal do autor é substituída por uma afirmação assertiva, e a oração "esto es lo que más me cuesta entender" é suprimida integralmente no texto plagiador.

Contudo, nem todas as referências culturais são adaptadas coerentemente. Por exemplo, a substituição do original "Muelle" pela versão derivada de "Berço" não faz qualquer sentido. "Muelle" é um famoso *designer* de grafite espanhol, mas uma simples pesquisa de "Berço" no *Google* não devolveu quaisquer resultados relevantes. Depreende-se, portanto, que esta transferência resulta, ou de uma má tradução automática, ou de uma interpretação errada do original, seguida de uma tradução livre errada para português; porém, o motivo desta transferência é mais relevante para o estudo do plágio translingue (Sousa-Silva, 2014) do que para o tema desta investigação.

4.1.6 Alteração da ortografia e da morfologia

O plágio é, com frequência, disfarçado através de alterações ortográficas, sendo, neste sentido, intencional. Até à entrada em vigor do novo Acordo Ortográfico da Língua Portuguesa, era relativamente comum identificar estudantes portugueses que plagiavam textos escritos na variedade do Brasil, porque aqueles nem sempre corrigiam a ortografia em conformidade, o que levantava suspeitas. Aquilo que os denunciava era, muitas vezes, a ausência de correção — ou a correção inconsistente — das consoantes "-ç", "-t" e "-t", características do português do Brasil, para a grafia europeia "-cç", "-pt" ou "-ct", respectivamente. Apesar de esta ser uma alteração ortográfica muito simples e óbvia, é suficiente para ludibriar sistemas de detecção automática. Alguns exemplos incluem "objetos"/"objectos" e "adotando"/"adoptando" (variedades de Brasil e de Portugal, respectivamente), entre muitos outros existentes no *corpus*.

Também ocorrem alterações entre variantes. Por exemplo, enquanto a variedade do Brasil tende a utilizar apenas o pronome, a variedade de Portugal requer, normalmente, um artigo seguido de um pronome, como em "porém, <u>sua</u> influência sobre os outros movimentos modernos foi importante e duradoura" (na variedade do Brasil) e "porém, <u>a sua</u> influência sobre os outros movimentos modernos foi importante e duradoura" (na variedade europeia). Também os advérbios são, recorrentemente, utilizados de modo distinto, conforme mostra o estudante S4, que altera "junto" (na variedade do Brasil) para "juntamente" (na variedade europeia).

4.1.7 Alteração da ordem das palavras

Outra estratégia de plágio utilizada recorrentemente é a alteração da ordem das palavras. Embora se possa argumentar que alterar simplesmente a ordem das palavras não é, *stricto sensu*, uma forma de paráfrase, na medida em que o vocabulário do original não é substituído por vocabulário alternativo, esta alteração permite reformular a frase, utilizando o mesmo vocabulário. Esta reformulação não é passível de ser detectada pela maioria dos sistemas de detecção de plágio, e impede que o texto original seja identificado em ferramentas de busca como o Google, ao pesquisar trechos exatos. A alteração da ordem das palavras é intencional no sentido em que o significado transmitido, bem como o vocabulário, são reutilizados conscientemente, sem qualquer referência. Um bom exemplo deste tipo de estratégia é a alteração de "foram assim chamados" para "assim foram chamados", no texto do estudante S4, bem como de "No sentido lato, entendemos por fotojornalismo" para "por fotojornalismo no sentido lato, entendemos", no texto do estudante S5.

4.2 Utilização de verbos de referenciação

A análise dos textos considerados como sendo plágio constantes deste *corpus* demonstra que, na sua maioria, os verbos de referenciação são reutilizados pelos estudantes de forma literal, sem quaisquer alterações adicionais, tal como acontece com o texto citado que precede ou que segue o verbo de referenciação. É o caso de ""Tudo passa e o tempo foge", afirmara Begson" ou "(...) pois o que importa, como diz Marinetti, é "descobrir a sensação dinâmica e eterniza-la como tal", no texto do estudante 4.

Contudo, os verbos de referenciação são, muitas vezes, reformulados, de modo a afastar o texto das fontes originais, como acontece no texto do estudante S5, onde a frase original:

> "Adaptando ao fotojornalismo uma sistematização das funções da linguagem no discurso informativo sustentada por Jesús González Requena (41), poderíamos, pelo nosso lado, falar das seguintes funções".

é alterada para:

> "Para Jesus Requena, adaptando ao fotojornalismo uma sistematização das funções da linguagem no discurso informativo poderíamos falar das seguintes funções".

Ou seja, o verbo de referenciação do texto original, "sustentada", é substituído pela preposição "para" no texto derivado. O texto prossegue sem aspas, mas é uma cópia (quase) literal do original. Por conseguinte, enquanto a cópia literal será mais um caso de imprudência, a reformulação do verbo de referenciação constitui uma tentativa consciente de alterar o original, sendo, por essa razão, intencional.

Em todos estes casos, porém, os verbos de referenciação reutilizados/ajustados, e as citações que os precedem ou que a eles se seguem, nunca se baseiam em referências diretas; pelo contrário, foram copiadas de outros textos que citaram as referências originais.

4.3 Recursos utilizados nos textos do *corpus*

Esta análise mostra que as estratégias e os mecanismos utilizados por cada um dos estudantes para plagiar variam, conforme ilustrado na Figura 1:

Figura 1

Recursos utilizados por cada estudante

Recursos/Estudante	S1	S2	S3	S4	S5
1. Substituição lexical (por palavras semanticamente relacionadas)	√	X	√	√	√
2. Adição de especificação	X	X	√	√	√
3. Eliminação de especificação	√	X	√	√	√
4. Omissão e substituição de elementos textuais para aumentar a coerência do texto derivado	√	X	√	X	X
5. Adição de palavras a trechos copiados literalmente	X	√	X	√	√
6. Alteração da ortografia e da morfologia	X	X	X	√	√
7. Alteração da ordem das palavras	X	X	X	√	√
8. Utilização de verbos de referenciação	X	X	√	√	√
8a. Utilização literal	X	X	√	√	0
8b. Utilização com alterações	X	X	0	0	√

À exceção do estudante S5, que utiliza um espectro mais alargado de recursos, todos os outros estudantes apresentam uma tendência para utilizar predominantemente um dos recursos. Uma análise mais atenta destes recursos revela que, embora o estudante S5 não seja o autor com o número de recursos mais elevado, foi quem utilizou mais recursos diferentes, o que demonstra uma tentativa consciente de fazer passar o texto como sendo seu.

5. Demonstração da intenção do autor

A interpretação dos resultados desta análise mostra que os dois recursos textuais utilizados, a paráfrase e os verbos de referenciação, apresentam um desempenho distinto na demonstração da intenção do autor.

No seu conjunto, poderia dizer-se que a utilização, quer de paráfrases, quer de verbos de referenciação, sem qualquer atribuição ao autor original, pode demonstrar intenção ou intenção oblíqua. Entre os casos de intenção, encontram-se a substituição lexical por palavras semanticamente relacionadas, adição de especificação, omissão e substituição de elementos textuais para aumentar a coerência do texto derivado, adição de palavras a trechos de texto copiados literalmente, alterações ortográficas e morfológicas, alteração da ordem de palavras e introdução de alterações aos verbos de referenciação. A eliminação de especificação e a cópia literal de verbos de referenciação, por seu turno, podem representar uma tentativa de aprendizagem, no âmbito do processo de escrita académica, sendo menos gravosas do que a intenção.

Reiterando o argumento de que a manipulação textual é demonstrativa do grau de intenção, este estudo indica que o cenário no qual um plagiador utiliza conscientemente texto de outrem sem qualquer referência como um meio para atingir um fim — i.e., obter as notas ou qualificações desejadas — não é um cenário raro. Na secção 2, argumentou-se que a avaliação da intenção assenta no facto de que os estudantes em causa optaram conscientemente por plagiar, ou, tendo previsto a possibilidade de ocorrência de plágio, não a evitaram. Contudo, o grau de manipulação e reformulação exigido pelos tipos de paráfrase apresentados na secção 4 mostra que estes casos não podem ser considerados acidentais ou inadvertidos. Pelo contrário, este tipo de manipulação exige um conhecimento das respectivas convenções, e, por conseguinte, das causas que lhe estão inerentes. Em última instância, a intenção dos estudantes em ludibriar é demonstrada pela tentativa de que os docentes considerem o texto como sendo original, e o avaliem como tal.

Esta análise mostra que a substituição lexical por palavras semanticamente relacionadas constitui uma das principais estratégias utilizadas pelos estudantes para plagiar, e uma das menos identificadas pelo *software* de detecção de plágio. Contudo, outras estratégias incluem: adição ou eliminação de especificação, para reforçar conceitos ou para adaptar o texto aos seus objectivos/público-alvo; adição de palavras a trechos de texto copiados literalmente, com intuito de melhorar o texto, mais do que de ludibriar (embora a introdução de novos elementos no texto copiado literalmente possa contribuir para ludibriar sistemas de detecção automática de plágio); omissão e substituição de elementos textuais para conferir ao texto plagiador um grau de coerência mais elevado (o ludíbrio funciona, quer ao nível lexical, quer ao nível estilístico, no sentido de que, frequentemente, as alterações são realizadas de modo a refletir o estilo — incluindo sintáctico e de pontuação — do restante texto derivado); alteração da ortografia e da morfologia; e alteração da ordem das palavras.

Por outro lado, os verbos de referenciação, como implicam a adopção de um posicionamento em particular e/ou a orientação do leitor numa determinada direção, podem contribuir para identificar o texto reutilizado como plágio ou como problema de escrita acadêmica. Na maioria dos casos analisados neste estudo, a cópia dos textos originais era, sobretudo, literal. Nestes casos, os estudantes copiaram, quer os verbos, quer as citações (no texto) do original. Os verbos de referenciação reutilizados, bem como as citações que os acompanham, foram copiados majoritariamente de outros textos cujas fontes originais foram citadas. Contraponho, porém, que tal não demonstra a falta de intenção de ludibriar. Antes, argumento que este tipo de intenção deveria ser considerado na mesma categoria que o plágio literal, que não foi discutido neste capítulo. No entanto, parece ser inquestionável a existência de um elevado grau de intenção de plagiar nos casos em que um verbo de referenciação é manipulado ou substituído por uma preposição, pois esse verbo é reformulado de modo a afastar-se das fontes, não referenciadas.

6. Conclusão

Neste capítulo, argumentei que uma análise de paráfrases realizadas inadequadamente em textos suspeitos de plágio, quando baseada na Linguística Forense, dispõe de um potencial elevado para fornecer pistas ou, inclusivamente, provas relativamente à intenção do autor. Esta análise demonstrou, com recurso a dados do *corpus*, que a substituição de léxico relevante por vocabulário semanticamente relacionado, mas não idêntico, ou a alteração da ordem das palavras podem ser utilizadas para disfarçar intencionalmente o plágio. Por outro lado, os verbos de referenciação e as preposições têm potencial para discriminar e destrinçar casos de *patchwriting* (em que o autor faz uma colagem de partes da escrita de outrem para construir o seu próprio texto) de casos de plágio.

Com base nos argumentos apresentados, defendo que os paradigmas da legislação penal podem ser utilizados com um grau de sucesso considerável para a classificação do plágio como plágio intencional, reutilização textual não intencional (inadvertida) e plágio intencional oblíquo.

Este estudo exploratório mostra que a análise linguística pode ser utilizada para demonstrar a intenção, ainda que seja aconselhável aprofundar este estudo, por exemplo, utilizando um *corpus* de textos maior (incluindo verbos de referenciação e outros mecanismos linguísticos de referenciação, como nomes e preposições). Este estudo contribui, contudo, para investigar a intenção nos casos em que os docentes/orientadores possam hesitar em considerar o material copiado do texto original pelos estudantes, sem terem, necessariamente, que considerar informações contextuais, como as que foram utilizadas no estudo de Pecorari (2008). Por outro lado, também permite eliminar falsas suspeitas de plágio. Estas duas questões serão aprofundadas e incluídas em linhas de investigação futuras.

Agradecimentos

Este trabalho foi parcialmente financiado pela Bolsa de Doutoramento (BD) com a referência SFRH/BD/47890/2008 da FCT-Portugal, cofinanciada pelo POPH/FSE.

Referências

ANGÈLIL-CARTER, S. *Stolen language?*: plagiarism in writing. Harlow: Longman, 2000. (Real Language Series.)

AUSTIN, J. L. *How to do things with words*. Oxford: Clarendon Press, 1962.

COULTHARD, M. Author identification, idiolect and linguistic uniqueness. *Applied Linguistics*, v. 25, n. 4, p. 431-447, 2004.

_____; JOHNSON, A. *An introduction to forensic linguistics*: language in evidence. London/New York: Routledge, 2007.

EIRAS, H.; FORTES, G. *Dicionário de Direito Penal e processo penal*. Lisboa: Quid Juris, 2010.

FINNIS, J. Intention and side-effects. In: FREY, R.; MORRIS, C. (Orgs.). *Liability and responsibility*: essays in law and morals.Cambridge: Cambridge University Press, 1991. p. 32-64.

GARNER, B. A. *Black's law dictionary*. 9. ed. St. Paul, MN: West, 2009.

GOLDSTEIN, P. *Copyright's highway*: from Gutenberg to the celestial jukebox. Stanford: Stanford University Press, 2003.

HOWARD, R. Plagiarisms, authorships, and the academic death penalty. *College English*, v. 57, n. 7, p. 788-806, 1995.

_____; ROBILLARD, A. (Orgs.). *Pluralizing plagiarism*: identities, contexts, pedagogies. Boynton/Cook: Portsmouth, 2008.

JOHNSON, A. Textual kidnapping — a case of plagiarism among three student texts? *The International Journal of Speech, Language and the Law*, v. 4, n. 2, p. 210-225, 1997.

MADNANI, N.; DORR, B. Generating phrasal and sentential paraphrases: a survey of data-driven methods. *Computational Linguistics*, v. 36, n. 3, p. 341-387, 2010.

PECORARI, D. *Academic writing and plagiarism*: a linguistic anaylsis. London: Continuum, 2008.

PLAGIARISMADVICE.ORG. In: INTERNATIONAL PLAGIARISM CONFERENCE: TOWARDS AN AUTHENTIC FUTURE, 3., Northumbria University, 2008.

ROBILLARD, A. E.; HOWARD, R. M. Plagiarisms. In: _____; _____ (Orgs.). *Pluralizing plagiarism*: identities, contexts, pedagogies. New Hampshire: Boynton/Cook, 2008.

SCOLLON, R. As a matter of fact: the changing ideology of authorship and responsibility in discourse. *World Englishes*, v. 13, n. 1, p. 33-46, 1994.

_____. Plagiarism and ideology: identity in intercultural discourse. *Language in Society*, n. 24, p. 1-28, 1995.

SEARLE, J. R. *Speech acts*: an essay in the philosophy of language. London: Cambridge University Press, 1969.

SOUSA-SILVA, R. *Detecting plagiarism in the forensic linguistics turn*. Tese (Doutorado) — School of Languages and Social Sciences, Aston University, Birmingham, 2013.

_____. Detecting translingual plagiarism and the backlash against translation plagiarists. *Language and Law/Linguagem e Direito*, v. 1, n. 1, p. 70-94, 2014.

TURELL, M. T. Textual kidnapping revisited: the case of plagiarism in literary translation. *The International Journal of Speech, Language and the Law*, v. 11, n. 1, p. 1-26, 2004.

_____. Plagio y traducción literaria. *Vasos Comunicantes*, v. 37, n. 1, p. 43-54, 2007.

_____. Plagiarism. In: _____. *Dimensions of forensic linguistics*. Amsterdam/Philadelphia: John Benjamins Publishing Company, 2008.

VILA, M.; MARTÍ, M. A.; RODRÍGUEZ, H. Paraphrase concept and typology. A linguistically based and computationally oriented approach. *Procesamiento del Lenguaje Natural*, n. 46, p. 83-90, 2011.

2ª PARTE

DISCURSO JURÍDICO:
Estudo dos direitos linguísticos e dos gêneros textuais legais

LÍNGUA OFICIAL E DIREITOS LINGUÍSTICOS NA CONSTITUIÇÃO BRASILEIRA DE 1988:
Revisitando o tema

GUSTAVO FERREIRA SANTOS*

> A língua é um dialeto com um exército e uma marinha.
> Max Weinreich

1. Introdução

Os chamados direitos fundamentais estão no centro do conceito de Constituição, desde a primeira versão de constitucionalismo. Em um primeiro momento, serviram como anteparo protetor do indivíduo contra possíveis excessos do Estado. O Estado perigoso deveria co-

---

* Doutor em Direito Público e professor de Direito Constitucional da Universidade Católica de Pernambuco e da Universidade Federal de Pernambuco, Brasil.

nhecer, nos direitos, freios que preservassem a autonomia individual. Com o tempo, os catálogos foram tornando-se complexos, com vários tipos de direitos, de diferentes texturas.

Um olhar limitado, que isole normas definidoras de direitos, pode não só restringir o potencial protetivo de normas constitucionais como pode transformar normas definidoras de direitos de uns em obstáculo contra a aquisição de direitos por outros.

Parece-nos que isso pode acontecer com a norma constitucional que define um idioma oficial para o país. Uma leitura apressada pode transformar o dispositivo em um instrumento de padronização cultural, obstaculizando a adoção, pelo Poder Público, de decisões que ampliem o acesso de cidadãos a direitos. Para isso, basta que a interpretação do dispositivo veja nessa adoção do idioma oficial uma proibição de adoção de idiomas cooficiais, por legislação infraconstitucional ou por normas de Estados e municípios.

Uma primeira versão deste trabalho, apresentada em 2008 na Conferência da Associação Internacional de Direitos Linguísticos, que aconteceu na sede da Fundação Calouste Gulbenkian, em Lisboa, Portugal, foi escrita em razão de duas situações fáticas que, à época, chamaram a nossa atenção para o problema: a) a edição da Lei n. 145/2002, do município de São Gabriel da Cachoeira, no Estado do Amazonas, tornando, para o município, cooficiais as línguas nheengatu, tukano e baniwa; b) a criação, pela Lei Complementar Municipal n. 487/2004, no município de Blumenau, no Estado de Santa Catarina, de um Conselho Municipal do Ensino da Língua Alemã, que visa discutir o ensino bilíngue português-alemão naquele município de forte imigração alemã.

Indagamos quanto à constitucionalidade de normas infraconstitucionais que fixem outras línguas para, lado a lado com a língua portuguesa, serem utilizadas para a edição de atos oficiais. Em um primeiro momento, pareceu-nos que a questão se confundia com a questão federativa. A reflexão, no entanto, levou-nos a considerar que a questão ia além, envolvendo a realização de princípios constitucionais que dão identidade à ideia de estado democrático de direito.

Identificamos no dispositivo constitucional que fala em um idioma oficial (art. 13 da Constituição da República Federativa do Brasil) um direito fundamental ao acesso a informações e serviços públicos em língua portuguesa, em aparente colisão com princípios constitucionais que garantem culturas e formas de expressão. Buscamos interpretar tal norma sem perder de vista a ideia de unidade da Constituição, fazendo com que o dispositivo definidor do idioma oficial dialogasse com os outros dispositivos que, de alguma forma, têm impacto sobre a discussão dessa matéria.

2. Direitos linguísticos como direitos fundamentais

Direitos fundamentais são direitos consagrados na Constituição. São proteções a indivíduos, a grupos ou à sociedade, contra poderes, do Estado ou de particulares. Podem ser, assim, individuais, coletivos ou difusos. Podem consagrar liberdades, impedindo determinadas condutas, ou viabilizar prestações, com a previsão de deveres de atuação para o Estado.

O termo "direitos linguísticos" compreende um conjunto de posições jurídicas protegidas, explícita ou implicitamente, nas Constituições e, em alguns casos, pretensões morais, que movimentos políticos reivindicatórios pretendem ver reconhecidos como direitos. Protegem a expressão individual ou coletiva em determinadas línguas. Os direitos linguísticos desafiam as clássicas dicotomias "direitos individuais X direitos coletivos" e "direitos de liberdade X direitos prestacionais", tão presentes na chamada teoria dos direitos fundamentais.

No plano individual, o direito linguístico é "o direito de cada indivíduo a aprender e desenvolver livremente sua própria língua materna, a receber educação pública através dela, usá-la em contextos oficiais socialmente relevantes e a aprender pelo menos uma das línguas oficiais do seu país de residência" (Hamel, 1995, p. 12). Por um lado, nesse plano individual, os direitos linguísticos apresentam-se como liberdades, tendentes a protegê-los contra atos estatais ou privados que o impeçam de desenvolver sua língua materna. Por outro lado, também no plano individual, manifestam-se os direitos linguísticos como direitos prestacionais na medida em que exigem do Estado uma proteção especial, obrigando o poder público a manter serviços, como, por exemplo, os de educação e proteção do patrimônio cultural.

Já no plano coletivo, o direito linguístico compreende o direito "de manter sua identidade e alteridade etnolinguísticas" (Hamel, 1995, p. 12). Nesse plano, também há aspectos que se manifestam como liberdades, aptas a impedir a edição de atos que proíbam o uso da língua, enquanto outros aspectos têm consequências claramente prestacionais, como, por exemplo, no caso de previsão de deveres de proteção, por políticas públicas específicas, de línguas de grupos minoritários.

3. A regulação constitucional da língua

3.1 No Direito brasileiro

A Constituição do Império do Brasil, de 1824, não tratou da questão do idioma. O tema também não foi tratado em nossa primeira Constituição republicana, promulgada em 1891.

A primeira vez que o tema mereceu tratamento constitucional no Brasil foi na Constituição de 1934. O parágrafo único do art. 150 estabelecia diretrizes para um Plano Nacional de Educação. Em sua alínea "d" fixava que o ensino fosse feito no "idioma pátrio": "d) ensino, nos estabelecimentos particulares, ministrado no idioma pátrio, salvo o de línguas estrangeiras".

Na Constituição brasileira de 1946 a única menção à língua ocorreu no art. 35, que instituiu comissão para estudar o nome a ser dado ao idioma falado no Brasil, nos seguintes termos: "Art 35 — O Governo nomeará Comissão de professores, escritores e jornalistas, que opine sobre a denominação do idioma nacional".

Essa norma refletia uma discussão, suscitada pelas diferenças entre os falares do Brasil e de Portugal, sobre a identidade entre essas formas de expressão, existindo os que reconhecem nas duas manifestações a mesma língua e os que veem no Brasil uma nova língua.

A Constituição brasileira de 1967 voltou a tratar da língua quando da determinação de que o ensino seja ministrado na língua nacional (art. 168, § 3º, I), sem, no entanto, determinar qual seria essa língua. Trouxe, ainda, a Constituição de 1967, em seu art. 142, § 3º, b, norma proibitiva do alistamento eleitoral àqueles que não soubessem exprimir-se na língua nacional. Dispositivos similares foram repetidos na Emenda Constitucional n. 1/1969, que funcionou para o Brasil como um verdadeiro estatuto constitucional.

Com a promulgação da Constituição de 1988, passou o país a contar com uma definição constitucional de uma língua oficial. O art. 13 da Constituição determina: "A língua portuguesa é o idioma oficial da República Federativa do Brasil".

Apesar das poucas referências constitucionais, a questão da língua apareceu em outros atos normativos na história do Brasil. Alguns deles, por darem um *status* de oficial à língua portuguesa, merecem destaque.

Ainda no período da colônia, o Diretório dos Índios, de 1757, promulgado pelo Marquês de Pombal, proibiu o uso da "língua geral", variação da língua tupi, que servia ao diálogo entre as diversas comunidades. Assim, o uso da língua portuguesa passou a ser obrigatório (Guimarães, 2005). Segundo Elisa Garcia (2007), "O *Diretório* tinha como objetivo principal a completa integração dos índios à sociedade portuguesa, buscando não apenas o fim das discriminações sobre estes, mas a extinção das diferenças entre índios e brancos".

A lei de 15 de outubro de 1827, promulgada por Dom Pedro I, que tratou das "escolas de primeiras letras", determinou que fosse ensinada, na escola, a "gramática da língua nacional".

O Decreto n. 23.028, de 2 de agosto de 1933, tornou obrigatório nas repartições públicas, nas publicações oficiais e nas escolas o uso da ortografia, objeto de um acordo entre a Academia Brasileira de Letras e a Academia das Ciências de Lisboa. O Decreto-lei n. 292, de 23 de fevereiro de 1938, confirmou essa obrigatoriedade. O Decreto-lei n. 5.186, de 13 de janeiro de 1943, adota como formulário ortográfico o do "Vocabulário Ortográfico e Ortoépico da Língua Portuguesa organizado pela Academia Brasileira de Letras de acordo com a Academia das Ciências de Lisboa", publicado em 1932.

O Decreto-lei n. 8.286, de 5 de dezembro de 1945, determina que terão caráter oficial, nas repartições públicas e nas escolas, os vocabulários adotados pela Academia Brasileira de Letras.

A Lei n. 5.692, de 11 de agosto de 1971, que fixou diretrizes e bases do ensino de 1º e 2º graus, estabeleceu, no parágrafo 2º do art. 1º, que "O ensino de 1º e 2º graus será ministrado obrigatoriamente na língua nacional". Essa determinação foi mantida pela Lei n. 9.394, de 20 de dezembro de 1996, — atual Lei de Diretrizes e Bases da Educação Nacional — apenas para o ensino fundamental.

Vale registrar, ainda, que normas eleitorais também têm impacto na discussão sobre a língua oficial. O Código Eleitoral — Lei n. 4.737, de 15 de julho de 1965 — determina, em seu art. 242, que a propaganda partidária seja feita apenas em língua nacional.

3.2 Em outros países

Como vimos, a adoção da língua portuguesa como idioma oficial apenas se deu no Brasil, no plano constitucional, com a Constituição de 1988. A adoção de uma língua oficial por um país nem sempre está expressa em um ato normativo. Há diversas situações nas quais o uso de uma língua no tempo a legitimou como o idioma da Administração pública.

Nos Estados Unidos, por exemplo, apenas em 2006 houve a deliberação, no Senado, pelo reconhecimento do inglês como a língua oficial. Isso ocorreu no âmbito da discussão sobre uma nova lei de imigração, tendo a maioria do Senado votado favoravelmente a uma emenda ao projeto inicial estabelecendo o inglês como "língua nacional". Com isso, a Lei de Imigração (Comprehensive Immigration Reform Act of 2006) traz algumas exigências quanto ao uso, por imigrantes, da língua inglesa. No entanto, o país segue sem um idioma oficial, nacionalmente definido, apesar de vários Estados terem normas declarando o inglês como língua oficial em seus territórios (Schildkraut, 2001, p. 445).

O mais comum é que o problema da língua alcance o nível constitucional em países com alguma diversidade linguística. Regular a língua é, também, regular o conflito entre os diversos grupos que formam o país. A busca da obtenção de um parâmetro constitucional que permita a garantia da diversidade é o que leva à regulação do tema na norma máxima.

A Constituição espanhola de 1978 tratou da questão da língua no seu art. 3:

Artigo 3.
1. O castelhano é a língua espanhola oficial do Estado. Todos os espanhóis têm o dever de conhecê-la e o direito de usá-la.
2. As demais línguas espanholas serão também oficiais nas respectivas Comunidades Autônomas de acordo com seus Estatutos.
3. A riqueza das distintas modalidades linguísticas da Espanha é um patrimônio cultural que será objeto de especial respeito e proteção.[2]

---

2. Tradução nossa. Texto original:

Artículo 3.
1. El *castellano* es la lengua española oficial del Estado. Todos los españoles tienen el deber de conocerla y el derecho a usarla.
2. Las demás lenguas españolas serán también oficiales en las respectivas Comunidades Autónomas de acuerdo con sus Estatutos.
3. La riqueza de las distintas modalidades lingüísticas de España es un patrimonio cultural que será objeto de especial respeto y protección.

Feita a opção pelo castelhano como língua oficial, é deixada uma competência expressa às comunidades autônomas para oficializar, também, outras línguas.

A Constituição do Canadá também trata da língua oficial. Na seção 16 do Ato Constitucional de 1982 são reconhecidas como línguas oficiais o inglês e o francês. Vários dispositivos na Constituição são voltados a garantir o equilíbrio entre as duas línguas.

Na Bélgica, que também é conhecida pela diversidade de línguas, desde 1970 a questão da língua tem uma regulação constitucional. Na seção IV, são definidas quatro áreas geográficas distintas, com línguas oficiais diferentes: uma área com o francês como língua oficial, uma área que adota o holandês, uma pequena área de falantes de alemão e uma região bilíngue, francês-holandês, onde fica a capital.

A Suíça também trata do tema em sua Constituição. No seu art. 4º, são definidas como línguas oficiais as quatro línguas mais faladas no país: alemão, francês, italiano e romanche.

3.3 No Direito Internacional e supranacional

A questão da língua também se apresenta como objeto de alguns documentos de Direito Internacional.

O Pacto Internacional de Direitos Civis e Políticos, de 1966, ratificado no Brasil pelo Decreto n. 592, de 6 de julho de 1992, trata, nos arts. 2º, 4º, 24 e 26, do direito a não ser discriminado em razão da língua. O art. 14 do Pacto garante o acesso, perante os tribunais, às acusações em uma língua que o acusado entenda. No art. 27, o documento garante aos membros de comunidades linguísticas minoritárias o uso de suas línguas.

O Pacto de San Jose da Costa Rica, de 22 de novembro de 1969 — a carta de direitos interamericana — institui, quando trata das garantias judiciais, em seu art. 8º, um direito a ser assistido por intérprete ou tradutor, quando o acusado não conhecer a língua do juízo ou tribunal. No mesmo documento, existem referências expressas à proibição da discriminação em razão do idioma (arts. 1º e 27).

A Resolução n. 169, da Organização Internacional do Trabalho, conhecida como Convenção sobre os Povos Indígenas e Tribais, de 1989, faz referência à língua, para assegurar, no art. 28, o ensino na língua da comunidade indígena e o conhecimento da língua nacional. Determina a Convenção que seja garantido o acesso dessas comunidades a direitos econômicos, sociais e culturais e que o conhecimento sobre tais direitos seja acessível nas suas línguas.

A Assembleia Geral da ONU aprovou em 18 de dezembro de 1992, pela Resolução n. 47/135, a Declaração sobre os Direitos das Pessoas Pertencentes a Minorias Nacionais ou Étnicas, Religiosas e Linguísticas. Nela, além da vedação da discriminação em razão da língua, são dirigidos deveres específicos aos Estados, no sentido da proteção das minorias, cuidando, por exemplo, das condições para o aprendizado e o uso dos seus idiomas.

Em setembro de 2007, foi editada a Declaração das Nações Unidas sobre os Direitos dos Povos Indígenas. O art. 13 da Declaração afirma que "os povos indígenas têm direitos a revitalizar, utilizar, fomentar e transmitir às gerações futuras suas histórias, idiomas, tradições orais, filosóficas, sistemas de escrita e literatura, e de atribuir nomes às suas comunidades, lugares e pessoas, e mantê-los". Em seu art. 12, a Declaração trata do direito à educação na língua indígena, inclusive determinando que, quando possível, seja estendido o direito às pessoas que vivam fora de suas comunidades. Preocupou-se, ainda, a declaração com o direito das comunidades indígenas a estabelecerem seus próprios meios de informação, devendo os meios públicos de informação refletir a diversidade cultural indígena e o Estado incentivar os meios de comunicação privados a refletir tal diversidade (art. 16).

4. A federação brasileira e a língua oficial

A forma federativa de Estado associa-se, necessariamente, à questão do pluralismo. O debate sobre a diversidade linguística é um debate que perpassa a questão federal, já que as diferenças internas justificam a adoção da forma federativa de Estado e a questão da identidade de grupos minoritários será expressa mais fortemente na política local ou regional. Essas instâncias descentralizadas na federação terão uma capacidade maior de detectar as especificidades da formação cultural da região e transformá-las em conteúdos normativos capazes de garantir suas expressões.

Aqui, trabalhamos com o conceito de Oswaldo Aranha Bandeira de Melo, para quem a federação é "o Estado descentralizado por via de Constituição rígida, em que os Estados Federados são coletividades administrativa e constitucionalmente autônomas, e participam sempre, com maior ou menor extensão, nas deliberações da União" (apud Farena, 1991, p. 22). Tais características estão bem marcadas no Estado brasileiro, que distribui, por uma Constituição rígida, poderes políticos. A descentralização é fundada no título III da Constituição, que traz um conjunto de regras de distribuição, entre União, Estados, Distrito Federal e municípios, de competências administrativas, ou seja, poderes para agir em determinados temas, e de competências legislativas, ou seja, o poder de legislar.

Na Constituição brasileira, a descentralização política, com a atribuição de competências legislativas a entes regionais e locais, dá-se de duas formas. Estados e municípios gozam de autonomia política, existindo diferenças significativas na forma de atribuição desses poderes.

As competências legislativas da União e dos Estados são definidas tematicamente. A Constituição determina quais as matérias que serão legisladas privativamente pela União e quais as matérias que serão legisladas concorrentemente pela União e pelos Estados. Os Estados ficam, ainda, com uma competência legislativa remanescente.

O município não recebe competência legislativa com a definição temática, ou seja, não são definidas as matérias que lhe são reservadas, mas a Constituição define que será competência do município legislar sobre "assuntos de interesse local" (art. 30, I) e "suplementar a legislação federal ou estadual, no que couber" (art. 30, II).

A definição de "assunto de interesse local" é um dos grandes problemas a serem enfrentados pelos intérpretes da federação. Não é possível, até hoje, com toda a experiência na prática da Constituição de 1988, a construção de um conceito objetivo de "interesse local" a partir das decisões do Supremo Tribunal Federal, diante de diversas alterações de entendimento.

A oficialização ou não de um idioma é, também, uma decisão sobre o funcionamento da Administração pública. Tanto a Estados como a municípios devem ser reconhecidos os poderes de legislar sobre as suas estruturas administrativas. A autolegislação será um aliado fundamental da autoadministração. Dessa forma, atos normativos locais serão editados para estruturar o funcionamento da Administração pública nos entes descentralizados, observadas, evidentemente, as normas da União editadas na sua competência constitucionalmente definida.

5. Fundamentos constitucionais da proteção da diversidade linguística

5.1 A proteção das línguas como proteção da liberdade de expressão

O debate em torno da relação entre Estado e línguas é, também, um debate sobre o alcance da proteção da liberdade de expressão. Esse direito fundamental está consagrado em todas as Constituições da tradição do constitucionalismo e tem inegável importância para a afirmação da natureza democrática de um Estado. Em torno da previsão genérica de uma "liberdade de expressão" transitam diversas preocupações. Busca-se garantir a expressão do pensamento, seja através da defesa de uma atividade profissional de coleta e repasse de informação (liberdade de imprensa), seja com a proteção da expressão da religiosidade (liberdade de culto), passando pela garantia das escolhas didático-científicas (liberdade de cátedra).

Não pode o estudo da liberdade de expressão limitar-se a tratar da proteção contra a censura. É necessário reconhecer que, nessa liberdade, está incluído o direito de se expressar na língua materna do indivíduo. Esse reconhecimento da relação de pertinência entre a questão linguística e a própria definição da liberdade de expressão resulta, por exemplo, no impedimento de que sejam proibidos, pelo Estado, que conteúdos sejam publicados em determinada língua (Lazcano Brotons, 2004).

5.2 Garantias específicas das populações autóctones

Em relação às línguas de populações autóctones, há uma maior facilidade de localização no texto constitucional de fundamentos para o seu reconhecimento e a sua proteção. Há um capítulo específico, no título da ordem social, denominado "dos índios". Apesar da clara ênfase na questão da terra, que toma boa parte dos dispositivos do capítulo,[3] fez o *caput* do art. 231 da Constituição uma importante referência ao reconhecimento de suas línguas:

> Art. 231. São reconhecidos aos índios sua organização social, costumes, línguas, crenças e tradições, e os direitos originários sobre as terras que tradicionalmente ocupam, competindo à União demarcá-las, proteger e fazer respeitar todos os seus bens.

A preocupação com as línguas dessas comunidades também mereceu destaque no capítulo que trata da educação. Ao mesmo tem-

---

3. Para se ter uma ideia, a palavra "terra" aparece oito vezes, no art. 231.

po em que afirmou que o ensino fundamental no Brasil será ministrado em língua portuguesa, a Constituição permitiu às comunidades indígenas o uso de suas línguas maternas e dos seus processos próprios de aprendizagem:

> Art. 210. (...)
>
> § 2º — O ensino fundamental regular será ministrado em língua portuguesa, assegurada às comunidades indígenas também a utilização de suas línguas maternas e processos próprios de aprendizagem.

Essa preocupação desdobrou-se quando da elaboração da legislação infraconstitucional sobre educação. A Lei n. 9.394, de 20 de dezembro de 1996, conhecida como a Lei de Diretrizes e Bases da Educação Nacional, determinou que "o Sistema de Ensino da União, com a colaboração das agências federais de fomento à cultura e de assistência aos índios, desenvolverá programas integrados de ensino e pesquisa, para oferta de educação escolar bilíngue e intercultural aos povos indígenas". Em 1999, a Câmara de Ensino Básico do Conselho Nacional de Educação editou o Parecer n. 14 e a Resolução n. 3, tratando do ensino indígena.

5.3 Garantias do pluralismo

A análise do problema da adoção de outra língua não pode se resumir à consideração da norma que fixa a língua oficial, nem das normas de organização da federação. Em diversos dispositivos constitucionais, a diversidade cultural do país recebe algum tratamento.

Há, também, na Ordem Social, uma seção dedicada à cultura. No art. 215 há uma exigência de que o Estado garanta o pleno exercício dos direitos culturais. O seu parágrafo único determina a proteção de manifestações culturais de todos os "grupos participantes do processo civilizatório nacional":

Art. 215. O Estado garantirá a todos o pleno exercício dos direitos culturais e acesso às fontes da cultura nacional, e apoiará e incentivará a valorização e a difusão das manifestações culturais.

§ 1º — O Estado protegerá as manifestações das culturas populares, indígenas e afro-brasileiras, e das de outros grupos participantes do processo civilizatório nacional.

A língua pode ser perfeitamente incluída dentre as "manifestações culturais" a serem protegidas. Esse entendimento fica mais forte quando o art. 215 é cotejado com o art. 216, que inclui as "formas de expressão" no patrimônio cultural brasileiro:

Art. 216. Constituem patrimônio cultural brasileiro os bens de natureza material e imaterial, tomados individualmente ou em conjunto, portadores de referência à identidade, à ação, à memória dos diferentes grupos formadores da sociedade brasileira, nos quais se incluem:

I — as formas de expressão

A regra contida no parágrafo primeiro do art. 216 preocupa-se em não restringir os meios à disposição do poder público quando se trata de proteção do patrimônio cultural:

§ 1º — O Poder Público, com a colaboração da comunidade, promoverá e protegerá o patrimônio cultural brasileiro, por meio de inventários, registros, vigilância, tombamento e desapropriação, e de outras formas de acautelamento e preservação.

A ideia da cooficialidade, além das consequências no plano individual, resultando na atribuição de um direito ao acesso a informações e serviços na língua materna, viabiliza, também, um instrumento de preservação. Uma língua utilizada em situações cotidianas e registrada em atos oficiais não corre o risco de extinção.

O pluralismo que a Constituição protege é reforçado, ainda, por uma feição material do princípio da igualdade. Longe de significar uma ordem de uniformização, o princípio da igualdade pode e deve ser tomado como um instrumento de proteção da diferença. Thomas Würtenberger (1992, p. 69) afirma que "a ideia de igualdade inclui dois pontos de vista totalmente diferentes: por um lado o tratamento formal igual, por outro lado a atividade de igualar circunstâncias desiguais". As políticas de reconhecimento e promoção de línguas faladas por grupos minoritários devem ser vistas como ações afirmativas, com fundamento constitucional.

6. Regime jurídico das línguas adotadas em lei

Ao estabelecer uma determinada língua como oficial, o Estado obriga-se a editar nessa língua todos os seus atos. Com isso, os indivíduos passam a ter um direito, oponível ao Estado, de acesso a informações e serviços na língua oficial. Não é à toa que a regra constitucional que consagra o idioma oficial, o art. 13, está no Título II, "Dos direitos e garantias fundamentais".

O problema da possibilidade ou não da adoção pelo poder público de outras línguas deve ser investigado tendo por referência o citado direito fundamental. Mas a sua interpretação não pode ser feita isoladamente, devendo a norma ser vista como elemento de um sistema. Essa é a consequência direta da adoção da ideia de unidade da Constituição. No dizer de J. J. Gomes Canotilho (1998, p. 1097), "o princípio da unidade obriga o intérprete a considerar a Constituição na sua globalidade e a procurar harmonizar os espaços de tensão existentes entre as normas constitucionais a concretizar".

Diante da inexistência na Constituição de uma vedação expressa da adoção pelo legislador de outras línguas, essa decisão só será inconstitucional se for identificada uma intervenção desproporcional no âmbito de proteção do direito dos falantes da língua também oficializada.

Como se sabe, nem todas as decisões restritivas de direitos são inconstitucionais. Há algumas intervenções que restringem direitos fundamentais no afã de proteger outros direitos ou interesses constitucionalmente consagrados. Cotidianamente, os parlamentos editam normas restritivas de direitos (Andrade, 1998). Em tais situações, caracteriza-se uma colisão entre os direitos consagrados na Constituição, o que exige do intérprete/aplicador uma postura que não absolutize um dos elementos em colisão, mas que busque promover a harmonização entre as normas constitucionais em choque.

Um instrumento que tem sido bastante utilizado pelos tribunais constitucionais nessas situações de colisões de direitos é o chamado princípio da proporcionalidade. Segundo tal princípio (Santos, 2004), existe a necessidade de provar ser a intervenção idônea a produzir a finalidade a que se propõe. Há de se evidenciar uma relação de causa e efeito entre a restrição de um direito e a promoção de outro direito ou interesse constitucionalmente protegido. O princípio também exige que seja verificado se não há outro meio tão eficaz quanto aquele meio restritivo, que não onere direitos naquela intensidade, podendo substituí-lo. Por fim, o princípio determina um balanceamento entre os interesses em jogo, de forma que não se justifica uma restrição excessivamente forte, quando dela resulta uma promoção muito pequena de outro direito ou interesse constitucionalmente protegido.

No tema sob análise, não vislumbramos nem mesmo uma colisão de direitos que exija o uso do critério da proporcionalidade. Não há propriamente uma intervenção no âmbito de proteção do direito dos falantes de língua portuguesa. Somente haveria ofensa ao direito fundamental ao acesso a informações e serviços em língua portuguesa caso a lei estabelecesse uma língua a ser adotada pelo Estado em substituição à língua que a Constituição adotou como oficial.

A adoção pelo poder público de outra língua por ato normativo infraconstitucional não traz qualquer impacto, positivo ou negativo, no âmbito de proteção do direito fundamental do falante de língua portuguesa. Não é reduzida ou ampliada a garantia do acesso a serviços na língua considerada oficial pela Constituição.

O problema da relação entre uma segunda língua, adotada em lei, e a língua oficial, definida na Constituição, já foi enfrentado pelo legislador quando da fixação de uma língua de sinais para a comunicação entre o poder público e deficientes auditivos. A Lei n. 10.436, de 24 de abril de 2002, reconheceu a Língua Brasileira de Sinais (Libras) como meio legal de comunicação e expressão. Essa lei, no parágrafo único do seu art. 4º, diz que a "Língua Brasileira de Sinais (Libras) não poderá substituir a modalidade escrita da língua portuguesa".

Não foram registradas, na literatura jurídica, posturas contrárias à adoção por lei da língua de sinais. Provavelmente, esse aparente consenso decorreu do reconhecimento da existência de uma proteção constitucional para a pessoa com deficiência, que justificaria a adoção de uma língua própria para deficientes auditivos. Essa ponderação entre interesses constitucionalmente protegidos tem as mesmas características da ponderação que deve guiar o processo decisório quanto ao problema proposto neste trabalho.

No caso da citada lei do município de São Gabriel da Cachoeira, encontramos caracterizado o interesse local, elemento principal da definição competencial do município. Também caracteriza a competência como municipal a natureza administrativa da norma, já que cuida de serviços a serem prestados pela Administração municipal. Esses elementos já consagrariam, ao nosso entendimento, a constitucionalidade do ato normativo. O argumento da constitucionalidade é reforçado por ser norma voltada ao reconhecimento, para povos autóctones, de suas línguas.

Dessa forma, a interpretação da norma que estabeleceu uma língua oficial deve ser diretamente influenciada pelas normas constitucionais consagradoras de um pluralismo cultural, que se voltam à preservação de um patrimônio cultural que inclui as várias línguas adotadas por comunidades no território nacional.

A harmonização dos dispositivos constitucionais que tratam ou que pelo menos tangenciam a questão da língua não pode olvidar os compromissos internacionais do país, que já apresentamos anteriormente.

O alcance do uso pelo poder público da língua adotada por lei não é idêntico ao que decorre da adoção constitucional da língua portuguesa como língua oficial. A lei é que definirá qual a situação e o alcance do uso, na Administração pública, da nova língua.

7. Inconstitucionalidade de leis proibitivas de uso de outras línguas

Por outro lado, parece-nos ofensivo ao regime constitucional de 1988 um ato normativo infraconstitucional que, porventura, venha a proibir o uso, em qualquer contexto, de outras línguas que não a língua portuguesa.

Uma lei que, por exemplo, forçasse a utilização da língua portuguesa, por indivíduos e por entidades privadas, não seria uma lei concretizadora da norma que estabelece uma língua oficial. Em nada o alcance da norma que fixa a língua oficial estaria expandido com a edição da norma proibindo outras línguas. Por outro lado, as garantias constitucionais da diversidade cultural estariam severamente atingidas.

Como tratamos acima, a liberdade de expressão constitucionalmente consagrada envolve a proteção da língua. Tomando, aqui, o princípio da proporcionalidade, anteriormente referido, poderíamos dizer que atos normativos infraconstitucionais proibindo o uso de línguas que não a língua portuguesa promoveriam intervenções desproporcionais no âmbito de direitos fundamentais constitucionalmente assegurados, em especial da liberdade de expressão. A inobservância da proporcionalidade estaria caracterizada com a proibição do uso de outra língua. Estaríamos diante de uma ofensa ao subprincípio da adequação, ou seja, a restrição ao direito à manifestação cultural dos falantes de uma segunda língua não contribuiria para a promoção do direito ao acesso a informações e serviços públicos daqueles falantes de língua portuguesa.

8. Considerações finais

Não nos parece que, ao falar que o Brasil tem uma língua oficial, tenha a Constituição estabelecido uma vedação de adoção, pela lei, de outras línguas a serem utilizadas na edição de atos oficiais. Entendemos que a adoção de uma língua oficial tem por escopo garantir o acesso à informação e aos serviços públicos aos falantes daquela língua.

Como não há, com a adoção pelo poder público de outras línguas oficiais, qualquer impacto negativo sobre o direito do falante de língua portuguesa, não há inconstitucionalidade nesse tipo de ato normativo. A garantia aos falantes de língua portuguesa não impede o reconhecimento de direitos a falantes de outras línguas que porventura venha o Brasil a reconhecer. Um raciocínio do tipo, que colocasse em oposição os direitos dos falantes de língua portuguesa e falantes de outras línguas, transformaria um direito fundamental em obstáculo ao reconhecimento de direitos.

Reconhecer à legislação de Estados e municípios o poder de estabelecer línguas cooficiais deve ser considerado um importante passo para dar um tratamento constitucionalmente adequado à diversidade linguística do Brasil. No entanto, deve-se ainda se tratar de uma política limitada, já que apenas nos planos local e regional haverá a garantia do acesso a informações e serviços na língua materna. É recomendável que a União tenha, também, políticas específicas para tal diversidade.

No entanto, dificilmente o problema da coexistência com outras línguas manifestar-se-á no Brasil no âmbito da União. O número de falantes de outras línguas, como primeira língua, é pequeno no Brasil, apesar de serem, só no caso de línguas indígenas, 274 línguas (IBGE, 2010). Os grupos linguísticos minoritários, por suas dimensões, talvez não tenham força política para exigir a oficialização de suas línguas no âmbito nacional. Como já assentado em um momento anterior, a probabilidade maior é que a questão seja colocada nos níveis regional e local, ou seja, em Estados e municípios, que, muitas vezes, têm uma grande parte da população falante de uma língua que não a língua portuguesa. Porém, é plenamente justificável uma reivindicação, dirigida à União, de que a Administração federal disponibilize informações e serviços em outros idiomas nos limites territoriais de municípios e Estados que os tenham reconhecido.

Faltaria, evidentemente, a uma língua adotada pelo poder público em razão de lei, uma proteção especial de que goza a língua definida no texto da Constituição. A decisão legislativa não está protegida das maiorias eventuais, como está protegida a decisão constitucional, o que a torna vulnerável. Uma lei ordinária seria aprovada por uma maioria simples, como, também, seria por esse critério revogada.

Referências

ANDRADE, José Carlos Vieira de. *Os direitos fundamentais na Constituição portuguesa de 1976*. Reimp. Coimbra: Almedina, 1998.

BÉLGICA. *La Constitution belge (1994)*. Disponível em: <http://www.senate.be/doc/const_fr.html>. Acesso em: 7 out. 2014.

BLUMENAU. Lei Complementar Municipal n. 487, de 25 de novembro de 2004.

IBGE. *O Brasil indígena*, 2010. Disponível em: <http://indigenas.ibge.gov.br/estudos-especiais-3/o-brasil-indigena/lingua-falada>. Acesso em: 7 out. 2014.

BRASIL. Lei de 15 de outubro de 1927. Manda criar escolas de primeiras letras em todas as cidades, vilas e lugares mais populosos do Império. Disponível em: <http://www.planalto.gov.br/ccivil_03/leis/LIM/LIM-15-10-1827.htm>. Acesso em: 7 out. 2014.

_____. Decreto n. 292, de 23 de fevereiro de 1938. Regula o uso da ortografia nacional. Disponível em: <http://www.planalto.gov.br/ccivil_03/decreto-lei/1937-1946/Del0292.htm>. Acesso em: 7 out. 2014.

BRASIL. Decreto-lei n. 5.186, de 13 de janeiro de 1943. Regula o uso de ortografia em todo o país. Disponível em: <http://www.planalto.gov.br/ccivil_03/decreto-lei/1937-1946/Del5186.htm>. Acesso em: 7 out. 2014.

_____. Decreto-lei n. 8.286, de 5 de dezembro de 1945. Aprova o Acordo Ortográfico para a unidade da língua portuguesa. Disponível em: <http://legis.senado.gov.br/legislacao/ListaNormas.action?numero=8286&tipo_norma=DEL&data=19451205&link=s>. Acesso em: 7 out. 2014.

_____. Lei n. 4.737, de 15 de julho de 1965. Institui o Código Eleitoral. Disponível em: <http://www.planalto.gov.br/ccivil_03/leis/l4737.htm>. Acesso em: 07 out. 2014.

_____. Lei n. 5.692, de 11 de agosto de 1971. Fixa diretrizes e bases para o ensino de 1º e 2º graus, e dá outras providências. Disponível em: <http://www.planalto.gov.br/ccivil_03/leis/l5692.htm>. Acesso em: 7 out. 2014.

_____. Lei n. 9.394, de 20 de dezembro de 1996. Estabelece as diretrizes e bases da educação nacional. Disponível em: <http://www.planalto.gov.br/ccivil_03/leis/l9394.htm>. Acesso em: 7 out. 2014.

_____. Lei n. 10.436, de 24 de abril de 2002. Dispõe sobre a Língua Brasileira de Sinais (LIBRAS) e dá outras providências. Disponível em: <http://www.planalto.gov.br/ccivil_03/leis/2002/l10436.htm>. Acesso em: 7 out. 2014.

CANADÁ. *Constitutional Acts*, de 1867 e 1982. Disponível em: <http://laws-lois.justice.gc.ca/eng/Const/Index.html>. Acesso em: 7 out. 2014.

CANOTILHO, J. J. Gomes. *Direito Constitucional e teoria da constituição*. 2. ed. Coimbra: Almedina, 1998.

CONFEDERAÇÃO SUÍÇA. *Constituição Federal da Confederação Suíça* (1999). Disponível em: <http://www.admin.ch/opc/fr/classified-compilation/19995395/index.html>. Acesso em: 7 out. 2014.

ESPANHA. *Constituição espanhola (1978)*. Disponível em: <http://www.congreso.es/consti/constitucion/indice/index.htm>. Acesso em: 7 out. 2014.

ESTADOS UNIDOS DA AMÉRICA. Act n. S.2.611, de 25 de maio de 2006. Disponível em: <http://thomas.loc.gov/cgi-bin/bdquery/z?d109:SN02611:@@@L&summ2=m&>. Acesso em: 7 out. 2014.

FARENA, Duciran van Marsen. Federalismo e direito econômico. *Revista de Informação Legislativa*. Brasília, n. 111, p. 21-44, jul./set. 1991.

GARCIA, Elisa Frühauf. O projeto pombalino de imposição da língua portuguesa aos índios e a sua aplicação na América Meridional. *Tempo*, 2007, v. 12, n. 23, ISSN 1413-7704.

GUIMARAES, Eduardo. A língua portuguesa no Brasil. *Ciência e Cultura*, v. 57, n. 2, p. 24-28, abr./jun. 2005.

LAZCANO BROTONS, Íñigo. Libertad de información y pluralismo lingüístico. In: *Información, libertad y derechos humanos*: la enseñanza de la ética y el derecho de la información. Valência: Fundación COSO, 2004.

HAMEL, Rainer Enrique. Derechos lingüísticos como derechos humanos: debates y perspectivas. *Alteridades*, v. 5, n. 10, p. 11-23, 1995.

SANTOS, Gustavo Ferreira. *O princípio da proporcionalidade na jurisprudência do STF*: limites e possibilidades. Rio de Janeiro: Lumen Juris, 2004.

SÃO GABRIEL DA CACHOEIRA. Lei n. 145, de 22 de novembro de 2002.

SCHILDKRAUT, Deborah J. Official-English and the States: influences on declaring English the official language in the United States. *Political Research Quarterly*, Salt Lake City, v. 54, n. 2, p. 445-457, 2001. Disponível em: <http://ase.tufts.edu/polsci/faculty/schildkraut/PRQ2001.pdf>. Acesso em: 7 out. 2014.

WÜRTENBERGER, Thomas. Igualdad. In: KARPEN, Ulrich (Org.). *La constitución de la República Federal de Alemania*. Baden-Baden: Nomos, 1992.

POLÍTICA, JUSTIÇA E MÍDIA IMPRESSA NO PARÁ:
Disputa de sentidos*

Netília Silva dos Anjos Seixas**

1. Proposta deste capítulo

Este capítulo observa o processo de enunciação e de produção de sentido em dois recortes históricos na mídia impressa paraense, con-

---

* Este artigo é uma versão ampliada de texto apresentado no Seminário Temático Discurso, Direito e Mídia no IX Congresso Latino-Americano de Estudos do Discurso, realizado entre 1º e 4 de novembro de 2011, na UFMG. O artigo é resultado de estudos dos projetos de pesquisa "A trajetória da imprensa no Pará", apoiado pelo Conselho Nacional de Desenvolvimento Científico e Tecnológico (CNPq) e "A trajetória da imprensa no Pará: do impresso à internet", desenvolvidos na Faculdade de Comunicação e no Programa de Pós-Graduação Comunicação, Cultura e Amazônia da Universidade Federal do Pará (UFPA).

** Doutora em Letras, jornalista, professora da Faculdade de Comunicação e do Programa de Pós-Graduação Comunicação, Cultura e Amazônia da UFPA e coordenadora dos projetos de pesquisa "A trajetória da imprensa no Pará" e "A trajetória da imprensa no Pará: do impresso à internet".

siderando sua relação com as instâncias política e jurídica no Estado, possuidor de uma imprensa das mais antigas do país. Quanto à abordagem enunciativa, busca-se apoio teórico em Dominique Maingueneau e Eliseo Verón. Para objeto de análise, foram selecionados os jornais *O Paraense, A Província do Pará, Folha do Norte* e *Estado do Pará*, em dois momentos históricos: a fundação da imprensa no Pará (e na Amazônia) em 1822, com *O Paraense*, e a tumultuada queda do político Antônio Lemos, em agosto de 1912, na qual estiveram envolvidos os três outros jornais. *O Paraense* instituiu a imprensa como espaço público de debate na sociedade de então, centralidade essa observada em outros momentos históricos no Estado. Na relação triádica aqui proposta, a Justiça foi a menos presente na enunciação jornalística.

2. Estabelecendo uma discussão

Na vida contemporânea, já não causa estranheza afirmar o aumento do papel das tecnologias e dos meios de comunicação na sociedade, permeando práticas sociais, produzindo agendas temáticas e sentidos. Não estamos, com isso, propondo uma imposição unilateral por parte desses meios, pois o interlocutor deve ser considerado como um sujeito atuante na produção de sentidos.[1] Contudo, não se pode desconsiderar que a mídia reconfigura as relações sociais e de sentido entre os "sujeitos discursivos". No caso do Pará, essa reconfiguração pôde ser observada já no início da imprensa, em 1822, e na virada para o século XX, quando pequenos e grandes jornais se tornaram os espaços canalizadores da discussão político-administrativa da época, em que pouca menção se fazia a alguma ação da instância jurídica sobre os casos abordados. Tal papel se materializou nas edi-

---

1. Com relação a uma discussão sobre a posição ativa do sujeito na produção de sentido, ver, por exemplo, em Linguística, Possenti (1993), e os autores que trabalham com mediações, como Jesús Martín-Barbero (1997).

ções cotidianas dos jornais, com a seleção dos assuntos tratados e a adoção de determinadas formas de dizer.

Hoje, temporalmente distante desse tempo passado, a análise dos jornais do período busca observar e capturar os vestígios de uma construção enunciativa e discursiva de eventos idos. Mas, não nos iludamos, embora haja uma materialidade textual e se consiga perceber esse movimento de construção, o percurso analítico é feito com o olhar de hoje, como sempre alerta Barbosa (2010).

É a uma parcela dessa discussão que este artigo pretende se dedicar, considerando o campo do Jornalismo com uma força capaz de propor, manter, enfim, estabelecer e reconfigurar sentidos, embora não se possa generalizar essa afirmação para todas as circunstâncias. Este texto, então, tem como proposta discutir a centralidade da mídia impressa como lócus de enunciação e de produção de sentido, a partir de sua relação com as instâncias política e jurídica, em um Estado, o Pará, localizado na Amazônia — uma região de fronteira — e possuidor de uma imprensa das mais antigas do país. Como objeto empírico de análise, conforme está dito na seção 1, foram selecionados os jornais *O Paraense*, *A Província do Pará*, *Folha do Norte* e *Estado do Pará*, em dois momentos históricos: a fundação da imprensa no Pará (e na Amazônia) em 1822, com *O Paraense*, e a tumultuada queda do político Antônio Lemos, em 1912, na qual estiveram envolvidos diretamente os três outros jornais.[2]

3. A propósito da enunciação jornalística

Como ponto de partida, seria pertinente lembrar que a enunciação jornalística apresenta, em verdade, um aspecto coletivo na sua

---

2. Os jornais foram analisados em microfilme, disponíveis na Biblioteca Pública Arthur Vianna, que concentra o maior acervo de publicações paraenses (Belém e interior do Estado). Agradecemos a colaboração dos funcionários da biblioteca na consulta realizada, tanto na seção de microfilme, como na de periódicos e de obras raras.

produção, que se condensa na figura do jornal como grande enunciador. Na enunciação jornalística, pode-se visualizar um movimento enunciativo mais global, do ponto de vista do jornal em relação aos outros interlocutores na sociedade, ao qual poderíamos aproximar a perspectiva de *situação de comunicação*, de Maingueneau (2010, p. 199-207). Isto porque cada um dos periódicos faz sua produção tendo em vista o lugar social que ocupa, os interlocutores com os quais dialoga, de forma amigável ou conflituosa.

Por outro lado, tal movimento enunciativo mais global se materializa em cada produção diária, na seleção dos assuntos, das estratégias ou modalidades de dizer. Como cada enunciador-jornal se apresenta e como visualiza/prevê seu interlocutor ou destinatário, seja ele parceiro ou oponente? Quais elementos mobiliza na atividade enunciativo-discursiva? Desenvolvendo esse trabalho analítico, o estudo aproxima-se não só da perspectiva da *situação de enunciação* (Maingueneau, 2010, p. 199-207), mas também da observação do *dispositivo de enunciação* (Verón, 2004) e os elementos que comporta.

Pode-se, então, adotar a discussão sobre o par *enunciado/enunciação* como feita por Verón (2004, p. 216-7), que atribui o enunciado à "ordem do que é dito" e a enunciação "ao dizer e suas modalidades, *os modos do dizer*".[3] Maingueneau (Charaudeau; Maingueneau, 2004, p. 193), por sua vez, assinala que "a reflexão sobre a enunciação pôs em evidência a dimensão *reflexiva* da atividade linguística: o enunciado só faz referência ao mundo na medida em que reflete o ato de enunciação que o sustenta". A partir de tais premissas é que se sustenta analisar as edições dos jornais selecionados, buscando identificar e evidenciar suas maneiras de dizer.

Como entende Verón (2004, p. 217-8), toda publicação impressa possui um dispositivo de enunciação, cuja forma é construída pelas

---

3. Percebe-se em Verón (2004) a proximidade com a proposta de Benveniste (2006), sem que este seja citado por aquele. Para não fugir do foco do texto, não será feita essa discussão aqui. A opção por Verón se deve a uma questão de pertinência em relação ao objeto de estudo e sua análise.

LINGUAGEM & DIREITO

modalidades do dizer. Segundo o autor, o dispositivo de enunciação comporta:

1) A imagem de quem fala: (...) o enunciador. Aqui o termo "imagem" é metafórico; trata-se do lugar (ou dos lugares) que aquele que fala atribui a si mesmo. Essa imagem contém, portanto, a relação daquele que fala ao que ele diz.

2) A imagem daquele a quem o discurso é endereçado: o destinatário. O produtor de discurso não só constrói seu lugar ou seus lugares no que diz; fazendo isso, ele define igualmente seu destinatário.

3) A relação entre o enunciador e o destinatário, que é *proposta* no e pelo discurso (Verón, 2004, p. 217-8).

Então, ainda segundo Verón (2004, p. 218), o enunciador pode mostrar-se de uma ou mais de uma maneira, conforme o objetivo visado, assim como pode construir imagens diversas para o destinatário. No caso deste estudo, observou-se que cada jornal desenvolveu suas modalidades do dizer, mobilizando certas estratégias e configurando, portanto, determinado dispositivo de enunciação,[4] processo esse realizado por meio das edições, diariamente.

Pela enunciação cotidiana, os jornais construíram (e ainda constroem) imagem(ns): de si; de um destinatário ao qual se dirigem, às vezes assimilado ao *povo*; do oponente, às vezes transformado em *inimigo* a ser combatido a qualquer custo. Foi o que se pôde evidenciar com a observação do *corpus* selecionado, em dois momentos históricos diferentes, pondo em destaque o papel da mídia (impressa) como produtora de sentido e participante ativa do cenário social, principalmente em relação ao campo político.

---

4. A análise completa do dispositivo de enunciação, para o autor (2004), deve ser comparativa e abranger um tempo mínimo de dois anos. Neste estudo, tais condições não são preenchidas, em razão do tempo insuficiente de existência do primeiro jornal, que era, além disso, único (*O Paraense*), ou por se tratar de um evento específico (caso Antônio Lemos). Faz-se aqui, pois, uma aproximação da proposta do autor em relação aos objetos analisados.

Em síntese, na construção deste artigo, tentou-se dar conta de um duplo movimento, envolvendo a produção jornalística de um ponto de vista mais amplo e de uma maneira mais restrita. Por isso se fez a narração dos "fatos" em sequência temporal, objetivando não exatamente uma análise do conteúdo, mas ter a percepção dos temas narrados, em determinada data e sequência e da maneira como foram narrados, como resultado de uma determinada estratégia por parte do enunciador, que mobiliza, por sua vez, recursos específicos na construção da mensagem, da construção do texto à sua configuração na página.

4. *O Paraense*: o primeiro jornal impresso no/do Pará e da Amazônia brasileira

No início do século XIX, a Província do Grão-Pará era ligada diretamente a Portugal, estando, no começo da década de 1820, influenciada pelo Movimento Constitucional Liberal de Portugal, assim como pelos ecos da Proclamação da Independência do Brasil, mas que ainda não havia sido aceita nas terras paraenses. A Província somente aderiu à Independência em 11 de agosto de 1823.[5]

A Província do Grão-Pará esteve entre as primeiras do país a possuir uma imprensa "regular", antecedida apenas por algumas publicações em outras cidades. Entre essas publicações anteriores, para citar algumas, estão o primeiro jornal impresso no Brasil, a *Gazeta do Rio de Janeiro*, na capital do Império, em 1808; a *Idade d'Ouro do Brazil*, em Salvador, em 1812; a *Aurora Pernambucana*, em Recife, em 1821; e o *Conciliador do Maranhão*, em São Luís, também em 1821 (Morel, 2008, p. 41).

No Pará, há informações, não confirmadas, de ter havido a publicação de um jornal em 1821, mas não há registro confiável e a lite-

---

5. Evento tornado feriado estadual, com data transferida para 15 de agosto.

ratura acadêmica e oficial apresenta o jornal *O Paraense*, publicado pela primeira vez em 22 de maio de 1822, como o iniciador da imprensa na Província. Os responsáveis por essa proeza foram Filippe Alberto Patroni Martins Maciel Parente, Domingos Simões da Cunha, Baptista da Silva e os tipógrafos Daniel Garção de Mello (que também era sócio de Patroni), Luiz José Lazier e João Antonio Alvarez (Biblioteca Pública do Pará, 1985, p. 13).

O Paraense teve 70 edições, a última delas em fevereiro de 1823. Nesse percurso, teve três redatores responsáveis: Filippe Patroni e os cônegos João Batista Gonçalves Campos e Silvestre Antunes da Serra, nessa ordem. Patroni, na verdade, editou apenas os três primeiros números, quando foi preso[6] e enviado a Portugal, sendo substituído pelo cônego Batista Campos. O jornal era publicado duas vezes na semana (às quartas e sábados), com quatro páginas (às vezes acrescidas de uma folha de suplemento), sem ilustrações (a não ser o brasão da monarquia no alto, na primeira página, e esparsos filetes separando colunas). É perceptível a diferença nos textos do jornal entre os três editores, apresentando um caráter mais erudito com o primeiro e um caráter de maior ataque político com os editores seguintes.

Morel (2008, p. 33 ss.) aponta as duas primeiras décadas do século XIX como o momento em que teria surgido no Brasil a "chamada opinião pública", propiciada pela publicação de jornais. Mencionando o caráter polissêmico e polêmico da expressão *opinião pública*, o autor (2008, p. 33) observa: "A opinião pública era um recurso para legitimar posições políticas e um instrumento simbólico que visava transformar algumas demandas setoriais numa vontade geral".

> O momento crucial para a emergência de uma opinião pública no Brasil, portanto, situa-se nos anos 1820 e 1821, contexto que antecede a Independência e marca mudanças significativas na estrutura política

---

6. A prisão de Patroni não foi motivada diretamente pela edição do jornal, mas, sim, em razão de um discurso proferido diante do rei de Portugal, antes de voltar a Belém, quando discorria sobre a situação da Província do Pará e dos que a administravam e teria faltado com o respeito ao rei (Coelho, 1989).

da Península Ibérica e de seus domínios na América. Em 1820, como é sabido, ocorreram as Revoluções Constitucionalistas na Espanha e em Portugal, inspiradas no modelo liberal da Constituição de Cádiz (1812). Esses acontecimentos teriam impacto importante nos domínios portugueses e espanhóis na América (Morel, 2008, p. 34).

A explicação de Morel (2008) abrange a imprensa no Brasil e se aplica também à caracterização do contexto de surgimento do primeiro jornal no Pará. É sob influência direta da Revolução Liberal e Constitucional portuguesa de 24 de agosto de 1820 que o jornal *O Paraense* será criado por Filippe Patroni, jovem estudante paraense de Direito em Coimbra (entre 1816 e 1820), que adota os ideais constitucionalistas portugueses. Patroni "representava a Província do Pará junto à Corte Portuguesa, em Lisboa", por ocasião do início do Movimento Vintista em Portugal, movimento adotado na Província paraense em 1º de janeiro de 1821 (Biblioteca Pública do Pará, 1985, p. 13).

> (...) igualar os direitos dos "portugueses de ambos os hemisférios", para usar uma figura comum da retórica de Lisboa à época, representou uma estratégia das Cortes visando assegurar o controle político do Brasil diante de uma situação nova e não prevista pelas lideranças de 1820, e que poderia seguir rumos não desejados pelos promotores do Vintismo. Dessa forma, o discurso da igualdade jurídica de *todos os portugueses* refletia o concreto representado pelas posições brasileiras diante da emergência do estado de constitucionalismo na metrópole, e não um dado objetivo do programa dos revolucionários vintistas (Coelho, 1989, p. 23-4).

No conjunto do Movimento Vintista estava a liberdade de imprensa, válida não só para Portugal, mas também para as colônias, como era o caso do Brasil e da Província do Grão-Pará. Possuidor de ideais; com uma legislação, naquele momento, permissiva quanto à liberdade de imprensa nos domínios portugueses, inclusive nas colônias; munido de tipos para impressão (adquiridos em Portugal) e com uma "equipe" de redatores e tipógrafos, Filippe Patroni passa a desenvolver em Belém o que já iniciara em Portugal, pois publicara em dois jornais lusos artigos denunciando a situação deplorável da província paraense e a necessidade de providências urgentes para resolvê-la (Coelho, 1989; 1993).[7]

De fato, é impressionante como um pequeno jornal em tamanho (não deveria medir mais que 30 cm por 22 cm e ter entre quatro e seis páginas, quando publicado com suplemento) e quantidade de textos pôde influenciar de tal maneira todo um contexto social, passando a centro de discussão das decisões político-administrativas da Província do Pará. O primeiro número do jornal já era polêmico, pois trazia na primeira página a Lei da Liberdade de Imprensa aprovada por Portugal e extensiva às colônias, assegurando, portanto, o direito de publicação do próprio jornal.

> Em sua linha editorial, assumiu a posição de crítica ao parasitismo militar, denunciando arbítrios do governo militar, que na ocasião era representado pelo brigadeiro José Maria de Moura (Governador das Armas), e fiscalizava a administração dos negócios públicos. (Biblioteca Pública do Pará, 1985, p. 15).

Do ponto de vista da enunciação, Patroni se colocava como um sujeito enunciador com uma missão iluminista diante de um coletivo que precisava ser esclarecido, inclinando seus textos no jornal ao "encontro das matrizes intelectualizadas do discurso vintista e menos para as realidades concretas do Grão-Pará" (Coelho, 1993, p. 158). Nessa linha enunciativa, o pensamento de grandes autores, como "Locke, Montesquieu, Filangieri e Bentham", por exemplo, abalizava a enunciação de Patroni, "coerente com o projeto do seu idealizador

---

7. Profunda análise a respeito do contexto social e político da época de criação de *O Paraense* foi realizada pelo pesquisador da Universidade Federal do Pará, Geraldo Mártires Coelho, em tese de doutorado, depois publicada em artigos e livros, entre os quais se destacam *Letras e baionetas* (1989) e *Anarquistas, demagogos e dissidentes: a imprensa liberal no Pará de 1822* (1992). Deve-se a ele o fato de ter encontrado edições do jornal em arquivos em Portugal, a partir de quando se passou a ter o periódico como fonte de consulta no Brasil, na forma de microfilme.

em estabelecer um governo no Grão-Pará pautado pelos méritos e pelos talentos, como argumentavam os liberais vintistas, herdeiros tardios das *Luzes* do século XVIII, relativamente à gestão do Estado e ao bem público" (Coelho, 1993, p. 158). É o que se vê em [1], abaixo:

[1]

(...) Habitantes do Pará! A sabedoria de Cicero, a firmeza de Catão, a politica de Filangieri, a humanidade de Bentham, a energia de Pombal; não eh absolutamente necessario, que se achem reunidos estes mais que ordinarios dotes nos depositarios do poder, para que só então ponhão em effectivo exercicio aquelle principio, que serve de base á prudencia administrativa, ou á sciencia de governar: — A salvação do povo eh a lei suprema. (...) (*O Paraense*, n. 2, p. 2, 25 maio 1822).

Com essa estratégia enunciativa, Patroni elevava o seu lugar de fala, aproximando-o das grandes figuras iluministas já citadas, atribuindo-se, assim, conhecimento necessário e competência para pregar, com certa autoridade, pelo modelo de administração política que buscava. Além disso, Patroni chegou a se apresentar como sendo o sujeito histórico-social indicado para implementar a (nova) administração da Província.

Nas páginas de seu jornal, Patroni adotava também modalidades de dizer valorizando explicitamente as capacidades e virtudes do povo paraense, que estariam sufocadas, sugerindo aos governantes como guia para uma boa administração o amor à pátria, como aparece em [2].

[2]

(...) Depositarios do destino paraense! Amai a Patria, inspirando ao mesmo tempo em todas as acçoens esta nobre virtude aos vossos Concidadaons: desta maneira somente podereis governar bem. E quando por meio da iluminação publica o tiverdes conseguido; nosso paiz então florente seu justo pezo tomará na balança das Naçoens; e cada hum dos Paraenses, medindo a esfera de sua gloria, reclamará

com direito o preço dos seus bem merecidos esforços, dizendo com
o nosso immortal Homero:
Vereis amor da Patria não movido
De premio vil, mas alto e quazi eterno;
Que não eh premio vil ser conhecido
Por hum pregão do ninho meu paterno.
(*O Paraense*, n. 2, p. 4, 25 mai.1822).

Enunciação diferente terá o jornal com a saída de Filippe Patroni e a entrada do cônego Batista Campos, como seu responsável.

O jornal, assim, assumirá um papel mais dinâmico, mais radical, na oposição às formas com que verá o despotismo, a tirania, o servilismo e a corcundice sobreviverem no Grão-Pará após o norte do Brasil se haver pronunciado pela Revolução de 1820, originando as condições que levarão ao estabelecimento de um estado de conflito entre o periódico e a ordem colonial no Grão-Pará, representada fundamentalmente pelo aparelho burocrático-militar (Coelho, 1993, p. 158).

Em uma avaliação de Coelho (1993, p. 158-9), isso significa dizer que a prática do Vintismo por *O Paraense* concentrou-se "sobre um universo formado basicamente pelas realidades delimitadas de uma conjuntura local", passando a ser mais "brasileira" e menos "europeia". Concordamos também com a análise de Coelho (1993, p. 159) a propósito da escolha do nome *O Paraense*, que não teria seguido a denominação ideologizada dos jornais vintistas de Portugal: "Antes, recaiu em um adjetivo que tanto simboliza como traduz uma condição autônoma e local, ou, ainda, uma postura não necessariamente *europeia*".

Em resumo, as *modalidades do dizer*, para retomar Verón (2004), ou, dito de outro modo, as estratégias enunciativas de Patroni e Batista Campos tiveram caminhos ligeiramente diferentes, mas se voltavam para uma realidade local, a da Província do Grão-Pará, tendo em vista os ideais do Movimento Vintista. Enunciativamente, construíram de si imagens de eruditos e de preocupados com o bem público, ao mesmo tempo em que visualizaram um público destinatário sofrido, explorado e capaz de partilhar um plano social comum.

De modo contrário, as autoridades militares e administrativas, como o Governador das Armas, brigadeiro José Maria de Moura, acusavam, em documentos oficiais da época, os redatores de *O Paraense* de serem partidários da Independência do Brasil (Coelho, 1993, p. 30), sendo, também, apresentados com uma imagem de demagogos e incendiários, que estavam levando o caos à administração local (Coelho, 1993, p. 252). Como se pode notar, trata-se de uma enunciação que propõe outra imagem para o jornal e seus responsáveis, atribuindo-lhes, inclusive, algo sobre o qual não se tinha (nem nunca se teve) comprovação (serem partidários da Independência do Brasil, na época).

> Estabeleceu-se nesta cidade uma Imprensa, e logo houve um Redator de um periódico a que chamam — "O Paraense". Este Redator foi no princípio deste estabelecimento um Filippe Alberto Patroni Maciel Parente conhecido aqui, e nessa cidade por inquieto, envolvente, e incendiário. (...) [Filippe Patroni] Foi remetido preso para Lisboa, e deixou por seus substitutos na redação da dita folha um cônego Batista, e outros de iguais opiniões, sentimentos e Moral (correspondência oficial do Governador das Armas ao ministro Cândido José Xavier, 7/7/1822, apud Coelho, 1993, p. 252).

Em *O Paraense* não foram publicados apenas os textos dos seus redatores, mas também cartas de oficiais, de anônimos e de autoridades, como da Junta de Governo e do Governador das Armas da Província. O jornal, então, apresentou uma multiplicidade de sujeitos enunciativos e de suas vozes[8], favoráveis e desfavoráveis, organizando uma espécie de diálogo entre eles. Mas o jornal, em si, também foi resultado de uma estratégia de determinados sujeitos enunciadores, que, ao adotarem esse modelo, apresentaram um produto capaz de se tornar o centro das discussões envolvendo as decisões político-administrativas da Província.

---

8. Conforme o conceito de *polifonia* discutido por Maingueneau (2001, p. 137-147).

Como analisou Coelho (1993, p. 161), "o aparecimento de *O Paraense* e as primeiras manifestações do exercício da opinião pública nas suas páginas ganhariam uma dimensão mais complexa, a partir do entendimento firmado pelo Governador das Armas sobre o alcance dessa ação".

Com o fim de *O Paraense*, outros jornais foram publicados na Província do Grão-Pará, também com envolvimento político, oscilando entre o apoio à Monarquia ou à Independência do Brasil, já que até aquele momento a administração da Província tinha interesse em permanecer ligada a Portugal, sem reconhecer a Declaração da Independência, o que só veio a ocorrer em 11 de agosto de 1823.

Ao longo da segunda metade do século XIX, em Belém e em outras cidades da Província, os jornais multiplicaram-se em número, apresentando gradativamente diversidade nos assuntos abordados, ao mesmo tempo em que aprimoraram a configuração gráfica. No final do século XIX, os jornais já têm tamanho maior, assuntos variados, títulos definidos, seções fixas, uso de imagens (Seixas, 2011), entre outras características, aproximando-os da aparência dos jornais da atualidade.

5. A queda de Antônio Lemos em 1912: a imprensa em conspiração

Três grandes jornais dividem a cena editorial paraense no início do século XX: *A Província do Pará*,[9] fundado em 1876; *Folha do Norte*,[10] criado em 1896; e *Estado do Pará*,[11] de 1911. Como no ancestral *O Paraense* e em vários outros periódicos surgidos depois na Província do Grão-Pará, os três também são ligados à política, seja

---

9. Neste artigo, o jornal será nomeado de forma reduzida, como *A Província*.

10. Neste artigo, o jornal será nomeado de forma reduzida, como *Folha*.

11. Neste artigo, o jornal será nomeado de forma reduzida, como *Estado*.

por participação direta dos proprietários (caso de *A Província*), seja por apoio aos políticos locais (como era o caso dos outros dois).

A estratégia enunciativa mais ampla era similar nos três, que se apresentavam como jornais modernos, sérios e independentes, comprometidos com a boa informação e com a sociedade. A diferença estava em para quem era dado o apoio político e na dose com que se atacava o opositor, que chegou a ser considerado um verdadeiro inimigo. De seu próprio lugar de fala, cada um pregava a lei, a ordem, a moral, o bem da sociedade, o que seria respeitado por si e afrontado pelo opositor. Todos buscavam o apoio do destinatário, o público, fosse ele leitor direto ou indireto.

Na primeira década do século XX, Belém já começava a viver as consequências do declínio do ciclo da borracha, que até aquele momento era a principal atividade econômica da região, tendo possibilitado uma reestruturação da cidade, no que ficou conhecido como a *belle époque* paraense (Sarges, 2002). Antônio José de Lemos foi um dos responsáveis pelo processo de modificação da cidade, principalmente no período em que esteve à frente da administração da cidade, a partir de 1897, como intendente municipal (cargo correspondente ao de prefeito), embora também tenha exercido os cargos de deputado e senador. Antônio Lemos era também um dos fundadores e proprietários do jornal *A Província do Pará*. Nascido no Maranhão e tendo chegado a Belém como escrevente da Armada Brasileira, Lemos, após participar da criação de *A Província*, desenvolveu no início da sua carreira política uma estratégia de atendimento a todos aqueles que o procuravam, o que o tornou conhecedor do quadro político do Estado, mais que qualquer outra pessoa (Rocque, 1986; Sarges, 2002).

Após o cargo de deputado, de intendente e estando já como senador, aos 70 anos de idade, Lemos viveu, em meados de 1912, um outro quadro político. Aproximando-se as eleições para Governador do Estado, num cenário de negociações e intrigas que não serão aqui pormenorizadas, as paixões dividiam-se entre os três partidos estaduais quanto ao apoio ao candidato Lauro Sodré, resultando em dois grupos:

os seguidores de Lauro Sodré (chamados de lauristas) e os de Antônio Lemos (chamados de lemistas).

Tanto quanto nos gabinetes dos políticos, a disputa era feita nas páginas dos jornais, que a cada dia emitiam textos com redação apaixonada, defendendo e elogiando o seu candidato ou acusando e detratando o opositor. Nesse processo, Lemos parecia estar em desvantagem: pela idade avançada, pelo desgaste que enfrentava politicamente naquele momento e por ter a seu favor apenas o jornal *A Província do Pará*, contra um ódio profundo dos opositores, um candidato muito bem aceito pela população (Lauro Sodré) e dois grandes jornais em campanha diária, *Folha do Norte* e *Estado do Pará*. Esses dois enunciavam taxativa e energicamente contra Antônio Lemos, sem economia de acusações e adjetivos. *A Província*, por sua vez, adotava sistema similar, embora de forma mais comedida.

Três eventos, relacionados entre si, marcam o ápice desse processo: a simulação do ataque ao candidato Lauro Sodré, quando estivesse em Belém, no dia 28 de agosto; os incêndios do prédio de *A Província* e da casa de Lemos, no dia seguinte, 29; e a captura de Lemos, na manhã do dia 30, quando renunciou oficialmente a todos os seus cargos (Rocque, 1986; Sarges, 2002). Até onde seria possível ter como hipótese que os jornais citados contribuíram significativamente para esse desenlace? A análise dos jornais é capaz de evidenciar o quanto eles, a cada edição, constituíram movimentos enunciativos totalmente atrelados ao campo político, de alguma maneira, um sustentando o outro.

A observação dos jornais nas semanas antecedentes ao 29 de agosto de 1912 revela a elevação dos ânimos e das acusações mútuas, dia a dia, até chegar àquele momento, tendo como pano de fundo o interesse pela dominação política no Estado do Pará, pois estavam em curso, naquele ano, as eleições para todas as instâncias político-administrativas, culminando na eleição para governador, cujo candidato deveria ser Lauro Sodré, que chegava a Belém com a missão de pacificar os ânimos, o que, de fato, não ocorreu como deveria.

Entre as acusações, na versão de *A Província*, estava a de que havia um atentado previsto contra Lauro Sodré, quando chegasse a

Belém, atentado esse planejado pelos políticos locais seguidores de Sodré para ser atribuído aos opositores lemistas, dando margem a que houvesse uma revolta popular contra *A Província do Pará*, reduto de Lemos, e contra os políticos do Partido Republicano Conservador (de Lemos) que lá estivessem. A divulgação do plano foi feita por *A Província* na quinta-feira, 22 de agosto de 1912, na primeira página, com o título "Uma infamia", quando o fato é valorizado em seu aspecto negativo e os supostos autores são classificados como "miseráveis".

[3]

Uma infamia (título)

Na residencia do sr. Virgilio Mendonça[12] concertou-se hontem um plano que representa a mais abjecta infamia de que ha noticia nos annaes da historia política do Pará.

Reunidos com outros miseraveis da sua estofa moral, o sr. Virgilio Mendonça[12] expoz-lhos a ignominiosa idéa, mostrando-a como salvadora única da situação coelhista. A infamia é a seguinte: (...)

(*A Província do Pará*, n. 11.619, p. 1, 22 ago. 1912, quinta-feira).

O mesmo título é usado pelo jornal nas duas edições posteriores para continuar a denúncia da simulação do atentado. No próprio dia 22 e nos dois dias subsequentes à denúncia, a estratégia enunciativa da *Folha do Norte* e do *Estado do Pará* foi enaltecer o candidato ao Governo do Estado, Lauro Sodré, e a sua ida a Belém, ao mesmo tempo em que atacavam *A Província*, sem mencionar a acusação feita por ela. Assim, Sodré foi comparado a um "Messias", "venerado como um santo", qualificado como "grande patriota", um "grande brasileiro", sendo a sua chegada a Belém transformada em "apotheóse", nos termos dos próprios jornais. De outra parte, um dos textos da *Folha* no dia 22 é exemplar quanto ao ataque aos políticos e jornal adversários, já no título: "*A PROVÍNCIA* — Covil de bandidos". O título foi repetido no dia seguinte, 23.

---

12. Intendente Municipal de Belém na época, cargo equivalente ao do atual prefeito.

LINGUAGEM & DIREITO

[4]

A PROVÍNCIA

Covil de bandidos (título)

Um sócio do Centro de Resistencia ao Lemismo agarrado e arrastado para a redacção d'A Provincia, onde o amarraram e esbordoaram estupidamente — A policia foi informada do facto (subtítulo)

(*Folha do Norte*, n. 6.228, p. 1, 22 ago. 1912, quinta-feira).

Enquanto na *Folha* as pessoas ligadas ao jornal *A Província* e a Antônio Lemos eram nomeadas de "bandidos", no jornal *Estado do Pará* o eram de "capangada", "capangada lemista" ou "capangagem", tanto nos títulos como nos textos. Em *A Província*, por seu turno, os adversários eram não só "miseráveis", mas também "bestas", pessoas capazes de tudo. Na verdade, o arsenal de qualificações era relativamente comum ao texto dos três periódicos.

Com a trama divulgada por *A Província* em 22 de agosto, a *Folha do Norte* e o *Estado do Pará*, depois de um breve silêncio de dois dias, passam a investir na versão contrária, nas edições seguintes, afirmando que o plano era de *A Província*. É o que ocorre no sábado, 24 de agosto, quando a *Folha* publica na primeira página, na seção *Gazetilha*, texto abordando o suposto plano contra Lauro Sodré, em que os adversários são tachados de "commediantes", ridicularizando-os.

[5]

Hediondo plano (título)

Os nossos collegas de A Capital denunciaram á opinião pública um plano hediondo. Os indivíduos que se arrogaram tomar conta do Pará pela falsidade e pela onzenice, gizaram um projeto horrível: o assassinato do sr. dr. Lauro Sodré. (...) para sobre o cadáver do grande brazileiro, manchada do seu sangue, fundar-se o edifício da candidatura do sr. Acatauassu Nunes.

A intenção de perturbar a ordem, por parte dos amigos do sr. Arthur Lemos, patenteia-se na boleia de um supposto ataque a *Provincia*, de que elles mesmos seriam os commediantes, por occasião da passagem do préstito que levasse a casa o dr. Lauro Sodré, o que justificaria a investida selvagem dos capangas que ali se acham homisiados (...) (*Folha do Norte*, n. 6.230, p. 1, 24 ago. 1912, sábado).

A *Folha* traz, ainda, um telegrama que teria sido publicado pelo jornal *A Capital* sobre o plano para o atentado, com base em informações do jornal *Epoca*. A referência a conteúdos publicados por outros jornais, locais ou do Rio de Janeiro, capital do país, era um recurso enunciativo usado não só pela *Folha*, mas também por *A Província*, no movimento contrário de revidar aos ataques sofridos, recurso esse que possibilita o efeito de se mostrar como uma voz mais ampla, não restrita a um único posicionamento e, mais ainda, externa ao Estado, na capital do país.

No dia 25, a *Columna Politica*, mantida pelo Partido Republicano Conservador, de Antônio Lemos, em *A Província*, traz texto contestando as afirmações da *Folha*.

[6]
Protestamos! (título)
Bem raras vezes temos sentido na alma um sentimento de revolta tão profundo como este que nos faz tremer neste instante a penna de jornalista. Sabemos de quantas torpezas, de quantas infamias, de quantas misérias são capazes os adversarios politicos que a fatalidade nos atirou no caminho (...)
(*A Província do Pará*, n. 11.622, p. 1, 25 ago. 1912, domingo).

Na *Columna Politica*, o político e o jornalista — ou o campo político e o campo jornalístico — confundem-se como sujeito enunciador do texto, tendo como destinatário os jornais e políticos oponentes e o povo paraense. Nas duas edições seguintes (27 e 28 de agosto), há um redirecionamento quanto ao destinatário de *A Província*, quando o jornal passa a dirigir-se diretamente ao candidato Lauro Sodré. Na primeira página, com o título de "Palavras opportunas", o jornal, em tom cordial, diz esperar ter a compreensão de Sodré para vir-lhe expor a real situação política no Estado, inclusive o suposto plano de que poria fim a *A Província* e aos integrantes do Partido Republicano Conservador e que envolveria a simulação de um ataque a Sodré.

Finalmente, em 29 de agosto, última data em que sairá às ruas nesse período, antes de ser incendiada, *A Província do Pará* publica poucos textos envolvendo política. Um deles denuncia novamente em editorial a execução do plano que expusera em edições anteriores, retomando o título "Uma infamia". Note-se o detalhe do uso da forma de tratamento do intendente Virgilio Mendonça, apenas como "sr.", em vez de atribuir-lhe a forma de "doutor", como era usual na região a ocupantes de altos cargos, com boa formação intelectual. Nos outros dois jornais, o intendente era tratado como "doutor".

[7]
Uma infamia (título)
O plano tenebroso denunciado pel'A PROVÍNCIA é finalmente executado — O bandido assalariado pelo sr. Virgilio Mendonça é morto no momento em que praticava a infâmia — Os demais companheiros da empreitada sinistra fogem — O cadaver no necrotério é reconhecido — Pertencia o morto ao "centro de resistência ao lemismo" (subtítulo)
(*A Província do Pará*, n. 11.626, p. 1, 29 ago. 1912, quinta-feira).

Nessa mesma data, a *Folha do Norte* e o *Estado do Pará* fazem a maior investida contra os oponentes, atribuindo-lhes a autoria do atentado a Lauro Sodré, na noite anterior. Sodré é, mais uma vez, como vinha sendo em todo o processo enunciativo jornalístico em curso, denominado de "grande brazileiro", o que aumenta a gravidade do crime cometido, ao mesmo tempo em que possibilita a comoção do povo paraense e até daqueles de fora do Estado.

[8]
Innominavel attentado contra Lauro Sodré (título)
O lemismo desmascarou-se. Em desespero de causa tenta suprimir o grande brazileiro (subtítulo)
(*Estado do Pará*, n. 506, p. 1, 29 ago. 1912, quinta-feira).

A *Folha*, mais contundente ainda que o *Estado*, nomeia diretamente os oponentes lemistas como "feras", "emissarios da morte", "assassinos".

[9]

Incumbencia sinistra (título)

Mascara abaixo — A infamia tendo a sua trágica consumação — A realidade bruta e dolorosa — Até onde vae o egoísmo das feras — Tentativa de assassinato do eminente dr. Lauro Sodré — A agressão a tiros — Os emissarios da morte são repellidos — Um dos bandidos cae varado por uma bala — No necroterio — A identidade do terrível capanga — A commoção publica (subtítulo)

(*Folha do Norte*, n. 6.235, p. 1, 29 ago. 1912, quinta-feira).

[10]

Gazetilha

ASSASSINOS (título)

Temos a nossa alma assombrada. O que hontem, á noite, ocorreu nesta cidade, no meio do regosijo geral da população, escapa a toda a perversidade humana.

Um infeliz, desses que costumam alugar o braço ao grupo partidário que os homens de responsabilidade, na Capital do Paiz, querem impor, contra todos os preceitos da honra política, a um povo nobremente congregado para a defesa da dignidade e do civismo da sua terra, aguardando o carro que conduzia a uma festa de gala, no theatro da Paz, o sr. dr. Lauro Sodré, apontou a arma homicida contra o peito do glorioso brazileiro e desfechou-a para a consumação do attentado que a alma lemista vem urdindo contra a sua vida. (...)

Não se concebe a enormidade de semelhante attentado, do qual escapou, por intervenção do destino, o eminente filho desta terra, que resume as esperanças mais caras de um povo. (...)

Morto Lauro Sodré, não parariam ahi. Outra bala certeira cortaria o fio á existencia de João Coelho.[13] Outra prostraria Virgilio Mendonça e

---

13. Governador do Estado, na época.

esse processo de chacina e de lucto, prosseguindo na sua jornada pavorosa, assaltaria os lares adversarios para trucidar, para depredar, para arrazar, levando de vencida, na sua passagem tempestuosa, homens, mulheres e creanças, enfermos e sãos.

Eis achi o quadro de terror que se desdobra, facilmente, como um panorama de sangue, a todos os olhos; mas para que o punhal e o trabalho(?) dos bandidos podessem encher de visões de morte esse painel sombrio, era necessario que o brio dos paraenses se tivesse ankilosado(?) na paralysia da inércia, e isso não se dará, porque acima da insânia assassina está o poder da vontade popular, erguida, como uma barreira inexpugnavel, adeante do passo e dos malvados.

O Pará está jogando a sua liberdade, a sua honra, o seu credito e o seu nome. Nós temos de nosso lado a justiça de uma causa, que é fundamentalmente de todos. Não se desonra um povo, affrontando-o com ameaças, que são um escarro na pureza das leis. Não se conquista o poder numa terra que não é um quilombo africano nem um eito(?) de escravidão branca, infamando os homens de bem que a defendem e assassinando as entidades mais altas no sentimento da admiração geral. (...) (*Folha do Norte*, n. 6.235, p. 1, 29 ago. 1912, quinta-feira).

Os textos acima representam bem os vários elementos propostos para análise neste artigo:

a) a imagem do sujeito enunciador como conhecedor do assunto, mais que qualquer outro, o que lhe permite expor informações e acusar diretamente os (possíveis) culpados;

b) a imagem do destinatário como povo ativo e altivo, honrado, compartilhador dos mesmos ideais do enunciador em relação ao Estado paraense e aos lemistas;

c) a imagem dos oponentes como opostos ao bem comum, assassinos dispostos a tudo;

d) a imagem de uma vítima grandiosa, perfeita como estadista, extrapolando os limites do Estado e alcançando o Brasil;

e) o enunciador-jornal colocando-se ao lado da "ordem" e com autoridade para definir o melhor para o Estado, ao mesmo tempo em que situa os oponentes contra essa mesma ordem.

À noite, *A Província do Pará* seria incendiada. Não mais estaria nas ruas no dia seguinte, retornando somente em 1920, quando, em retrospectiva sobre sua própria história, desde a fundação, em 1876, e sobre os motivos que a deixaram fora de circulação nos últimos oito anos, conta a sua versão do que teria ocorrido, inclusive publicando fotografias do prédio incendiado.

Nos dias que se seguem ao incêndio, a *Folha do Norte* e o *Estado do Pará* dão total cobertura às consequências do evento, narrando o que teria ocorrido, apontando os mortos, os feridos, as providências da Justiça e o povo como herói. Nos dois jornais, a autoria do incêndio diverge. Na *Folha*, seria responsabilidade da própria *A Província* e dos lemistas; no *Estado*, do povo em revolta.

[11]

Os terriveis acontecimentos de hontem (título)

O *meeting* da classe maritima — O que estava anunciado para ás 7 horas da noite não se pode realizar — "A Provincia" fuzilando o povo — A revanche — Alem das balas, eram atiradas bombas de dynamite contra a multidão — Os miseraveis, depois de exgotada a munição, lançaram fogo ao edificio, fugindo pelos fundos — Os mortos — Os feridos — Abundantes informações (subtítulo)

(*Folha do Norte*, n. 6.236, p. 1, 30 ago. 1912, sexta-feira).

[12]

Innominavel attentado (título)

As suas consequencias — A imprensa carioca e dos Estados é solidaria com o povo paraense — Indignação geral — O commercio fecha em signal de protesto — A Associação Commercial telegrapha ao presidente da Republica — "Meetings" de protesto — O povo, provocado pela "Provincia", ateia fogo ao seu edificio — Heroismo do povo paraense — Os mortos e feridos — Abundantes pormenores (subtítulo)

(*Estado do Pará*, n. 507, p. 1, 30 ago. 1912, sexta-feira)

Na versão de Rocque (1986, [1981]), embora o autor seja simpatizante e ex-jornalista de *A Província do Pará*, o jornal tinha razão na sua denúncia. Com relação ao incêndio e saque da casa de Antônio Lemos, Sarges (2002) avalia ter sido muito marcante na vida dos paraenses:

> Esse acontecimento, que adquiriu dimensão nacional e, segundo a mesma gazeta [Correio da Manhã], até internacional, retratava o clima de uma cidade amotinada. Na véspera, em decorrência de um suposto atentado a Lauro Sodré, a multidão, insuflada pelos lauristas, e após um *meeting* realizado na praça da República, ateou fogo no prédio de "A Província do Pará", o jornal lemista. Não satisfeitos, seguiram até a casa de Lemos onde promoveram um verdadeiro saque às obras de arte e objetos de valor, para depois colocar fogo na casa. Lemos, encurralado pelos seus perseguidores, foi encontrado no dia seguinte em uma casa vizinha à sua, vestindo apenas um pijama, e, aos empurrões, foi arrastado para a rua até ser levado à casa de Virgílio de Mendonça, intendente de Belém, onde encontrou alguns de seus antigos correligionários (...) (Sarges, 2002, p. 15-16).

No dia 1º de setembro, o *Estado do Pará* publica fotografia (Imagem 1) de Antônio Lemos deixando a casa do intendente Virgílio de Mendonça, cabisbaixo, ladeado por outros políticos. A ocorrência da fotografia mostra, do ponto de vista da enunciação jornalística, a relevância dada ao assunto, por ser algo ainda raro no cotidiano da imprensa em Belém, na época. Em uma das poucas ocasiões nesse processo enunciativo, a Justiça aparece nas "providencias energicas das auctoridades" e na "prisão de capangas".

> A DESAFRONTA (título)
> A realidade volta á sua normalidade — Echos do attentado — A capangada lemista reapparece — Em prol das familias das victimas — Na residencia do sr. Antonio José de Lemos o povo descobre um subterraneo — Providencias energicas das auctoridades — Prisão de capangas — Outros informes (subtítulo)
> (*Estado do Pará*, n. 509, p. 1, 1º set. 1912, domingo).

Imagem 1. Jornal *Estado do Pará* e a notícia da saída de Lemos, com destaque em fotografia (*Estado do Pará*, n. 509, p. 1, 1º set. 1912, domingo).

Fonte: Biblioteca Pública Arthur Vianna (Belém, Pará).

Observando os três jornais, nota-se que recorreram a estratégias enunciativas que denegriam os opositores, enquanto tentavam afirmar o seu lugar de fala como o verdadeiro, às vezes recorrendo, a exemplo de Patroni, também a autores consagrados, como argumento de autoridade. Na outra parte, o destinatário, o povo, era o grande sujeito disputado, com o qual os jornais pareciam dialogar e em nome do qual várias vezes se pronunciaram.

Nesse grande processo enunciativo, resguardadas as proporções em relação ao modelo de redação jornalística da época, a qualificação do outro e dos fatos foi abundantemente usada, quando os jornais recorreram a elementos linguístico-discursivos diversos, tais como adjetivação excessiva, nomeação, comparação, entre outros. Lauro Sodré, por exemplo, foi comparado ao "Messias", a um "santo", enquanto os oponentes eram "feras", "capangas", "bandidos" e "assassinos". Um outro recurso, na *Folha* e no *Estado*, foi o uso da imagem, em desenho (no processo de exaltação de Sodré), e até em fotografia (sobre a partida de Lemos), considerando que os dois (recursos) eram ainda pouco presentes nas edições diárias dos jornais, destinados apenas a eventos mais significativos.

Além disso, fez parte da estratégia enunciativa dos jornais a exposição de diferentes segmentos da sociedade como participando ativamente da política local, como a Liga Feminina Lauro Sodré e a Liga Feminina Arthur Lemos, que receberam publicação diária e com destaque por longo período. Essa é uma particularidade na enunciação desses jornais, tendo em vista o papel ainda não tanto expressivo da mulher na política. Basta lembrar que, nesse período, no Brasil, a mulher ainda não votava nas eleições.

Um olhar sobre a enunciação dos três jornais é capaz de mostrar a pluralidade de recursos e a riqueza da enunciação jornalística, principalmente em relação a assuntos polêmicos, como a política. É evidente que a análise aqui feita abordou apenas alguns aspectos e uma pequena parte dessa riqueza. Qual pode ser, afinal, a contribuição da imprensa para a escrita dos eventos na História, considerando que ela pode se dar a competência de "fabricar" tal evento?

6. Considerações finais

Os dois eventos aqui analisados pertencem a períodos históricos diferentes, com um intervalo de quase cem anos entre eles. A relação entre imprensa e política foi intensa, nos dois casos, em que a instância jurídica muito pouco esteve presente nessa relação, pelo menos nas páginas impressas. No caso Antônio Lemos, por exemplo, após o desenlace dos incêndios, um dos jornais (*Estado do Pará*) menciona "providencias enérgicas das auctoridades" e "prisão de capangas" (no subtítulo). A menção às "providencias das auctoridades" é repetida em dias seguintes, com relação às providências quanto aos mortos e feridos, o que funciona como valorização do efeito de drama e de culpa dos "responsáveis" pelo crime. Do ponto de vista da enunciação, os jornais não diferiram tanto, qualificando negativamente os opositores, ao mesmo tempo em que se apresentaram munidos de verdade e razão.

Anos depois, outros episódios envolvendo a imprensa e governantes da época[14] ocorreram, no Pará, evidenciando mais uma vez a proximidade entre a imprensa e a política no Estado. É possível afirmar, sem cair em impropriedade, que a existência da mídia impressa em Belém, no Pará, sempre esteve, de alguma maneira, relacionada com a instância política, em maior ou menor grau, ao longo do tempo, pois, na atualidade, o quadro não é diferente no Estado, em que os dois principais jornais se antagonizam por um ser propriedade de um importante político e o outro pertencer ao grupo afiliado à Rede Globo, mas que também participa no apoio a partidos políticos, conforme seu interesse. O tempo passou, a imprensa se modernizou tecnicamente e textualmente, mas as práticas de interferência na política continuam existindo, só foram atualizadas. Os procedimentos da Justiça nesses processos, embora tenham um papel, aparecem menos nas páginas dos jornais.

---

14. Ver Rocque, [1981].

Referências

BARBOSA, Marialva. *História cultural da imprensa*: Brasil 1800-1900. Rio de Janeiro: Mauad X, 2010.

BENVENISTE, Émile. O aparelho formal da enunciação. In: _____. *Problemas de linguística geral*. 2. ed. Campinas: Pontes, 2006. v. II, p. 81-90.

BIBLIOTECA PÚBLICA DO PARÁ. *Jornais paraoaras*: catálogo. Belém: Secretaria de Estado de Cultura, Desportos e Turismo, 1985.

CHARAUDEAU, Patrick; MAINGUENEAU, Dominique. *Dicionário de análise do discurso*. São Paulo: Contexto, 2004.

COELHO, Geraldo Mártires. *Letras e baionetas*: novos documentos para a história da imprensa no Pará. Belém: Cultural CEJUP, 1989.

_____. *Anarquistas, demagogos e dissidentes*: a imprensa liberal no Pará de 1822. Belém: CEJUP, 1993.

MAINGUENEAU, Dominique. *Análise de textos em comunicação*. São Paulo: Cortez, 2001.

_____. Situação de enunciação e cena de enunciação em análise do discurso. In: _____. *Doze conceitos em análise do discurso*. São Paulo: Parábola, 2010. p. 199-207.

MARTÍN-BARBERO, Jesus. *Dos meios às mediações*: comunicação, cultura e hegemonia. Rio de Janeiro: Editora UFRJ, 1997.

MOREL, Marco. Os primeiros passos da palavra impressa. In: MARTINS, Ana Luiza; DE LUCA, Tânia Regina (Orgs.). *História da imprensa no Brasil*. São Paulo: Contexto, 2008. p. 23-80.

POSSENTI, Sírio. *Discurso, estilo e subjetividade*. São Paulo: Martins Fontes, 1993.

ROCQUE, Carlos. *Depoimentos para a história política do Pará*. Belém: Mitograph, s.d. [1981].

_____. *Antônio Lemos e sua época*: história política do Pará. 2. ed. rev. ampl. Belém: CEJUP, 1986.

ROCQUE, Carlos. *História geral de Belém e do Grão-Pará*. Belém: Distribel, 2001.

SARGES, Maria de Nazaré. *Memórias do velho intendente*. Belém: Paka-Tatu, 2002.

SEIXAS, Netília Silva dos Anjos. O uso da imagem na mídia impressa em Belém: percurso e configuração. In: PEREIRA, Ariane; TOMITA, Iris; NASCIMENTO, Layse; FERNANDES, Márcio. *Fatos do passado na mídia do presente*: rastros históricos e restos memoráveis. São Paulo: Intercom e-livros, 2011. p. 279-306.

_____. *A trajetória da imprensa no Pará*. Belém: UFPA, 2012. Projeto de pesquisa, Edital Universal MCTI/CNPq n. 14/2012. [Faixa A, concluído.]

_____. *A trajetória da imprensa no Pará*: do impresso à internet. Belém: UFPA, 2016. Projeto de pesquisa. [Em andamento.]

VERÓN, Eliseo. Quando ler é fazer: a enunciação no discurso da imprensa escrita. In: _____. *Fragmentos de um tecido*. São Leopoldo: Unisinos, 2004. p. 215-38.

VALORES TRADICIONAIS SOBRE GÊNERO EM PROCESSOS DA LEI MARIA DA PENHA

Lúcia Gonçalves de Freitas

1. Introdução

Meu objetivo, aqui, será explorar, por uma análise crítica do discurso aplicada a textos próprios do sistema penal, de que maneira um problema social como a violência nas relações de gênero é tratado no Sistema Judiciário. Esse objetivo é acessado a partir de um *corpus*[1] formado por 25 processos penais de ameaça e lesão corporal, enquadrados na Lei Maria da Penha, nos quais vítimas e agressores tinham relações de parentesco, sendo a maioria casais. Esses processos representam uma parte do montante total de 68 demandas de violência

---

1. O presente artigo é resultado parcial da pesquisa coordenada pela autora intitulada "Violência contra a mulher em uma cidade do interior de Goiás: silêncio e invisibilidade?", financiada pelo Edital MCT/CNPq/SPM-PR/MDA n. 57/2008 do Conselho Nacional de Desenvolvimento Científico e Tecnológico (CNPq).

doméstica contra a mulher, registradas entre os anos de 2007 e 2008 no Cartório do Crime da cidade de Jaraguá, interior de Goiás.

Essa cidade é tomada como campo específico da pesquisa em virtude de minha atuação como professora e pesquisadora na Universidade Estadual de Goiás, unidade de Jaraguá, onde o projeto original foi proposto. Paralelamente, essa escolha visa preencher uma lacuna no que se refere às cidades do interior em geral, uma vez que a maioria das pesquisas sobre violência de gênero realizadas no Brasil nas últimas décadas (Almeida, 2001; Azevedo, 1985; Fausto, 1984; Gregori, 1993; Grossi; Werba, 2001) retratam o universo de grandes centros e capitais, tendo sido as pequenas cidades e suas respectivas instituições pouco contempladas. Nessa direção, a cidade de Jaraguá, especificamente, é tomada como ponto referencial de outras localidades semelhantes, espalhadas pelo interior do país, cuja herança cultural, a exemplo desta, guarda marcas da atuação recente de grupos oligárquicos extremamente autoritários que promoveram, de forma prolongada, o favorecimento de vários tipos de violência.

As análises que serão aqui apresentadas incidem sobre os processos de continuidade ou ruptura com valores tradicionais que permeiam as concepções sobre gênero e violência dentro do Judiciário. O foco, portanto, recai no discurso desse sistema responsável pelo exercício de poder regulador sobre as práticas de violência em geral. Antes, porém, de apresentar a seção de análise, elaboro duas seções preliminares: na primeira, apresento o recorte teórico, dentro dos estudos linguísticos, pelas vias da Análise de Discurso Crítica, que apoia análises discursivas textualmente orientadas; na segunda, abordo como a categoria de gênero tem sido elaborada dentro do Direito e na Lei Maria da Penha.

2. O viés teórico para uma análise crítica da linguagem jurídica

A investida de linguistas sobre o campo social tornou-se possível a partir de uma concepção de linguagem que, em vez de priorizar categorias formais, busca um deslocamento para o uso efetivo da língua em sociedade e das exigências reais e imediatas de seus usuários. Nessa perspectiva, o discurso é considerado o polo capaz de integrar conhecimento linguístico, cognitivo e social, junto com as condições nas quais seus falantes interagem. Compreende-se que no âmbito do discurso é operável tanto o nível linguístico quanto o extralinguístico, pois nele se encontra o liame que liga as significações de um texto às suas condições sócio-históricas (Brandão, 1991). A proposta, aqui expressa, de estudar a violência nas relações conjugais através de uma abordagem linguística aplicada a registros do sistema penal viabiliza-se, portanto, pelo viés discursivo.

Não obstante, como os estudos de discurso formam um campo muito amplo, a forte relação entre linguagem jurídica e poder demanda uma abordagem específica que possa captar uma visão crítica do discurso legal. Nesse sentido, o referencial teórico-metodógico desta pesquisa sustenta-se na Análise Crítica do Discurso (Caldas-Coulthard, 2008), também denominada Análise de Discurso Crítica (Rezende; Ramalho, 2006), termo que adotamos abreviado na sigla ADC. Essa linha ampara nosso trabalho devido ao seu aspecto multidisciplinar e seu direcionamento sobre as relações entre linguagem, poder, dominação, discriminação e controle. A noção de "crítica" significa situar os dados no social e focalizá-los como práticas linguístico-discursivas, revelando como estas estão imbricadas com as estruturas sociopolíticas mais abrangentes de poder e de que forma contribuem para a desigualdade social e o domínio de algumas pessoas sobre as outras (Fairclough, 2003).

Essas características fazem da ADC um recurso estratégico em uma proposta de estudo como a presente, voltada para a violência contra a mulher e o discurso do Direito, ambos terrenos que têm no poder uma ancoragem central. Nesse sentido, a aplicação de uma abordagem analítica como a ADC sobre textos legais é oportuna à tentativa de revelar possíveis parcialidades escondidas sob a alegada objetividade do discurso jurídico. Tendo em vista a importância do Sistema Jurídico na vida das cidadãs e cidadãos, devido ao seu poder de decidir sobre questões patrimoniais e até sobre a liberdade das pessoas, é bastante relevante realizar uma análise mais detida das práticas sociais desempenhadas por meio da linguagem jurídica.

Conforme alerta Figueiredo (2004), no discurso legal, como em outros discursos que ilustram um sistema social calcado na assimetria entre os gêneros, a noção de que a lei sempre promove direitos individuais e sociais é uma questão complexa. Uma vez que o Sistema Jurídico e as decisões judiciais tendem a refletir e construir relações assimétricas de poder entre seus operadores e membros de grupos com menos *status* social, é temerária uma visão desse sistema como veículo imparcial do bem social. Considerando que os agentes sociais não são agentes livres, são socialmente constrangidos, seus textos acabam expondo relações ideológicas que os permeiam. É justamente a essas relações que as seções analíticas se dedicam mais adiante.

3. O paradigma de gênero no Direito e a Lei Maria da Penha

A expressão "violência de gênero" tem-se sobreposto ao termo tradicional "violência contra a mulher". Tal mudança ocorre, fundamentalmente, com a introdução da categoria de gênero (Scott, 1986) no campo de investigações, consolidando uma abordagem focada na participação de homens e mulheres nas relações violentas, considerando os papéis que ambos assumem na sua produção e legitimação. Tal conceito tem sido utilizado nas Ciências Sociais em função de propor uma visão mais aprofundada das relações entre os sexos, captando a criação inteiramente social das ideias sobre os papéis próprios dos homens, das mulheres e de outras identidades sexuais. Nesse sentido, a noção de gênero rejeita explicações biológicas, como as que encontram um denominador comum para várias formas de subordinação no fato de que as mulheres têm filhos e que os homens têm uma força muscular superior (Santos; Izumino, 2005). Assim, importa que se estude sob esse conceito como a construção social tanto da feminilidade quanto da masculinidade se conecta ao fenômeno da violência.

Essa categoria tem fundamentado debates internacionais e nacionais sobre questões humanitárias, de modo que a violência contra a mulher é situada nas discussões sobre Direitos Humanos e não apenas como um problema doméstico e familiar. Na Convenção de Belém do Pará (Convenção Interamericana para Prevenir, Punir e Erradicar a Violência contra a Mulher, adotada pela OEA em 1994), por exemplo, ficou definido que a violência contra a mulher é "qualquer ato ou conduta baseada no gênero, que cause morte, dano ou sofrimento físico, sexual ou psicológico à mulher, tanto na esfera pública como na esfera privada". A pressão dos movimentos internacionais fez com que tanto o paradigma de gênero quanto o dos Direitos Humanos fosse incorporado no Brasil, implicando mudanças que resultam na promulgação de novas leis, como é o caso da Lei n. 11.340, de 2006, conhecida como Lei Maria da Penha.[2]

Embora essa lei se articule diretamente em torno de questões de gênero, Monteiro (2003) observa que o tema é recente dentro do Direito, que historicamente o tratou no âmbito das relações de família, com base em uma radical diferença de funções entre o homem e a mulher que, antes mesmo de serem normatizadas, já se encontravam, de longa data, codificadas na cultura luso-brasileira. O autor ainda denuncia que esses papéis foram direcionados pelo modelo burguês de família, ao qual os codificadores e doutrinadores concedem sanção legal em detrimento da extrema variedade de práticas sociais relativamente à família no Brasil. Nesse sentido, o Direito, ao repartir es-

---

2. Essa lei é assim denominada em homenagem à biofarmacêutica cearense, Maria da Penha Maia Fernandes, que foi vítima dos tiros que lhe deu o marido pelas costas, simulando um assalto, e, anos depois, tentou eletrocutá-la. Na época da primeira agressão, tinha 38 anos, três filhas e ficou paraplégica. Após muita luta pela punição do agressor e enfrentando enorme resistência da justiça brasileira, com a ajuda de organizações internacionais, Maria da Penha conseguiu denunciar o Brasil na Comissão Interamericana de Direitos Humanos da OEA pela negligência do Estado brasileiro ao tratar casos de violência doméstica. Tornou-se figura emblemática da causa de mulheres vítimas de violência de seus parceiros e deu nome à lei, que enfatiza a gravidade do problema e procura dar mais rigor jurídico ao seu tratamento.

tatutos e sancionar papéis, reproduz o jogo das estratificações sociais e, embora o faça em constante referência ao princípio da igualdade, recusa-se a reconhecer as reais desigualdades entre os sexos. Assim, o discurso jurídico esconde uma ideologia sexista que, em última instância, acaba por redobrar juridicamente a força normativa sociológica dos fenômenos sociais.

O estudo de Campos (2003) destaca que a não incorporação do "paradigma de gênero" no trato à violência contra a mulher no Judiciário resulta na sua banalização, que por sua vez se reflete no arquivamento massivo das demandas, reprivatizando o conflito, com a devolução do poder ao agressor. A autora se baseia no tratamento dado a essa violência antes da promulgação da Lei Maria da Penha, quando as lesões corporais e ameaças, que são os tipos de manifestação mais comuns do problema (Teixeira; Pinto; Moraes, 2011), eram reguladas pela Lei n. 9.099, de 26 de setembro de 1995. A mesma tratava casos de violência contra a mulher de forma igual a qualquer briga, como as de bar, entre homens ou entre vizinhos. Em substituição à pena era muito comum a aplicação de medidas despenalizadoras previstas pela lei, como a suspensão condicional do processo e o pagamento de multa, como cesta básica e outras formas de prestação pecuniária.

Tais procedimentos visavam uma maior agilização e facilitação do acesso à justiça a certos casos de ameaça e lesão corporal, procurando evitar o início de processos penais que poderiam culminar com a imposição de uma sanção ao agente de um crime tido como de "menor potencial ofensivo".

Segundo Campos (2003), o que determina esse potencial é a centralidade da pessoa na proteção jurídico-penal; assim, as lesões corporais, por exemplo, são consideradas menos ofensivas ao bem jurídico "vida" que o homicídio, devendo, portanto, ser tratadas com menos rigor que este e de forma mais simplificada. Na interpretação da Lei n. 9.099/1995, lesão corporal e ameaça eram crimes de importância diminuída.

Opondo-se a essa minimização da gravidade de ações em que um agressor, protegido pela privacidade do "lar", aterroriza sua família, o art. 41 da Lei Maria da Penha (n. 11.340/2006) determinou o afastamento da lei anterior, a fim de tratar com mais rigor delitos praticados em situação de violência contra a mulher. Dentro desse novo contexto, insta saber em que medida as decisões da Justiça satisfazem os paradigmas de gênero e de Direitos Humanos que a lei prioriza. Nas seções analíticas, vou tratar essas questões de forma mais detida.

4. Valores tradicionais sobre conjugalidade: conservadorismo

Ao me debruçar sobre os autos que compõem o *corpus* da pesquisa, pude perceber como a violência na conjugalidade se liga a um contexto ainda muito impregnado pelos valores da cultura patriarcal, em que discursos *genderizados* de direitos e de deveres determinam, conforme definiu Neves (2007), condições "menorizantes" às mulheres. Os valores de conjugalidade acionados nos gêneros boletim de ocorrência, denúncia, termos de representação etc. são depreendidos direta ou indiretamente em diversos campos destes, pois a maioria deles dedica um espaço do documento ao registro, ainda que sucinto, da condição de conjugalidade dos casais, como pode ser visto nos recortes seguintes:

1. Segundo relato da vítima XXXX, a mesma mantém um relacionamento com XXXXX há cerca de mais de seis anos e que desse **relacionamento amoroso**, tiveram duas filhas. XXXXXX, de 05 anos de idade e XXXXXXX, de 02 anos e meio (trechos retirados do Boletim de Ocorrência do processo 2008.032.974.70).

2. Segundo a fonte em evidência, o **denunciado e a vítima são casados, e dessa relação frutificou um filho**. (...) Ressoa, ainda dos autos, que por diversas vezes a vítima foi ameaçada e agredida pelo denunciado, além de ter dito que era uma "vagabunda, piranha, puta, ordinária, sem vergonha", tudo porque **não aceitava a separação do casal** (trechos retirados da Denúncia do processo 2007.036.850.28).

3. Segundo a fonte em evidência, **o denunciado e a vítima são unidos estavelmente há aproximadamente 15 (quinze) anos e dessa relação frutificaram dois filhos.** (...) Ressoa, ainda dos autos, que por diversas vezes durante a vida em comum, a vítima foi ameaçada pelo denunciado, pois este afirmou que se ela o deixasse, a mataria, **tudo isso motivado pelo ciúme exagerado que sentia** (trechos retirados da Denúncia do processo 2007.043.462.51).

4. Apurou-se que a vítima é casada com o denunciado há aproximadamente vinte e um anos e, dessa união, nasceram três filhos. Ocorre, porém, que, há aproximadamente dez anos, **o denunciado começou a modificar seu comportamento, passando a ficar agressivo com a vítima e seus filhos**, proferindo ameaças contra eles frequentemente (trechos retirados da Denúncia do processo 2008.013.451.67).

5. Ressoa dos autos, que o **denunciado e a vítima são unidos estavelmente há um ano, tendo frutificado dessa relação um filho**. (...) É certo, ainda, que o denunciado é acostumado intentar agressões verbais contra a vítima, ofendendo-lhe a dignidade, bem como a de sua família (trechos retirados da Denúncia do processo 2007.049.963.70).

6. Segundo a fonte em evidência, **o denunciado e a vítima são casados há aproximadamente 03 (três) anos e dessa relação frutificou um filho**. (...) Ressoa ainda dos autos, que o relacionamento do casal já não estava agradável, situação que culminou com várias discussões, separações e reconciliações. Na última reconciliação, o denunciado, **afirmou que iria matar a vítima se fosse deixado por ela mais uma vez dizendo ainda que ela estaria se insinuando para outros homens, tudo isso em razão do ciúme exagerado que sentia** (trechos retirados da Denúncia do processo 2007.049.966.55).

Muito embora a linguagem jurídica se proponha à neutralidade e à objetividade, o processo de apuração da "verdade", que ocorre na fase do inquérito policial, conforme identificou Nascimento (2007), promove uma retextualização do relato oral para o escrito, durante as tomadas de depoimento, envolvendo uma série de inserções e supressões de material linguístico. A autora detectou que esse procedimento acaba por promover uma construção de sentido que muitas vezes suscita a condenação do acusado. No campo da história oral, Meihy (1991) também discute esse processo de passagem da transcrição da fala para a textualização, ressaltando que a textualização consiste numa tarefa de reorganização do discurso que obedece à estruturação requerida para um texto escrito. No caso dos textos do Judiciário, observa-se que essa estruturação beira moldes estereotipados.

Observa-se nesses extratos, todos relativos às condições conjugais entre vítimas e agressores, uma representação embasada na união de um casal heterossexual, em uma dimensão afetiva associada ao amor, principalmente no contexto familiar. Toda essa representação discursiva é feita através de estruturas textuais típicas do Direito, expressas em um léxico próprio dos discursos conservadores ("dessa relação frutificou") e em sequências formais ("segundo fonte em evidência", "ressoa dos autos"), cujo efeito é um distanciamento do operador do Direito da realidade que ele tece. Esses recursos evidenciam que a razão jurídica é conservadora e distanciada das práticas sociais.

Ao longo das últimas décadas, profundas alterações ocorreram nos modelos de família. Se, até meados do século XX, predominavam famílias cujo chefe era o marido e pai, cresce a cada dia famílias chefiadas por mulheres ou compostas por casais do mesmo sexo, com diferentes arranjos, o que aponta para as mudanças que dizem respeito, principalmente, aos valores antes hegemônicos que caracterizavam essa instituição. O casamento formal, a virgindade, a não aceitação do divórcio integravam um conjunto de valores que, até recentemente, acreditava-se deveriam ser respeitados por todos. O rompimento com esses valores causava, na maioria das vezes, ações desencadeadas pela própria sociedade que visavam segregar os indivíduos que ousavam desafiar as normas. Para isso, um meio muito utilizado eram os rótulos com termos carregados de preconceitos, como "teúda e manteúda", "amasiada" etc. Curiosamente, um desses rótulos é muito comum na linguagem jurídica e aparece em alguns autos, como nos recortes a seguir:

7. Consoante se infere da denúncia, no dia 15 de setembro de 2007, por volta das 22 h, o denunciando, na Rua 07 próximo ao bar da XXXXXX, na Vila Colombo, nesta cidade, teria ofendido a integridade física de sua **ex amásia**, XXXXXXX (trechos retirados da Defesa prévia do acusado no processo 2007.043.487.42).

8. QUE é amasiado e tem um filho e sua **amásia** está esperando o segundo, que tem o segundo ano primário, que nunca esteve internado para tratamento de doenças mentais, que ingere bebidas alcóolicas, não utilizando substâncias entorpecentes; QUE o interrogando afirma a esta autoridade policial que na sexta-feira ele e sua **amásia** separaram-se, tendo sua **amásia** pedido que o mesmo saísse de casa, pois não estavam mais vivendo em harmonia (trechos retirados do Termo de Declarações do acusado em Auto de Prisão em Flagrante do processo 2007.051.532.10).

Contradizendo a própria lei, que reconhece a união estável como uma forma de casamento, o termo *amásia* permanece na linguagem dos processos e continua a rotular as mulheres insubmissas que não seguiram o velho modelo de organização familiar. Por ser empregado predominantemente no feminino, uma vez que não encontrei nenhum registro no masculino, o termo ainda demonstra a maior carga de preconceito sobre a mulher que burla as normas tradicionais do casamento.

Para Campos (2003), o que move a lógica jurídica é um ideal impregnado de valores tradicionais sobre o matrimônio e a família, que se orientam para a preservação do casamento. Segundo a autora, essa lógica permanece inalterada há muito tempo e, até o advento da Lei Maria da Penha, era operada pelo arquivamento massivo dos processos, provocado pela renúncia das vítimas. Argumenta-se que, ao adotarem essa postura, alguns magistrados promovem uma aplicação assimétrica do direito às mulheres, ocultando modos desiguais de distribuição social de poder. Algumas evidências sobre a presença do ideal conservador em relação ao casamento e sobre o modo assimétrico de aplicação de poder são identificadas neste "Termo de

Retratação", em que foram subtraídos apenas o cabeçalho e os dados da qualificação, estando os campos principais expostos a seguir:

> 9. Vem a presença de Vossa Excelência, na presente Ação Penal de n. 200704346596, dizer que RENUNCIO ao direito de queixa em desfavor de XXXXXXXXXX, vez que, **somente fui à Delegacia de Polícia porque estava nervosa e cansada de ver o esposo chegando em casa bêbado e sem trabalhar.**
>
> **Contudo, atualmente, o mesmo passou por um tratamento de dependência química e alcoólica, passando a conviver comigo e com nossa família de uma maneira harmônica, sem desentendimentos, sendo que, inclusive, livrou-se das bebidas e das drogas.**
>
> Dessa forma, não tenho qualquer interesse na continuação do feito.
>
> Por ser verdadeiras as declarações acima mencionadas e por estar de acordo em RETRATAR-ME é que firmo o presente (trecho retirado do Termo de Retratação do Processo n. 2007.043.465.96).

Neste texto, o discurso da preservação do casamento e da família é articulado de forma bastante artificial, por uma estratégia de legitimação que Thompson (1995, p. 89) classifica de narrativização. Essa operação linguístico-ideológica cria a sensação de que no presente algo é eterno e aceitável a partir de um acontecimento passado. Ela pode ser recuperada na sequência textual do segundo parágrafo, iniciado pela conjunção adversativa, "contudo", aí alocada para contrapor a cena do passado em que a mulher "estava nervosa e cansada de ver o esposo chegando em casa bêbado e sem trabalhar". Em seguida, vem o advérbio de tempo, "atualmente", realçando o tempo presente e anulando o passado nefasto que se quer esquecer. A anulação é engendrada pela narrativa da reabilitação do marido com um tratamento de dependência química e alcoólica, história inverossímil no contexto jaraguense, onde não há serviços de saúde dessa natureza. No final, a exemplo dos contos literários tradicionais, em que o bem vence o mal, o marido livra-se das "bebidas e das drogas", possibilitando, "inclusive", o desfecho feliz, com a convivência conjugal e familiar "harmônica", "sem desentendimentos".

Na Justiça, retratações são exigidas em casos de difamação e calúnia. Nesse sentido, o "Termo de Retratação", funcionalmente, opera uma confissão de culpa das mulheres, que assumem agir sob descontrole emocional ou irresponsavelmente. É o que se observa no exemplo dado: a vítima confessa que fez uma acusação errônea ou falsa e vem a público para se desculpar e anular a declaração anterior. Em síntese, o que o termo faz concretamente é registrar o arrependimento das vítimas, seu perdão aos agressores e, mais indiretamente, seu próprio pedido de perdão pelos constrangimentos resultantes da abertura dos processos. Executadas nesses moldes, as retratações atendem tanto aos critérios burocráticos próprios do Sistema Judiciário, quanto a ideais conservadores da cultura patriarcal. Tudo orquestrado por arranjos linguísticos que operam uma duvidosa distribuição de poder.

5. Os papéis de gênero no discurso do Judiciário: cultura patriarcal e a distribuição desigual de poder

Segundo Monteiro (2003), o Direito reproduz e reforça o jogo das estratificações sociais já estabelecidas. No caso das hierarquias de gênero, por exemplo, o autor afirma que antes mesmo de serem normatizadas no Direito, já se encontravam, de longa data, codificadas na cultura luso-brasileira, de nítidos contornos patriarcais. Ao enfatizar a família na representação de conjugalidade como uma espécie de pilar da sociedade, o discurso jurídico revela os papéis de "pai", "marido", "mãe", "esposa", "filho" e "filha" que essa instituição adota, bem como os comportamentos e expectativas socialmente impostos e a eles subjacentes. Especificamente sobre a figura do "pai", Monteiro (2003) comenta que, após a derrota deste sujeito como polo governante da instituição familiar tradicional hegemônica, os homens vão se erigir em um novo arranjo, baseado em uma relação constitutiva entre masculinidade, autoridade e violência, na qual impõem seu domínio sobre as mulheres, "mostrando" a elas o seu respectivo "lugar" na sociedade.

Vê-se nos trechos inicialmente destacados (1 a 6) como os elementos masculinidade, autoridade e violência, citados por Monteiro (2003), combinam-se para exprimir os papéis masculinos na conjugalidade aí representada. Ressalta, naqueles textos, o poder dominador do homem sobre sua companheira e filhos, cujo exercício permite tanto o abuso dos meios verbais (ameaças, gritos, ofensas, desmoralizações e xingamentos), como a brutalidade física por chutes, tapas, murros e outras violências, quando as primeiras não são suficientes. São atos de quem toma para si o papel de comando da relação e assume também como de seu direito o controle de seus subordinados e a coerção irrestrita sobre eles.

Conforme analisa Bourdieu (1999, p. 20), embora a estrutura patriarcal/falocêntrica seja extremamente arbitrária e injusta, "a força da ordem masculina se evidencia no fato de que ela dispensa justificação: a visão androcêntrica impõe-se como neutra e não tem necessidade de se enunciar em discursos que visem a legitimá-la". Ainda completa o autor: "o simbolismo que lhes é atribuído é, ao mesmo tempo, convencional e 'motivado' e assim percebido como quase natural" (*ibid.*). O próximo recorte, retirado de um Pedido de Reconsideração em que um promotor apela ao juiz para não conceder suspensão do processo ao réu e fazer valer os princípios da Lei Maria da Penha, demonstra que, mesmo quando dirigido à defesa de interesses da mulher, o discurso jurídico deixa transparecer as marcas de seu conservadorismo:

> 10. Em segundo lugar, insta aduzir que a disposição contida no art. 41 da Lei n. 11.340/2006 é resultado de uma ação afirmativa em favor da mulher vítima de violência doméstica e familiar. É cediço que a história da mulher é caracterizada pela dominação patriarcal, sen-

> do que a dominação exercida no espaço doméstico sempre foi uma das modalidades mais incisivas de exercício de poder sobre **o sexo frágil**, de modo que somente quem não quer, não enxerga a legitimidade de tal ação afirmativa que, nada obstante formalmente aparentar ofensa ao princípio da igualdade de gênero, em essência busca restabelecer a igualdade material entre esses gêneros, nada tendo, deste modo, de inconstitucional. Outras tantas ações afirmativas têm sido resultado de políticas públicas contemporâneas e, em que pesem algumas delas envoltas em polêmicas, não recebem a pecha de inconstitucionalidade. Citem-se as quotas para negros e estudantes pobres nas universidades, as quotas para deficientes em concursos públicos, as quotas para mulheres nas eleições etc. (trecho retirado do gênero Pedido de Reconsideração do Processo n. 2007.049.963.70).

Aqui, fica exposto o tradicionalismo no termo *sexo frágil*, mostrando que mesmo quando a autoridade pretende seguir um viés menos conservador, como neste caso em que o promotor quer fazer valer a Lei Maria da Penha, seu apego aos valores tradicionais fica latente. O termo mostra que ele próprio não assumiu em profundidade as concepções que consideram a mulher como "sujeito de sua história" e acaba se contrapondo ao próprio discurso feminista ao qual tenta inicialmente aliar-se. Do ponto de vista dos valores é possível perceber como persiste, por parte das instituições em geral e do Judiciário em particular, representações acerca da mulher como ser "frágil e doce", concepções que se contrapõem aos dados empíricos, os quais mostram mulheres também violentas.[3]

O próximo recorte, que traz um trecho da Defesa Prévia de um caso em que o homem agrediu sua mulher após esta tê-lo ameaçado com um pedaço de pau, mostra que, mesmo quando a mulher age

---

3. Nesse sentido, pesquisas (Almeida, 2001; Soihet, 1997) têm exibido a insubmissão das mulheres das camadas populares sob diferentes formas, desde o final do século XIX até os tempos atuais. O movimento do cangaço, por exemplo, realizado no sertão nordestino durante as décadas de 1920 e 1930, rompeu com uma cultura secular, posto que, com a entrada da mulher para o cangaço, tornou-se emblemático seu envolvimento no mundo da violência.

com violência, a ênfase não recai propriamente nesse perfil. No caso em questão foi realçado o fato de a mulher ter traído o acusado, conforme se observa no recorte:

11. Excelência, cumpre esclarecer que o acusado jamais agrediu a vítima. O que realmente ocorreu foi que, depois do denunciado ter tomado conhecimento de que fora traído pela vítima, o casal se separou, sendo que aquele, ao tentar a reconciliação, já buscada por esta, foi humilhado, em dado momento da conversa, com palavras, sendo que ambos começaram a se agredir, ocasião em que a vítima pegou um pedaço de pau para bater no acusado e este, com o intuito de se defender, a empurrou. A vítima, descontrolada, voltou a agredir o acusado com o pedaço de madeira, momento em que o mesmo colocou sua bicicleta entre eles, empurrando-a contra a vítima para mais uma vez se defender.

Ora, não se pode chamar de lesões o resultado provocado pelo desentendimento entre os acusados, sendo ainda importante observar que, com relação à vítima, seu próprio descontrole causou-lhe tais resultados, que, diga-se de passagem, são insignificantes. Desta feita, requer a desclassificação do delito para a contravenção de vias de fato.

Assim, mesmo que, apenas para feito de discussão, se admita o resultado de lesões corporais, não há que se falar em crime, vez que resta claro que **o acusado agiu em legítima defesa não só de sua honra**, mas também de sua própria integridade física, atuando, pois, ao abrigo de uma excludente de antijuridicidade.

Ademais, em se tratando de lesões mínimas como ocorre no presente caso, o reconhecimento do princípio da insignificância, com exclusão da tipicidade, é medida que se impõe.

Ante todo exposto, é a presente para rebater todos os termos da denúncia e, consequentemente, requer a desclassificação do delito para contravenção de vias de fato.

Caso Vossa Excelência entenda de forma diversa, desde já requer seja reconhecido o princípio da insignificância, já que foram levíssimas as lesões provocadas, ou, em última hipótese, que seja o acusado absolvido com base na excludente prevista no art. 23, II do Código Penal.

> Para comprovação de suas alegações arrola as testemunhas cujo rol segue abaixo (trecho retirado da Defesa Prévia do Processo n. 2007.043.487.42).

Essa versão dos acontecimentos deixa clara a herança machista que, no Brasil, ultrapassa os muros das casas de famílias e invade instituições como o Sistema Judiciário. A hegemonia dessa concepção pode ser observada no decorrer de todo o texto. O advogado refere-se à honra do homem, que supostamente teria sido atingida pelo comportamento da mulher, o que poderia, então, explicar ou até mesmo justificar atitudes violentas. O autor do texto recorre ao argumento da legítima defesa da honra, algo que já foi amplamente discutido, questionado e praticamente condenado por anacronismo, mas que ainda continua vivo e, surpreendentemente, mantém-se em pleno funcionamento, conforme se revela neste exemplo e é detalhado no estudo de Pimentel, Pandjiarjian e Belloque (2006).

Segundo o trabalho dessas pesquisadoras, a doutrina jurídica, de forma consensual, entende que todo e qualquer bem jurídico pode ser defendido legitimamente, incluindo-se a honra. Embora não haja consenso em relação ao uso desta figura nos casos em que o homicídio ou a agressão são praticados para defender suposta honra por parte do cônjuge traído. Como são raros os casos em que a mulher faz uso de tal alegação, a figura da "legítima defesa da honra" funciona como tese jurídica que visa tornar impune a prática de maridos, irmãos, pais ou ex-companheiros e namorados que matam ou agridem suas esposas, irmãs, filhas, ex-mulheres e namoradas. Entretanto, frisam as autoras, no entender de grande parte da doutrina e jurisprudência, não há honra conjugal ou da família a ser protegida, na medida em que a honra é atributo próprio e personalíssimo, referente a um indivíduo e não a dois ou mais indivíduos.

A pesquisa das autoras colheu dados significativos sobre o tema em todas as regiões do país, constatando que, ainda hoje, não é pacífica a jurisprudência sobre o tema, de modo que a tese da "legítima defesa da honra" continua a ser invocada, havendo inclusive acórdãos que, embora em menor número, admitem-na com sucesso. Conclui-se, portanto, que legítima defesa da honra não é um anacronismo, ao contrário, é uma tese ainda constantemente acionada como recurso de legitimação para a defesa da violência masculina contra suas mulheres, mostrando que em pleno século XXI permanecem atuantes no plano do discurso jurídico valores que dominaram a sociedade nos séculos passados.

Certos valores conservadores nem sempre são declarados de forma aberta, pois na atualidade ferem as noções do "politicamente correto" e podem comprometer a imagem de quem os profere. Mas eles estão presentes, ainda que muitas vezes de forma sutil, nos autos que movem o sistema processual. A sentença de um Termo de Audiência, que dispomos a seguir, flagra uma concepção do masculino em moldes bem discutíveis:

12. O juíz proferiu a seguinte decisão: o fato narrado na denúncia, em tese, configura crime, preenchendo a acusatória os requisitos legais. **Recebo a denúncia.**

Em seguida, o representante do Ministério Público verificou que o denunciado preenche os requisitos para obtenção do benefício da suspensão condicional do processo, previsto no art. 89 da Lei n. 9.009/1995. Desta forma foi formulada a proposta de suspensão condicional do processo ao acusado pelo prazo de 02 (dois) anos, mediante as seguintes condições: I — Não ausentar da Comarca, sem prévia autorização deste Juízo por mais de 15 dias. II — Apresentar-se a esse Juízo, mensalmente, para justificar e informar suas atividades. III — **Não frequentar bares, boates, prostíbulos e casas de jogos**. IV — Informar novo endereço, antecipadamente a este Juízo, em caso de mudança. Como condição específica: não se aproximar da ofendida.

O denunciado e seu advogado aceitaram as condições da proposta.

DESPACHO: aguarde-se o cumprimento. Certifique. NADA MAIS, E, para constar, lavrei este termo que vai devidamente assinado (Termo de Audiência do processo 2008.026.821.67).

Observa-se que, neste auto, a Justiça faz uma proibição explícita ao réu de frequentar bares, prostíbulos e casas de jogos. Como bem argumenta Fairclough (2001), o que é dito em um texto é sempre dito em contraposição ao que não é dito, mas tido como garantido, apontando para o consensual, para as normalizações e aceitação. Nesse sentido, há implícito nessa sentença uma pressuposição de que essas práticas proibidas são atividades próprias do universo masculino. Todas elas apelam para a liberdade de comportamento e para o papel sexual ativo do homem, que neste caso está sendo cerceado, enquanto perdurarem os efeitos da suspensão do processo ao qual o réu responde pela agressão contra a ex-mulher. Essas proibições que cerceiam a liberdade masculina, especialmente a sexual, parecem funcionar como uma espécie de punição ao acusado para compensar o fato de a Justiça ter-lhe concedido o benefício de suspensão do processo.

Ficam, portanto, muito evidentes nas análises os valores e prerrogativas culturais que definem os tradicionais papéis do gênero dentro da polaridade masculino e feminino, que reservam os atributos de liberdade, poder, dominação, força, violência e superioridade, em relação aos primeiros, e submissão, passividade, fraqueza e inferioridade, em relação aos últimos. A ofensa concreta ao ideal igualitário se expressa tanto nos enredos das histórias reconstituídas na pesquisa, em que é nítida uma imensa desproporção de forças entre homens e mulheres, com o prejuízo destas, vítimas reais de toda sorte de imposições, arbitrariedades e agressões de seus parceiros, quanto na atitude condescendente do Judiciário a essas mesmas desproporções.

6. Considerações finais

O que sobressai nas análises dos diferentes autos processuais do *corpus* é a evidência de que o viés dos estudos de gênero e os ideais dos Direitos Humanos estão longe de amparar as decisões judiciais, norteadas por um apego aos trâmites processuais já estabelecidos e ritualizados. Como diria Bourdieu (2006), o *habitus* jurídico privilegia o formalismo do Direito em detrimento da justiça social, de modo que as categorias de pensamento dos juristas acabam funcionando como instrumento de manutenção e distribuição desigual de poder social. A efetivação plena da Lei Maria da Penha, por conseguinte, é impedida tanto pela burocracia do *habitus* jurídico como por ideias conservadoras da cultura patriarcal que o constituem. Entre essas ideias, depreende-se uma dimensão machista, ainda que de forma velada, que só não adquire contornos mais declarados em vista da patrulha do "politicamente correto".

O aumento do número de mulheres que recorrem à justiça contra a violência dos companheiros e parentes sinaliza uma proporcional conscientização destas sobre sua igualdade de direitos com os homens. Contudo, no plano jurídico, a mesma dimensão conservadora e distanciada que se vê nos gêneros penais se reflete nas respostas que o sistema dá às mulheres nas ações por elas movidas. Eximindo os acusados de qualquer punição, ou imputando-lhes proibições de frequentar bares, bordéis e casa de jogos, como nas sentenças de suspensão, o Judiciário reforça a manutenção dos papéis tradicionais de gênero, baseados na cultura patriarcal e machista, atribuindo-lhes força normativa.

Essa forma de agir acaba desqualificando as mulheres, submetendo-as a retratações humilhantes, que as convertem em verdadeiras rés dos crimes nos quais são vítimas. Nesse quadro, o discurso jurídico alinha-se de várias formas ao domínio tradicional patriarcal, redobrando juridicamente a força normativa deste, com vínculos bastante imprecisos com o ideal igualitário que, supostamente, deveria garantir. Sem propor qualquer pena alternativa efetiva, com vistas à reeducação dos agressores, conforme declarou a ativista do direito das mulheres, a promotora Luiza Eluf, em entrevista à revista *Istoé*, "o Judiciário fica numa posição de lavar as mãos para ver o que vai acontecer".

Referências

ALMEIDA, R. O. *Mulheres que matam*: universo imaginário do crime no feminino. Rio de Janeiro: Relume-Dumará, 2001.

ARAÚJO, M. F.; MATTIOLI, O. C. (Orgs.). *Gênero e violência*. São Paulo: Arte e Ciência, 2004.

AZEVEDO, M. A. *Mulheres espancadas*: a violência denunciada. São Paulo: Cortez, 1985.

BOURDIEU, P. *A dominação masculina*. Tradução Maria Helena Kuhner. Rio de Janeiro: Bertrand Brasil, 1999.

_____. *O poder simbólico*. 14. ed. Rio de Janeiro: Bertrand Brasil, 2006.

BRANDÃO, H. H. N. *Introdução à análise do discurso*. Campinas: Ed. Unicamp, 1991.

CALDAS-COULTHARD, C. R. Da Análise do Discurso à Análise Crítica do Discurso: introduzindo conceitos. In: _____; SCLIAR-CABRAL, L. (Orgs.). *Desvendando discursos*: conceitos básicos. Florianópolis: Ed. da UFSC, 2008. p. 19-44.

CAMPOS, C. H. Juizados Especiais Criminais e seu déficit teórico. *Revista Estudos Feministas*, Florianópolis, UFSC, v. 11, n. 1, p. 155-170, 2003.

FAIRCLOUGH, N. *Discurso e mudança social*. Brasília: Ed. da UnB, 2001.

_____. *Analysing discourse*. New York: Routledge, 2003.

FAUSTO, B. *Crime e cotidiano*. A criminalidade em São Paulo (1880-1924). São Paulo: Brasiliense, 1984.

FIGUEIREDO, D. C. Violência sexual e controle legal: uma análise crítica de três extratos de sentenças em caso de violência contra a mulher. *Linguagem em (Dis)curso — LemD*, Tubarão, v. 4, número especial, p. 61-84, 2004. Disponível em: <http://www3.unisul.br/paginas/ensino/pos/linguagem/0403/5%20art%203.pdf>. Acesso em: set. 2010.

GREGORI, M. F. *Cenas e queixas:* um estudo sobre mulheres, relações violentas e a prática feminista. Rio de Janeiro: Paz e Terra, 1993.

GROSSI, P. K.; WERBA, G. C. (Orgs.). *Violências e gênero*: coisas que a gente não gostaria de saber. Porto Alegre: EDIPUCRS, 2001.

IZUMINO, W. P. *Justiça e violência contra a mulher*. 2. ed. São Paulo: Annablume, 2004.

MEIHY, J. C. S. B. *Canto de morte kaiowá*: história oral de vida. São Paulo: Loyola, 1991.

MONTEIRO, G. T. M. *Construção jurídica de gênero*. O processo de codificação civil na instauração da ordem liberal conservadora do Brasil. Rio de Janeiro: Renovar, 2003.

NASCIMENTO, A. B. *A retextualização como instrumento de manipulação no discurso jurídico penal*. Dissertação (Mestrado) — Programa de Pós-Graduação em Estudos Linguísticos, Faculdade de Letras da UFMG, Belo Horizonte, 2007. Disponível em: <http://www.bibliotecadigital.ufmg.br/dspace/bitstream/1843/VCSA-77SPU2/1/disserta__o_de_mestrado__gueda__vers_o_final.pdf>. Acesso em: dez. 2010.

NEVES, A. S. A. As mulheres e os discursos genderizados sobre o amor: a caminho do "amor confluente" ou o retorno ao mito do "amor romântico"? *Revista de Estudos Feministas,* Florianópolis, v. 15, n. 3, dez. 2007. Disponível em: http://www.scielo.br/scielo.php?script=sci_arttext&pid=S0104-026X2007000300006&lng=pt&nrm=iso. Acesso em: dez. 2010.

PIMENTEL, S.; PANDJIARJIAN, V.; BELLOQUE, J. "Legítima defesa da honra". Ilegítima impunidade de assassinos. Um estudo crítico da legislação e jurisprudência da América Latina. In: CORRÊA, M.; SOUZA, E. R. *Vida em família*: uma perspectiva comparativa sobre crimes de honra. Campinas: Ed. Unicamp, 2006. p. 65-208.

RESENDE, V. M.; RAMALHO, V. *Análise de discurso crítica*. São Paulo: Contexto, 2006.

SANTOS, C. M.; IZUMINO, W. P. Violência contra as mulheres e violência de gênero: notas sobre estudos feministas no Brasil. *Revista E.I.A.L.* Estudios interdisciplinarios de América Latina y El Caribe. Universidade de Tel Aviv, 2005. Disponível em: <http://www.fag.edu.br/professores/gspreussler/Direitos%20Humanos/Viol%EAncia%20de%20G%EAnero.pdf> Acesso em: set. 2010.

SCOTT, J. W. Gender: a useful category of historical analysis. *The American Historical Review*, v. 91, n. 5, p. 1053-75, dez. 1986. Disponível em: http://links.jstor.org/sici?sici=00028762%28198612%2991%3A5%3C1053%3AGAUCOH%3E2.0.CO%3B2-Z> Acesso em: set. 2010.

SOIHET, R. Mulheres pobres e violência no Brasil urbano. In: DEL PRIORE, M. *História das mulheres no Brasil*. 2. ed. São Paulo: Contexto, 1997. p. 362-401.

TEIXEIRA, P. A. S.; PINTO, A. S.; MORAES, O. C. R. *Dossiê Mulher 2011*. Rio de Janeiro: Instituto de Segurança Pública, 2011. (Série Estudos; v. 2.) Disponível em:<http://urutau.proderj.rj.gov.br/isp_imagens/Uploads/DossieMulher2011.pdf>. Acesso em: 3 maio 2011.

THOMPSON, J. B. *Ideologia e cultura moderna*. Petrópolis: Vozes, 1995.

DISCURSO JURÍDICO, GÊNERO E PODER:
Uma análise de marcadores de agenciamento e causalidade em acórdãos britânicos em casos de estupro

*DÉBORA DE CARVALHO FIGUEIREDO**

1. Comentários iniciais

Este trabalho está embasado na abordagem teórica da Análise Crítica do Discurso (ACD). A maioria das/os linguistas críticas/os tem adotado, como teoria linguística de base, a perspectiva teórica sistêmico-funcional proposta por Halliday (2004), para quem as funções das estruturas linguísticas servem às e são determinadas pelas estruturas sociais. Nessa linha, a ACD considera que os significados sociais e suas realizações textuais pertencem ao escopo da descrição gramatical (Fowler et al., 1979, p. 187).

---

* Professora da Universidade Federal de Santa Catarina (UFSC).

Um dos principais interesses das/os linguistas críticas/os é investigar questões de poder presentes no discurso. Os processos linguísticos ajudam a (re)produzir as estruturas das interações sociais, estruturas nas quais o poder é geralmente distribuído de forma assimétrica. Com base na premissa de que há uma relação dialética entre discurso e práticas sociais, e que as desigualdades de poder (baseada em variáveis de classe social, gênero, sexualidade, etnia, raça, *status*, religião) presentes nas interações sociais são criadas e recriadas por práticas discursivas, este artigo pretende investigar um tipo particular de discurso no qual as relações de poder são especialmente hierarquizadas e assimétricas: o discurso jurídico. Não existe um único discurso jurídico, mas diversos exemplos de discurso jurídico produzidos por diferentes áreas do Direito (basicamente, existem dois grandes ramos do Direito: o Civil e o Criminal, mas o Direito Civil é subdividido em vários sub-ramos: Direito de Família, Direito Tributário, Direito do Trabalho etc.).[1] Como meu foco de interesse são as relações de gênero, neste trabalho concentro-me no discurso do sistema jurídico criminal em casos de estupro.[2]

Entretanto, essa ainda é uma área excessivamente ampla para análise. Para fazer um recorte mais preciso, investigo o discurso de acórdãos britânicos (*reported appellate decisions*) em casos de estupro, um tipo de texto no qual podemos ver claramente a interseção entre relações de gênero e relações de poder. Esses acórdãos são sentenças produzidas por tribunais de apelação (correspondentes aos tribunais estaduais de justiça, no Sistema Jurídico brasileiro) e publicadas na forma de tomos oficiais (ou *law reports*), que formam a unidade básica do direito consuetudinário britânico (*common law*), a jurisprudência com força de lei (*case law*) (Bradford, 1987). As câmaras dos tribunais de apelação britânicos geralmente são compostas por três juízes; cada um deles profere uma opinião judicial sobre

---

1. Sobre o discurso jurídico, cf., por exemplo, Stygall, 1994; Conley; O'Barr, 1998; Cotterill, 2002; Gibbons, 2003; Alves, 2003; Colares, 2010.

2. Sobre a linguagem dos juízes e das sentenças em casos de estupro, cf. Solan, 1993; Matoesian, 1993; Figueiredo, 2000, 2002, 2004.

o recurso, e o veredito da maioria prevalece (Maley, 1994), sendo mais tarde publicado em tomos oficiais. De acordo com Lorraine Bradford (1987, p. 137), "os acórdãos publicados são basicamente textos jurídicos compilados como formas ritualizadas tanto para ensinar a lei quanto para aplicá-la". Essas decisões judiciais são escritas pelos juízes e mais tarde editadas para publicação. Nesse sentido, elas não descrevem em detalhes o que ocorreu durante o julgamento, mas expressam as formas de ver e pensar de juízes e editores a respeito de um determinado caso.

Somente os acórdãos britânicos considerados juridicamente significativos são mais tarde publicados em tomos especiais. As sentenças dos tribunais de apelação são particularmente importantes por serem consideradas a essência da "lei dos comuns" (*common law*) britânica — leis não escritas usadas como precedentes e princípios que guiarão casos futuros. Dessa forma, os acórdãos publicados podem ser vistos tanto como fontes da lei quanto como forma de aplicação da lei no Reino Unido, exercendo grande influência sobre o Sistema Jurídico e seus membros, assim como sobre a ordem social.

Os acórdãos britânicos publicados "são os casos de 'boa política' que servem para ensinar e formar advogados, promotores ou juízes" (Bradford, 1987, p. 137). Caso esses textos expressem e construam relações desiguais de poder entre seus participantes (e.g. advogados, juízes, réus, apelantes, reclamantes, testemunhas etc.), essa será a mensagem recebida pelos militantes do Direito, tanto durante sua formação profissional quanto durante sua atuação na área, e será também essa a estrutura que eles provavelmente reproduzirão em suas práticas sociais e em seu discurso. Como aponta Kress, "através da exposição a textos marcados por desigualdades de poder, os sujeitos sociais são treinados a ocupar determinadas posições de poder" (1989, p. 44). A linguagem, vista aqui como forma de ação social, nos leva a ocupar certas posições e a sermos certos tipos de sujeitos nos textos que produzimos ou consumimos. Essa influência linguística e social nos permite reconhecer textos caracterizados por desigualdades de poder (por exemplo, os acórdãos britânicos) e aceitá-los como "naturais", não marcados.

Em termos de distribuição de poder, os acórdãos são um tipo de texto no qual as posições de poder são especialmente desiguais, tanto entre juízes e apelante (a parte que está recorrendo da sentença de primeiro grau), quanto entre juízes e reclamante (num acórdão em um caso de estupro, a mulher que foi estuprada).[3] Essa assimetria resulta do fato de que os produtores do discurso jurídico (e.g. juízes) são detentores de forte poder social, em parte devido ao seu acesso e controle privilegiados sobre a linguagem jurídica e o discurso jurídico.[4] O poder social é a capacidade de um grupo(s) de controlar as ações e as convicções de outros, podendo assim limitar sua liberdade ou influenciar seu conhecimento, suas crenças, atitudes e ideologias (Van Dijk, 1996). O poder social pode ser distribuído, ou pode estar concentrado em certos domínios ou escopos específicos, como o campo da lei e da ordem. Isso ajuda a criar o que van Dijk chama de "centros de poder", controlados pelas elites (1996, p. 84). O grupo de elite que produz o discurso jurídico britânico é tipicamente composto por homens brancos de classe média ou alta (cf. Griffith, 1977; Pattullo, 1983).

Como os juízes têm mais poder e mais acesso ao discurso, e como são eles que produzem as formas escritas das decisões judiciais, suas visões de mundo tendem a prevalecer no discurso judicial. Meu objetivo neste artigo é investigar as passivizações e as nominalizações presentes em cinco acórdãos produzidos por tribunais britânicos de apelação em casos de estupro e publicados em 1993 no *All England Law Reports*. Com essa análise procuro investigar as relações de gênero e as visões de mundo presentes nesses textos. Nas seções que se seguem apresento uma breve discussão dos processos de passivização e nominalização, a partir das perspectivas da Análise Crítica do Discurso (ACD) e da Linguística Sistêmico- Funcional (LSF), seguida da análise dos dados.

---

3. *Complainant*, em inglês.
4. Sobre a questão do acesso ao discurso, cf. van Dijk, 1996.

2. A voz passiva

Como a maior parte dos exemplos de voz passiva encontrados nos acórdãos britânicos refere-se ou ao juiz/tribunal, ou ao apelante, nesta seção analiso as orações passivas nas quais esses dois participantes aparecem como agentes (seja de forma explícita, seja de forma implícita em passivas sem agente) ou como recipientes da ação. Os exemplos estão divididos entre os dois participantes. Antes de apresentá-los, entretanto, teço alguns comentários gerais sobre a transformação gramatical passiva e suas implicações ideológicas.

As orações no modo indicativo podem ser ativas ou passivas. Nas orações passivas, o agente ou é introduzido pela preposição "por", ou é omitido inteiramente. Fairclough argumenta que a voz ativa é a opção não marcada, aquela que selecionamos "quando não há uma razão específica para escolher a voz passiva" (1992, p. 182). Segundo o autor, existem

> Muitas razões, entretanto, para escolher a voz passiva. Uma delas é que talvez queiramos omitir o agente porque ele é óbvio, irrelevante ou desconhecido. O uso da passiva também pode ser motivado por uma razão política ou ideológica, por exemplo, o desejo de ocultar ou "borrar" o agenciamento, a causalidade e a responsabilidade (Fairclough, 1992, p. 182).

Os atores sociais podem ser representados num texto ocupando papéis ativos ou passivos. Por meio da ativação, os atores sociais ocupam papéis dinâmicos nos eventos descritos; por meio da passivização, por outro lado, eles são descritos como receptores das ações de outros (Van Leeuwen, 1996).

Muitos acreditam que as orações ativas e passivas têm o mesmo significado proposicional, variando apenas em termos de estrutura sintática. Entretanto, considerando a questão do ponto de vista funcional, concluiremos que deve haver razões para as diferenças estruturais entre a voz ativa e a passiva. Hodge and Kress (1993) enumeram, de forma bastante interessante, as características e efeitos da passivização. Em primeiro lugar, na voz passiva agente e paciente trocam de lugar na estrutura da oração, resultando numa mudança temática: o participante afetado torna-se tema da oração, que agora já não trata do agente, mas do paciente. Segundo, a passivização separa o agente do verbo, ligando esses dois elementos (agente e verbo) por meio da preposição "por"; como consequência, a relação causal entre o agente e o processo descrito é enfraquecida sintaticamente. Terceiro, há o acréscimo do verbo auxiliar "ser", fazendo com que o verbo principal deixe de ser um processo "real" e passe a ser representado como um processo acabado. Como resultado, o processo passivizado torna-se similar a um adjetivo ou a um estado. Quarto, a voz passiva permite a omissão do agente que, em alguns casos, não é facilmente recuperável pelo receptor textual. Finalmente, uma oração passiva está fortemente relacionada, em sua forma de superfície, à estrutura *substantivo-verbo ser-adjetivo*, ou, como afirmam Hodge e Kress, "[a oração é] transformada da forma *transitiva* para a forma *atributiva*" (1993, p. 26). Como consequência, o foco passa a ser a atribuição ou a classificação, e não mais a causalidade.

Dessa forma, numa oração como "O apelante foi preso e entrevistado" (Acórdão 1),[5] há a transformação de um processo material ("prender") e um processo verbal ("entrevistar") em uma qualidade ou estado, com total apagamento do agenciamento e da causalidade.

A seguir apresento alguns exemplos de orações passivas retiradas de quatro dos cinco acórdãos analisados: 1, 3, 4 e 5 (o Acórdão 2 tinha poucos exemplos de passivas e nominalizações, portanto, não será discutido nesta seção). Nos excertos, os processos passivados estão indicados pelo uso do sublinhado e os marcadores de modalidade pelo uso do *itálico*. Alguns exemplos apresentam comentários entre parênteses, quando necessário explorar/explicitar as escolhas léxico--gramaticais específicas feitas em cada um deles. Seguindo-se aos exemplos, são apresentados comentários gerais sobre os mesmos.

---

5. "The appellant was arrested and interviewed".

Todos os exemplos foram traduzidos do inglês para o português. As versões originais em inglês se encontram em notas de rodapé.

2.1 JUIZ/TRIBUNAL como agentes da passiva

Acórdão 1

1. Portanto a evidência *deve* ser admitida e as perguntas permitidas (Passivização + modulação – obrigação)

2. Se, num julgamento, alguém está sendo acusado do crime de estupro para o qual ele se declara inocente, então, exceto com autorização do juiz, nenhuma evidência e nenhuma pergunta *poderá* ser feita durante o julgamento *"poderá"* atua aqui quase como um marcador de proibição (modalidade deôntica – obrigação))

3. Excluir uma pergunta relevante [...] *geralmente* significará que [...] (Apagamento do agente + modalização (usualidade). Essa não é exatamente uma estrutura passiva, mas, como as passivas clássicas e as nominalizações, há nela o apagamento do agente do verbo "excluir", que nesse caso é o juiz, aquele que tem o poder, no sistema adversarial britânico, de admitir ou excluir perguntas durante um julgamento)[6]

Acórdão 3

4. Descuidado *poderia* ser *simplesmente* definido, como tem sido nesse julgamento, como o estado mental [...] (Passivização + modalização – possibilidade)

5. A relação sexual é confirmada caso você esteja seguro [...]

6. [...] como foi apontado para vocês que não há nenhum questionamento de que de fato a relação sexual ocorreu

---

6. — Then the evidence *must* be admitted and the questions allowed

— If at a trial any person is being charged with a rape offence to which he pleads not guilty, then, except with the leave of the judge, no evidence and no question of cross-examination shall be adduced or asked at the trial

— To exclude a relevant question [...] will *usually* mean that

7. [...] *não se pode*, com segurança, permitir que o veredito <u>seja mantido</u> (Passivização + modulação – obrigação)
8. Caso o júri <u>seja instruído</u> a considerar [...]
9. Precisamente a mesma análise *pode* <u>ser feita</u> sobre o crime de tentativa de estupro (Passivização + modalização – possibilidade)[7]

Acórdão 4

10. Em quase todos os casos nos quais uma orientação sobre corroboração <u>é requisitada</u> [...]
11. O apelante *pode muito bem* <u>ser absolvido</u> de ambas as acusações (Passivização + modalização – possibilidade)
12. O pedido <u>foi recusado</u>
13. A forma como o júri <u>estava sendo instruído</u> sobre como poderia considerar a questão
14. Caso essa prática [o juiz ouvir pedidos do advogado] <u>seja seguida</u>, os problemas exemplificados no recurso em pauta <u>seriam</u> *geralmente* <u>evitados</u> (Passivização + modalização – usualidade)[8]

Acórdão 5

11. O argumento <u>foi considerado e</u> [...] <u>rejeitado</u> pelo excelentíssimo juiz de primeira instância (único exemplo de passiva com agente explícito)

---

7. — Reckless <u>could be simply defined as it has been</u> through the case as the state of mind [...]

— sexual intercourse <u>is proved</u> if you are satisfied [...]

— [...] as <u>is pointed to you</u> already that there is no dispute that sexual intercourse actually occurred

— [...] the veredict <u>cannot safely be allowed</u> to stand

— Should the jury <u>be directed</u> to consider [...]

— Precisely the same analysis <u>can be made</u> of the offence of attempted rape

8. — In almost all cases where a direction on corroboration <u>is required</u>

— The appellant <u>might well be acquitted</u> on both counts

— The application <u>was refused</u>

— Various other points <u>were</u>

— The way in which the jury <u>were being told</u> they might regard the matter

— If this practice [the judge hearing submissions from the counsel] <u>is followed</u>, the sort of problems exemplified by the present appeal <u>will usually be avoided</u>

LINGUAGEM & DIREITO

12. O que ocorreu não *pode ser considerado in*decente somente porque não houve consentimento — o que ocorre entre marido e mulher não *seria*, numa visão objetiva, *propriamente* considerado atentado ao pudor (Passivização + modalização – possibilidade)

13. Não é viável traçar uma linha entre atos "aceitáveis" e aqueles que *poderiam* ser considerados indecentes (Passivização + modalização – possibilidade)

14. Um casamento é consumado por relações sexuais naturais, de forma que isso *pode ser visto* como o objeto do "contrato e consentimento matrimonial comum" (Passivização + modalização – possibilidade)

15. A dificuldade em traçar uma linha entre atos sexuais "aceitáveis" e "inaceitáveis" *deve ser reconhecida*[2] (Passivização + modulação – obrigação)

É possível notar, no Acórdão 5, que a lei (e o tribunal de apelação, no papel de seu aplicador) parece estar investida com o poder de determinar que formas de sexualidade são "aceitáveis" e "inaceitáveis". Embora os juízes argumentem que enfrentam uma decisão difícil ao ter que traçar uma linha entre atos sexuais "próprios" e "impróprios" em um casamento, essa é uma decisão que, aos olhos da lei, eles têm de fato o direito e o poder de tomar. Entretanto, ao textualizar essa opinião recorrendo a orações passivas sem agente, os juízes, e por consequência o Sistema Judiciário como um todo, não aparecem explicitamente no texto, como se não assumissem qualquer responsabilidade direta por suas opiniões ou pelo poder que sua posição expressa.

---

9. — That argument was considered and [...] rejected by the learned trial judge (exception — agentive passive)

— What happened cannot be said to be indecent solely because there was lack of consent

— What happens between a husband and wife would not on an objective view be properly considered as an indecent assault

— It is not practicable to draw a dividing line between 'acceptable' acts and those which could be treated as indecent

— A marriage is consummated by natural sexual intercourse so that his may fairly be regarded as the object of the 'mutual matrimonial consent and contract'

— The difficulty of drawing a line between 'acceptable' and 'unacceptable' sexual acts must be acknowledged

Outro ponto que merece ser ressaltado com relação ao uso da estrutura passiva nos textos analisados é o fato de os juízes quase nunca aparecerem como agentes de suas decisões finais, isto é, o provimento ou não dos recursos (e a subsequente alteração da sentença de primeiro grau, caso o recurso seja provido). Em quatro dos cinco textos, as decisões finais são apresentadas por meio de orações quase formulaicas construídas na forma passiva sem agente. O efeito semântico é que as decisões judiciais parecem surgidas por si só, sem a ajuda da agência humana, como mostram os exemplos abaixo:

Acórdão 1

20. Assim, o recurso *seria improvido* (Passivização + modalização – o condicional produz um efeito formal de distanciamento)

Acórdão 3

21. Os recursos de Dhokia foram permitidos

22. Assim, os recursos contra a condenação são improvidos

Acórdão 4

23. Assim, o recurso será provido em relação do crime 2, e a condenação relativa àquele crime derrubada

24. Como conclusão, o recurso contra a condenação é improvido com relação ao crime 1, e provido com relação ao crime 2, no qual a condenação é consequentemente derrubada

Acórdão 5

25. Por essas razões, o recurso contra a condenação falha e é improvido[10]

---

10. — Accordingly, the appeal would be dismissed (Acórdão 1)

— The appeals of Dhokia were allowed (Acórdão 3)

— Accordingly, all the appeals against conviction are dismissed (Acórdão 3)

— Accordingly the appeal will be allowed in relation to count 2, and the conviction on that count quashed (Acórdão 4)

Como argumentei nos comentários iniciais, num julgamento o juiz é a parte que detém mais poder. No que diz respeito aos vered50itos e sentenças, ambos são controlados pelo juiz no sistema britânico. Van Dijk afirma que "os juízes controlam a maior parte dos procedimentos nos julgamentos" (1996, p. 90). Considerando os papéis sociais ocupados pelos participantes de um julgamento, os juízes são *sujeitos*, isto é, graças aos atributos de sua identidade institucional eles ocupam o papel de agentes (eles aceitam ou rejeitam evidências e perguntas; eles acusam o apelante; eles dão provimento ou não ao recurso impetrado etc.). O apelante, por outro lado, é um *cliente* (Van Dijk, 1996), isto é, ele é o elemento externo que ocupa um papel "passivo" e que é afetado e se comporta segundo os mecanismos e os membros das instituições da lei e da ordem (ele é acusado; evidências em seu favor são aceitas ou recusadas; seu recurso é provido ou improvido etc.). Entretanto, como indicam os exemplos de passiva apresentados, o discurso judicial tenta apagar a agência dos juízes nos processos de admitir ou excluir evidências e perguntas, prover ou não prover o recurso, acusar o réu etc., apresentando esses processos em orações passivas sem agente (as palavras "juiz" ou "tribunal" raramente são mencionadas nesses acórdãos). Isso de certa forma suaviza, ou mitiga, a posição de poder dos juízes em relação aos réus, apelantes e outros clientes num julgamento.

2.2 O apelante como participante afetado em orações passivas (quase formulaicas)

Acórdão 1

26. O apelante foi acusado
27. O apelante foi condenado
28. Ele foi sentenciado
26. O apelante foi preso e entrevistado

— In the upshot the appeal against conviction is dismissed as to count 1, and allowed as to count 2, upon which the conviction is accordingly quashed (Acórdão 4)

— For these reasons, the appeal against conviction fails and is dismissed (Acórdão 5)

Acórdão 3

29. Os apelantes Khan, Dhokia, Banga e Faiz <u>foram todos condenados</u> por tentativa de estupro
27. Khan <u>foi sentenciado</u> a cinco anos de custódia de menores, Dhokia a nove anos de custódia de menores, Banga e Faiz a sete anos de custódia de menores

Acórdão 4

30. O apelante <u>foi acusado</u> de dois crimes de estupro
31. O apelante <u>foi condenado</u> pelo Tribunal Real de Birmingham (aqui, o tribunal está presente, embora a ênfase não seja em *quem* condenou o apelante, mas no *local* onde ele foi condenado)
32. Ele foi sentenciado a cinco anos de prisão

Acórdão 5

33. O apelante <u>foi condenado</u> por atentado ao pudor contra sua esposa e [...] por tentativa de lesão corporal
34. Ele <u>foi sentenciado</u> a quatro anos de prisão simultânea [11]

Todas as decisões judiciais que se referem aos réus ou apelantes (sejam elas de primeira ou de segunda instância) são proferidas prin-

---

11. — The appellant <u>was charged</u> (Acórdão 1)

— The appellant <u>was convicted</u> (Acórdão 1)

— He <u>was sentenced</u> (Acórdão 1)

— The appellant <u>was arrested</u> and <u>interviewed</u> (Acórdão 1)

— The appellants Khan, Dhokia, Banga and Faiz <u>were all convicted</u> of attempted rape (Acórdão 3)

— Khan <u>was sentenced</u> to five years' youth custody, Dhokia to nine years' youth custody, Banga and Faiz to seven years' youth custody (Acórdão 3)

— The appellant <u>was charged</u> with two counts of rape (Acórdão 4)

— The appellant <u>was convicted</u> in the Crown Court of Birmingham (Acórdão 4)

(here, the Crown Court is present, even though the emphasis is not on *who* convicted the appellant, but rather on *where* he was convicted (Acórdão 4)

— He <u>was sentenced</u> to five years' imprisonment (Acórdão 4)

— The appellant <u>was convicted</u> of indecent assault on his wife and [...] intent to do her actual bodily harm (Acórdão 5)

— He <u>was sentenced</u> to four years' imprisonment concurrent (Acórdão 5)

cipalmente por estruturas passivas, algumas vezes combinadas com marcadores de modalidade. A impressão produzida é que os tribunais raramente agem diretamente sobre as pessoas. Quando o fazem, como quando condenam ou sentenciam alguém, essas ações são geralmente textualizadas por meio de passivas sem agente.

Os apelantes são sujeitos de orações passivas que se referem aos processos legais aos quais eles são expostos antes de impetrarem seus recursos (eles são presos, interrogados, acusados, condenados e sentenciados). O foco, portanto, está nos réus (ou no que lhes aconteceu) e não em quem agiu sobre eles. É possível argumentar que o uso da passiva é consequência da linguagem burocrática: essa estrutura é utilizada nos acórdãos porque é bastante óbvio quem prendeu, interrogou, acusou, condenou e sentenciou os réus. Entretanto, todos esses processos não são realizados pela mesma instituição ou esfera (alguns são realizados pela polícia, outros por um juizado de primeiro grau, outros por um tribunal de apelação). O uso da passiva sem agente borra a distinção entre os diferentes agentes desses processos, de tal forma que, para a/o leitora/tor leiga/o, pode ser difícil recuperar o agente do processo de "acusar", por exemplo. O uso da passiva joga luz sobre os participantes afetados por esses processos, isto é, os réus ou apelantes, enquanto os agentes (policiais e juízes) assumem uma posição secundária.

Quando o agenciamento é encoberto num texto por meio do uso de um recurso sintático como a voz passiva, não é fácil dizer se o produtor textual espera que a/o leitora/tor recupere os atores sociais encobertos ou não. Na opinião de van Leeuwen (1996), por exemplo, a supressão sintática dos agentes (ou dos atores sociais, como ele os chama) desencoraja a/o leitora/tor a examinar mais atentamente ou a contestar a forma como os eventos e práticas sociais são apresentados. Em orações passivas sem agente é difícil dizer se o produtor textual escolheu a forma passiva porque desconhece o agente, ou porque deseja se referir a um estado de coisas (e.g. *a prisão, a condenação, a sentença*). Como as ações produzem estados de coisas, o uso de passivas sem agente e de nominalizações (o tópico da próxima

seção) cria uma ambiguidade semântica que frequentemente torna difícil distinguir entre a ação e o estado que dela resulta (LEE, 1992). A ambiguidade da forma, ao contrário de ser neutra, é altamente funcional, uma vez que produz um efeito particular de sentido: apagar ou borrar a agência e a causalidade.

3. Nominalizações

Nesta segunda seção analítica apresento exemplos de nominalizações encontradas nos acórdãos britânicos. Como nas seções anteriores, começo introduzindo o conceito de nominalização, a partir da perspectiva da Análise Crítica do Discurso, seguido de exemplos.

Em termos bastante simples, a nominalização é "o processo gramatical de formação de substantivos a partir de outras classes gramaticais, geralmente verbos ou adjetivos" (Richards et al., 1995, p. 246). Hodge e Kress (1993) descrevem em detalhes as características e efeitos do processo de nominalização. Primeiro, a nominalização permite o apagamento de um ou mais participantes (agente e paciente) da oração. O foco de interesse passa a ser o processo, transformado numa entidade abstrata, e não mais os participantes ou causadores desse processo. Segundo, as nominalizações formam substantivos; essa transformação de verbo em substantivo carrega uma gama de sentidos: de processo para estado; de atividade para objeto; de específico para geral; de concreto para abstrato. Terceiro, as nominalizações não têm regência verbal, portanto podem eliminar a noção de tempo e de modalidade. Dessa forma, os produtores textuais podem apagar traços de classificação, tais como *quando, quão provável* etc., obrigatórios quando se trata de verbos. Quarto, os substantivos criados podem tomar o lugar de participantes nas novas construções: por exemplo, "*a pergunta* se é ou não injusto [...] pode ser influenciada pela *consideração* [...]". Finalmente, como os substantivos criados (e.g. *intenção, consentimento, direção* etc.) podem

tornar-se novos verbetes nos dicionários, o processo de nominalização produz um impacto no inventário perceptual e cognitivo da linguagem e de seus usuários.

De acordo com Fowler, o discurso burocrático é caracterizado, entre outras aspectos, pelo uso de processos verbais e por nominalizações: "as nominalizações e o uso de substantivos para representar ações são na verdade endêmicos, especialmente nos modos oficiais, burocráticos e formais do discurso" (1991, p. 79). A ligação entre a nominalização e as relações de poder faz com que a análise da transformação nominal seja particularmente interessante do ponto de vista crítico. Fowler (1991, p. 80) argumenta que:

> A nominalização é uma transformação sintática radical da oração, que produz profundas consequências estruturais e oferece oportunidades ideológicas substanciais [...] A nominalização [é] inerentemente mistificadora; ela [permite] hábitos de encobrimento, particularmente no que se refere às relações de poder e às atitudes dos escritores.

As formas nominalizadas expressam proposições complexas contendo outras proposições encaixadas (e.g. "*a pergunta* se é ou não injusto [...] pode ser influenciada pela *consideração* [...]"). Um dos resultados da nominalização é transformar processos em entidades; dessa forma, os comentários feitos pelos produtores textuais são apresentados como objetos produzidos por eles. Essa representação conceitual de processos como objetos é particularmente comum no caso dos atos de fala (LEE, 1992, p. 6), como podemos ver nesses exemplos retirados dos acórdãos (*um relatório, um contrainterrogatório, uma pergunta*). Entretanto, a reificação produzida pela nominalização, uma operação mental que consiste em transformar conceitos abstratos em realidades concretas ou objetos, ocorre não somente em relação aos atos de fala, mas também em relação a outros processos. No Acórdão 1, por exemplo, os processos mentais *considerar* e *inferir* e o processo material *defender* são transformados nos substantivos *a consideração, a inferência, sua defesa*.

As nominalizações apresentadas a seguir tornam difícil localizar o agente de alguns processos centrais (materiais, verbais ou mentais) ocorridos durante os julgamentos. Por meio dessa transformação sintática, o foco cai sobre o evento em si, como se ele tivesse acontecido de moto próprio. Como nos exemplos da seção anterior, os processos nominalizados estão indicados pelo uso do <u>sublinhado</u> e os marcadores de modalidade pelo uso do *itálico*. Alguns exemplos apresentam comentários entre parênteses, quando necessário explorar/explicitar as escolhas léxico-gramaticais específicas feitas em cada um deles:

Acórdão 1

1. O <u>relatório da médica</u> continha material a partir do qual <u>a clara inferência</u> era que, em sua opinião, a reclamante sofria de uma doença venérea.[12]

Apresento a seguir versões não nominalizadas dessa oração, nas quais o agente e o processo estão presentes: *a médica relatou; o tribunal/juiz/júri inferiu que*. O produtor textual, entretanto, optou por nominalizar esses processos. Notem que, no Acórdão 1, a segunda nominalização ("a clara inferência"), além de criar a noção semântica de um produto que pode ser contado (uma, duas, três inferências), torna difícil recuperar o sensor desse processo mental (*inferir*) — quem produziu essa inferência: o juiz, o advogado de defesa, o júri, o apelante, a médica, ou trata-se de um conhecimento do senso comum? A mensagem final é que o relatório médico e as inferências geradas a partir dele (não importa por quem) indicam claramente a promiscuidade da reclamante (a mulher vítima de estupro). O objetivo parece ser expressar a opinião do tribunal sobre a reclamante, mascarada sob a forma de um "estado de coisas", quase um conhecimento compartilhado do senso comum.

---

12. The <u>doctor's report</u> also contained material from which <u>the clear inference</u> was that in her opinion the complainant was suffering from a venereal disease.

Outros exemplos de nominalizações se seguem:

Acórdão 1

2. Não se pode concluir que <u>o interrogatório cruzado</u> [...] *nunca possa ser permitido*

Acórdão 3

3. Estamos *plenamente* satisfeitos de que não houve *nenhuma* <u>orientação material errônea</u>

Acórdão 4

4. <u>A advertência</u> sobre a necessidade de corroboração e sobre o perigo de condenar sem corroboração *deveria ter sido feita* em relação à [...] (compare com "O juiz deveria ter advertido o júri sobre a necessidade de buscar corroboração e sobre o perigo de condenar sem corroboração")

5. Sobre esse crime, a falta dessa advertência constitui uma <u>orientação material errônea</u> (compare com: "sobre esse crime, o juiz orientou erroneamente o júri porque não lhes advertiu [...]")

6. Em quase todos os casos nos quais <u>uma advertência sobre corroboração é exigida</u>[13]

Aqui encontramos uma combinação de diferentes recursos (nominalizações, passivas sem agente, marcadores de modalidade) produzindo um mesmo resultado: a supressão da noção de agenciamento e dos participantes afetados, e um efeito de distanciamento e mitigação. Esses recursos sintáticos tornam difícil identificar os agentes dos processos nominalizados ou passivizados, assim como a

---

13. — *It does not follow that* <u>cross-examination</u>... *can never be permitted* (Acórdão 1)

— We are quite satisfied that *there was* no <u>material misdirection</u> (Acórdão 3)

— The <u>warning</u> about the need for corroboration and the danger of convicting without it *had to be given* in relation to... (Acórdão 4)

— As on that count, <u>the failure</u> to give such a direction constitutes <u>a material misdirection</u> (Acórdão 4)

— In almost all cases where <u>a direction on corroboration</u> *is required* (Acórdão 4)

fonte da autoridade que os produz. No Acórdão 1 citado, por exemplo, no qual se discutia a possibilidade de o advogado de defesa do réu interrogar a vítima de estupro sobre sua vida sexual pregressa, não sabemos ao certo se, na opinião desse tribunal de apelação, os juízes devem algumas vezes permitir esse tipo de interrogatório, ou se trata-se de uma opinião jurídica geral. As nominalizações e as passivas apagam os participantes dos processos de "interrogar" e "permitir": Quem realizará o interrogatório? Quem será interrogado/a? E quem decidirá se esse interrogatório será permitido ou não?

Os Acórdãos 1 e 4 contêm muitas nominalizações, especialmente nominalizações combinadas a passivas, muitas delas referindo-se às atividades judiciais. Notem como no Acórdão 4 os processos verbais (*advertir, orientar, orientar erroneamente, não dar orientação*) realizados pelo juiz de primeira instância são transformados em substantivos sem agente (*a advertência, a falha em orientar, a orientação material errônea, uma orientação sobre corroboração*). Mais uma vez, os recursos léxico-gramaticais criam uma representação de estados de coisas estáticos e terminados, aparentemente autocriados. Poderíamos argumentar que, para um/a leitor/a culto/a e letrado/a, com alguma familiaridade com os procedimentos jurídicos, não seria difícil inferir quem são os agentes ocultos por trás dos substantivos "interrogatório cruzado", "advertência", "orientação errônea" etc. Entretanto, devemos ter em mente que a/o leitora/tor média/o, com frequência a/o recipiente das decisões judiciais, não possui alto grau de letramento, tampouco familiaridade com os procedimentos e a linguagem jurídica. É provável que, caso essa/e leitora/tor leia o acórdão diretamente (e não sua "tradução" produzida por um/a advogado/a), não seja tarefa fácil recuperar os agentes desses processos nominalizados, como indica o seguinte exemplo:

Acórdão 1

7. <u>A única base do recurso</u> é que o excelentíssimo juiz recusou-se erradamente a exercer seu poder discricionário para permitir que o apelante interrogasse a reclamante

Mais uma vez, o uso de um substantivo ("o recurso") obscurece o agente do processo material "recorrer" (numa versão não nominalizada, teríamos algo como "o apelante/o advogado de defesa recorre com base em [...]"). No exemplo acima, a forma nominalizada do verbo "recorrer" é o tema da oração. Aquilo que é apresentado em posição temática é considerado "informação dada", informação que pode ser presumida e, portanto, colocada em segundo plano. O que é focalizado é o rema, a informação nova que sucede o pronome "que", isto é, o juiz de primeira instância deveria ter permitido que a reclamante fosse interrogada pelo advogado de defesa do réu a respeito de sua vida sexual. Dessa forma, a questão da agência é posta em segundo plano (*quem está recorrendo*), enquanto a suposta importância do histórico sexual da reclamante é focalizada.

Acórdão 1

8. O juiz não permitirá [...] exceto *se lhe for feito* <u>um pedido</u> [...] em nome de um réu

9. <u>O pedido</u> *foi recusado*

10. <u>Um pedido</u> *deve necessariamente ser decidido* da mesma forma que os outros

Acórdão 4

11. Como nenhum <u>pedido</u> desse tipo *foi feito*, não há causa para reclamação[14]

Nos quatro exemplos acima, o uso de nominalizações ("um pedido", "o pedido"), combinado com o uso da passiva, transforma uma ação em um estado e faz dele o foco de atenção, e não o(s) agente(s) do processo material de "entrar com um pedido" (a/o advogada/o de defesa).

---

14. — The judge shall not give leave [...] except on <u>an application</u> *made to him* [...] *by* or on behalf of a defendant (Acórdão 1)

— <u>The application</u> *was refused* (Acórdão 1)

— <u>One application</u> must necessarily *be determined* in the same way as the others (Acórdão 1)

— No such <u>application</u> *having been made* there can be no basis for complaint (Acórdão 4)

Acórdão 1

12. A verdadeira questão é se, com base nos fatos desse caso em particular, a atitude da reclamante em relação às relações sexuais pode ser vista como evidência material que, nos dias de hoje, poderia levar um júri a concluir que a reclamante talvez tenha de fato consentido em ter relações sexuais neste caso em concreto[15]

Mais uma vez, um processo verbal ("questionar") é reificado ("a questão"); nesse exemplo não está claro quem levanta a questão: se o advogado de defesa, ou o apelante, ou o juiz, ou o público em geral. O tópico dessa "questão" é, como no resto do Acórdão 1, a relevância ou não da suposta "promiscuidade" da reclamante, embora os juízes de apelação evitem admitir claramente que, mesmo "nos dias atuais", os tribunais, e a sociedade como um todo, ainda consideram o comportamento sexual das mulheres como fator essencial num julgamento de estupro.

Acórdão 1

13. Além disso, a questão de ser ou não injusto [...] pode ser afetada pela consideração

Acórdão 3

14. Aqui a única questão é se a "intenção" [...] *deve ser diluída* a tal grau [...][16]

A locução nominal "a pergunta" é frequente nos acórdãos analisados. Todos os exemplos produzem um apagamento da agência:

---

15. — The real inquiry is whether on the facts of the particular case the complainant's attitude to sexual relations could be material upon which in these days a jury could reasonably rely to conclude that the complainant might indeed have consented to the sexual intercourse on the material occasion (Acórdão 1)

16. — Further, the question whether it is unfair [...] *may be affected* by the consideration (Acórdão 1)

— Here the only question is whether the "intent" [...] *is to be watered down* to such a degree [...] (Acórdão 3)

quem faz essas perguntas (ou levanta essas questões) — o advogado de defesa, o réu, o cidadão médio, o júri, o juiz, ou o Sistema Judiciário como um todo? Nos dois exemplos anteriores, o ato verbal de perguntar é reificado e transformado no sujeito de uma oração passiva (sem mencionar que "perguntar" é um verbo transitivo, exigindo um objeto direto ou um participante afetado, que também é omitido nesses exemplos).

Acórdão 3

15. A relação sexual *fica provada* quando você está certo de que algum tipo de <u>penetração</u> ocorreu
16. Mas o crime *não fica confirmado* sem <u>prova de</u> [...] (Nominalização + passiva)
17. O crime deve envolver algo sobre o <u>consentimento</u> da mulher e algo sobre <u>o estado mental do réu</u> em relação ao <u>consentimento</u>
18. Ou será que o júri *deveria ser instruído* a considerar dois diferentes <u>estados mentais,</u> <u>intenção</u> com relação ao ato e <u>descuido</u> com relação às circunstâncias?[17]

Notem o campo semântico construído no Acórdão 3 pelas nominalizações — "consentimento", "intenção", "estado mental", "penetração", "descuido". A ação material expressa na oração "um homem estuprou uma mulher" é transformada em uma série de entidades estáticas e sem agentes. A mesma transformação ocorre no Acórdão 5, que também versa sobre a questão do consentimento (apresento versões com agentes de cada um dos exemplos, para efeitos de comparação):

---

17. — Sexual intercourse is proved if you are satisfied any degree of actual <u>penetration</u> took place

— But <u>the offence</u> *is not established* without proof of [...]

— The offence must involve something about the woman's consent and something about the defendant's <u>state of mind</u> in relation to that consent

— Or should the jury be directed to consider two different states of mind, intent as to the act and <u>recklessness</u> as to the circumstances?

Acórdão 5

19. <u>O consentimento implícito</u> para a relação sexual que surge do estado matrimonial (Compare com essa possível paráfrase: "através do casamento, as mulheres implicitamente consentem com o ato sexual")

20. *Não pode haver nenhuma <u>questão</u> nesse caso de que não houve <u>consentimento positivo</u>* (Comparem com:"Não temos dúvida de que nesse caso a mulher de fato não consentiu". De acordo com Kies (1992), o uso do verbo *haver* em inglês (*there to be*), como no exemplo acima, é mais um recurso que pode ser usado para apagar a agência, uma vez que ajuda a eliminar a necessidade de mencionar os agentes dos processos nominalizados (os juízes e a mulher)

21. <u>O consentimento</u> que surge do casamento é definido por muitas autoridades como resultante, costuma-se dizer, do contrato matrimonial ou dos votos matrimoniais (Comparem com: "Muitas autoridades afirmam que, ao assinar o contrato matrimonial ou ao fazer votos matrimoniais, um homem e uma mulher consentem em ter relações sexuais um com o outro")

22. <u>Uma recusa</u> em ter relações sexuais naturais é uma '<u>recusa deliberada de consumação</u>' — <u>uma negação imprópria</u> do '<u>consentimento matrimonial mútuo</u>' (Comparem com: "Quando uma mulher recusa-se a ter relações sexuais com seu marido ela está deliberadamente se recusando a consumar o casamento — ela está negando, de forma imprópria, aquilo que ela e seu marido consentiram mutuamente no casamento")[18]

Em todos os exemplos acima, a mulher, a parte do processo mais afetada pela visão jurídica de que o casamento implica consentimento para o ato sexual, não aparece explicitamente nos acórdãos, como

---

18. — <u>The implied consent</u> to sexual intercourse which arises from the married state

— *There can be* no <u>question</u> in this case but that *there was* no positive <u>consent</u>

— <u>The consent</u> which arises on marriage *is shown* by many authorities to arise, *it is variously said,* from the marriage contract or from the marriage vows

— <u>A refusal</u> to have natural sexual intercourse is a <u>"willful refusal to consummate"</u> – a <u>wrongful withdrawal</u> of 'the mutual matrimonial consent'

se ela não tivesse o direito de opinião ou participação na questão. Os substantivos usados retiram da mulher a capacidade de agir e a reificam na forma de entidades estáticas ("uma recusa", "uma negação imprópria", "o consentimento matrimonial mútuo").

As nominalizações apresentadas aqui representam um padrão encontrado nos acórdãos britânicos de apelação: processos dinâmicos são reificados e transformados em entidades, que se tornam o tema, ou o foco, de muitas orações. Isso faz com que os recursos (e, como resultado, todo o julgamento), em vez de serem representados como contextos onde ocorrem processos materiais e atos de fala, sejam representados dentro de um quadro no qual esses processos se tornam entidades ou objetos (e.g. "o interrogatório cruzado", "a pergunta", "a questão", "o relatório", "o recurso", "o pedido", "a defesa"), distantes tanto dos participantes que os realizaram quanto daqueles que foram afetados por eles.

O discurso pode personalizar ou impersonalizar seus participantes. A personalização representa os atores sociais como seres humanos, enquanto a impersonalização os representa por meio de substantivos abstratos ou concretos que não incluem o traço semântico "+ humano". Pela via da impersonalização, a identidade e/ou o papel social dos atores pode ser apagada ou disfarçada; além disso, a impersonalização também confere autoridade e força impessoais às práticas sociais (Van Leeuwen, 1996). Por exemplo, na oração "Sobre esse crime, a *falta de orientação* constitui uma *orientação material errônea*" (Acórdão 4), o texto não indica para a/o leitora/tor quem é responsável pelas atividades envolvidas (compare com essa possível paráfrase: "Sobre esse crime, o juiz orientou o júri erroneamente ao falhar em lhes dar a orientação necessária"), que é o caso na maior parte dos exemplos de nominalizações vistos aqui. Segundo van Leeuwen (1996), a impersonalização, característica comum aos discursos burocráticos, como o jurídico, permite a negação da responsabilidade e põe em andamento procedimentos impessoais fechados para a agência humana.

Além da estratégia de apagamento ou encobrimento da agência humana através de estruturas passivas e de nominalizações, o discurso judicial sobre o estupro apresenta visões contraditórias sobre o consentimento, uma questão central para a caracterização do crime de estupro e para a atribuição de culpa e responsabilidade. Um exemplo dessa contradição pode ser vista nos dois extratos a seguir, retirados do Acórdão 3. Os dois provêm do resumo produzido pelo juiz de primeiro grau no julgamento original de estupro, e se referem à necessidade de corroboração (e.g. através de evidências de violência física) de que a reclamante foi de fato estuprada:

> Por favor não confundam consentimento com submissão. Com isso quero dizer que pode haver casos [...] onde uma moça permite que um homem tenha sexo com ela sem oferecer resistência [...] É bom senso fazer isso em vez de tentar resistir e provavelmente correr o risco de maiores agressões, além do fato de que a melhor estratégia do estuprador é o medo.[19]

No excerto acima, o juiz singular admite que muitas mulheres vítimas de estupro, por medo de serem mortas ou seriamente feridas, ou simplesmente pelo choque, não tentam lutar com seus agressores e, portanto, não apresentam marcas de ferimentos físicos. Entretanto, consideremos o seguinte trecho da mesma sentença judicial:

> Devo adverti-los sobre a senhorita Louise Varndell. Essa advertência não diz respeito a ela particularmente, mas se aplica a casos nos quais uma acusação de estupro é feita. A experiência do sistema jurídico criminal em casos em que são feitas acusações de má conduta sexual indica que as pessoas [aqui, 'pessoas' significam 'mulheres', uma vez que só mulheres podem ser vítimas de estupro] que fazem essas acusações algumas vezes contam mentiras. Elas mentem por uma variedade de razões [...] Como é fácil alegar que um crime sexual ocorreu

---

19. Please do not confuse consent with submission. By that I mean there may be cases [...] where a girl allows a man to have sex with her without a struggle [...] It is common sense to do that rather than struggle and probably risk more aggression and also the best weapon of the rapist is fear.

e nem sempre é fácil refutar essa alegação, deve-se manter em mente que pode ser perigoso confiar na evidência da senhorita Varndell.[20]

Nesse excerto, por outro lado, as mulheres que denunciam terem sido estupradas são descritas como mentirosas quase contumazes, exceto quando apresentam evidências físicas de que foram sexualmente agredidas.

4. Comentários finais

A perspectiva funcional da linguagem acredita que o significado particular de um traço linguístico é determinado por seu contexto. Em um texto diferente, e talvez sob o escrutínio de um/a outro/a analista, o mesmo recurso linguístico poderia ser interpretado de forma bastante distinta. Neste artigo, orientada pela abordagem da Análise Crítica do Discurso e por uma crítica feminista, investiguei as conexões entre as passivizações e nominalizações utilizadas em um gênero discursivo jurídico particular — acórdãos britânicos em casos de estupro — e questões de poder e discriminação presentes não apenas nesse gênero específico, mas na cultura jurídica como um todo.

A abundância de passivas nos acórdãos analisados funciona para mascarar o agenciamento e a causalidade, assim como ajuda a suavizar as relações assimétricas de poder que marcam os gêneros jurídicos. A voz passiva é utilizada principalmente em orações envolvendo os juízes/tribunais e os apelantes, em ambos os casos com o mesmo

---

20. I must give you a warning about Miss Louise Varndell. This warning is not about her in particular but applies to cases where a charge of rape is made. Experience by the courts when complaints about sexual misconduct are made has shown that people [meaning "women" as, according to the English laws, most sexual offences can be committed only against women, especially in the case of rape] who make these complaints sometimes tell lies. They tell lies for a variety of reasons [...] Because it is easy to make an allegation of a sexual crime and not always easy to refute it you must keep in mind it may be dangerous to rely on the evidence of Miss Varndell.

objetivo: apagamento da agência. No primeiro caso, o uso da passiva focaliza nossa atenção em entidades abstratas (evidências, perguntas etc.), e elimina o papel de agentes dos juízes/tribunais. A manipulação da agência, por meio de distintos recursos sintáticos, permite que os juízes e os tribunais pareçam menos ativos e com menos controle da situação do que realmente têm. De acordo com Kies, a passiva tem o potencial de "manipular a/o ouvinte/leitor/a: ela permite que o/a falante/escritor/a esconda o agente ao não mencioná-lo por meio da preposição 'por'" (1992, p. 231). No segundo caso, a passiva é utilizada para transformar os apelantes de participantes afetados pelos procedimentos legais em sujeitos de orações passivas e, consequentemente, colocar em segundo plano as ações dos membros do aparato da lei e da ordem (policiais e juízes, no presente caso). Os acórdãos analisados são caracterizados pelo apagamento ou encobrimento da agência, apresentando as ações e decisões judiciais quase como entidades abstratas, desconectadas e separadas de seus agentes.

As nominalizações encontradas nos textos produzem um efeito muito similar às passivizações: o apagamento da agência e a suavização do exercício do poder judicial. Segundo Lee (1992), todas as línguas expressam a noção de agenciamento, assim como a noção correlata de causalidade. A noção universal de que pessoas e coisas agem sobre outras pessoas e outras coisas é central na formação dos pontos de vista humanos (Lee, 1992). Entretanto, devido ao sistema de escolhas que línguas como o inglês e o português nos oferecem, é possível representar uma dada situação de forma agentiva ou não agentiva (e.g. por meio do uso de nominalizações), expressando, assim, nossas formas de ver e de pensar. Entretanto, certas descrições costumam ser vistas não como representações possíveis da realidade, mas como "a verdade" a respeito de eventos particulares. Essa é a forma como os textos jurídicos são interpretados. Embora as passivas e as nominalizações encontradas nos dados analisados produzam um efeito similar (o apagamento da agência), as nominalizações vão além das passivizações na eliminação da causalidade e da responsabilidade: na estrutura passiva, mesmo quando o agente não é indicado pela preposição "por", ainda assim é possível perguntar "por quem?" para tentar localizá-lo.

A nominalização, entretanto, além de transformar um processo num estado, apaga ambos os participantes do processo (agente e recipiente), com frequência tornando impossível recuperá-los.

Como os acórdãos britânicos são escritos por juízes, eles tendem a retratar um ponto de vista bastante específico: masculino, branco, de meia-idade, das classes média alta ou alta (cf. Figueiredo, 2000, sobre o perfil dos juízes de tribunais britânicos de apelação). Se o apelante ou a reclamante são de outra raça, classe social, faixa etária ou gênero, ela/e tem pouca ou nenhuma voz nesse discurso, ao qual tem também muito pouco acesso. As mulheres são particularmente discriminadas nos gêneros jurídicos produzidos em julgamentos de estupro. Em primeiro lugar porque, como "clientes" ou membros do público em geral, elas só podem participar das interações jurídicas segundo regras rígidas preestabelecidas pelo Sistema Judiciário, regras que não podem negociar ou questionar (isso também se aplica, é claro, aos homens que ocupam a posição de "clientes" dentro desse sistema). Segundo, porque as mulheres vítimas de estupro estão expostas a uma dimensão extra de discriminação relativa a suas vidas sexuais pregressas: o aparato da lei e da ordem as considera merecedoras ou não de respeito e proteção legal de acordo com sua classificação como mulheres de "boa" ou "má" reputação.

As escolhas léxico-gramaticais presentes em um texto, em vez de representarem uma única visão de mundo, podem representar distintas visões, que serão vistas pela/o consumidora/o textual ou como contraditórias entre si ou como complementares, dependendo de quão crítica/o é essa/e leitora/tor. Os acórdãos analisados neste artigo também apresentam ideologias conflitantes: por um lado, temos a descrição de uma ordenação social na qual as mulheres podem agir como desejam: elas frequentam clubes noturnos (Acórdãos 1, 2 e 4), bebem (Acórdãos 1, 2 e 4), têm relações sexuais com homens diferentes (Acórdão 1), têm filhos fora do casamento (Acórdão 1). Por outro lado, temos também o retrato de um Sistema Jurídico e social no qual essas mesmas mulheres podem ser consideradas "promíscuas" (Acórdão 1), "provocantes" (Acórdão 4), ou até mesmo mentirosas (Acórdão 3), formas de comportamento que podem lhes trazer problemas.

A pergunta que surge aqui é: como o Sistema Jurídico e a cultura legal, tradicionalmente conservadores, lidam com as tensões das sociedades da modernidade tardia, marcadas por mudanças constantes e radicais em termos de valores culturais e sociais e, consequentemente, também em termos dos papéis e relações de gênero? Parece que quanto à tensão entre uma visão tradicional e conservadora de mundo, na qual as mulheres só teriam sexo dentro de relações amorosas estáveis, teriam poucos parceiros sexuais ao longo da vida e necessariamente lutariam bravamente contra qualquer tentativa de agressão sexual, e a visão contemporânea de que as mulheres possuem as mesmas necessidades e direitos sexuais que os homens, e que com frequência não tentam lutar com um agressor sexual por medo de lesões físicas e psicológicas ainda mais graves (incluindo a morte), o Sistema Jurídico criminal ainda pende para a visão tradicional.

A ideologia dominante nos acórdãos analisados neste artigo é que as mulheres são recipientes passivos do comportamento masculino, ao mesmo tempo em que precisam da proteção masculina (seja de um namorado/marido, ou de membros do aparato da lei e da ordem). Entretanto, para receberem essa proteção masculina, seus históricos sexuais pregressos, o local, a hora e as circunstâncias da agressão sofrida, assim como a forma como reagiram a essa agressão, serão examinados para determinar se as vítimas de crimes sexuais se encaixam no conceito padrão de "vítima verdadeira", merecedora do respeito e da proteção legal.

Referências

ALL ER. *All England Law Reports*. London: Butterworths, 1993. v. 2.

ALVES, V. C. S. F. *Inquirição na justiça*: estratégias linguístico-discursivas. Porto Alegre: Sergio Antônio Fabris, 2003.

BRADFORD, L. Legalizing women abuse. In: JALNA, H.; MAYNARD, M. *Women, violence and social control*. London: Macmillan Press, 1987.

COLARES, V. (Org.). *Linguagem & direito*. Recife: Editora Universitária UFPE, 2010.

CONLEY, J. M.; O'BARR, W. M. *Just words*: law, language and power (language and legal discourse). Chicago: University of Chicago Press, 1998.

COTTERILL, J. (Org.). *Language in the legal process*. London: Palgrave, 2002.

FAIRCLOUGH, N. *Discourse and social change*. Cambridge: Polity Press, 1992.

_____. *Critical discourse analysis*: the critical study of language. Harlow: Longman, 1995.

FIGUEIREDO, D. C. *The use and abuse of your sexual power*: Cosmopolitan/ Nova and the creation/maintenance of a conservative view of female sexuality. MA Ph.D. (Dissertation) — Programa de Pós-Graduação em Inglês e Literatura Correspondente, Ed. da UFSC, Florianópolis,1995.

_____. *Victims and villains*: gender representations, surveillance and punishment in the judicial discourse on rape. Ph.D. (Dissertation) — Programa de Pós-Graduação em Inglês e Literatura Correspondente, Ed. da UFSC, Florianópolis, 2000.

_____. Discipline and punishment in the discourse of legal decisions on rape trials. In: COTTERILL, J. (Org.). *Language in the Legal Process*. Basingstoke: Palgrave, 2002.

_____. Gender categorization in the judicial discourse on rape. In: YOUNG, L.; HARRISON, C. (Eds.). *Systemic functional linguistics and critical discourse analysis*. London: Continuum, 2004.

FOWLER, R. *Language in the news*: discourse and ideology in the press. London: Routledge, 1991.

FOWLER, R. et al. *Language and control*. London: Routledge & Kegan Paul, 1979.

GIBBONS, J. *Forensic linguistics*: an introduction to language in the justice system. London: Blackwell Publishing, 2003.

GRIFFITH, J. A. G. *The politics of the judiciary*. London: Fontana, 1977.

HALLIDAY, M. A. K. Linguistic function and literary style: an inquiry into the language of William Golding's *The inheritors*. In: HALLIDAY, M. A. K. (Ed.). *Explorations in the functions of language*. London: Edward Arnold, 1973.

_____. *An introduction to functional grammar*. 3. ed. London: Edward Arnold, 2004.

HODGE, R.; KRESS, G. *Language as ideology*. London: Routledge, 1993.

KRESS, G. History and language: towards a social account of linguistic change. *Journal of Pragmatics*, v. 13, n. 3, p. 445-66, 1989.

KIES, D. The uses of passivity: suppressing agency in *Nineteen eighty-four*. In: DAVIES, M.; RAVELLI, L. (Orgs.). *Advances in systemic linguistics*: recent theory and practice. London: Pinter Publishers, 1992.

LEE, D. *Competing discourses*: perspective and ideology in language. Harlow: Longman, 1992.

MALEY, Y. The language of the law. In: GIBBONS, J. (Org.). *Language and the law*. Harlow: Longman, 1994.

MATOESIAN, G. M. *Reproducing rape*: domination through talk in the courtroom. Chicago: The University of Chicago Press, 1993.

METCALFE, P. (Org.). *The criminal appeal reports*. London: Sweet & Maxwell, 1986. v. 86.

_____ (Org.). *The criminal appeal reports*. London: Sweet & Maxwell, 1989. v. 89.

_____ (Org.). *The criminal appeal reports*. London: Sweet & Maxwell, 1990. v. 91.

MILLS, S. *Feminist stylistics*. London: Routledge, 1995.

PATTULLO, P. *Judging women*: a study of attitudes that rule our legal system. London: NCCL Rights for Women Unit, 1983.

RICHARDS, C. et al. *Dictionary of language teaching & applied linguistics*. Harlow: Longman, 1995.

SEARLE, J. R. What is a speech act. In: BLACK, M. (Org.). *Philosophy in America*. London: Allen and Unwin, 1965.

SIMPSON, P. *Language, ideology and point of view.*London: Routledge, 1992.

SOLAN, L. *The language of judges.* Chicago: The University of Chicago Press, 1993.

STYGALL, G. *Trial language*: differential discourse processing and discursive formation. Amsterdam/Philadelphia: John Benjamins Publishing, 1994.

VAN DIJK, T. Discourse, power and access. In: CALDAS-COULTHARD, C. M.; COULTHARD, R. M. (Orgs.). *Texts and practices*: readings in critical discourse analysis. London: Routledge, 1996.

VAN LEEUWEN, T. The representation of social actors. In: CALDAS-COULTHARD, C. M.; COULTHARD, R. M. (Orgs.). *Texts and practices*: readings in critical discourse analysis. London: Routledge, 1996.

STF EM ANÁLISE:
a virada jurisprudencial sobre a função do Advogado-Geral da União no controle concentrado de constitucionalidade

Igor Aragão Brilhante

1. Considerações iniciais

O sistema brasileiro de controle judicial de constitucionalidade conta com a Ação Direta de Inconstitucionalidade (ADI) como instrumento central de exame da validade das leis. Nessa via jurisdicional, tem-se a excepcional possibilidade de o Supremo Tribunal Federal (STF) retirar do ordenamento jurídico norma que nele entrara ordinariamente através da deliberação e aprovação dos parlamentares, representantes eleitos do povo.

O exercício dessa atividade contramajoritária do STF dá-se segundo peculiar processo com previsão constitucional, interessando-nos particularmente para os fins deste estudo a função atribuída pela Constituição Federal de 1988 ao Advogado-Geral da União (AGU). A estipulação constitucional é de que, nas ações que visem à declaração de inconstitucionalidade, cabe ao AGU a defesa da norma impugnada. Ou, na literalidade do § 3º do artigo 103 da CF/1988:

> Quando o Supremo Tribunal Federal apreciar a inconstitucionalidade, em tese, de norma legal ou ato normativo, citará, previamente, o Advogado-Geral da União, que defenderá o ato ou texto impugnado.

A especial relevância dessa disposição constitucional está no fato de o texto dessa norma ter sido objeto de progressiva e substancial mudança de sentido por obra exclusiva da alteração do contexto em que a Suprema Corte o interpretava. É dizer, sem alteração alguma do texto, que houve radical mudança na determinação do sentido dele extraído.

Além disso, a análise dessa "virada jurisprudencial" através dos discursos contidos nos votos dos ministros do STF permitirá investigarmos os matizes ideológicos que embasavam o posicionamento original e que não mais conseguiram prevalecer diante da nova conjuntura que se apresentava. Com efeito, o que moverá este estudo é a tentativa de desvelar, por trás dos tecnicismos jurídicos, aquilo que, oculta ou inconfessadamente, embasou essa particular revisão de jurisprudência.

2. A expressa função do AGU de defesa da constitucionalidade das leis impugnadas em ADIs e os casos extremos de inviabilidade ou irrazoabilidade da defesa. Flexibilização do entendimento do STF

Antes de voltarmo-nos à análise dos contextos, motivos e consequências das diferentes interpretações que o STF deu ao § 3º do artigo 103 da Constituição Federal, convém discriminar objetivamente essa progressiva alteração de entendimento. É o que se passa a fazer.

O estudo dos enfrentamentos do tema pela Suprema Corte desde 1988[21] permite divisarem-se três sucessivas interpretações para a função do AGU nas arguições de inconstitucionalidade, conforme dispusemos a seguir.

a) O primeiro entendimento, que se manteve incólume por mais de década, era de rigor irredutível: a norma do artigo 103, § 3º, era incontornável na atribuição ao AGU do encargo de curador da lei atacada. Eventuais dificuldades no cumprimento dessa função não teriam o condão de afastar ou reduzir o alcance do comando constitucional expresso. Servem de exemplo da adoção dessa interpretação as ADIs ns. 72/ES, 97/RO e 242/RJ.

b) Tendo como marco a ADI n. 1.616/PE, julgada em 2001, a Suprema Corte fez uma tímida ressalva à obrigatoriedade absoluta de defesa da lei impugnada, mas a restringiu a uma única hipótese: "O Advogado-Geral da União não está obrigado a defender tese jurídica se sobre ela esta Corte já fixou entendimento pela sua inconstitucionalidade". Embora já flexibilizasse minimamente o formalismo anterior, o STF o fez com exclusivo fundamento no caráter vinculante de suas decisões, sem enfrentar a questão em si da existência de casos sem defesa viável.

c) Vem, com a ADI n. 3.916/DF, em 2009, a terceira e realmente inovadora interpretação. É com esse julgamento, e só com ele, que a questão dos casos extremos é verdadeiramente reconhecida. A nova leitura do mesmo texto do artigo 103, § 3º, passa a ser que "a Advocacia-Geral da União defenderá o ato ou texto impugnado quando possível, quando viável" (nas palavras do ministro Ayres Brito) e que "prevaleceria a possibilidade de o Advogado-Geral da União se manifestar

---

21. Essa anômala atribuição de tutela das leis impugnadas ao Advogado-Geral da União, acrescida a suas funções ordinárias de representação e defesa dos interesses da União, é obra do Constituinte de 1988.

segundo o que lhe parecesse de conveniência da defesa da constitucionalidade, digamos, e não da lei propriamente" (nos dizeres da Ministra Carmen Lúcia). Agora, de fato, a mudança interpretativa foi radical.

3. Mesmo texto, novo sentido: À luz da Linguística e do Direito Constitucional

Como já registrado, a revisão da jurisprudência sobre o § 3º do artigo 103 da CF/1988 serve de modelo bastante interessante para estudos calcados na filosofia da linguagem e na Análise Crítica do Discurso. Isso porque, sem prejuízo de outras relevantes questões a serem mais à frente abordadas, essa modificação no papel do AGU pelo STF permite que se extraia, de pronto, uma lição fundamental em Teoria do Discurso — a diferença essencial que há entre o simples texto, as palavras em si, e seu significado; entre os signos isoladamente considerados e aquilo que se quis dizer com eles.

Com efeito, esse caráter didático do exemplo decorre da circunstância de, ao fim e ao cabo, estarmos diante do mesmo e incólume texto original do artigo 103, § 3º, da CF/1988; mas com seu significado alterando-se profundamente ao longo do tempo, por obra exclusiva do novo contexto (social, político, ideológico...) em que estava inserido. Essa é, de fato, a lição primeira. As mesmas expressões podem ganhar sentidos absolutamente distintos apenas pela modificação das condições e circunstâncias em que são empregadas.

Note-se que não era outra a constatação de Ludwig Wittgenstein (2009, p. 72) ao lembrar, em tom de advertência, que era o uso que dava significado às palavras:

117. Alguém me diz: "Você entende esta expressão? Ora — também eu a uso no significado que você conhece". — Como se o significado fosse uma penumbra que acompanha a palavra e é transferida para todos os seus empregos.

Se alguém, por exemplo, diz que a proposição "Isto está aqui" (apontando para um objeto diante de si) tem sentido para ele, então ele poderia perguntar-se em que condições específicas se emprega realmente esta proposição. Nestas é que ela tem sentido.

Posto isso, vale ainda salientar — até como forma de confirmação do que já foi dito — que o próprio Direito Constitucional foi levado a construir específico arcabouço teórico para, digamos, melhor assimilar esse mecanismo informal de alteração das normas constitucionais. Com efeito, diante da inexorabilidade desse fenômeno e do poder que os intérpretes acabavam ganhando com ele, parecia imprescindível justificá-lo e dar-lhe os exatos contornos. Para tanto, a doutrina constitucionalista assim apresentou aquilo que se convencionou chamar *mutação constitucional* (Mendes; Coelho; Branco, 2008, p. 130):

> Assentadas essas premissas, as mutações constitucionais nada mais são que as alterações semânticas dos preceitos da Constituição, em decorrência de modificações no prisma histórico-social ou fático-axiológico em que se concretiza sua aplicação (...).
>
> Vistas a essa luz, portanto, as mutações constitucionais são decorrentes — nisto residiria a sua especificidade — da conjugação da peculiaridade da linguagem constitucional, polissêmica e indeterminada, com os fatores externos, de ordem econômica, social e cultural, que a Constituição — pluralista por antonomásia —, intenta regular e que, dialeticamente, interagem com ela, produzindo leituras sempre renovadas das mensagens enviadas pelo constituinte.

Na mesma senda, o Supremo Tribunal Federal, recentemente, também teve interessante oportunidade de expor essa implacável influência dos contextos, para em seguida — e obviamente — frisar sua plena legitimidade. Foi o que ocorreu em 23/9/2008, no julgamento do Habeas Corpus n. 90.450/MG, ocasião na qual prevaleceu a tese de que haveria de ser revisto o entendimento, então consolidado, que permitia a prisão civil do depositário infiel no direito brasileiro. O seguinte trecho do voto do ministro Celso de Mello sintetiza bem esse prévio esclarecimento de natureza hermenêutica que antecedeu o exame do mérito propriamente dito do processo (os destaques são todos do original):

> **Em uma palavra**, Senhores Ministros**:** a interpretação judicial **há de ser vista** como instrumento **juridicamente** idôneo **de mutação informal** da Constituição, **revelando-se** plenamente legítima **a adequação** da própria Constituição da República, **se e quando** imperioso compatibilizá-la, **mediante** exegese atualizadora, **com as novas** exigências, necessidades **e** transformações **resultantes** dos processos sociais, econômicos **e** políticos **que caracterizam**, em seus múltiplos **e** complexos aspectos, a sociedade contemporânea.
>
> **Daí a correta observação** feita pelo eminente Ministro GILMAR MENDES, **ao reconhecer** "que a evolução jurisprudencial sempre foi uma marca de qualquer jurisdição de perfil constitucional", **para enfatizar**, a partir dessa constatação, que **"A afirmação da mutação constitucional não implica o reconhecimento**, por parte da Corte, de erro ou equívoco interpretativo do texto constitucional em julgados pretéritos. **Ela reconhece e reafirma**, ao contrário, **a necessidade da contínua e paulatina adaptação** dos sentidos possíveis da letra da Constituição **aos câmbios observados** numa sociedade que, como a atual, está marcada pela complexidade e pelo pluralismo" **(grifei)**.

4. Os diferentes contextos que alteraram o sentido do texto do § 3° do artigo 103 da CF/1988

Assentado nos tópicos anteriores que *a mudança de sentido do texto* do § 3° do artigo 103 da CF/1988 *teve influência determinante da alteração dos contextos* em que as distintas interpretações se inseriam, cabe agora discriminá-los, indicando que substancial mudança foi essa que ocorreu ao longo dos anos que separam os entendimentos original e atual da Suprema Corte. É o que se passa a fazer.

Como já visto, o entendimento primeiro do STF sobre a função do AGU nas ADIs era de rigor formal máximo — o texto constitucio-

LINGUAGEM & DIREITO

nal dispunha indistintamente que o Advogado-Geral da União *defenderá o ato ou texto impugnado*, então não seria dado ao intérprete excepcionar ou flexibilizar esse comando imperativo.[22] O apelo argumentativo da *literalidade do texto* não cedia nem mesmo ao reconhecimento da infelicidade dessa opção legislativa ou à expressa admissão da dificuldade de defesa de uma norma absolutamente inconstitucional, conforme se vê nestas manifestações do ministro Sepúlveda Pertence e, em seguida, do ministro Sydney Sanches na Questão de Ordem levantada na ADI n. 97/RO (destacou-se):

> — A norma do art. 103, § 3°, é incontornável. Evidente que a considero um *desarranjo sistemático* da Constituição. (...) Por mais que se diga que a União não se faz representar, fazem-se presentes, e far-se-ão presentes, constantemente, relevantes interesses do Governo, na qual está vinculada, por um dever estrito de lealdade, a instituição da Advocacia-Geral da União. É um *cochilo* essa atribuição, a meu ver, mas, enquanto não alterada, ela cabe ao Advogado-Geral da União.
>
> — Mas a norma, realmente, é imperativa. Acredito que, na defesa a que está obrigada a Advocacia-Geral da União, pelo artigo 103 da C.F., encontrará ela o caminho prudente para exercer suas funções, sem que ao mesmo tempo se violente, quando achar dificuldade na defesa de norma absolutamente inconstitucional, pois, embora haja a presunção de constitucionalidade das leis, a preocupação maior deverá ser a preservação da norma fixada na Constituição Federal, pois está é que deve prevalecer.

Essa formalista interpretação original vinculava-se a um contexto que, a nosso sentir, tem dois pontos fundamentais a defini-lo e cuja

---

22. A percepção do rigor de que se está falando é mais fácil quando se pensa nas chamadas inconstitucionalidades formais, quando não se discute a invalidade da lei pelo seu teor (material), mas sim vícios de forma, referentes a descumprimento de regras do próprio processo legislativo de sua elaboração. De fato, essa sorte de inconstitucionalidade é a mais ilustrativa por permitir exemplos como defeitos no *quorum* ou na maioria dos parlamentares, violação à iniciativa exclusiva do projeto de lei (do Presidente da República para criação de cargos na Administração direta) ou invasão de competência legislativa exclusiva (da União pelo Estado ou vice-versa).

modificação no tempo foi que permitiu (ou exigiu) a virada jurisprudência em referência. Segue seu detalhamento.

4.1 Questão cronológica. Sistema de controle de constitucionalidade radicalmente redesenhado em 1988

O primeiro ponto refere-se ao próprio momento cronológico em que se estava. De fato, esse entendimento inicial formou-se logo após a promulgação da Constituição de 1988, é dizer, na alvorada de um sistema de controle de constitucionalidade com formato e personagens novos. Assim, era perceptível — e compreensível — o receio de interpretações mais frouxas acabarem desnaturando as funções de cada sujeito processual ou desconfigurando o desenho constitucionalmente estabelecido para a apreciação de inconstitucionalidades em abstrato pelo STF.

Corroborando essa tese, pode-se mencionar que a posterior regulamentação legal do controle abstrato de constitucionalidade pela Lei n. 9.868/1999, tendo ocorrido apenas mais de uma década depois do advento da Constituição de 1988, já se restringiu a falar em o Advogado-Geral da União *ser ouvido* e *dever manifestar-se*, em eloquente substituição ao fechado *defenderá o ato ou texto impugnado* previsto na Constituição.[23]

Perceba-se que essa linha de raciocínio se ajusta plenamente à ulterior modificação de entendimento do STF, que passou a, enfim, reconhecer a inegável existência de casos extremos de inconstitucionalidade patente, cuja exigência de defesa formal era, no mínimo, artificial e inútil. Com efeito, em um momento já maduro do controle de constitucionalidade brasileiro, aquela, digamos, insegurança do neófito não mais influenciava — seja consciente, seja inconsciente-

---

23. Lei n. 9.868/1999, Artigo 8º: Decorrido o prazo das informações, serão ouvidos, sucessivamente, o Advogado-Geral da União e o Procurador-Geral da República, que deverão manifestar-se, cada qual, no prazo de quinze dias.

mente — o colegiado da Suprema Corte. A análise da real função do AGU nos processos de inconstitucionalidade já podia ser feita sem aquela significativa sombra inicial, e a radical mudança de entendimento documentada na ADI n. 3.916/DF, em 2001, ilustrou emblematicamente essas novas circunstâncias.

4.2 Nova face da Advocacia Pública: O AGU como metonímia de sua carreira

O segundo ponto a ser destacado na mudança de contextos de que se está falando refere-se à Advocacia Pública como um todo, funcionando o exemplo do Advogado-Geral da União como uma espécie de metonímia de sua carreira (parte pelo todo). Explica-se.

Durante muito tempo, a atuação judicial da Advocacia Pública norteou-se por um paradigma que lhe parecia exigir a defesa irrestrita do Estado nos processos judiciais. Embora não se tenha notícia de regra legal alguma que impusesse ao advogado público o dever de opor-se formalmente a todas as pretensões ajuizadas contra o Estado, a noção de indisponibilidade do interesse público serviu tradicionalmente para naturalizar essa obrigatoriedade de maneira tal que parecia não importar minimamente o teor daquilo contra que se resistia — a ação deve ser contestada e os posteriores recursos em tese cabíveis, esgotados.

Essa noção, já questionável até em sua origem remota, mostra-se cada vez mais desconectada do renovado desenho do Direito (também) Administrativo, marcado que vem sendo pelo inevitável abandono da busca, no caso concreto, de uma resposta única que o subsumisse ao rígido conceito predeterminado que regesse a matéria. Com efeito, o caráter plurívoco e difuso que vem se acentuando na conceituação de *interesse público*, há de ter concreta influência na postura a ser adotada na sua defesa judicial. Ou por outra: é preciso dar-se conta de que, muitas vezes, na resposta em um processo judicial, o real interesse público significa não resistir à pretensão inicial da parte autora ou não insistir na interposição de recursos.

A esta altura, já fica mais palpável o liame que queremos traçar entre a atuação do AGU nas ADIs e a dos advogados públicos na defesa cotidiana do interesse público — da mesma forma que, para o AGU, se tornou obsoleta a exigência fria de sempre defender a constitucionalidade da norma, sem atenção alguma ao seu conteúdo e à real viabilidade dessa atuação, também quanto à atuação judicial dos advogados públicos em geral não se sustenta mais a exigência da defesa em todo caso, ainda que inútil, contraproducente[24] ou, pior, ilícita.

Nesse ponto, são de eloquente menção estes exemplificativos julgamentos, que — embora examinando sempre recursos *formalmente* cabíveis — detectaram e sancionaram resistências processuais abusivas por parte da Fazenda Pública (destaques acrescentados):

> PROCESSUAL CIVIL. REAJUSTE DE 28,86%. CÁLCULOS ELABORADOS PELA CONTADORIA JUDICIAL. EXPRESSA ANUÊNCIA DO ENTE PÚBLICO. PRECLUSÃO LÓGICA. APELAÇÃO. DECISÃO MONOCRÁTICA DE RELATOR. NEGATIVA DE SEGUIMENTO. ART. 557 DO CÓDIGO DE PROCESSO CIVIL. AGRAVO REGIMENTAL. *INTERPOSIÇÃO ABUSIVA E INFUNDADA. OFENSA AOS PRINCÍPIOS DA LEALDADE PROCESSUAL E DA CELERIDADE. LITIGÂNCIA DE MÁ-FÉ.* PRECEDENTES DO STF. (...)
>
> 3. A recalcitrância quanto ao cumprimento do julgado, positivada no manejo de agravo interno que *reitera os improfícuos e superados argumentos* da apelação, bem dimensiona o contumaz intuito protelatório da Fazenda Pública em casos como o presente.
>
> 4. O *abuso do direito de recorrer do agravante* é, pois, manifesto, tendo ele amesquinhado, a um só tempo, os princípios da *lealdade processual* (art. 14, II, III e IV, do CPC), e da *celeridade processual*, este, aliás, que a partir da Emenda Constitucional n. 45/04 passou a ter substrato normativo no próprio Livro Regra, desde que o art. 5°, LX-VIII, da CF, dispôs que "a todos, no âmbito judicial e administrativo, são assegurados a razoável duração do processo e os meios que garantam a celeridade de sua tramitação".

---

24. Na exemplificação desse caráter contraproducente ou antieconômico, é importante não perder de vista que os gastos com manutenção e sobrecarga da máquina judiciária, ao fim e ao cabo, oneram os mesmos cofres estatais defendidos pela advocacia pública.

5. Segundo precedente do STF, a *interposição abusiva de agravo regimental*, em qualquer Tribunal, autoriza a aplicação da multa prevista no art. 557, § 2°, do CPC.

6. Na espécie, constatada a evidente intenção do ente público de obstar o regular andamento do processo (art. 17, IV, do CPC) com a *interposição de um recurso manifestamente protelatório* (art. 17, VII, do CPC), é imperativo para a preservação da autoridade do Poder Judiciário e para que não se estimule a reiteração da prática desses *procedimentos reprováveis*, que a agravante seja condenada nas penas de *litigância de má-fé*, na forma do que dispõe o art. 557, § 2°, do CPC.

7. Agravo regimental desprovido.

(TRF1, AGRAC 2002.38.00.020643-8/MG, relatora Desembargadora Federal Neuza Maria Alves da Silva, 2ª Turma, *e-DJF1*, de 26/9/2008)

1. RECURSO. Extraordinário. Admissibilidade. Jurisprudência assentada. Ausência de razões novas. Decisão mantida. Agravo regimental improvido. Nega-se provimento a agravo regimental tendente a impugnar, sem razões novas, decisão fundada em jurisprudência assente na Corte.

2. RECURSO. Agravo. Regimental. *Jurisprudência assentada sobre a matéria. Caráter meramente abusivo. Litigância de má-fé. Imposição de multa. Aplicação do art. 557, § 2°, cc. arts. 14, II e III, e 17, VII, do* CPC. *Quando abusiva a interposição de agravo, manifestamente inadmissível ou infundado, deve o Tribunal condenar o agravante a pagar multa ao agravado.*

(STF, RE 169379/PR AgR, relator Ministro Cezar Peluso, Primeira Turma, julgado em 29/6/2005, *DJ*, de 19/8/2005)

AGRAVO REGIMENTAL. PROCESSO CIVIL. LITIGÂNCIA DE MÁ-FÉ. ARTS. 17, VII, E 18 DO CPC. *RECURSO MANIFESTAMENTE IMPROCEDENTE. MULTA. ART. 557, § 2°, DO CPC.*

1. *Caracteriza litigância de má-fé a interposição de recurso manifestamente improcedente.*

2. Agravo regimental desprovido com aplicação de multa.

(STJ, AgRg no Ag n. 1227931/RS, relator Ministro João Otávio de Noronha, Quarta Turma, julgado em 14/12/2010, *DJe*, de 1° fev. 2011)

Para fechar o presente raciocínio, não se pode deixar de enfatizar — à oportuna luz dos precedentes acima transcritos — o componente essencialmente pragmático que também há de mover a atualização de postura da Advocacia Pública. Com efeito, o abandono da defesa processual intransigente e acrítica não tem apenas bases morais ou de abstrato viés acadêmico. A questão é também concreta dentro do próprio processo que se insiste em alongar, pois nele os ônus sucumbenciais reduzidos ou inexistentes, que caracterizam a não resistência à pretensão autoral, darão lugar à condenação em honorários advocatícios aumentados, somados, muita vez, à estigmatizada multa por litigância de má-fé.

5. Análise Crítica do Discurso Jurídico: Do entendimento original do STF sobre do § 3º do artigo 103 da CF/1988

Ao delinearmos no tópico anterior os contextos diversos das interpretações também diversas do STF sobre o § 3º do artigo 103 da CF/1988, já antecipamos o muito que há de elementos inconfessos e extrajurídicos influenciando concretamente na determinação jurisprudencial do sentido de textos normativos. A investigação desses tais aspectos ocultos é exatamente o foco da Análise Crítica do Discurso, razão pela qual nos utilizaremos, neste tópico, daquela sorte de abordagem para desvelar o que os discursos jurídicos tanto se esforçam para encobrir. Como objeto de análise, serão utilizados trechos de votos dos Ministros do STF nas ADIs ns. 1.616/PE e 3.916/DF.

Antes de prosseguir, cumpre apenas agregar às nossas palavras o seguinte registro doutrinário sobre a importância das *desconstruções ideológicas dos discursos* (Resende; Ramalho, 2009, p. 22):

> Então, a desconstrução ideológica de textos que integram práticas sociais pode intervir de algum modo na sociedade, a fim de desvelar relações

de dominação. Fairclough (2001a, p. 28) explica que a abordagem "crítica" implica, por um lado, mostrar conexões e causas que estão ocultas e, por outro, intervir socialmente para produzir mudanças que favoreçam àqueles(as) que possam se encontrar em situação de desvantagem.

5.1 O incômodo do discurso mais livre

Conforme mais acima explicado, o reconhecimento de certa margem de discricionariedade e decisão ao AGU na defesa ou não das normas traz consigo o natural ganho de relevância política e jurídica do cargo. De fato, uma função de defensor meramente autômato não lida com o mesmo poder — e riscos — de quem pode funcionar com um discurso mais livre.

Nesse sentido, é de pertinente menção o alerta de Foucault (1996, p. 10) quando comentava as interdições que afetam a produção dos discursos: "Por mais que o discurso seja aparentemente bem pouca coisa, as interdições que o atingem revelam logo, rapidamente, sua ligação com o desejo e com o poder".

Pode-se, portanto, ver — no posicionamento "interditório" anterior, é dizer, no entendimento de que ao AGU não era dada opção alguma na defesa da norma — a ocultação do desejo preordenado de negar poder àquele sujeito processual, para mantê-lo concentrado no próprio STF. Essa visão de centralização e exercício de poder pela Suprema Corte pode ser divisada com considerável clareza em algumas manifestações do ministro Marco Aurélio na ADI n. 3.916/DF,[25] em especial em sede de debates orais, via naturalmente mais transparente que o voto escrito.[26]

---

25. Como já vimos, a ADI n. 3.916/DF marca a virada no entendimento do STF, com a maioria do colegiado abandonando a obsoleta interpretação anterior. O ministro Marco Aurélio, no entanto, permaneceu vencido (exatamente por seu apego à noção ultrapassada), sendo, por isso, seu discurso de grande valia para a análise crítica ora realizada.

26. Como sói acontecer nos julgamentos colegiados, o inteiro teor do acórdão da ADI n. 3.916/DF é formado por votos previamente elaborados pelos ministros, acrescidos de manifestações oralmente feitas no plenário da Corte e registradas a partir das notas taquigráficas da sessão.

A seguir, com destaques nossos, as manifestações acima anunciadas:

O SENHOR MINISTRO AYRES BRITTO — (...) Agora, Senhor Presidente, estou muito impressionado com a argumentação de Vossa Excelência no sentido de que o Advogado-Geral da União, tendo vista do processo, tendo a oportunidade de se manifestar, já realizou o desígnio do § 3°, ou seja, a norma constitucional incide também quando o Advogado tem oportunidade e não defende o ato, no sentido rigoroso da expressão, porque também não podemos colocar o Advogado-Geral da União numa situação constrangedora.

O SENHOR MINISTRO MARCO AURÉLIO — *Ministro, como ministro é um título que não é simplesmente pomposo, comete crime de responsabilidade.*

O SENHOR MINISTRO AYRES BRITTO — Estou pensando, num primeiro momento, *que não se pode constranger o Advogado-Geral da União a ponto de, para defender o ato atacado, agredir a própria Constituição;* ou seja, ele sairá em defesa da lei menor e em combate da Lei Maior, porque há situações em que a inconstitucionalidade é patente, é evidente.

O SENHOR MINISTRO MARCO AURÉLIO — *Ele não tem o poder de nenhum julgamento, Ministro. Ele não integra o Colegiado.*

Outro discurso que permite entrever esse mesmo pano de fundo de afirmação e reafirmação do STF como egoísta detentor de poder é aquele que, curiosamente, fundamentou a primeira flexibilização da obrigatoriedade de defesa das normas pelo AGU, ocorrida no julgamento da ADI n. 1.616/PE. Isso porque, como já oportunamente exposto neste trabalho, a liberação de defesa ali se restringiu só e só a matérias já com jurisprudência firmada no STF, e, sobretudo, a justificativa da decisão era exatamente o respeito e a valorização à palavra da Suprema Corte. É o que está bem sintetizado na seguinte transcrição do voto do ministro Maurício Corrêa, o relator da ação:

16. Ora se o Supremo Tribunal Federal exerce a altíssima competência de guarda da Constituição (CF, artigo 102) e dá a palavra final de como deve ser compreendida e interpretada, não há sentido para que o Advogado-Geral da União, não obstante a exigência constitucional, venha a pronunciar-se contra o que, em verdade, deve defender.

5.2 A metáfora do defensor técnico no processo criminal

Primeiramente, cabe conferir a lição de John B. Thompson (2009, p. 85) sobre a metáfora como um dos modos clássicos de operação da ideologia:

> A ideologia como **dissimulação** pode ser expressa através de outra estratégia, ou grupo de estratégias, que podemos colocar debaixo do rótulo geral de tropo. (...) Entre as formas mais comuns de tropo estão a sinédoque, a metonímia e a metáfora. (...) A **metáfora** pode dissimular relações sociais através de sua representação, ou da representação de indivíduos e grupos nelas implicados, como possuidores de características que elas, literalmente, não possuem, acentuando, com isso, certas características às custas de outras e impondo sobre elas um sentido positivo ou negativo.

Entendido isso, perceba-se como a seguinte provocação do ministro Marco Aurélio, a certa altura da discussão na ADI n. 3.916/DF, pode ser desconstruída sob esse prisma crítico, para, ao final, acabar funcionando no próprio sentido da tese vencedora. Confira-se:

> O SENHOR MINISTRO RICARDO LEWANDOWSKI — Ministro, Vossa Excelência me permite uma pequena observação?
> Penso que a expressão "defender a lei" deve ser interpretada *cum granus salis*. O eminente Presidente acaba de dizer que há situações em que a lei é indefensável — quando há jurisprudência pacífica, as-

sentada, do Supremo Tribunal Federal num determinado sentido —, como é o caso, por exemplo, de leis estaduais ou outras leis, leis federais que criem encargos ou despesas na área administrativa e que tenham sido gestadas no âmbito do Parlamento, do Poder Legislativo. E como defender uma lei dessa natureza?

O SENHOR MINISTRO MARCO AURÉLIO — Levada à última consequência, também teríamos imputações criminais indefensáveis! O defensor técnico pode pedir a condenação?

Com efeito, ao trazer a defesa técnica no processo criminal como argumento metafórico, o ministro tenta atrair para o julgamento daquela específica ADI as mesmas impressões e sentimentos que caracterizam o exame daqueloutra hipótese. Em melhores palavras — fere o mais básico senso de justiça imaginar o advogado criminal requerendo expressamente a condenação de seu constituinte, mesmo quando o sabe culpado; daí a utilidade dessa sorte de apelo retórico, notadamente a um auditório menos cauteloso.

Note-se, ainda, que, no melhor estilo de um operador ideológico, a metáfora é utilizada de modo parcial, de maneira a ocultar o que não convém ser agregado ao discurso. Com efeito, a simplificada alusão ao defensor criminal faz parecer que a ele só há duas opções no processo: pedir a absolvição ou a condenação de seu cliente. Omite-se convenientemente que, em verdade, nas imputações indefensáveis em termos de declaração de inocência, caberá sempre se lançar mão de defesa voltada à garantia de um julgamento justo, ao reconhecimento de circunstâncias atenuantes ou minorantes, à busca por benefícios legais etc.

Mais — nessa sorte de casos, o desapego à defesa intransigente da inocência do réu dispensa até a análise da postura do advogado segundo seus deveres éticos, sabidamente mais brandos na esfera criminal (embora, queremos crer, não inexistentes). A questão é realmente de ordem bem mais prática, na medida em que a defesa que se centra em pedido inviável — mais do que ser apenas inútil — pode vir a concretamente prejudicar o réu, o qual pode ver desperdiçadas oportunidades de êxito em pretensões menos ambiciosas, e mais realistas (como ocorreria, por exemplo, em caso de crime com autoria e materialidade cabalmente comprovadas, mas cujo potencial ofensivo permitisse a transação penal).

6. Conclusão

Com tudo o que se acaba de expor, cremos ter evidenciado que, por mais que se valha de sofisticadas construções teóricas para fins de fundamentação — e, cada vez mais, tem se valido —, o Direito não consegue disfarçar plenamente as marcas ideológicas em seus discursos de verdade.

Com efeito, ao centrarmos o presente estudo na mutante interpretação de norma cujo texto permanecia sempre incólume (o § 3º do artigo 103 da Constituição Federal), restou facilitada a compreensão de que a interpretação mais aguda é a que perscruta o que há de inconfesso no texto, é a que enxerga para além do que está explícito. Se o texto era o mesmo e a alteração de seu sentido foi substancial, era instigante investigar o que tanto mudara na hipótese.

Por ser esse um ponto essencial do trabalho, vale registrar que se tentou concentrar na seção 4 a discriminação das distinções fundamentais nos contextos da primeira interpretação e da última. E, já assentadas essas informações, é que se pôde melhor desenvolver a seção 5, em que o foco foi mais de uma espécie de confirmação daquilo que se havia revelado estar por trás da virada jurisprudencial.

Ao fim e ao cabo, a grande conclusão é mesmo a que já se encaminhou acima e que ficou precisamente sintetizada na seguinte lição de Deleuze — ao comentar Nietszche (Deleuze, p. 11): "Vemos que a arte de interpretar deve ser também uma arte de penetrar nas máscaras, e descobrir quem se mascara e porquê, e com que fim se conserva uma máscara remodelando-a".

Referências

DELEUZE, Gilles. *Nietzsche e a filosofia*. Tradução de António M Magalhães. Porto: Rés.

FOUCAULT, Michel. *A ordem do discurso*: aula inaugural no Collège de France. Tradução de Laura Fraga de Almeida Sampaio. 5. ed. São Paulo: Loyola, 1996.

MENDES, Gilmar Ferreira; COELHO, Inocêncio Mártires; BRANCO, Paulo Gustavo Bonet. *Curso de Direito Constitucional*. 2. ed. São Paulo: Saraiva, 2008.

BRASIL. Superior Tribunal de Justiça. 4ª Turma. Agravo Regimental no Agravo n. 1227931/RS. Relator: Ministro João Otávio de Noronha. Brasília, 14/12/2010, *DJe*, de 1º fev. 2011.

_____. Supremo Tribunal Federal. Plenário. Ação Direta de Inconstitucionalidade n. 242/RJ. Relator: Ministro Paulo Brossard. Brasília, 20/10/1994.

_____. Plenário. Ação Direta de Inconstitucionalidade n. 1616/PE. Relator: Ministro Maurício Corrêa. Brasília, 24/5/2001.

_____. Primeira Turma. Agravo Regimental no Recurso Extraordinário n. 169379/PR. Relator: Ministro Cezar Peluso. Brasília, 29/6/2005.

_____. Segunda Turma. *Habeas Corpus* n. 90450/MG. Relator: Ministro Celso de Mello. Brasília, 23/9/2008.

_____. Plenário. Ação Direta de Inconstitucionalidade n. 3.916/DF. Relator: Ministro Eros Grau. Brasília, 3/2/2010.

_____. Tribunal Regional Federal da 1ª Região. Segunda Turma. Agravo Regimental na Apelação Cível n. 2002.38.00.020643-8/MG. Relatora: Desembargadora Federal Neuza Maria Alves da Silva. Brasília, 20/8/2008, *e-DJF1*, de 26/9/2008.

RESENDE, Viviane de Melo; RAMALHO, Viviane. *Análise do discurso crítica*. São Paulo: Contexto, 2009.

THOMPSON, John B. *Ideologia e cultura moderna*: teoria social crítica na era dos meios de comunicação de massa. 8. ed. Petrópolis: Vozes, 2009.

WITTGENSTEIN, Ludwig. *Investigações filosóficas*. Tradução de Marcos G. Montagnoli. Petrópolis: Vozes, 2009.

A LICITUDE DA PROVA ILÍCITA NAS DECISÕES DO STF:

Observações Linguístico-Pragmáticas, com Richard Rorty*

Artur Stamford da Silva**
Henrique Carvalho Carneiro***
Marcelle Virgínia de Araújo Penha****

1. Introdução

O que é "licitude da prova ilícita"? Por que o Supremo Tribunal Federal (STF), corte do Poder Judiciário brasileiro, toma decisões com

---

* O presente trabalho foi realizado com o apoio do CNPq, Conselho Nacional de Desenvolvimento Científico e Tecnológico – Brasil. Trata-se de uma versão atualizada do trabalho apresentado no XI ENIL, realizado em João Pessoa/PB, 2010.

** Doutor em Direito pela UFPE e Professor-Associado da UFPE.

*** Mestre em Direito pela UFPE; Doutor em Sociologia pela Universidade de Bielefeld, Alemanha.

**** Advogada e Bacharela em Direito pela UFPE.

base em provas ilícitas para condenar narcotraficantes, sequestradores, corruptos? Que é licitude no Direito brasileiro? O que significa prova ilícita? A tendência é procurar respostas a estas questões buscando identificar o que é algo, sendo pesquisa a descrição da essência desse algo, objeto da pesquisa. Aqui o leitor não encontrará nada semelhante a isso, pois as nossas pesquisas não têm por perspectiva demonstrar, comprovar, provar ou mesmo defender uma verdade sobre o que pesquisamos, mas sugerir olhares sobre a decisão jurídica, sobre o Direito como linguagem da sociedade.

Assim é por concordarmos que praticamente ninguém afirma que não existe verdade, ainda que filósofos como Richard Rorty são apontados como autores dessa frase por suspeitarem da distinção aparência/realidade e por considerarem que "há várias maneiras de enunciar o que está acontecendo, e nenhuma delas aproxima-se mais do que as outras da forma como as coisas são em si mesmas" (Rorty, 2005, p. VII). Autores como Rorty, como nós, não têm ideia do que significa "em si mesma" na frase "a realidade como ela é em si mesma", por isso sugerem que a "distinção aparência e realidade seja abandonada em favor da distinção entre modos de falar mais ou menos úteis" (Rorty, 2005, p. VII).

Pesquisar como um sentido é construído e desconstruído no Direito tem estreita relação com a concepção de verdade do parágrafo anterior, inclusive porque tomamos linguagem como "interpretações opcionais sobre práticas" (Rorty, 2005, p. 89), como uso que se faz de palavras numa situação prática (Rorty, 1994, p. 304), ou, ainda, como edificação (construção e desconstrução) de sentido em contextos de práticas sociais jurídicas (Rorty, 1979, p. 360).

Dessa visão, temos que decisão jurídica não se confunde nem se reduz à decisão judicial, afinal não só magistrado toma decisão jurídica, mas também advogados, procuradores, promotores, delegados e demais envolvidos na produção do sentido do Direito, como doutrinadores, movimentos sociais, além de as decisões jurídicas conterem influências de elementos políticos, econômicos, científicos, religiosos, morais, jurídicos etc. Distinguir decisão jurídica de decisão judicial tem lugar por pesquisarmos como é possível uma decisão ser tomada como foi tomada, ou ainda, por pesquisarmos a contingência linguística presente na construção e desconstrução do sentido jurídico. Decisão judicial é aquela tomada por um magistrado, enquanto decisão jurídica é toda decisão tomada por enunciadores no Direito, o que inclui elementos diversos que integram a edificação do sentido de um direito. A distinção, pois, tem lugar por pesquisarmos como, no Direito, um sentido é construído e desconstruído, o que envolve observar interpretações, argumentos, leituras, interdiscursividade, contexto, enunciação etc. Numa frase: pesquisamos o uso prático jurídico da linguagem no Direito.

A pesquisa apresentada neste texto partiu de decisões judiciais tomadas pelo Supremo Tribunal Federal, nas quais observamos enunciados dos atores jurídicos (advogados, procuradores, promotores), bem como interdiscursos explícitos (citações de doutrinas nacionais e internacionais, jurisprudências nacionais e internacionais) e descrições de situações fáticas sociais. Para isso, recorremos à Linguística Pragmática de Richard Rorty, por ela nos auxiliar a observar a construção e a desconstrução do sentido de um direito, explorando a contingência da edificação linguística (Rorty, 1979, p. 360). É que o Pragmatismo com Rorty permite observar o uso linguístico realizado na prática da tomada de decisão jurídica, afinal linguagem não representa um objeto ou uma mente (Rorty, 1998, p. 48-50).

Lembramos que o Pragmatismo de Rorty afasta a teoria da verdade como representação, pois linguagem não é uma verdade porque contém referência a uma coisa em si (real ou ideal, física ou mental) (Rorty, 1979, p. 335; Rorty, 1997c, p. 48, p. 171; Rorty, 1994, p. 29), mas sim essa teoria oculta o uso da linguagem por considerá-la representação de algo (Rorty, 1979, p. 23). Em lugar da teoria da representatividade, Rorty sugere, com base em Donald Davidson, que não nos ocupemos em conceituar a linguagem nem a tenhamos como "meio entre o eu e a realidade, mas simplesmente como uma insígnia que assinala a convivência de se utilizar certo vocábulo quando se tentar lidar com certos tipos de organismos" (Rorty, 1994,

p. 38). Acatar isso é admitir que ter significado é ter um lugar no uso prático da linguagem (Rorty, 1994, p. 40). É o que pesquisamos sobre a licitude da prova ilícita, questionamos não o que é licitude ou prova ilícita, mas, sim, como é possível o STF tomar as decisões que toma, como elas são tomadas. Antecipamos que respostas a por que o STF é o poder máximo do Judiciário, por que a decisão judicial é arbitrária, por que os ministros do STF primeiro julgam e depois buscam legitimar suas decisões citando textos da legislação são insuficientes e superficiais, pois ignoram diversos fatores presentes numa decisão jurídica.

Partindo da visão de linguagem de Rorty, afastamo-nos, portanto, de qualquer pretensão de verdade por correspondência, bem como da ideia de cientificismo como exercício em busca de evidenciar algo, naturalizar o objeto de pesquisa ou confirmar um conhecimento. Tomamos por ciência "que há um método confiável às generalizações" (Rorty, 1997c, p. 94). Com isso, pesquisar a edificação (construção e desconstrução contingente) de sentido do Direito a partir de decisões jurídicas não tem qualquer relação com demonstrar uma verdade, uma crença, a essência de um direito, de uma decisão jurídica, nem justificar um olhar sobre a decisão jurídica. Nossas pesquisas apenas se dedicam a observar a construção e desconstrução de sentido de um direito através de decisões do Supremo Tribunal Federal, sugerindo leituras dessas decisões como linguagem jurídica, o que envolve observar a decisão como fenômeno social, portanto, produção prática linguística do direito da sociedade, portanto, uso linguístico no contexto social jurídico (Rorty, 1979, p. 381), afinal linguagem é sempre o uso num contexto de enunciado de algo, de comunicação sobre algo (Rorty, 1994, p. 304-305).

Ainda a título de introdução, lembramos que Richard Rorty considera que a coerência do sentido "não é interna nem externa a qualquer coisa, é apenas uma função do que se disse até agora sobre algo" (Rorty, 1997b, p. 115), afinal, pragmaticamente, não se distingue descobrir um objeto de fazer o objeto, do que resulta que o sentido não é um objeto a ser descoberto, mas sim um objeto que se faz na medida em que se usa (Rorty, 1997b, p. 114). Essa é a visão de pesquisa que empregamos ao pesquisarmos a licitude da prova ilícita, questionando como foi e é possível o STF decidir pela licitude de provas ilícitas.

Este trabalho apresenta nossa pesquisa sobre a construção e desconstrução do sentido da admissibilidade da prova ilícita no Direito, partindo da pergunta de como é possível a licitude da prova ilícita ou, mesmo, como foi possível o Supremo Tribunal Federal (STF) produzir um sentido de legalização da prova ilícita mesmo na Constituição Federal constando que é inadmissível, num processo judicial, aceitarem-se provas obtidas por meios ilícitos (art. 5°, LVI, CF/88). Como foi possível o STF julgar contra a inviolabilidade do sigilo das correspondências, das comunicações telegráficas, de dados e das comunicações telefônicas (art. 5°, XII, CF/88)? Uma prova obtida sob a violação desses direitos é ilícita e, portanto, juridicamente inadmissível. Contudo, na prática judicial, para fins de investigação criminal e instrução processual penal, a prova ilícita foi admitida como lícita em vários processos envolvendo narcotráfico, crime de colarinho branco, sequestro e corrupção.

Uma resposta é que, com a lei regulamentadora (Lei n. 9.296, de 24 de julho de 1996), o Supremo Tribunal Federal (STF) se defrontou com a questão de quando a prova obtida por meio de interceptação telefônica é lícita e, por conseguinte, meio de prova apreciável em processo judicial, como fonte de informação para decisões judiciais. Para refletir sobre essa questão, catalogamos decisões do STF para observar a contingência do Direito, portanto o sentido de licitude em sua contingência linguística.

O *corpus* da pesquisa foi constituído de decisões coletadas no *site* do STF, tomadas ao longo de 1993 a 2010, conforme descrito adiante. Esse *corpus* foi sistematizado em planilha de *Excel*, o que nos auxiliou a observar a edificação do sentido de licitude da prova ilícita ao longo das discussões nos textos das decisões, bem como os argumentos e justificações presentes nas decisões.

Iniciamos apresentando o debate doutrinário da prova processual, para em seguida lançarmos informações sobre o olhar metodológico da pesquisa. Na terceira parte estão as reflexões sobre os dados da pesquisa.

2. A prova processual e o livre convencimento do juiz

Que o magistrado tem um poder de decisão sobre a lide independentemente de como lhe chegam as provas — se elas são resultantes ou não de procedimento lícito — poderia ser compreensível devido ao próprio Código de Processo Civil (Lei n. 5.925/1973, art. 131) constar o livre convencimento do juiz na apreciação de provas. Ocorre que, no Estado Democrático de Direito e a consequente constitucionalização dos direitos fundamentais, valores passaram a integrar o direito, portanto, o procedimento decisório, de modo que uma decisão judicial arbitrária é uma decisão injusta, ilícita, inclusive porque a liberdade de apreciação das provas, mesmo com o livre convencimento do juiz, não é aleatória, mas sim pautada pela obrigatoriedade de justificação da decisão tomada, o que resulta em expor como foram valorados os elementos constitutivos da escolha por essa ou aquela decisão tomada. O texto da lei é:

> Art. 131. O juiz apreciará livremente a prova, atendendo aos fatos e circunstâncias constantes dos autos, ainda que não alegados pelas partes; mas deverá indicar, na sentença, os motivos que lhe formaram o convencimento.

Nesse contexto, prosperou a visão de que é inadmissível ao próprio Estado incorrer em ilícito para fazer valer o direito. No texto da Constituição Federal Brasileira de 1988, por exemplo, está presente essa perspectiva, como se pode ler no artigo 5°, inciso LVI: "são inadmissíveis, no processo, as provas obtidas por meios ilícitos".

Ocorre que situações da vida em sociedade tornaram complexa a questão, afinal processos judiciais envolvendo narcotraficantes, crimes de corrupção, colarinho branco, lavagem de dinheiro e sequestro levaram à licitude de provas ilícitas. O tema ganhou lugar, inclusive, no âmbito internacional, quando casos de prova, ainda que produzida licitamente, é derivada de prova obtida de maneira ilícita. Por exemplo, um carregamento de drogas encontrado em razão de uma interceptação telefônica ilegalmente instaurada.

Aplicada em 1920, no caso Silverthorne Lumber Co. x United States, 251 EUA 385,[1] a "Teoria dos Frutos da Árvore Envenenada" ("Fruits of the Poisonous Tree Theory") foi desenvolvida e ganhou contornos no debate sobre a prova ilícita e sua admissibilidade num processo judicial. Com base nessa teoria, uma prova mesmo lícita, caso tenha relação com uma outra prova obtida por procedimentos ilícitos, sofre um "efeito à distância"; portanto, é tão ilícita quanto aquela originária. Trata-se da metáfora de que os frutos de uma árvore envenenada são contaminados independentemente de estarem bons. Essa ideia chega aos tribunais brasileiros e se torna dominante na jurisprudência do Supremo Tribunal Federal. De acordo com esse argumento, uma prova, a despeito de ter sido produzida licitamente, torna-se ilícita se afetada, por repercussão causal, por prova obtida ilicitamente. A ilicitude se dá por derivação, devido a uma ilicitude originária. Essa perspectiva teórica leva à alteração do Código de Processo Penal Brasileiro (Decreto-lei n. 3.689/1941) pela Lei n. 11.690/2008, porquanto foi alterado o art. 157 positivando legislativamente a Teoria dos Frutos da Árvore Envenenada.

Essa teoria, todavia, foi perdendo espaço para a teoria, de origem germânica, da "proporcionalidade", a teoria da "razoabilidade", na qual a necessidade de produzir um equilíbrio entre direitos individuais (p. ex., o direito à intimidade) e interesses da sociedade (p. ex., viver sem violência) dá lugar à flexibilização de direitos e princípios jurídicos. Pautado por essa teoria, não cabe rejeitar "automaticamente" uma

---

1. Disponível em: <http://supreme.justia.com/us/251/385/case.html>.

prova por ela ter sido ilicitamente obtida, produzida; antes, cabe ponderar se o direito individual lesado é proporcional ao interesse coletivo a ser prejudicado perante a rejeição da prova. Essa teoria serviu de argumento, no Supremo Tribunal Federal brasileiro, ao ser aliada a argumentos ao combate à corrupção e ao crime organizado. Assim, mesmo nos moldes do Estado Democrático de Direito, tem lugar o embate sobre a admissibilidade de utilização de provas obtidas por meios ilícitos.

Nossa pesquisa observou, no Supremo Tribunal Federal, a construção e desconstrução do sentido de licitude da prova ilícita, do sentido jurídico de licitude da prova ilícita. Não nos ocupamos em defender ou negar essa ou aquela teoria, nem sair em defesa dessa ou daquela decisão ou criticá-la pejorativamente, apenas nos dedicamos a observar como o STF vivencia o paradoxo da licitude da prova ilícita.

Delimitamos o *corpus* da pesquisa às provas de interceptações telefônicas, cuja ilicitude advém da violação do art. 5º, XII, da Constituição Federal: "É inviolável o sigilo da correspondência e das comunicações telegráficas, de dados e das comunicações telefônicas, salvo, no último caso, por ordem judicial, nas hipóteses e na forma que a lei estabelecer, para fins de investigação criminal ou instrução processual penal". Tal inciso da Constituição foi regulamentado pela Lei n. 9.296/1996, a partir da qual os tribunais brasileiros construíram diversos fatores de ilicitude de interceptações telefônicas, como falta de autorização judicial prévia, incompetência do juiz que autorizou a diligência, ausência de transcrição nos autos das gravações realizadas, violação do prazo máximo previsto em lei para a duração da interceptação etc.

A pesquisa se limitou a explorar as circunstâncias de as interceptações telefônicas configurarem um importante instrumento do poder público para combater a criminalidade organizada, em especial nos delitos de tráfico de drogas e corrupção.

Para observar a construção e desconstrução, portanto, a edificação do sentido de licitude, bem como de prova ilícita, recorremos ao Pragmatismo de Richard Rorty.

3. O Pragmatismo de Rorty e a decisão jurídica

A decisão jurídica é concebida como espécie de leitura e, como leitura, há que se considerar leitura de quê, feita por quem, sob que circunstâncias etc., ou seja, leitura sob que foco, sob qual concepção de língua, sobre que visão de sujeito, texto e leitor? Para situar o Pragmatismo de Richard Rorty, vejamos três perspectivas de leitura e suas consequências para uma visão de decisão jurídica. Para isso produzimos o seguinte quadro:

Quadro 1

Concepções de leitura

Foco	Língua	Sujeito	Texto	Leitor
Autor	Representação	Psicológico	Produto lógico	Capta a mente do autor
Texto	Estrutura	Assujeitado	Codificação	Decodifica
Autor/Texto/ Leitor	Interação	Atores construtores	Dialógico	Ativo

No Quadro 1 estão três concepções de língua, sujeito, texto e leitor conforme se parte do foco no autor, no texto ou na interação autor/texto/leitor. O foco de que se parte altera a visão que se tem de linguagem, no caso de nossa pesquisa, a visão de decisão jurídica, portanto, do Direito como linguagem.

Quando, para explicar a leitura, se foca o autor, o sujeito que produz um texto, a língua é concebida como representação das ideias enunciadas pelo autor, ideias estas faladas ou escritas, assim, o texto é um veículo que carrega um conteúdo lógico e coerente internamente em si mesmo, do que resulta o leitor ser concebido como alguém a quem compete identificar a intenção do autor ao falar ou escrever um texto. Autor e leitor são, pois, sujeitos psicológicos, ou seja, atores no processo de comunicação que influenciam um ou outro reciprocamente segundo suas intenções, sua mentalidade. Essa concepção parte do pressuposto de que autor e leitor dominam ou podem dominar o sentido do texto produzido, pois o autor tem pleno domínio sobre o que fala e/ou escreve, e o leitor é capaz de captar a mente do autor em sua fala ou escrita. Essa é uma concepção subjetiva da linguagem, pois os sujeitos dominam o sentido a partir de suas intenções (Koch; Elias, 2008, p. 9-10).

No caso do foco no texto, a concepção de linguagem é tida como objetiva por o texto assumir uma autonomia pela capacidade de conter em si mesmo o sentido que carrega, independente da intenção do autor e do leitor. A língua é concebida como estrutura que contém sua verdade própria, o sentido é fruto da estrutura do texto, não da intenção ou ideias do autor ou leitor, antes a linguagem é assujeitada e o texto uma codificação de sentido estruturado segundo o próprio texto. O leitor decodifica tais códigos, portanto não é tão pouco um sujeito cognoscente, mas uma espécie de decifrador do sentido presente no texto (Koch; Elias, 2008, p. 11-12).

Por fim, a concepção de linguagem como construto social, aquela que tem por foco a interação sujeito/texto/leitor (Koch; Elias, 2008, p. 12-40), considera o texto não como algo dado, mas em constante processo de produção, reprodução e mudança, pois, na medida em que são usados os textos, o sentido é construído e desconstruído. Nesta ótica, o sentido é partilhado a cada interpretação, a cada uso, a cada edificação (*edification*), afinal

> a tentativa de edificar (a nós mesmos ou a outros) consiste na atividade hermenêutica de fazer conexões entre nossa própria cultura e outra cultura exótica ou período histórico, ou entre nossa própria disciplina e outra disciplina que parece perseguir incomensuráveis objetivos em um incomensurável vocabulário. Mas também consiste na atividade poética de pensar novas palavras, ou novas disciplinas, seguidas, por assim dizer, na visão inversa da hermenêutica: a tentativa de reinter-

pretar nossos arredores familiares nos termos não familiares de nossas invenções[2] (Rorty, 1979, p. 360).

A sociedade é, então, concebida como uma contínua reformulação de autodescrições geradoras de vocabulários, bem como produção de novas palavras a partir da contínua tentativa por "reinterpretar nossos arredores familiares nos termos não familiares de nossas invenções"[3] (Rorty, 1979, p. 360). Duas propriedades estão presentes nesta visão de sociedade, portanto, de linguagem. A primeira é a contínua autodescrição que viabiliza a "edificação" do sentido, afinal a constituição da linguagem se dá por meio de suas próprias descrições, as quais podem ser tantas quantas forem adequadas ao uso linguístico numa comunidade de atores, num grupo social. Nas palavras de Rorty (1979, p. 361),

> esta atividade é autodescritiva não simplesmente por causa do absurdo geral de uma última justificação repousada no injustificável, mas por causa do mais completo absurdo de pensar que o vocabulário da ciência atual, utilizado pela ciência atual, pela moral, ou o que seja, possui alguma ligação privilegiada com a realidade que os torna mais que apenas um conjunto de descrições.[4]

A segunda propriedade é referente à formação de vocabulários como consequência das contínuas autodescrições, onde há "senten-

---

2. No original: "the attempt to edify (ourselves or others) may consist in the hermeneutic activity of making connections between our own culture and some exotic culture or historical period, or between our own discipline and another discipline which seems to pursue incommensurable aims in an incommensurable vocabulary. But it may, instead, consist in the poetic activity of thinking up such new words, or new disciplines, followed by, so to speak, the inverse view of hermeneutics: the attempt to reinterpret our familiar surroundings in the unfamiliar term of our inventions".

3. No original: "to reinterpret our familiar surroundings in the unfamiliar terms of our new inventions".

4. No original: "this is self-descriptive not simply because of the general absurdity of ultimate justification's reposing on the unjustifiable, but because of the more concrete absurdity of the thinking that the vocabulary used by present science, morality, or whatever has some privileged attachments to reality which makes it more than just a set of descriptions".

ças conectadas com outras sentenças, e não com o Mundo como Ele é"[5] (Rorty, 1979, p. 372), e onde "o último vocabulário, emprestado das últimas aquisições científicas, não expressa representações privilegiadas de essências, mas apenas um entre o potencial infinito de vocabulários em que o mundo pode ser descrito"[6] (Rorty, 1979, p. 367).

O mecanismo utilizado para a construção de vocabulários, para Rorty, é a comunicação. Não apenas as comunicações normalmente utilizadas pelas investigações científicas, mas qualquer comunicação em que se toma parte, de modo que "nós poderíamos apenas estar dizendo alguma coisa — participando de uma conversação, em vez de contribuindo para uma investigação"[7] (Rorty, 1979, p. 371). Desta forma, resta deslocado o conceito de conhecimento como transferência de informação, que passa a ser resultado das contínuas autodescrições realizadas discursivamente, "algo ligado pelo contínuo ajustamento de ideias ou palavras"[8] (Rorty, 1979, p. 375).

Rorty preenche o suposto "vazio" deixado pelo abandono do essencialismo, resultado da percepção do mundo enquanto reflexo no espelho da natureza (Mounce, 1997, p. 179) com seu pragmatismo. É que, para Rorty (1979, p. 11):

> eu argumento que a tentativa (que definiu a filosofia tradicional) de explicar 'racionalidade' e 'objetividade' em termos de condições para uma representação acurada é uma autodecepcionante tentativa de eternizar o discurso normal do dia a dia, e que desde os gregos a autoimagem da filosofia tem sido dominada por esta tentativa.[9]

---

5. No original: "see sentences as connected with other sentences rather than with the world".

6. No original: "the latest vocabulary, borrowed from the latest scientific achievements, may not express privileged representations of essences, but just another of potential infinity of vocabularies in which the world can be described".

7. No original: "we might just be saying something – participating in a conversation, rather than contributing to an inquiry".

8. No original: "something attained by continual adjustments of ideas or words".

9. No original: "I argue that the attempt (which has defined traditional philosophy) to explicate 'rationality' and 'objectivity' in terms of conditions to accurate representation is a

LINGUAGEM & DIREITO

A proposta rortyana de Pragmatismo viabiliza pesquisarmos a decisão judicial como "edificação" a partir de autodescrições discursivas, comunicativas, portanto a linguagem usada como pressuposto na produção de sentido, pois a seleção mesma dentre os diversos vocabulários possíveis se dá no próprio processo comunicativo, afinal:

> O mundo não fala, só nós falamos. O mundo pode ser causa de perfilharmos crenças, uma vez programados com a linguagem. O mundo não pode, no entanto, propor-nos uma linguagem para falarmos. Só outros seres humanos é que o podem fazer (Rorty, 1994, p. 26).

No Pragmatismo rortyano, nossas crenças (expectativa, conforme visto anteriormente) encontram-se dispostas em forma de uma rede (estrutura) que atua em contínua reformulação frente a outras crenças possíveis (Rorty, 1997c, p. 131-132); na prática da vida, testamos as "crenças sugeridas por outra cultura a partir da tentativa de tecê-la junto com a que possuímos" (Rorty, 1997c, p. 43), afinal, a contínua reformulação (atualização) deste tecido se dá de maneira conversacional. Em outras palavras, a dinâmica das crenças, do sentido, da linguagem, da prática da vida em sociedade ocorre nas conversações de que se toma parte (Mounce, 1997, p. 186), num processo contínuo em "que há sempre espaço para uma crença aperfeiçoada, desde que uma nova evidência ou novas hipóteses, ou todo um vocabulário, também a acompanhe" (Rorty, 1997c, p. 39). Se se acata essa ideia, não há que se insistir na linguagem como intermédio entre objetos e o conhecimento, como se ela representasse descrições de uma percepção sensorial ou de um pensamento. O Pragmatismo se ocupa em romper com a distinção entre conhecer coisas e usá-las (Rorty, 1997a, p. 47), afinal, "dado que ninguém conhece o futuro, que ninguém sabe que crenças permanecerão ou não justificadas, não há nada a-histórico que possa ser dito sobre o conhecimento e a verdade" (Rorty, 1997a, p. 40).

---

self-deceptive effort to eternalize the normal discourse of the day, and that, since the Greeks, philosophy's self image has been dominated by this attempt".

Aplicando essa perspectiva pragmática à decisão judicial, não cabe recorrer à concepção de linguagem pautada pelo foco no autor, insistindo-se, assim, que há um sujeito produtor do texto a ser conhecido por leitores, afinal, decisão jurídica não se reduz à vontade do legislador, como se o legislador fosse detentor da responsabilidade por estabelecer *a priori* o sentido do Direito, aquele sentido presente na intenção do legislador, como ocorre com a concepção subjetivista da interpretação jurídica. Do mesmo modo, não cabe seguir com o foco no texto, insistindo que há uma vontade da lei (vontade do texto legislativo) a ser decodificada pelo julgador, pois o texto mesmo carregaria códigos necessários e suficientes para a compreensão de seu sentido. Aqui, a decisão jurídica seria resultante causal da aplicação de textos legislativos e os julgadores seriam a "boca da lei", portanto desveladores da verdade presente nos textos das legislações. Numa frase, as concepções de decisão jurídica resultante da perspectiva de linguagem que tem por foco o autor ou texto são insuficientes para explicar a decisão jurídica por ocultarem elementos presentes na interpretação da lei, na prática jurídica de edificação do sentido do Direito. Optamos, portanto, pelo foco na interação por este conter uma concepção de linguagem que viabiliza compreender a prática da decisão judicial, portanto o uso prático do Direito, como localizamos nas ideias do Pragmatismo de Richard Rorty.

Partindo do Pragmatismo de Rorty, temos a decisão jurídica como uso de linguagem do Direito na prática judicial e, portanto, texto como qualquer objeto interpretável: texto escrito, fala, gesto, olhar, tom de voz, forma de se vestir etc. Texto, portanto, não se reduz a algo à espera de ser codificado por um emissor e decodificado pelo receptor, ao contrário, está em constante produção e reprodução, não sendo dado nem predeterminado (Rorty, 1997b, p. 109). Dessa concepção de texto e linguagem, observamos a convivência entre decisões jurídicas opostas num mesmo tempo e lugar como possível, dado que texto não é algo que carrega um conteúdo prévio estabelecido a ser decodificado pelo leitor, pelo aplicador do Direito, mas algo em constante edificação (construção e desconstrução de sentido).

Lembramos que leitura, no Pragmatismo de Rorty, é uma atividade de produção de sentido, na qual o leitor realiza um trabalho ativo de compreensão e interpretação do texto, usa o texto, tendo em vista seus objetivos, seu conhecimento sobre o assunto, sobre o autor, e tudo o que sabe sobre a linguagem etc., de modo que promove escolhas visando apresentar um uso aceitável, compreensível, comunicável (Rorty, 1997a, p. 66). Assim, o leitor não lê o que quer num texto, afinal não há um único sentido presente previamente no texto, nem nele (leitor), mas na interação autor-texto-leitor. Insistimos, texto, portanto, é algo em constante processo de formação, o que não se confunde com não haver leitura, inclusive porque pragmaticamente um texto não faz mais que "proporcionar estímulos que tornem relativamente difícil ou relativamente fácil convencer você, ou os outros, do que você estava inclinado a dizer sobre ele inicialmente" (Rorty, 1997b, p. 121).

A questão de haver várias leituras possíveis não implica não haver leitura, ou não haver leitura errada, afinal uma leitura tem sua temporalidade, portanto conclusibilidade, como lemos em Bakhtin, para quem a alternância entre os sujeitos em diálogo emoldura o enunciado e produz conclusibilidade (Bakhtin, 2003, p. 274). O que não se reconhece é o esgotamento do debate, afinal não há "inteireza acabada do enunciado", mas sim responsividade, portanto continuidade dialógica na produção de sentido. Como conclusibilidade não implica acabamento (fim, extinção da comunicação), o que se enuncia é uma informação que viabiliza justamente a continuidade, a manutenção da comunicação, afinal é justamente devido à conclusibilidade que se dá a continuidade da comunicação, pois os enunciados se seguem justamente por haver conclusão do enunciado anterior.

No caso da decisão jurídica, não cabe, portanto, conceber que o julgador decide arbitrariamente, pois uma decisão é sempre contextualizada, é construída e desconstruída comunicativamente, envolve-o uma imprevisibilidade de que o enunciado será aceito ou rejeitado na prática decisória jurídica, que a palavra usada será entendida e em que sentido será entendida. Ainda assim, mesmo havendo contingência, imprevisibilidade sobre o futuro do que se enuncia, uma decisão é aleatória, antes tem limites, limites que vão desde a interação autor-texto-leitor, incluindo-se o contexto, questões fáticas, políticas, econômicas e todos os demais elementos que serão usados na prática decisória.

4. A edificação do sentido de licitude da prova ilícita

Lançando a expressão "prova ilícita" localizamos, no sítio eletrônico do STF, 141 decisões (acórdãos), dentre as quais selecionamos aquelas que envolveram casos de interceptações telefônicas. Esse corte foi realizado para fins deste artigo. Com essa delimitação, o *corpus* da pesquisa foi constituído de 27 decisões, tomadas entre os anos 1993 e 2010. Numa planilha de *Excel* cadastramos cada uma das 27 decisões identificando o número do processo no STF, o ano em que a decisão foi prolatada, o Ministro Relator, a espécie de ação ou recurso processual, bem como nossas questões de pesquisa: justificativas dos votos dos ministros, espécie de crime para cuja comprovação a prova impugnada foi utilizada, o bem jurídico tutelado pelo tipo legal, se houve autorização judicial para a interceptação telefônica, se havia outras provas no processo, qual o parecer do Procurador-Geral da República, qual o voto do Ministro Relator, se a prova foi, por ele, acatada e sob qual justificação, se a decisão foi unânime, se foi relevante para o voto dos ministros a Teoria da Ilicitude por Derivação, se os ministros argumentaram com base no princípio da razoabilidade, se a decisão acatou a prova impugnada.

Catalogadas as decisões, passamos a observar os enunciados nas decisões tomadas e verificamos a produção de sentido de licitude de prova ilícita ao longo das decisões. Iniciemos expondo nossas observações considerando a seguinte tabela:

Tabela 1

Questões de pesquisa

	Sim	Dado impreciso	Não
1. Houve autorização judicial para a interceptação telefônica?	77,8%	0,0%	22,2%
2. Havia outras provas?	74,1%	22,2%	3,7%
3. Parecer do Procurador-Geral da República: favorável ao pedido de impugnação?	77,8%	3,7%	18,5%
4. Relator votou pela procedência do pedido de impugnação?	37,0%	0,0%	63,0%
5. Ministro Relator: acatou a prova?	74,1%	0,0%	25,9%
6. Decisão unânime?	77,8%	3,7%	18,5%
7. Decisão baseada na Teoria da Ilicitude por derivação?	25,9%	3,7%	70,4%
8. Menção aos princípios da razoabilidade ou proporcionalidade?	33,3%	3,7%	63,0%
9. Decisão final: prova aceita?	63,0%	0,0%	37,0%

Chamamos de "dados imprecisos" aquelas decisões em que, por razão da insuficiência de informações constantes nos relatórios dos acórdãos (texto em que o chamado Ministro Relator narra os fatos relevantes do caso em análise para os demais ministros do Tribunal), não identificamos uma resposta à nossa pergunta.

Na primeira pergunta da Tabela 1, verificamos que em 77,8% dos casos houve autorização para interceptação telefônica, portanto não cabe falar em prova ilícita. Acrescendo a esse dado que 74% das provas impugnadas conviviam no processo com outras provas (segunda pergunta da tabela), observamos que o argumento da ilicitude por derivação é bastante usado no STF, o qual, inclusive, é considerado jurisprudência consolidada. Contudo, esse argumento serviu de fundamentação para apenas um quarto das decisões, o que nos leva a considerar que houve uma variação no sentido de licitude quanto à prova ilícita. Há, portanto, uma alternância nas estratégias argumentativas, o que nos levou a observar que a produção de sentido não está preestabelecida na legislação, na jurisprudência nem qualquer outra fonte oficial do Direito, antes o sentido é constituído na prática jurídica, no uso prático que se faz de um ou outro argumento. A interpretação, assim, não é um "ponto de partida natural, ou um método", mas, sim, "devemos estar preparados para a recontextualização do que está à mão e, então, empreender várias recontextualizações que lutem umas com as outras" (Rorty, 1997c, p. 140).

Seguindo a pesquisa, outro argumento que localizamos, a partir da pergunta 8 da Tabela 1, nas enunciações dos ministros do STF, foi a razoabilidade dos direitos fundamentais (art. 5º, incisos XII e LVI da Constituição Federal), presente em 33,3% dos casos catalogados, frequência superior ao argumento que tem sido considerado dominante, pela doutrina. Com isso, observamos que diferentes contextos possibilitam diferentes enfoques de leitura, de interpretação. Um texto legislativo, portanto, não carrega informações previamente acessáveis e capazes de definir a decisão que será tomada. Vários fatores, como elementos do fato, por exemplo (tratar-se de crime de narcotráfico), alteram o sentido da leitura do texto de uma legislação.

Outro caminho de observação da edificação do sentido de licitude da prova ilícita foi observar a participação dos distintos atores jurídicos. Todos os pedidos analisados foram impetrados por advogados daquele que teve sua conversa telefônica interceptada. As leituras dos advogados foram bem diversas das leituras dos Ministros Relatores do STF e dos ministros da decisão final, pois, enquanto em 74,1% dos casos os Ministros Relatores acataram a prova como lícita, em 63% das decisões finais foram julgadas lícitas as provas ilícitas. Esses percentuais nos levaram a refletir que o fundamento da decisão pela licitude da prova é diverso, portanto a decisão jurídica é o uso da linguagem em sua contingência, não uma descrição de textos legislativos, pois o texto legislativo não funciona como pressuposto *a priori* norteador da decisão a ser tomada.

Não há, portanto, sentido intrínseco, atemporal, imutável e descontextualizado de provas lícitas ou ilícitas, como afirmado no Pragmatismo de Rorty, o que nos conduz a afirmar que o foco na interação é uma perspectiva linguística que melhor explica a decisão judicial, em lugar do foco no autor ou o foco no texto. Com isso, verificamos que o sentido do Direito é edificado com o uso que se faz, não a partir da vontade do legislador ou da vontade da lei. O sentido que se atribui a um texto, contudo, é algo particular, mas não por isso se pode concluir que o texto em si carrega uma interpretação particular (Rorty, 1997b, p. 121). O Pragmatismo não acata a ideia de que cada caso é um caso, antes, a concepção de contingência de Rorty é que "só as descrições do mundo podem ser verdadeiras ou falsas; o mundo por si próprio — sem auxílio das atividades descritivas dos seres humanos — não pode" (Rorty, 1997c, p. 26), afinal "a tomada de consciência de que o mundo não nos diz quais os jogos de linguagem que devemos jogar não deveria, no entanto, levar-nos a dizer que uma decisão sobre o jogo que há que jogar é arbitrária, nem a dizer que é a expressão de algo de profundo que existe dentro de nós" (Rorty, 1997c, p. 26), ou, ainda, não se trata de substituir critérios objetivos para a escolha de que vocabulário usar por critérios subjetivos, como se a razão devesse ser substituída pela vontade ou por um sentimento; o que se tem é que "as noções de critério e de escolha (incluindo a de escolha arbitrária) deixam de ter sentido quando se trata de mudanças de um jogo de linguagem para outro" (Rorty, 1997c, p. 27).

Com isso, temos que o sentido literal de licitude ou ilicitude se expande e se retrai segundo o processo comunicacional; com isso temos que a interação entre atores jurídicos, entre textos, entre os fatores em jogo não carrega um sentido preestabelecido, nem mesmo um sentido previamente contido num texto legislativo, nem mesmo no voto do Relator ou numa decisão anterior do STF.

Do ponto de vista pragmático de Richard Rorty, o que foi percebido ao longo da pesquisa foi um processo de justificação contextualizada diante de uma "audiência" (Rorty, 1997a, p. 31-32), aqui entendida como momento, espacial e temporal, de interlocução ou diálogo entre os sujeitos envolvidos, interlocução entre enunciados e textos citados (legislações, jurisprudências, doutrinas), bem como de descrições fáticas do caso. Justamente nesse processo de interlocução é que se dá a construção do sentido de licitude ou ilicitude das provas, portanto, a edificação do Direito, dos jogos e usos da linguagem jurídica.

Ainda segundo a perspectiva de Rorty, é possível um sentido verdadeiro de licitude ou ilicitude de uma prova, não sendo ele previsível ou imutável, e sim contingente. Como fruto desse entendimento teórico, o presente trabalho afirma que a tendência verificada no período estudado, entre 1993 e 2010, de expansão do núcleo semântico de licitude, não é extensível aos anos posteriores a 2010. Não há garantias de que o que foi tido como verdade sobre a licitude em determinados casos vá continuar a sê-lo nos casos subsequentes. Para embasar esse ponto da argumentação, é valiosa a análise da tabela a seguir:

Tabela 2

Temporalidade das decisões

Das provas impugnadas entre 1993 e 2002, foram consideradas lícitas:	33,3%
Das provas impugnadas entre 2003 e 2010, foram consideradas lícitas:	86,7%

Na Tabela 2, verifica-se uma mudança na prática jurídica (nas decisões judiciais) do mesmo tribunal na análise dos dez primeiros anos, em separado dos demais. Enquanto no primeiro período 33,3% das provas impugnadas perante o STF foram consideradas lícitas, no segundo período, 86,7% das provas foram avaliadas pelos ministros como lícitas. Esse aumento de 33,3% para 86,7% demonstra a contingência do sentido de licitude no Direito, o que desconstrói a tese tradicional de que a prova e o texto constitucional carregam uma verdade em si a ser conhecida ou decodificada pelo julgador.

Esse mesmo processo de construção e desconstrução do sentido do Direito verificamos quanto ao argumento da competência do juiz que autorizou a interceptação telefônica. A leitura do Supremo Tribunal Federal no ano 2000 (RHC n. 80.197-8; Relator: Néri da Silveira) foi pela rejeição de uma interceptação telefônica porque a decisão que a autorizou foi proferida por juiz incompetente. Em 2007, no acórdão (HC n. 84.224-1; Relator: Gilmar Mendes/Joaquim Barbosa), a prova foi considerada lícita a despeito de ter sido proferida por juiz que, após a autorização, foi declarado absolutamente incompetente. O sentido do Direito, portanto, está em constante construção e desconstrução, o que não implica não haver uma construção de sentido, mas sim que essa construção é contingente, portanto, passível de alteração ao longo do tempo, o que viabiliza justamente a capacidade de o Direito se adaptar às mudanças sociais, portanto ao contexto, sem com isso ser arbitrário; afinal, "dizer que deveríamos abandonar a ideia de uma verdade que se encontra diante de nós à espera de ser descoberta não é dizer que descobrimos que, diante de nós, não há qualquer verdade" (Rorty, 1997c, p. 29).

A pesquisa proporcionou observarmos movimentos vivenciados nas decisões do STF através dos argumentos utilizados pelos ministros, afinal, o pressuposto de que não se admitem no processo provas ilícitas foi mudando para sua admissibilidade. Vejamos um exemplo:

> assim, a prova produzida mostra-se perfeitamente válida, apta, portanto, a embasar a denúncia oferecida pelo Ministério Público Federal. (Joaquim Barbosa. HC n. 84.301-8 2004)

Neste excerto decisório, a decisão citada "consolidou", no STF, o entendimento da licitude de prova produzida por juiz incompetente. Antes, no entanto, neste mesmo tribunal foram tomadas decisões (RHC n. 80.197-8 no ano 2000) considerando como prova ilícita a interceptação telefônica autorizada por juiz incompetente. Vejamos parte do voto do Ministro Relator: "(...) a autorização para interceptação telefônica somente será válida se competente o juiz que a defere. Está no art. 1º da Lei n. 9.296, que a autorização na espécie será concedida pelo 'juiz competente da ação principal'".

Em 2004, o STF decide em sentido oposto às suas decisões anteriores, apesar de similares as hipóteses em análise. Para tanto, os ministros utilizaram como argumento o princípio da proporcionalidade para trazer ao debate questões de cunho social, como o combate ao crime organizado. Apesar disso, ao decidir que a prova será aceita, não se afirma na decisão que se aceita uma prova ilícita, mas sim que a prova é juridicamente válida, lícita, portanto, pode ser utilizada em processo para a tomada de decisão. Graficamente, temos:

Figura 1
Mudança de sentido no tempo

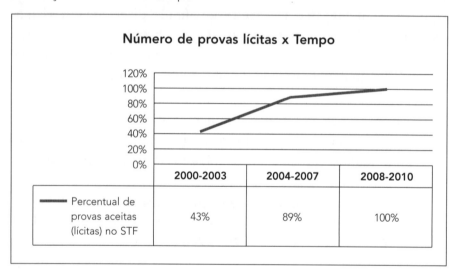

A Figura 1 contém informação que, no período pesquisado, houve um crescimento marcante do percentual de provas ilícitas julgadas como lícitas. Entre 2000 e 2003, apenas 43% das provas impugnadas perante o STF foram julgadas como lícitas e aptas a serem utilizadas em processo. No período seguinte, entre os anos de 2004 e 2007, o percentual de provas julgadas como lícitas cresce sensivelmente, atingindo 89% dos julgados, e chegando a 100% no período de 2008 a 2010.

Somando tais dados à análise de que em momento algum, ao longo do período pesquisado, os ministros do STF argumentam explicitamente em favor da aceitação da prova ilícita, podemos considerar que houve uma expansão do sentido de prova lícita empregado no Tribunal, afinal, diversas hipóteses, que no início da década integravam o sentido de ilicitude, passam a ser julgadas como lícitas pelo STF.

Assim podemos considerar que há um paradoxo da licitude da prova ilícita, o qual é dissolvido na prática jurídica com o uso da linguagem que se faz na própria prática jurídica, afinal a decisão jurídica não é uma resultante causal da aplicação de textos legislativos, mas sim uso pragmático da linguagem, portanto, contingente. Não há, portanto, prova judicial ontologicamente ilícita a ser previamente julgada como lícita; o que ocorre é que o sentido de licitude ou ilicitude é trabalhado segundo o uso dos elementos linguísticos presentes na comunicação durante o processo judicial. O que observamos, na tomada de decisão jurídica, é justamente uma produção de sentido pautada pela prática, quando elementos do contexto influenciam o sentido contingente de prova lícita/ilícita.

Para melhor compreender a questão, vejamos a Figura 2 a seguir, a qual demonstra o percentual de decisões por período que julgaram interceptações telefônicas como lícitas ou ilícitas, levando em consideração a incompetência do juiz que autorizou a diligência probatória.

Observa-se na Figura 2 que, no período de 2000 a 2003, as decisões que julgaram as interceptações telefônicas como ilícitas — uma vez autorizadas por juiz incompetente — e aquelas que julgaram lícita apesar da incompetência do magistrado se mantêm na mesma proporção: 14% das decisões analisadas do período. Isso ocorre apesar de a jurisprudência do STF anterior ao ano de 2000 ser consolidada (estável) em negar licitude à interceptação telefônica proferida por juiz incompetente. Observamos, no período entre 2000 e 2003, uma variação no sentido de licitude quando casos sobre narcotráfico e sequestro tiveram lugar. Em seguida, posteriormente observamos uma volta à estabilidade de sentido, afinal, o sentido de licitude foi

Figura 2
Prova derivada

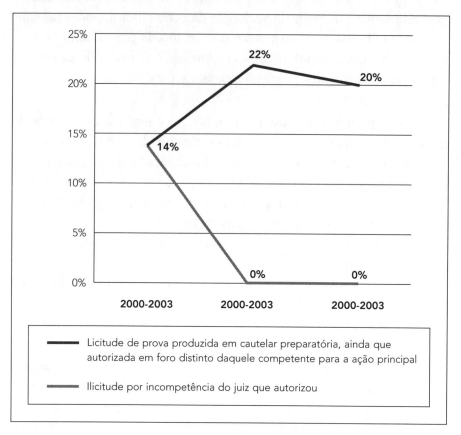

excluindo a hipótese de incompetência por ilicitude do magistrado da esfera de sentido da prova lícita, tanto que nenhuma decisão, de 2004 a 2010, julgou uma interceptação como ilícita em virtude da incompetência do magistrado. Nesse mesmo período, a hipótese de interceptação autorizada por juiz incompetente em sede de medida cautelar se firma na esfera de sentido da licitude.

Explorando os argumentos presentes nas decisões, observamos que um dos argumentos mais recorrentes, embasando 23,8% dos posicionamentos vitoriosos no Tribunal — atrás apenas do argumento da proporcionalidade, com 28,6% —, é aquele que alude ao debate sociopolítico. Esse argumento exalta problemas sociais para legitimar a decisão jurídica da licitude da prova ilícita. Vejamos o trecho a seguir:

> uma autorização judicial com o restrito prazo de trinta dias (na hipótese de admitir uma única renovação) não teria efetividade alguma em nosso país. (...) há de se considerar que as interceptações telefônicas foram autorizadas para investigação de organização criminosa extremamente complexa, que envolve, entre outros, magistrados e policiais federais. (...) Não seria razoável, portanto, a limitação das escutas a apenas 30 dias, pois, pelo que consta dos autos, todas as prorrogações foram devidamente fundamentadas e feitas dentro do prazo, presentes, à época, todos os requisitos que as autorizavam. Entendimento contrário levaria à total ineficácia da medida, que, atualmente, se apresenta como importante instrumento de investigação e apuração de delitos. (Joaquim Barbosa, HC n. 84.388-3/2004)

No excerto decisório transcrito acima, o impetrante sustenta que a prova seria ilícita por violação da Lei n. 9.296/1996, no que se refere à possibilidade de renovação da interceptação telefônica.[10] A parte argumenta que houve excesso nas prorrogações, pois o texto legal prevê que as autorizações para escuta telefônica ocorram até duas vezes, pelo prazo máximo de quinze dias. O Ministro Relator propõe que interceptações telefônicas, renovadas mais de uma vez, sejam provas lícitas e, para tanto, desenvolve argumentação baseada na complexidade do crime investigado, pois 30 dias não seriam suficientes para a investigação conclusiva. Por fim, argumenta que entendimento diverso conduziria à ineficácia das interceptações telefônicas como instrumentos de apuração de delitos.

---

10. Eis o texto da Lei n. 9.296/1996: "Art. 5º A decisão será fundamentada, sob pena de nulidade, indicando também a forma de execução da diligência, que não poderá exceder o prazo de quinze dias, renovável por igual tempo uma vez comprovada a indispensabilidade do meio de prova" (grifo nosso).

Observamos que, ao longo da argumentação, a decisão refere a questões sociais como a dificuldade de combate ao crime organizado. Menciona diversas vezes, inclusive, que a interceptação se insere entre aquelas realizadas na chamada "Operação Anaconda". Essa operação da Polícia Federal, de grande repercussão na mídia nacional, foi realizada nos anos de 2002 e 2003 com o objetivo de combater casos de corrupção envolvendo policiais e magistrados. A partir das investigações dessa operação, foi denunciada uma organização criminosa interestadual. 19% dos acórdãos analisados, inclusive, envolvem interceptações realizadas ao longo da "Operação Anaconda", das quais todas foram declaradas lícitas. Observamos que diversos elementos integram o uso linguístico da prática jurídica, não apenas textos legislativos, doutrinas e jurisprudências servem de *informações* à decisão judicial, pelo menos nos casos de combate ao crime organizado e operações policiais.

Apesar de os argumentos com referência a situações fáticas serem, na maioria das vezes, utilizados no sentido de decidir pela licitude da interceptação telefônica, há decisões que aludem a tais fatores com o objetivo de sustentar uma argumentação para que a prova seja declarada ilícita. Vejamos o trecho a seguir:

> hoje, não há mais delitos do que ontem. As coisas estão aflorando. Há de se adotar rigor na interpretação dos textos legais que disciplinam a controvérsia, principalmente em época — costumo dizer — de caça às bruxas, na qual a persecução criminal é implementada — vou utilizar a palavra para elogiar e não para criticar — com idealismo ímpar pelos membros do Ministério Público. (Marco Aurélio, HC n. 83.515-5/2004)

O argumento acima foi derrotado no STF e a prova foi decidida como lícita. Os ministros, cujo posicionamento foi o vencedor, argumentaram que não houve excesso de prazo em prorrogações sucessivas da interceptação, pois, diante da complexidade e gravidade dos crimes investigados, 30 dias não seriam suficientes para fazê-lo. O ministro que teve seu posicionamento derrotado, para tentar derrubar esse posicionamento, defendeu que é fictícia a ideia de que hoje existem mais crimes e mais complexos, que precisam ser combatidos, e a interceptação telefônica é o único meio de fazê-lo. Com isso, observamos que um argumento relativo à situação fática, ao contexto social, não carrega em si um sentido; antes, como todos os demais argumentos (pautados em texto legislativo, jurisprudencial ou doutrinário), é igualmente contingente no uso que se faz na edificação do sentido jurídico.

Das observações realizadas, não há previamente uma espécie de argumento que seja mais ou menos garantidor da decisão que será tomada; antes, todos os argumentos integram a perspectiva decisória com igual função e capacidade de servir na utilização destas e não de outras palavras ao longo de um processo judicial.

5. Observações finais

A pesquisa se pautou pela observação da construção e desconstrução do sentido de licitude da prova ilícita em decisões do Supremo Tribunal Federal. Para isso, exploramos os dados obtidos em decisões do Supremo Tribunal Federal, sob a ótica pragmático-linguística de Richard Rorty.

Aplicando o Pragmatismo de Richard Rorty aos dados coletados, observamos que a utilização da linguagem na prática jurídica, quanto à prova judicial ser lícita ou ilícita, tem seu sentido edificado contextualmente, afinal o sentido de um texto (legislação, doutrina, jurisprudência, descrições fáticas, argumentos sobre documentos etc.) é construído e desconstruído na prática, como no conceito de verdade contingente de Richard Rorty. É no uso mesmo prático jurídico que se constrói e desconstrói o sentido de licitude das provas, afinal, o significado não se eterniza, nem é naturalizado enquanto sentido fixado, mas sim é contingente, inclusive extensível às futuras leituras, portanto, não é determinante de interpretações e usos futuros da linguagem. Numa frase: as decisões do STF constroem e desconstroem crenças (*beliefs*) de sentido do direito, todavia isso não implica que tais sentidos são determinações prévias a interpretações futuras, não por isso cada decisão é aleatória de modo que cada caso é um caso, mas sim a cada decisão há a oportunidade de mudança de sentido.

Observamos que o sentido de direito é um processo constante e não resultante causal de aplicação de textos normativos, os quais não carregam, em si, um sentido intrínseco, uma verdade pronta.

A produção de sentido de prova lícita, verificando que a prova processual e o texto legislativo constitucional não carregam um sentido imanente de licitude ou ilicitude, é contingente à comunicação, ou seja, depende do uso que se faz do termo licitude.

O sentido de prova lícita ou ilícita, portanto, não está dado por um texto legislativo, por uma doutrina, por uma jurisprudência ou qualquer outra "fonte" prévia de Direito, mas sim é construído e desconstruído a cada e todo uso prático jurídico.

Referências

BAKHTIN, Mikhail. *Estética da criação verbal*. São Paulo: Martins Fontes, 2003 [1979].

KOCH, Ingedore Villaça; ELIAS, Vanda Maria. *Ler e compreender*: os sentidos do texto. São Paulo: Contexto, 2008.

MOUNCE, H. O. *The two pragmatisms*: from Pierce to Rorty. London: Routledge, 1997.

RORTY, Richard. *Philosophy and the mirror of nature*. New Jersey: Princeton University Press, 1979.

_____. *Contingência, ironia e solidariedade*. Lisboa: Presença, 1994.

RORTY, Richard. *¿Esperanza o conocimiento?* Una introducción al pragmatismo. Buenos Aires: Fondo de Cultura Económica, 1997a.

_____. A trajetória do pragmatista. In: ECO, Humberto. *Interpretação e superinterpretação*. São Paulo: Martins Fontes, 1997b.

_____. *Objetivismo, relativismo e verdade*. Rio de Janeiro: Dumará, 1997c.

_____. *El giro lingüístico*. Barcelona: Paidós, 1998.

_____. *El pragmatismo, una versión. Antiautoritarismo en epistemología y ética*. Barcelona: Ariel, 2000.

_____. *Verdade e processo*. São Paulo: Manole, 2005.

_____. Universality and truth. In: BRANDOM, Robert (Org.). *Rorty and his critics*. Oxford: Blackwell, 2006.

NEGLIGÊNCIA INFORMACIONAL:
Uma Análise Crítica do Discurso Jurídico de precedente do STJ*

Vinicius de Negreiros Calado**
Virgínia Colares***

1. Introdução

O presente estudo busca demonstrar que uma nova forma de negligência médica vem sendo reconhecida pelo Superior Tribunal de Justiça (STJ) a partir da análise crítica do discurso de um precedente desse tribunal.

---

* Um versão preliminar deste trabalho foi apresentada no XIX Encontro Nacional do CONPEDI/UFC. CALADO, Vinicius de Negreiros; COLARES, Virgínia. Negligência informacional: uma análise jurídico-discursiva de precedente do STJ. In: ENCONTRO NACIONAL DO CONPEDI/UFC, 19., *Anais...*, Fortaleza.Florianópolis: Fundação Boiteux, v. 1, p. 739-755, 2010.
** Mestre em Direito pela Universidade Católica de Pernambuco (Unicap) e professor da mesma instituição, e-mail: <professor@viniciuscalado.com.br>.
*** Professora da graduação, pós-graduação e mestrado em Direito da Universidade Católica de Pernambuco (Unicap), e-mail: <virginia.colares@gmail.com>.

O método de abordagem utilizado neste estudo é o da Análise Crítica do Discurso Jurídico (ACDJ),[1] o qual possui "um leque amplo de categorias descritivas e metodológicas" (Pedro, 1998, p. 33). Este estudo sustenta, apoiado em Norman Fairclough (2001), que o discurso é linguagem falada ou escrita, compreendendo-o como um modo de ação sobre o mundo e sobre os outros, uma prática e não apenas uma representação do mundo, que se encontra numa relação dialética entre a prática social e a estrutura social e que é moldado e socialmente constituído.

O estudo analisa o Recurso Especial (REsp) n. 1.071.969-PE, que versa sobre a condenação em dano moral de banco de sangue em favor de usuário por falha na forma da comunicação do resultado dos exames, a qual não teria atendido os requisitos de adequação e clareza, ao informar um resultado falso-positivo, sem as devidas advertências.

Descrito o caso, conclui-se, pelas suas especificidades, que se trata de uma relação de consumo, sendo aplicável, pois, o Código de Defesa do Consumidor (CDC).

Assim, entabulada uma relação jurídica de consumo, verifica-se que o fornecedor deve observar os direitos básicos do consumidor, em especial o direito à informação.

Busca ainda demonstrar que o julgado reconhece que houve uma falha na comunicação, através de uma interpretação do julgado à luz da Análise Crítica do Discurso, concluindo pelo advento de um novo tipo de erro médico, a negligência informacional.

2. Descrição do caso jurídico

Trata-se de demanda proposta por usuário que postula condenação em dano moral de banco de sangue por alegada falha na forma

---

1. "Análise Crítica do Discurso Jurídico (ACDJ)" é a disciplina oferecida por Virgínia Colares no Curso de Mestrado do Programa de Pós-Graduação em Direito da Universidade Católica de Pernambuco, desde sua fundação, em 2005.

da comunicação do resultado dos exames, aduzindo ter sofrido violação em sua dignidade ao receber resultado positivo para HIV e hepatite, sem as devidas advertências para procurar realizar exames específicos, não tendo assim o banco de sangue cumprido os requisitos de adequação e clareza da informação.

A decisão judicial de primeira instância (sentença) reconheceu o direito do autor, tendo o Tribunal de Justiça mantido a decisão por seus próprios fundamentos, ou seja, a decisão judicial de segunda instância, proferida por uma turma composta por três desembargadores, concordou com o posicionamento do juiz singular. Assim, após duas decisões desfavoráveis, o banco de sangue (réu no processo) apresentou um recurso ao Superior Tribunal de Justiça (STJ), denominado Recurso Especial (REsp), e postulou a reforma ou diminuição do valor atribuído ao dano moral. O Recurso Especial foi conhecido (teve seu mérito apreciado pela STJ) e parcialmente provido apenas para reduzir o valor do dano moral, tendo o voto do ministro condutor analisado a controvérsia acerca da informação prestada/não prestada adequadamente.

3. Aplicação do Código de Defesa do Consumidor (CDC)

3.1 Relação jurídica de consumo

Entidades médicas enquanto prestadoras de serviços são enquadradas no conceito legal de fornecedor, contido no Código de Defesa do Consumidor (CDC), Lei n. 8.078/1990, estando, assim, sujeitas às normas ali prescritas, verbis:

Art. 3° — Fornecedor é toda pessoa física ou jurídica, pública ou privada, nacional ou estrangeira, bem como os entes despersonalizados, que desenvolvem atividades de produção, montagem, criação, construção, transformação, importação, exportação, distribuição ou comercialização de produtos ou prestação de serviços.

O CDC disciplina a relação entre consumidores e fornecedores, atribuindo-lhes direitos e deveres. Tendo em vista que a atividade médica lida com um valor de natureza inestimável, que é a saúde e consequentemente a vida do ser humano, destacada atenção recai sobre si, notadamente porque o CDC exige que o prestador de serviço atue de modo eminentemente transparente com o consumidor, sob pena de violar o direito à informação, como adiante abordaremos.

3.2 Direito à informação

Consoante a doutrina consumerista, o direito à informação é um reflexo do princípio da transparência que se apresenta sob nova roupagem: "Resumindo como reflexos do princípio da transparência temos o novo dever de informar o consumidor" (Marques, 2006, p. 178), justamente decorrente do direito básico à informação contido no art. 6º, III, e art. 8º, *caput*, do CDC:

> Art. 6º São direitos básicos do consumidor:
> III — a informação adequada e clara sobre os diferentes produtos e serviços, com especificação correta de quantidade, características, composição, qualidade e preço, bem como sobre os riscos que apresentem;
> Art. 8º Os produtos e serviços colocados no mercado de consumo não acarretarão riscos à saúde ou segurança dos consumidores, exceto os considerados normais e previsíveis em decorrência de sua natureza e fruição, obrigando-se os fornecedores, em qualquer hipótese, a dar as informações necessárias e adequadas a seu respeito.

Nas relações de consumo, a acepção de informação ganha contornos principiológicos que a envolvem, fazendo com que este ato (informar) seja complexo e cujo sentido seja construído na prática social (contextual). Nas palavras de Cláudia Lima Marques (2006, p. 178-179):

> Nestes momentos informar é mais do que cumprir com o dever anexo de informação: é cooperar e ter cuidado com o parceiro contratual, evitando os danos morais e agindo com lealdade (pois é o fornecedor que detém a informação) e boa-fé.

Atualmente há certo consenso na doutrina que em qualquer atividade médica deve-se realizar o dever de informar, documentando-se (Giostri, 2004, p. 83) acerca do correto e escorreito agir, solicitando ao paciente que assine um termo de consentimento para a realização do ato, onde constem todas as informações prestadas. É o chamado "termo de consentimento informado" ou "termo de consentimento livre e esclarecido". Outra forma, pouco comum, é solicitar ao paciente que ele assine o seu prontuário (Fernandes, 2000, p. 58), cuja ocorrência no cotidiano é praticamente inexistente.

No tocante à abrangência do conteúdo informacional na relação médico-paciente, a partir deste direito básico à informação, mesmo autores de manuais (Densa, 2009, p. 71) fazem questão de referir-se a esta peculiar atividade:

> Ademais, o médico deve sempre cumprir o disposto no art. 6°, inciso III, do Código de Defesa do Consumidor, informando o paciente sobre os procedimentos viáveis, as consequências e opções de tratamento, bem como as vantagens e desvantagens dos possíveis tratamentos e medicamentos que lhe serão ministrados.

Ou seja, os olhares estão voltados para a atividade médica, exigindo dos seus operadores um grau de profissionalismo cada vez mais acurado.

Como se observará da análise do julgado do STJ, a qual será realizada partindo-se da sentença prolatada pelo juiz de primeiro grau e da decisão do Tribunal de Justiça, inexistiu o correto uso do instrumento de esclarecimento.

A professora Hildegard Giostri, ao tratar do direito à informação do paciente consumidor, afirma que "a obrigação de bem informar é um daqueles cuidados, pois os consumidores devem estar habilitados, pela informação, a fazer a escolha acertada de bens e de serviço" (1999, p. 107).

Esta obrigação de bem informar é justamente o cerne da questão fático-jurídica delineada no acórdão em análise, pois se liga fortemente à qualidade da interação entre enunciador e receptor. Em outras palavras, se o que foi dito foi compreendido por quem deveria do modo como o enunciador esperava que fosse. Logo, esta comunicação deve ter instrumentos que permitam a checagem do dito e do compreendido como forma de aferir a conclusão do processo comunicacional, incorrendo em responsabilidade civil acaso exista falha neste processo. Esta também é a lição que vem do professor da Universidade de Évora, Dr. João Vaz Rodrigues, para quem o dever de respeitar o paciente possui tríplice escopo, quais sejam, o de informar, confirmar e, por fim, obter o consentimento (Rodrigues, 2001, p. 24). Assim, o primeiro passo seria a efetiva prestação da informação ao paciente, o segundo, a conferência acerca da compreensão do que foi dito, e o terceiro, a obtenção da aquiescência esclarecida do paciente.

3.3 Da responsabilidade do prestador de serviço

Em seu art. 14, *caput*, o CDC estabelece a responsabilidade objetiva em face de defeitos na prestação do serviço, incluindo neste escopo as informações insuficientes ou inadequadas sobre a fruição e riscos destes serviços. Assim, existirá responsabilidade do prestador quando houver um defeito ou quando informações insuficientes ou inadequadas forem prestadas ao consumidor:

Art. 14. O fornecedor de serviços responde, independentemente da existência de culpa, pela reparação dos danos causados aos consumidores por defeitos relativos à prestação dos serviços, bem como por informações insuficientes ou inadequadas sobre sua fruição e riscos.

§ 1º O serviço é defeituoso quando não fornece a segurança que o consumidor dele pode esperar, levando-se em consideração as circunstâncias relevantes, entre as quais:

I — o modo de seu fornecimento;

II — o resultado e os riscos que razoavelmente dele se esperam;

III — a época em que foi fornecido.

Nesse caso, em regra, estaremos diante da responsabilidade extracontratual. Nas palavras do professor Sérgio Cavalieri Filho (2007, p. 15):

> Haverá responsabilidade contratual quando o dever jurídico violado (inadimplemento ou ilícito contratual) estiver previsto no contrato. A norma convencional já define o comportamento dos contratantes e o dever específico a cuja observância ficam adstritos. E como o contrato estabelece um vínculo jurídico entre os contratantes, costuma-se também dizer que na responsabilidade contratual já há uma relação jurídica preexistente entre as partes (relação jurídica, e não dever jurídico, preexistente, porque este sempre se faz presente em qualquer espécie de responsabilidade). Haverá, por seu turno, responsabilidade extracontratual se o dever jurídico violado não estiver previsto no contrato, mas sim na lei ou na ordem jurídica.

É importante destacar que a própria definição legal de serviço defeituoso contida no parágrafo primeiro do art. 14 do CDC norteia as hipóteses de não caracterização ao elencar que são circunstâncias relevantes, entre outras: "o modo de seu fornecimento, o resultado e os riscos que razoavelmente dele se esperam e a época em que foi fornecido".

Assim, não seria defeituoso o serviço em si mesmo considerado, pois o modo de fornecimento fora correto e o resultado fora o que razoavelmente se esperava para a época que fora prestado. Noutras palavras, era esperado eventual "falso-positivo" numa doação de sangue que transcorrera sem anormalidades. Contudo, houve defeito em face das informações insuficientes ou inadequadas prestadas ao doador, sendo esta a ótica de análise, vez que "a falha na informação ou na comunicação é considerada defeito no produto ou serviço, ensejando a responsabilização civil, se produzir dano" (Densa, 2009, p. 34).

4. Interpretação do julgado à luz da Análise Crítica do Discurso[2]

A Análise Crítica do Discurso (ACD) aponta formas de olhar a linguagem em suas interfaces e confluências com as demais Ciências Humanas e Sociais (Fairclough, 2001). O campo de atuação da ACD centra-se na análise da reprodução e legitimação do poder, da manipulação do consentimento, do papel da política, da produção discursiva, da relação de dominação entre grupos, dos desequilíbrios na comunicação, nas várias instâncias sociais. Um dos objetivos da ACD é analisar e revelar o papel do discurso na (re)produção da dominação, entendida como o exercício do poder social por elites, instituições ou grupos, que resulta em desigualdade social, onde estão incluídas a desigualdade política, a desigualdade cultural e a que deriva da diferenciação e discriminação de classe, de sexo e de características étnicas (Pedro, 1998). Ou seja, a ACD almeja investigar criticamente como a desigualdade social é expressa, sinalizada, constituída, legitimada, e assim por diante, através do uso da linguagem. Assim:

---

2. Considerando que este artigo integra o projeto "Direito e ocultamento ideológico", inserimos, na fundamentação teórica, integralmente, parte do capítulo de livro de nossa autoria: COLARES, Virgínia. Linguagem e Direito no Brasil. In: PINTO, Paulo Feytor; BROHY, Claudine; TÜRI, Joseph-G. *Direito, língua e cidadania global*. Lisboa: AIDL/APP, 2009.

A concepção tridimensional do discurso (...) é uma tentativa de reunir três tradições analíticas, cada uma das quais é indispensável na análise de discurso. Essas são a tradição de análise textual e linguística detalhada na Linguística, a tradição macrossociológica de análise da prática social em relação às estruturas sociais e a tradição interpretativa ou microssociológica de considerar a prática social como alguma coisa que as pessoas produzem ativamente e entendem com base em procedimentos de senso comum partilhados (Fairclough, 2001, p. 100).

Nessa perspectiva, a ACD realiza a análise do texto, a análise das práticas discursivas e a análise da prática social. Sendo a superfície textual o ponto de partida, pois, os textos (orais ou escritos) que produzimos e/ou consumimos no nosso dia a dia refletem os valores e crenças da sociedade em que vivemos e, portanto, influenciam nossa visão de mundo e a forma como interagimos socialmente. As decisões judiciais, como texto que são, apresentam estratégias linguístico-discursivas que, ao serem estudadas a partir dos princípios epistemológicos da ACD, possibilitam desvendar as produções de sentido do texto (Coulthard, 1994).

A ACD conceitua o sujeito não como um agente processual com graus relativos de autonomia, mas como sujeito construído por e construindo os processos discursivos a partir da sua natureza de ator ideológico, na instância social onde atua. A ACD está interessada nesses dois aspectos, no discurso como instrumento de poder e controle, assim como no discurso como instrumento de construção social da realidade.

Tanto as teorias doutrinais tradicionais do Direito, como a enxurrada de paradigmas teóricos "pós-modernos" para explicar o funcionamento, no vácuo social, das decisões judiciais apegam-se ao raciocínio aristotélico lógico-dedutivo de uma retórica insuficiente para dar conta da realidade histórica, por negligenciar o contexto axiológico de uma sociedade pluralista e complexa.

Contribuindo para mostrar a insuficiência dessa lógica silogística e da necessidade de se pensar o Direito de forma concreta, em sua aplicação empírica, Sytia (2002) salienta que, na operação dedutiva de subsumir, as limitações se dão, principalmente, na fragilidade de dois pontos. O primeiro refere-se à dificuldade em se provar que a premissa menor se enquadra na premissa maior. A autora baseia-se na nova retórica[3], defendendo a tese de que o juiz não lida com a norma pronta e acabada e, por haver situações fáticas não previstas pelo Direito, deve ele adotar uma postura mais criativa no âmbito do processo, dando, através da argumentação, o sentido às normas. O segundo ponto frágil apontado por Sytia (2002) refere-se ao trabalho cognitivo do juiz, o qual, ao subsumir dedutivamente, enquadraria o caso concreto à norma geral e daria sua decisão. O que se dá, na prática forense, é divergente ao proposto, pois, em sua tarefa, o magistrado primeiro dá sua decisão, baseada em valores, para depois recorrer à premissa maior. Isso ocorre porque a letra da lei não muda de acordo com as transformações históricas e as relações conflituosas atuais. Quem realiza as adaptações para adequar essas mudanças substanciais são os responsáveis por sua aplicação, que, orientados pelas situações presentes e pelos valores predominantes, proporcionam legitimidade às suas decisões. A realidade é corroborada devido ao discurso adotado, ou seja, é o discurso que dá significações e constrói essa realidade social. É assim que,

> Ao interpretar a lei, os juízes vão buscar decisões, instalando a sentença sob princípios ideológicos em que se articulam ideias, costumes e crenças que, em consenso com a exigência da vida moderna, visam a aplicar o Direito segundo as necessidades sociais, considerando as condições de produção do discurso jurídico (Sytia, 2002, p. 70).

O discurso decisório é, portanto, ideológico, argumentativo, persuasivo, pois, "(...) a própria motivação da sentença representa uma

---

3. PERELMAN, Chaïm; OLBRECHTS-TYTECA, Lucie. *Tratado da argumentação*. São Paulo: Martins Fontes, 1999 [1958]. Para os autores, no Direito não prevalece a lógica formal, mas a lógica argumentativa, aquela em que não existe propriamente uma verdade universal, não existe uma tese aceita por todos em qualquer circunstância, pois *argumentos* não são verdadeiros ou falsos, mas fortes ou fracos, conforme o seu poder de convencimento.

tentativa, por parte do juiz, de convencer as partes e a sociedade do acerto de sua decisão" (Mendonça, 2000, p. 3).

Neste texto trabalhamos com duas categorias de análise: a argumentação e a análise textual. A argumentação é um tipo de relação discursiva que liga um ou vários argumentos a uma conclusão. Não se trata, de modo nenhum, de demonstrar formalmente a validade de uma conclusão, nem a veracidade de uma asserção.

> A nossa tese é que uma orientação argumentativa é inerente à maior parte (se não à totalidade) das frases: a sua significação contém uma instrução do tipo: 'ao enunciar esta frase apresentamo-nos a argumentar em favor de tal tipo de conclusão' (Ducrot, 1977, p. 27).

Uma teoria do texto, na perspectiva da linguagem como uma atividade social, busca explicar não mais a competência linguística, nem mesmo a competência textual, mas sim a competência comunicativa, que diz respeito à capacidade de atuar com eficiência e eficácia em situações sociais de comunicação. Nessas circunstâncias:

> Um texto é uma unidade em uso. Não é uma unidade gramatical, tal como uma frase ou uma sentença; e não é definido por sua extensão. (...) Um texto é, melhor dizendo, uma unidade semântica: não uma unidade de forma e sim de sentido (Halliday; Hasan, 1976).

A coesão refere-se à conexão existente entre os vários segmentos de um texto. Essa coesão ocorre quando os vários enunciados estão organicamente articulados entre si, sendo isto fruto das relações de sentido que existem entre os enunciados e que se manifestam por marcas linguísticas, que assinalam o vínculo entre os componentes do texto, os chamados conectivos ou elementos de coesão (pronomes, numerais, advérbios, conjunções, operadores argumentativos).

Fazer admitir uma conclusão através de um ou mais argumentos, apresentar um argumento como uma boa razão para chegar a uma conclusão determinada, não são processos para dizer as coisas em verdade ou falsidade, nem se sujeitam às leis que regulam as relações lógicas. A argumentação ocorre, portanto, na atividade comunicativa "(...) quando apresenta um enunciado (ou uma série de enunciados) E1 [argumentos], no sentido de fazer admitir outro enunciado (ou série de enunciados) E2 [conclusão]" (Ducrot, 1978, p. 229-261).

4.1 Do conteúdo da decisão de mérito

O mérito da contenda é elucidado pelo Ministro Relator em três parágrafos, cujo conteúdo é construído a partir de premissas dadas pelo próprio banco de sangue recorrente.

Inicialmente, o enunciador fixa o ponto controvertido da lide como sendo a falha (chamada no acórdão de defeito) na comunicação e não "a obrigatoriedade ou não do hemocentro informar ao doador de sangue a existência de anomalias importantes identificadas quando dos testes laboratoriais". Posteriormente, parte do reconhecimento da falibilidade dos exames (fato incontroverso nos autos, pois tanto o recorrido com o recorrente não discutem este aspecto) e da indisponibilidade de exames específicos em bancos de sangue, para concluir que o doador deveria ter recebido uma informação de maior qualidade. Ou seja, além do fato de que foram detectadas anomalias em seu exame, o doador deveria ter sido informado (de modo inequívoco) que estes dados não eram definitivos e que exames específicos para cada anomalia (possível doença) deveriam ser realizados em laboratórios competentes.

Eis o trecho do voto do Ministro Relator em análise:

1. No presente caso, contudo, não se discute a obrigatoriedade ou não do hemocentro

2. informar ao doador de sangue a existência de anomalias importantes identificadas

3. quando dos testes laboratoriais, pois essa decorre de lei, mas a existência de defeito

4. na comunicação desses dados ao autor.

5. Por certo que, reconhecida a falibilidade dos exames realizados no processo de

6. triagem dos doadores de sangue, tendo em vista que a apuração de diagnóstico só

7. pode ser realizada por exames específicos que não estão disponíveis em bancos de

8. sangue, então, **justamente** por esse motivo, é **necessário** que o doador seja

9. **devidamente** informado acerca da precariedade do resultado e da possibilidade de

10. 'falsos positivos', devendo ser **orientado** a se dirigir a serviços de referência que

11. possam realizar os exames necessários.

12. É incontroverso nos autos que cumpria ao Banco de Sangue **informar** ao autor quanto

13. às anomalias do resultado decorrente da coleta de seu sangue, mas a '**forma**' da

14. comunicação não atendeu aos requisitos da informação **adequada e clara** dos

15. serviços (art. 6°, III, CDC) (grifos nossos).

Fragmento 1

Alves (2003, p. 84-85) afirma que existem duas tendências de estudo do discurso jurídico: a primeira contempla a linguagem "da" justiça preocupando-se "com a significação específica que as palavras adquirem no âmbito da Justiça — o 'juridiquês' e relações intersociais", e a segunda contempla a linguagem "na" justiça, objetivando "dar conta de dados linguísticos coletados na Justiça como unidades pragmáticas, nas quais a intervenção entre indivíduos, o contexto situacional e a função comunicativa integram o processo de produção de sentido". Este estudo insere-se no segundo tipo.

4.1.1 Análise textual

Da leitura do voto percebe-se que muitas palavras carregadas de sentido advindo do senso comum são fundamentais para a construção da decisão.

Ricardo Lorenzetti (1998, p. 81-82) assinala que o "Direito como linguagem é suscetível de uma análise sintática (conexão dos signos entre si), semântica (conexão do signo com o sentido) ou pragmática (que examina o contexto situacional em que o signo é utilizado)", afirmando que a relação texto-contexto é perceptível no "movimento de estudos críticos".

Ao tratar do caráter problemático do significado das palavras e das proposições linguísticas, Pietro Perlingieri assevera que "as palavras assumem no tempo significados mesmo qualitativamente diversos, segundo a cultura e a sensibilidade do destinatário" (2002, p. 73), concluindo que "(...) a sua leitura será sempre influenciada pelo conhecimento do universo normativo" (2002, p. 74).

Neste diapasão, buscou-se encontrar o significado[4] das mesmas em estado de dicionário (Houaiss, 2001) e confrontá-las com a sua utilização no contexto do julgado.

justamente (justo): exatamente; no momento preciso; na devida quantidade ou proporção (p. 1696).

necessário: absolutamente preciso; que tem que ser; essencial, indispensável; que não se pode evitar; imprescindível, inevitável, forçoso; que deve ser cumprido; obrigatório, do ponto de vista moral (p. 2002).

devidamente (devido): o que cabe a cada indivíduo por direito ou dever (p. 1026).

---

4. Esta busca pelo estado de dicionário foi realizada sem esquecer a advertência feita por Fairclough: "A relação das palavras com os significados é de muitos-para-um e não de um-para-um, em ambas as direções: as palavras têm tipicamente vários significados, e estes são 'lexicalizados' tipicamente de várias maneiras" (FAIRCLOUGH, Norman. *Discurso e mudança social*. Brasília: Editora Universidade de Brasília, 2001. p. 230).

LINGUAGEM & DIREITO

orientado: conduzido para a maneira de realização de algo; guiado, educado, encaminhado (p. 2080).

informar: fazer saber ou tomar ciência de; cientificar(-se) (p. 1615).

forma (27 significados(!)): (6) modo, jeito, maneira, método; (21) conjunto de formalidades que devem ser observadas para que a declaração da vontade de uma pessoa tenha eficácia jurídica (p. 1372).

adequado: que está em perfeita conformidade com algo; adaptado, ajustado; apropriado ou conveniente (p. 81).

clara (às claras): de modo patente; público; sem nada ocultar; sem rodeios; sem preconceitos, claramente (p. 735).

clareza: compreensão, percepção, entendimento (p. 735).

O advérbio[5] "justamente" poderia estar ausente do texto e não modificaria o sentido da enunciação, mas pretendeu o enunciador acrescentar intensidade ao seu discurso e ainda conformando uma noção de justiça (justo). Imediatamente após qualificar como justo o motivo, insere outra ideia, a de essencialidade/obrigatoriedade aliada à de dever que constrói um sentido complexo e forte de tríplice configuração, qual seja, justiça, necessidade e dever. Para alguns, o "dever justo e necessário" remeteria à liturgia católica.[6]

Desta feita, é perceptível a construção de sentido a partir de palavras-chaves encontradas no texto, que vão além da superfície textual, denotando a existência de elementos exofóricos. Noutras palavras, uma referência textual (endófora) remete o receptor a uma referência situacional (exófora), mesmo que num primeiro momento disto ele não se dê conta.

---

5. "É a palavra que modifica o sentido de um **verbo**, acrescentando-lhe circunstância (tempo, modo, lugar, causa, intensidade etc.), ou intensifica o significado de um **adjetivo** ou de outro **advérbio**. Pode, também, modificar o sentido de uma frase toda" (ALMEIDA, Nilson Teixeira de. *Gramática completa para concursos e vestibulares*. São Paulo: Saraiva, 2009. p. 190).

6. "Na verdade, é justo e necessário, é nosso dever e salvação dar-vos graças, sempre e em todo o lugar, Senhor, Pai santo, criador do mundo e fonte da vida." Disponível em: <http://www.arquidiocesedesaopaulo.org.br/liturgia/folheto_povo_de_deus_anoB_TC23.htm>.

O primeiro parágrafo do fragmento termina com frase na voz passiva, que é aquela onde o sujeito sofre a ação expressa pelo verbo (Almeida, 2009, p. 173), na qual está assente a ideia de que o autor (doador) deveria ter sido orientado pelo banco de sangue. O sujeito (autor) exerce a função de receptor da ação praticada pelo agente da passiva (banco de sangue), nota-se que, com isso, o papel do sujeito em relação à ação verbal está em evidência. Dito de outra forma, a frase foi construída para chamar a atenção do leitor para o sujeito (autor) no tocante à ação verbal (orientar) que deveria ter-lhe sido dirigida.

Ademais, o significado de "orientado" contextualizado no acórdão possui sentido de condução, encaminhamento, como uma obrigação do banco de sangue, pois está antecedido de "devendo ser", fato este que segundo os julgadores não fora demonstrado nos autos.

No segundo parágrafo do fragmento encontramos o arremate da questão. O verbo "informar" no infinitivo reforça o que já fora decidido anteriormente, uma vez que inexiste controvérsia quanto ao dever de informar do banco de sangue, posto que sua tese de defesa se baseia neste fato e ao cumpri-lo não teria praticado ato ilícito.

O substantivo "forma" é o vocábulo mais importante de toda a decisão e sobre ele pesa a carga decisória. Toda a construção linguístico-discursiva do voto é direcionada para a caracterização do defeito na comunicação, sendo atribuída à "forma" a inadequação, consoante se demonstrará na análise argumentativa.

Importantíssimo destacar que foram encontrados 27 significados para o vocábulo "forma", sendo que dois deles têm mais aderência ao contexto. O primeiro, em termos mais gerais, tem acepção de "modo, jeito, maneira, método"; já o segundo, mais específico para o universo do Direito, como "conjunto de formalidades que devem ser observadas para que a declaração da vontade de uma pessoa tenha eficácia jurídica".

De início temos que o modo ou método utilizado pelo banco de sangue para prestar a informação ao autor não fora considerado como correto para o desiderato de "encaminhar/conduzir/guiar" o mesmo para atingir a finalidade da lei:

> Lei n. 10.205/2001, art. 14. A Política Nacional de Sangue, Componentes e Hemoderivados rege-se pelos seguintes princípios e diretrizes: (*omissis*)
> VI — proteção da saúde do doador e do receptor mediante **informação** ao candidato à doação sobre os procedimentos a que será submetido, os cuidados que deverá tomar e as possíveis reações adversas decorrentes da doação, bem como **qualquer anomalia importante identificada quando dos testes laboratoriais**, garantindo-lhe o sigilo dos resultados (grifos nossos).

Destaque-se que a interpretação da lei específica deveria ter sido feita à luz do CDC, conformando-se o conteúdo informacional com os critérios de adequação e clareza. Ou seja, a informação deveria estar em "conformidade", "sem nada ocultar", possibilitando a "compreensão/entendimento" por parte do autor/doador.

4.1.2 Análise do funcionamento da argumentação

A superfície do texto do voto, Fragmento 1, sinaliza que a conexão existente entre os vários segmentos do documento jurídico é encadeada por operadores argumentativos que levam à conclusão de que "a '**forma**' da comunicação não atendeu aos requisitos da informação **adequada e clara** dos serviços" (linhas 14, 15).

Como referimos anteriormente, a argumentação se realiza por meio de palavras num acontecimento sociocomunicativo, nunca num vácuo social.[7] Na linha 1 verifica-se o uso do operador argumentativo "No presente caso", um indicador de condição que introduz requisitos

---

7. Apenas a Lógica e a Matemática operam abstratamente, no vácuo social, são as únicas linguagens formais.

ou circunstâncias para determinado ato/fato ocorrer. Este operador argumentativo se mostra eficiente para dar o destaque que o Ministro Relator entende como necessário para enfatizar que o cerne da questão levada a juízo não é o dever legal do banco de sangue de informar ao doador acerca das anomalias eventuais encontradas, como quer fazer crer o banco de sangue, mas sim outro que passa a abordar em seguida. Imediatamente a seguir, o locutor utiliza a operação argumentativa que indica contraposição introduzindo "contudo", ao estabelecer relações de contraste, disjunção, concessão, até mesmo oposição entre os itens lexicais com os quais estabelece a conexão, dando fruição ao texto. Ainda na mesma linha 1, em "**não** se discute a obrigatoriedade **ou não**", a dupla negação intercalada pelo "ou" estabelece a operação argumentativa de exclusão acerca da discussão sobre a **obrigatoriedade de informar**. O "ou" na língua funciona como um indicador de alternância para combinar a existência alternada ou autoexcludente de diferentes elementos, podendo atuar como foco de destaque de elementos considerados em separado. Assim, o uso dos operadores demonstra que o discurso é construído a partir das seguintes premissas: (1) deve o banco de sangue informar as anomalias encontradas nos exames dos doadores e (2) existiu falha na comunicação destes dados ao autor (no caso o doador). A primeira premissa decorre da Lei n. 10.205/2001 e a segunda decorre da subsunção do ocorrido ao CDC — Código de Defesa do Consumidor —, como mais adiante conclui o ministro.

A argumentação vai sendo construída à maneira de uma bússola que orienta o leitor a navegar no texto em construção. Ao utilizar o elemento "quando", o relator do voto não só nos orienta quanto ao tempo, mas presta informações relativas ao aspecto das exigências processuais.

O "pois" da linha 3 configura-se como indicador de explicação na tessitura argumentativa do documento judicial, é introduzido no texto para justificar certos atos ou fatos, que, no caso, versam sobre o dever de informar ao doador de sangue sobre a existência de anomalias identificadas nos testes laboratoriais contido na Lei n. 10.205/2001.

Ou seja, existe a obrigação de informar a existência de eventuais anomalias, mas a Lei não é suficientemente clara ao especificar o modo (ou forma) da comunicação.

Os sinalizadores de consequência ou conclusão "Por certo que" e "tendo em vista que" (linhas 5 e 6, respectivamente) apresentam ilações/resultados/desfechos em face de algo exposto; no nosso estudo, remetem a aspectos relevantes do "processo de triagem dos doadores de sangue".

Ainda na linha 6, o operador argumentativo "só" delimita a extensão daquilo que se enuncia, liga os vários enunciados que vêm sendo organicamente articulados entre si, estabelecendo relações de sentido que existem entre os outros enunciados e que se manifestam por essas marcas linguísticas que funcionam semanticamente, no caso, como indicadores de restrição.

O "que" das linhas 7, 8 e 10 tem várias tarefas argumentativas num texto, estabelecendo relações de contraste, disjunção, concessão, oposição etc.

Os indicadores de adição, como o "então" da linha 8, têm a função argumentativa de introduzir informações adicionais às já apresentadas. No caso, modalizadas pelos itens lexicais "**justamente**", "**necessário**" e "**devidamente**", que evidenciam a atitude do enunciador ante aquilo que diz, trabalhados anteriormente na análise textual.

Na peça em tela, a expressão "por esse motivo" (linha 8) assume múltipla função argumentativa de indicadora de explicação para justificar certos atos ou fatos; indicadora de síntese para apresentar as ideias que vêm sendo construídas de forma concisa e como indicadora de corroboração para confirmar/fortalecer a informação de que "é **necessário** que o doador seja **devidamente** informado acerca da precariedade do resultado e da possibilidade de 'falsos-positivos'".

A asserção "É incontroverso nos autos" seguida de pronome relativo "que" (linha 12) realiza a conclusão da argumentação para aquilo que o enunciador vinha tecendo textualmente. O indicador de ênfase/destaque deseja ressaltar a informação a que o enunciador atribui maior importância e leva, efetivamente à conclusão de que "a '**forma**' da comunicação não atendeu aos requisitos da informação **adequada e clara** dos serviços" (linhas 14, 15).

Assim, a análise textual e do funcionamento da argumentação confluem para a produção do seguinte sentido: esperava-se do banco de sangue uma ação contida no dever geral de cautela, aliada aos princípios informacionais do CDC, que se constituía em efetivamente encaminhar o autor/doador a ente especializado por não serem os resultados dos exames definitivos, tudo isso devidamente compreendido pelo autor/doador, possuindo o banco de sangue a prova de que assim agiu, como adiante se buscará demonstrar.

4.2 Da manifestação sobre o mérito recursal, apesar do não conhecimento do recurso no tocante ao dissídio jurisprudencial

Reportou o Ministro Relator passagem do acórdão do Tribunal *a quo* no qual há expressa menção à "forma" como entendera o julgador monocrático que deveria ter sido prestada a informação. Eis o fragmento referido:

---

5. Ademais, o Tribunal de origem destacou que:

"Entendo, assim, como fez o douto magistrado *a quo*, dr. Janduhy Finizola da Cunha Filho, que a apelante faltou com os devidos cuidados na hora de entregar o resultado do exame realizado no sangue do doado pelo apelado. O mais prudente seria a entrega de um formulário contendo todas as informações necessárias, em que constasse, também, a assinatura do doador, atestando que recebeu tais informações.

Fragmento 2

Neste trecho, transcreveu-se passagem em que o Tribunal Estadual endossou a decisão monocrática, restando assentada a visão daquele órgão que esta "forma" deveria ser escrita, através da utilização de um formulário padrão subscrito pelo doador cujo conteúdo deveria preencher os requisitos legais de adequação e clareza informacional.

Assim, ao alinhar-se com a decisão do Tribunal Estadual, na verdade, o Ministro Relator corrobora com a "forma" proposta, reconhecendo nela, ao menos em teoria, o preenchimento dos requisitos legais.

Outrossim, ao indeferir o Especial no tocante ao dissídio jurisprudencial, o relator invoca o conteúdo do precedente suscitado pelo recorrente, chamando atenção para o fato de que teria naquele caso o banco de sangue apresentado termo de consentimento informado. Eis o trecho em questão:

---

6. No tocante ao dissídio jurisprudencial, verifica-se que o acórdão paradigma não possui similitude fática com o presente caso, pois, naquela hipótese, o hemocentro encaminhou correspondência ao doador informando apenas alterações nos exames de rotina, sem menção ao vírus HIV, e apresentou termo de consentimento informando a possibilidade de "falsos-positivos" e a necessidade de exames específicos de apuração de diagnóstico (fls. 307/309).

Fragmento 3

Assim, há uma aproximação entre a "forma" considerada como correta no julgamento do Recurso Especial, já que fora entendida como escrito particular (formulário) subscrito pela parte e o termo de consentimento informado do aresto paradigma, posto que, no particular, não se conheceu do Especial justamente porque não possuía "similitude fática". Ou seja, não houve a utilização pelo banco de sangue recorrente do termo de consentimento informado, como no caso adotado como paradigma.

De modo a aclarar a questão jurídico processual, deve-se esclarecer que

[o] julgamento dos recursos divide-se em duas fases, denominadas juízo de admissibilidade e juízo de mérito. Na primeira delas, preliminar (no sentido estrito do termo, significando que a decisão aqui proferida pode impedir que se passe ao juízo de mérito), verifica-se a presença dos requisitos de admissibilidade do recurso. Sendo positivo este juízo, ou seja, admitido o recurso, passa-se, de imediato, ao juízo de mérito, fase do julgamento em que se vai examinar a procedência ou não da pretensão manifestada no recurso (Câmara, 2013, p. 66).

O Recurso Especial não fora conhecido particularmente quanto ao suscitado dissídio jurisprudencial (Fragmento 3), logo a decisão é impeditiva do exame de mérito, mas o juízo de mérito fora externado (Fragmento 2) ainda que não tenha sido apreciado (com a análise da procedência ou não do REsp).

5. Negligência informacional: sua caracterização como erro médico

Para Hildegard Giostri (1999, p. 136), o "erro médico pode, então, ser entendido como uma falha no exercício da profissão, do que advém um mau resultado ou um resultado adverso, efetivando-se através da ação ou omissão do profissional".

Quando a responsabilidade civil do fornecedor exsurge das informações insuficientes ou inadequadas que foram prestadas ao consumidor, estamos diante de um ato omissivo. Assim, para este estudo, importa analisar a negligência que é caracterizada como uma conduta culposa que se dá por omissão, descuido, descaso, falta de precauções, desatenção, e no particular pela omissão de informações relevantes para o doador praticada pela entidade (banco de sangue).

Neste escopo, temos uma relação de consumo onde o banco de sangue é o autor do fato (ato omissivo), o doador é a vítima (consumidor) e a conduta omissiva do ente como aquela capaz de ensejar o dano pela violação do dever de informar, uma vez que o consumidor não teria recebido de forma completa e esclarecida a informação, fazendo-o crer que estava acometido de doenças (no caso Aids e hepatite).

Esta discussão já havia chegado em casos análogos (informação deficiente) ao STJ — Superior Tribunal de Justiça. A ementa do acórdão do AgRg no Ag n. 818.144/SP, adiante transcrita e grifada, deixa transparente o posicionamento do Tribunal:

> Ementa: CIVIL. RESPONSABILIDADE CIVIL. CIRURGIA PLÁSTICA. DANO MORAL. **O médico que deixa de informar o paciente acerca dos riscos da cirurgia incorre em negligência, e responde civilmente pelos danos resultantes da operação**. Agravo regimental não provido. (AgRg no Ag n. 818.144/SP, Rel. Ministro ARI PARGENDLER, Terceira Turma, julgado em 9/10/2007, *DJ*, 5 nov. 2007, p. 264) (grifos nossos)

Nas palavras do Ministro Relator:

> Parece razoável que o médico tinha o dever de prestar a contento as informações sobre os riscos da cirurgia. Nas circunstâncias dos autos, o dever do médico de informar o paciente sobre as consequências da cirurgia foi descumprido, o que caracteriza a negligência no exercício profissional.

Ou seja, nasceu naquele caso o dever de indenizar quando o médico deixou de informar (omissão/negligência) ao paciente, assumindo o risco do procedimento ao não compartilhá-lo com o mesmo. Esta opinião é compartilhada na doutrina: "o médico tem de obter consentimento do paciente ou do responsável para realizar o tratamento, em especial quando envolva risco mais acentuado" (Matielo, 2001, p. 120).

Noutra direção, quando o médico comprovou que prestou as informações de modo adequado e claro ao paciente, o dever de indenizar não restou caracterizado. Neste sentido a seguinte decisão do STJ:

Ementa: RECURSO ESPECIAL — AÇÃO DE INDENIZAÇÃO — DANOS MORAIS E MATERIAIS — CIRURGIA DE VASECTOMIA — SUPOSTO ERRO MÉDICO — RESPONSABILIDADE CIVIL SUBJETIVA — OBRIGAÇÃO DE MEIO — PRECEDENTES — AUSÊNCIA DE COMPROVAÇÃO DE IMPRUDÊNCIA NA CONDUTA DO PROFISSIONAL — CUMPRIMENTO DO DEVER DE INFORMAÇÃO — ENTENDIMENTO OBTIDO DA ANÁLISE DO CONJUNTO FÁTICO-PROBATÓRIO — REEXAME DE PROVAS — IMPOSSIBILIDADE — ÓBICE DO ENUNCIADO N. 7 DA SÚMULA/STJ — RECURSO ESPECIAL NÃO CONHECIDO. I — A relação entre médico e paciente é contratual, e encerra, de modo geral (salvo cirurgias plásticas embelezadoras), obrigação de meio, e não de resultado. II — Em razão disso, no caso da ineficácia porventura decorrente da ação do médico, imprescindível se apresenta a demonstração de culpa do profissional, sendo descabida presumi-la à guisa de responsabilidade objetiva; III — **Estando comprovado perante as instâncias ordinárias o cumprimento do dever de informação ao paciente e a ausência de negligência na conduta do profissional**, a revisão de tal entendimento implicaria reexame do material fático-probatório, providência inadmissível nesta instância extraordinária (Enunciado n. 7/STJ); IV — Recurso especial não conhecido. (REsp 1051674/RS, Rel. Ministro MASSAMI UYEDA, Terceira Turma, julgado em 3/2/2009, *DJe*, 24 abr. 2009) (grifos nossos)

Infere-se das decisões transcritas e da análise com o acórdão objeto de nosso estudo que o cumprimento do dever de informar é composto pela comprovação da entrega das informações, cujo contexto[8] de adequação e clareza deve observar não só o art. 6º, III do

---

8. Sobre a relevância da relação informação/contexto: "Isto é, a informação é relevante para alguém quando interage, de certa forma, com suas suposições prévias sobre o mundo, quando tem *efeitos contextuais* (reforço ou contradição em dado contexto que lhe é acessível)"

CDC, como também conter o resultado previsto e os riscos que naturalmente se esperam do serviço de acordo com o art. 14, *caput*, do CDC. Descumpridos estes preceitos legais dotados de certa complexidade, haverá a negligência informacional. Mas esta conduta omissiva por si só não é geradora de danos. Nas palavras de Kfouri Neto (2002, p. 303):

> Deve-se demonstrar que a pessoa comum teria recusado o tratamento, caso fosse convenientemente informada. Nega-se a indenização se, com as mesmas informações e nas mesmas circunstâncias, outra pessoa, razoavelmente, aceitasse submeter-se à terapia.

Não é sem razão que autores que escrevem sobre o consentimento informado reputam enganosa a visão que atualmente se tem do instrumento. Conforme afirma Eduardo Dantas (2009, p. 95):

> É um engano pensar que a obtenção do simples consentimento informado, nos termos como é conhecido e vem sendo praticado, pode representar uma excludente de responsabilidade civil, ou mesmo eximente de culpabilidade, no caso de ocorrer um resultado não desejado ao longo do tratamento.

Destarte, este dever de informar é complexo e não se perfaz num único ato, precisa ser contextualizado, sob pena de ocorrerem mal-entendidos: "Os mal-entendidos surgem, em grande parte, de pressuposições errôneas sobre o domínio de certos conhecimentos por parte do(s) interlocutor(es)" (Kock, 2009, p. 24). Noutras palavras, a compreensão por parte do receptor só irá existir se o nível de linguagem for minimamente equivalente. Logo, de nada adiantará uma comunicação escrita formal em linguagem inacessível ou uma comunicação verbal informal cheia de lacunas.

(KOCK, Ingedore Grunfeld Villaça. *Desvendando os segredos do texto*. São Paulo: Cortez, 2009. p. 32).

Esta noção acerca das pressuposições dos enunciadores é bastante clara para os estudiosos da linguagem:

> Os produtores de textos pressupõem sempre determinados conhecimentos contextuais, situacionais ou enciclopédicos da parte do interlocutor, de modo que deixam implícitas informações que consideram redundantes, coordenando o Princípio da Economia com o Princípio da Explicitude (Kock, 2009, p. 24).

Assim, o enunciador que se encontra com a obrigação legal de prestar informações não pode valer-se desta regra geral, devendo ser explícito ao máximo com o fito de evitar a falha na comunicação.

Importantíssimo para que esta comunicação ocorra com qualidade é a boa relação médico-paciente, construída compreensiva e discursivamente:

> Voltando às palavras de Karl Jaspers, a relação médico-paciente funda-se num discurso-cultivado, um sendo-com-o-outro, no ser-com, utilizando aqui a expressão heideggeriana. Não pode ser uma relação desprovida de sentido (Gogliano, 2009, p. 149).

Relevante para o campo da aplicação prática do objeto de nosso estudo é a observação de Brunello Stancioli, em sua dissertação de mestrado:

> Primeiramente, a informação deve ser fornecida, preferencialmente, de forma oral. A oralidade da comunicação, em regra, facilita o entendimento do paciente (...) É certo que o registro gráfico do consentimento informado deve ser feito (por vários motivos, inclusive para efeitos probatórios), mas o *medium* comunicativo deve ser, sempre que possível, oral (Stancioli, 2004, p. 65).

Dito de outra forma, o uso do instrumento escrito não dispensa o diálogo com o paciente, o que, de fato, ocorre mais frequentemente (Matielo, 2001, p. 116-117), e, sendo discursivo o processo que visa a atender a tríplice finalidade do dever (informar, confirmar e obter o consentimento), seria este impossível de ser realizado por simples entrega de documento escrito. Nas palavras de André Pereira (2004, p. 549-550):

> O consentimento passou a ser visto por parte de alguns médicos como um mero requisito, um dos documentos para ter um 'dossiê' clínico bem organizado e rapidamente as administrações hospitalares começaram a redigir formulários nos quais impõem cláusulas que visam proteger a instituição em caso de conflitos judiciários. Mais ainda é prática comum que esses formulários sejam entregues por funcionários administrativos, absolutamente desligados do ato médico, não tendo o paciente a possibilidade de obter informações adequadas sobre o seu conteúdo.

E muito menos por formulários, conforme Kfouri Neto, ao aduzir que "tanto a informação quanto o consentimento devem ser escritos, individualizados e testemunhados. A adoção de formulários é difícil, dadas as peculiaridades de cada caso" (2001, p. 173).

Neste diapasão, a negligência informacional é um ato omissivo que pode ocorrer das seguintes formas: deixar de prestar informação por completo, prestar informação inadequada, prestar informação pouco clara, prestar informação insuficiente, deixar de prestar informação sobre risco previsível e deixar de prestar informação sobre resultado previsto. Em comum, estes fatos jurídicos, que são espécies de negligência informacional, reúnem as seguintes características:

1. ato jurídico praticado por médico ou entidade médico-hospitalar;
2. ato omissivo (negligência);
3. violação de dever preexistente de prestar informação;
4. potencial geração de danos.

Obviamente, além da conduta omissiva acima tipificada, para a sua caracterização como espécie do gênero erro médico é indispensável que tenha ocorrido um dano e uma relação de causa e efeito (nexo causal) entre a negligência informacional e o dano sofrido.

6. Conclusões

Por todo o exposto, esperamos ter demonstrado a existência de um tipo específico de erro médico, caracterizado como negligência informacional, e, ainda, que esta "tem cura", sendo imperioso para evitar a sua caracterização a prova em juízo de modo inequívoco de que o consumidor recebera informação passível de ser por ele compreendida, inexistindo o alegado "defeito na comunicação".

Assim, é indiscutível que o uso do Termo de Consentimento Informado (TCI) é instrumento eficaz para a comprovação da entrega oportuna da informação e do cumprimento do dever de informar, inclusive na visão da doutrina portuguesa (Rodrigues, 2001. p. 408), mas a simples comprovação de sua entrega não é capaz de elidir a responsabilidade civil do fornecedor caso não sejam as informações nele contidas adequadas e claras na forma do art. 6°, III, do CDC, nem contenham o resultado previsto e os riscos que naturalmente se esperam do serviço.

Há, inclusive, quem defenda a criação de lei específica sobre a matéria para encerrar as controvérsias que se entabulam, dadas as peculiaridades da relação médico-paciente, situando ainda a questão no âmbito contratual e não extracontratual:

> Propõe-se, portanto, que tendo em vista as modificações que a relação médico-paciente vêm sofrendo modernamente, esse documento, que deve ser escrito e tem reflexos fora da sala em que é efetivada a consulta médica, deve ser tratado em termos contratuais e pré-contratuais. A matéria precisa ser melhor disciplinada de *lege ferenda*, sem dúvida (Baú, 2001, p. 68).

De toda sorte, de acordo com a legislação vigente, descumprido este dever de informar que é complexo e não se perfaz num único ato, e que precisa ser contextualizado, caracterizada estará a negligência informacional.

Por fim, esclarece-se que este estudo não tem a menor pretensão de esgotar a matéria, nem encontrar uma verdade absoluta, objetiva apenas lançar um olhar com outras lentes para a caracterização da negligência informacional, e abrir caminho para que outros operadores da justiça e pesquisadores possam se debruçar sobre o tema com as "lentes ajustadas" e aprofundá-lo com o rigor metodológico necessário, consoante observação de Virgínia Colares Alves (2003, p. 89), para quem "linguistas e profissionais do direito constroem seus objetos de estudo sob perspectivas teóricas e assunções diversas", sendo necessário que se extrapole "a mera análise linguística para construir um objeto de estudo de natureza interdisciplinar: os usos da linguagem regidos pelos princípios jurídicos".

Referências

ALMEIDA, Nilson Teixeira de. *Gramática completa para concursos e vestibulares*. São Paulo: Saraiva, 2009.

ALVES, Virgínia Colares Soares Figueirêdo. *Inquirição na Justiça*: estratégias linguístico-discursivas. Porto Alegre: Sérgio Antônio Fabris, 2003.

ARQUIDIOCESE DE SÃO PAULO. Disponível em: <http://www.arquidio cesedesaopaulo.org.br/liturgia/folheto_povo_de_deus_anoB_TC23.htm>. Acesso em: 3 abr. 2010.

BAÚ, Marilise Kostelnaki. *O contrato de assistência médica e a responsabilidade civil*. Rio de Janeiro: Forense, 2001.

BRASIL. Lei n. 8.078, de 11 de setembro de 1990. *Diário Oficial [da] República Federativa do Brasil*, Brasília, 12 set. 1990.

_____. Lei n. 10.205, de 21 de março de 2001. *Diário Oficial [da] República Federativa do Brasil*, Brasília, 22 mar. 2001.

_____. Superior Tribunal de Justiça (STJ). Agravo Regimental no Agravo (AgRg no Ag) n. 818.144/SP, 3ª Turma, Brasília, julgado em 9 de outubro de 2007, publicado no *Diário da Justiça*, de 5 nov. 2007.

_____. Superior Tribunal de Justiça (STJ). Recurso Especial (REsp) n. 1.051.674/RS, 3ª Turma, Brasília, julgado em 3 de fevereiro de 2009, publicado no *Diário da Justiça* (eletrônico), de 24 abr. 2009.

BRASIL. Superior Tribunal de Justiça (STJ). Recurso Especial — REsp n. 1.071.969/PE, 4ª Turma, Brasília, julgado em 2 de fevereiro de 2010, publicado no *Diário da Justiça*, de 1º mar. 2010.

CÂMARA, Alexandre Freitas. *Lições de direito processual civil*. São Paulo: Atlas, 2013. v. 2.

CAVALIERI FILHO, Sérgio. *Programa de responsabilidade civil*. São Paulo: Atlas, 2007.

COLARES, Virgínia. Linguagem e Direito no Brasil. In: PINTO, Paulo Feytor; BROHY, Claudine; TÜRI, Joseph-G. *Direito, língua e cidadania global*. Lisboa: AIDL, APP, 2009.

COULTHARD, Malcolm. *An introduction to discourse analysis*. London: Longman, 1977.

_____ (Org.). *Advances in written text analysis*. London: Routledge, 1994.

DANTAS, Eduardo. *Direito médico*. Rio de Janeiro: GZ Editora, 2009.

DENSA, Roberta. *Direito do consumidor*. São Paulo: Atlas, 2009.

DUCROT, Oswald. *Princípios de semântica linguística*: dizer e não dizer. São Paulo: Cultrix, 1977.

_____; ANSCOMBRE, J. C. Leis lógicas e leis argumentativas. In: _____. *Provar e dizer*: leis lógicas e leis argumentativas. São Paulo: Global, 1978. p. 229-261.

FAIRCLOUGH, Norman. *Discurso e mudança social*. Brasília: Editora Universidade de Brasília, 2001, 2008 [reimpressão].

FERNANDES, Beatriz. *O médico e seus direitos*. São Paulo: Nobel, 2000.

GIOSTRI, Hildegard Taggesell. *Erro médico à luz da jurisprudência comentada*. Curitiba: Juruá, 1999.

_____. *Responsabilidade médica — as obrigações de meio e de resultado*: avaliação, uso e adequação. Curitiba: Juruá, 2004.

GOGLIANO, Daisy. O consentimento esclarecido em matéria de bioética: ilusão de exclusão de responsabilidade. In: NERY, Rosa Maria de Andrade; DONNINI, Rogério. *Responsabilidade civil*: estudos em homenagem ao professor Rui Geraldo Camargo Viana. São Paulo: RT, 2009.

HALLIDAY, M. A. K.; HASAN, Ruqaiya. *Cohesion in English*. London: Longman, 1976.

HOUAISS, Antonio. *Dicionário Houaiss da língua portuguesa*. Rio de Janeiro: Objetiva, 2001.

KFOURI NETO, Miguel. *Responsabilidade civil do médico*. São Paulo: RT, 2001.

_____. *Culpa médica e ônus da prova*. São Paulo: RT, 2002.

KOCK, Ingedore Grunfeld Villaça. *Desvendando os segredos do texto*. São Paulo: Cortez, 2009.

LORENZETTI, Ricardo Luis. *Fundamentos do Direito Privado*. São Paulo: RT, 1998.

MARQUES, Cláudia Lima. *Comentários ao Código de Defesa do Consumidor*. São Paulo: Revista dos Tribunais, 2006.

MATIELO, Fabrício Zamprogna. *Responsabilidade civil do médico*. Porto Alegre: Sagra Luzzatto, 2001.

MENDONÇA, Paulo Roberto Soares. *A argumentação nas decisões judiciais*. Rio de Janeiro: Renovar, 2000.

PEDRO, Emília Ribeiro (Org.). *Análise Crítica do Discurso*: uma perspectiva sociopolítica e funcional. Lisboa: Caminho, 1998.

PERELMAN, Chaïm; OLBRECHTS-TYTECA, Lucie. *Tratado da argumentação*. São Paulo: Martins Fontes, 1999 [1958].

PEREIRA, André Gonçalo Dias. *O consentimento informado na relação médico-paciente*: estudo de direito civil. Coimbra: Coimbra Editora, 2004.

PERLINGIERI, Pietro. *Perfis de Direito Civil*. Rio de Janeiro: Renovar, 2002.

RODRIGUES, João Vaz. *O consentimento informado para o acto médico no ordenamento jurídico português*. Coimbra: Coimbra Editora, 2001.

STANCIOLI, Brunello Souza. *Relação jurídica médico-paciente*. Belo Horizonte: Del Rey, 2004.

SYTIA, Celestina Vitória Moraes. *O Direito e suas instâncias linguísticas*. Porto Alegre: Sergio Antonio Fabris, 2002.

3ª PARTE

PROCESSO JUDICIAL & LINGUAGEM:

Análise e interpretação dos textos legais em uso nos eventos comunicativos do Judiciário

"QUEM É QUEM" E "COMO É O LOCAL":

A intersubjetividade como ponto-chave da coconstrução do evento interacional "interrogatório"

Daniela Negraes P. Andrade[*]
Ana Cristina Ostermann[**]

1. Introdução

Escrever para um público formado por profissionais e/ou estudantes de uma área acadêmica que não é a sua é, certamente, desafiador. Esse trabalho, que se insere na interface entre a Linguística Aplicada e

---

[*] Doutoranda do Programa de Pós-Graduação em Linguística Aplicada da Universidade do Vale do Rio dos Sinos – Unisinos.
[**] Professora do Programa de Pós-Graduação em Linguística Aplicada da Universidade do Vale do Rio dos Sinos – Unisinos.

o Direito, objetiva enfrentar o desafio de contribuir para o alargamento das fronteiras acadêmicas entre essas duas áreas por meio da análise linguístico-interacional de parte de um testemunho em juízo.

O estudo aqui proposto investiga uma situação de fala-em-interação; mais especificamente, analisa dados provenientes da transcrição de uma gravação em áudio de um interrogatório no tribunal. A pesquisa, que se encontra sob o escopo da Linguística Aplicada e está amparada pela abordagem teórico-metodológica da Análise da Conversa de base etnometodológica (Sacks; Schegloff; Jefferson, 1974; Sacks, 1992), em interface com o Direito, por meio de esforços de ordem microanalítica, visa a descrever o uso de referentes pessoais (Stivers, 2007; Stivers et al., 2007) em uma interação que envolve a participação de uma juíza, um réu e sua advogada de defesa.[1]

2. Contribuição da Linguística Forense: breves palavras

Uma vez que as tarefas delegadas aos representantes do Poder Judiciário são executadas, primordialmente, por meio do uso da linguagem, é plausível pensar que "o Direito tem muito a oferecer à Linguística e a Linguística tem muito a oferecer ao Direito" (Shuy, 2006, p. VIII). Sendo assim, há várias áreas da Linguística Aplicada que podem ser de grande valia, tanto para os estudos, quanto para a prática forense.

Os estudos de fala-em-interação, em particular a Análise da Conversa (doravante AC) (Sacks; Schegloff; Jefferson, 1974), dentre as múltiplas abordagens metodológicas disponíveis para os estudos

---

1. É importante registrar que o presente estudo, que deriva da pesquisa de mestrado da primeira autora, segue as tendências de pesquisas acadêmicas apresentadas na 9th Biennial IAFL Conference on Forensic Linguistics/Language and Law (Amsterdam, 2009), promovida pela International Association of Forensic Linguistics, evento do qual participou com apresentação de comunicação oral.

de linguagem, têm-se mostrado profícuos para a análise de interações que se dão em tribunais. Algumas das contribuições específicas providas pelos estudos de fala-em-interação estão disponíveis, por exemplo, em Komter (1998), estudo que mostra estratégias interacionais utilizadas por juízes, advogados de acusação e defesa e por réus a fim de contornar dilemas impostos pelo uso da linguagem em interação nas construções das imagens de si em relação à posição que cada participante ocupa no tribunal. Outro exemplo é o trabalho de Shuy (2005), que investiga como as interrupções, as sobreposições de fala, a mentira e a não aceitação de "não" como resposta podem operar contra evidências coletadas por gravações autorizadas pela polícia quando apresentadas como prova no tribunal. Há ainda muitos outros trabalhos, que vão desde a contestação de evidências em casos de estupro (Drew, 1992) até o escrutínio de estratégias interacionais utilizadas pelo ministro de Ontário, no Canadá, para resistir às tentativas de controle sobre suas respostas feitas pelos acusadores (Ehrlich; Sidnell, 2006).

No Brasil, no âmbito acadêmico, não há ainda registro de cursos ou programas de Linguística Forense em qualquer nível educacional nos moldes oferecidos por universidades de outros países (Aston University e Cardiff University, na Grã-Bretanha, Nebraska Wesleyan University, nos Estados Unidos, entre outras), o que evidencia uma área de estudos ainda pouco explorada no país. Além do notável descompasso acadêmico e do ainda escasso número de linguistas forenses ativos no mercado brasileiro, sob o ponto de vista social, há que se contabilizar a perda para a sociedade brasileira ao não desfrutar dos recursos da envergadura dos serviços supracitados oferecidos por essa área.

3. Um olhar sobre os dados que serviram de base para este estudo

A análise e discussão dos dados apresentados neste estudo estão amparadas pela abordagem teórico-analítica oferecida pela Análise da Conversa (Sacks; Schegloff; Jefferson, 1974). A perspectiva etno-metodológica (Garfinkel, 1967) da AC mostra-se profícua para um trabalho que almeja tomar como base "os métodos usados pelos membros para produzir atividades como observáveis e reportáveis"[2] (Silverman, 1998, p. 63; tradução nossa).

Os passos seguidos para a realização da pesquisa foram: a) observação e gravação em áudio de um total de 59 audiências de instrução; b) transcrição das gravações em áudio; c) análise dos relatos de observação, dados de áudio e transcrições.

Assim, os dados aqui analisados são naturalísticos, já que nenhum instrumento de coleta de informações foi criado; todas as interações analisadas derivam de um evento discursivo (interrogatório em audiência) que ocorre no dia a dia e que, dessa forma, teria também ocorrido mesmo que nenhuma pesquisa tivesse sido realizada. Os dados são constituídos de interações coletadas no Foro da Comarca de uma cidade da região metropolitana no sul do Brasil. A coleta se efetivou por meio de gravações em áudio de interações face a face mantidas entre profissionais do Direito que atuam no Foro da citada comarca e réus, vítimas e testemunhas que lá prestaram depoimentos. Os profissionais do Direito envolvidos nessa pesquisa são: um juiz, uma juíza, três promotores e nove advogados de defesa. O período de coleta deu-se entre os meses de agosto e novembro de 2008.

Após a coleta, os dados foram transcritos segundo as convenções de transcrição propostas por Jefferson (1974) e adaptadas por Schnack, Pisoni e Ostermann (2005). Terminada a fase de coleta e de posse dos arquivos das gravações em áudio, bem como das transcrições dos dados, deu-se início à fase analítica do trabalho.

---

2. No original: "(...) the methods members use to produce activities as observable and reportable".

4. Uso de referentes pessoais em eventos de fala-em-interação: breves considerações

Um dos aspectos do uso da linguagem que vem instigando cientistas ao longo de todos esses anos é a possibilidade que a linguagem oferece de falarmos sobre pessoas e objetos que não se encontram presentes no espaço físico e temporal no qual a conversa acontece, o "aqui e agora" (Stivers et al., 2007). Essa possibilidade se concretiza na linguagem de inúmeras maneiras e se configura em uma prática recorrente na grande maioria das línguas naturais estudadas (Stivers et al., 2007). O objetivo mais evidente do uso de referentes pessoais, e que perpassa qualquer outra ação que os participantes possam desempenhar através do seu emprego, é atingir uma base comum de reconhecimento acerca da(s) pessoa(s) de quem se fala. Stivers et al. (2007) explicam que o uso de nomes próprios e descrições físicas é geralmente empregado pelos participantes de conversas cotidianas para se referirem a terceiros.

Além disso, conforme pontuado por Stivers (2007), com base em Sacks e Schegloff (1979), na língua inglesa, há dois conceitos-chave que organizam e ordenam o uso de referentes pessoais dentro do escopo das interações face a face ou via telefone, a saber: "uma preferência pelo uso de termos referenciais de reconhecimento (isto é, termos que sugerem que o recipiente pode e deveria ser capaz de identificar o indivíduo sendo referido) e uma preferência pela minimização (isto é, o uso de somente uma em vez de múltiplas formas de referência)" (Enfield; Stivers, 2007, p. 11, tradução nossa).[3]

Outra observação feita por Stivers (2007), também com dados empíricos da língua inglesa, é a de que "quando em conflito, falantes demonstram uma preferência por referentes descritivos (e.g. 'aquela

---

3. No original: "(...) two key principles have been shown to underlie person reference: a preference for using recognitional reference terms (i.e., terms that suggest that the recipient can and should be able to identify the individual being referred to) and a preference for minimization (i.e., the use of only one rather than multiple reference forms)."

moça de cabelo escuro') sobre as formas referenciais mínimas (e.g. 'Maria')[4] (...)" (p. 69, tradução nossa).[5] Stivers et al. (2007) tecem duas considerações a respeito desse estudo e que são apresentadas aqui de forma resumida. A primeira é a de que a ação de identificar uma pessoa por seu nome próprio (i.e. referente não marcado) exime o falante de comprometer-se com qualquer tipo de característica que uma descrição da pessoa referida possa suscitar, o que não acontece quando a identificação da pessoa é feita por meio de uma descrição (i.e. referente marcado). Sendo assim, os autores afirmam que, ao escolher um referente descritivo — em vez de um nome próprio —, o falante pode estar desempenhando uma ação "extra", que vai além da ação de simplesmente identificar a pessoa de quem se fala.

A segunda consideração do estudo de Stivers et al. (2007) diz respeito ao uso dos referentes marcados. De forma sucinta, foi observado por Stivers et al. (2007) que quando o reconhecimento da pessoa referida é compartilhado pelos interlocutores e esse compartilhamento opera no sentido de estabelecer algum tipo de (des) alinhamento entre os participantes da conversa, o referente descritivo pode vir marcado das seguintes maneiras: a) em relação ao próprio falante (e.g. "meu marido"); b) em relação ao interlocutor (e.g. "teu pai"); c) de forma inclusiva (e.g. "aquele nosso amigo"); e d) de forma supostamente "neutra" (e.g. "aquele homem que mora na casa da esquina" em vez de "nosso vizinho"). O interessante, conforme pontuado pelos autores, é que seja qual for a escolha feita pelo participante para se referir a uma terceira pessoa, essa escolha não é feita de maneira aleatória, mas produzida de forma a realizar também alguma outra ação (e.g. reclamar, debochar, elogiar, ridicularizar etc.).

Trabalhos dedicados ao escrutínio do uso de referentes pessoais em dados naturalísticos provenientes de gravações de conversas mun-

---

4. Exemplos acrescentados pelas próprias autoras com vistas a facilitar o trabalho do leitor.

5. No original: "When put into possible conflict, speakers display a preference for recognitionals over minimal reference forms (...)."

danas (Stivers, 2007; Stivers et al., 2007) revelam-se importantes para o presente estudo, uma vez que a prática de referir-se a terceiros serve de base para as ações empreendidas no contexto aqui analisado. Explicando melhor, considerando-se que a cada novo depoimento prestado perante o juiz a história do crime em pauta é contada e recontada diversas vezes por diferentes pessoas, novos elementos são incorporados às versões apresentadas. Objetos, emoções, motivos, circunstâncias, relacionamentos, entre outros aspectos, vão preenchendo lacunas que se abrem ao longo das conversas pela própria natureza do ato de interagir. Eventualmente, por exemplo, pessoas que se mostram relevantes para a narrativa coconstruída local e situadamente (que podem ou não ter sido mencionadas em versões anteriores) passam a fazer parte do "enredo" do crime pelo qual alguém será julgado. Na maior parte das vezes em que a menção a uma "nova" terceira pessoa é feita em uma narrativa em curso, a pessoa referida pode se tornar um elemento que se preste para a construção do próprio interrogatório.

No entanto, os motivos que levam o juiz a indagar sobre a identidade das "novas" terceiras pessoas acrescentadas às narrativas não são necessariamente evidentes. Nos excertos analisados mais adiante neste artigo, observa-se que a prática de indagar sobre a identidade de "novas" terceiras pessoas no decorrer do interrogatório judicial pode desencadear ações diversas. Da mesma forma, observa-se que a busca pela intersubjetividade em situação de uso de referentes de lugar apresenta-se recorrente na coconstrução do interrogatório analisado.

5. O uso de referentes de lugar em eventos de fala-em-interação: uma breve revisão

Uma prática interacional comumente observada entre participantes em situação de conversa mundana é a de solicitar informações ou explicações, seja face a face, seja via telefone, sobre o roteiro a seguir quando há a necessidade (ou vontade) de ir de um ponto a outro e não se conhece o caminho. Quando uma informação desse tipo é solicitada, os interagentes usualmente recorrem aos chamados "referentes de lugar" (Sacks, 1992; Schegloff, 1972; Psathas, 1991), de forma a administrar o problema interacional que se apresenta aos participantes da conversa. Em um estudo com base em dados empíricos de língua inglesa sobre como as pessoas negociam o uso de referentes de lugar para realizar a ação de "dar direções"[6] (i.e. de explicar sobre como chegar a um lugar), Psathas (1991) tece algumas considerações que se mostram pertinentes. O autor faz referência ao fato de ser comum que algumas sequências interacionais sejam organizadas em "ações pareadas" (Sacks, 1992). Isto implica dizer que, em certas ocasiões, quando uma fala é produzida por um dos participantes da conversa, abre-se um espaço interacional relevante para que outra fala seja proferida em resposta à primeira, de forma que elas formem um "par adjacente" (Sacks, 1992) (e.g. pergunta-resposta, cumprimento-cumprimento, elogio--agradecimento etc.).

Nesse sentido, Schegloff (1972) observa que, em várias oportunidades, as perguntas que requerem uma informação, uma explicação, uma descrição etc. de como chegar a um determinado local demandam o que o autor chama de "sequências inseridas",[7] e estas são, justamente, preenchidas por termos referenciais de lugar. Essa afirmação vai ao encontro da descrição dos conjuntos de explicações propostos por Psathas (1991). De forma mais elaborada, devido às "aparentes caracterizações" que os "conjuntos de explicações" apresentam, eles se configuram como sequências inseridas entre as perguntas "como chegar lá" ou "onde você está" (primeira parte do par adjacente) e as possíveis respostas providas pelo interlocutor que operaram como a segunda parte do par adjacente.

---

6. No original: "direction-giving".

7. No original: "inserted sequences".

Com referência às sequências inseridas, constituídas pelas trocas de turnos em que há a negociação acerca dos referentes de lugar, Schegloff (1972) menciona que há ocasiões em que determinada cosseleção pode constituir o próprio assunto da conversa. Dessa sorte, Schegloff (1972) explica que os referentes de lugar podem ser usados, por exemplo, para identificar o pertencimento dos interagentes como membros (ou não) de uma mesma comunidade, sendo que, nesse caso, o assunto da conversa passa a ser exatamente esse. Explicando de outra forma, ao (não) fazer uso de determinado referente de lugar (e.g. "mercado do Zé", "pracinha", "maloca", puxadinho"), uma pessoa pode dar indícios, tanto explícita quanto tacitamente, de que ela pertence ou não a uma determinada comunidade, e isso pode vir a se transformar no assunto relevante para os interagentes. O autor coloca ainda que a identificação dos membros de determinada comunidade pode ser feita em vários níveis, que apontam para um maior ou menor grau de pertencimento a determinada comunidade. Diante da multiplicidade de opções relativas às seleções dos termos que uma pessoa pode fazer para se referir a um determinado local, Schegloff (1972, p. 81) propõe a seguinte reflexão:

> "O problema" da formulação de um local é o seguinte: para qualquer local sobre o qual uma referência é feita, existe um conjunto de termos, sendo que, cada um dos termos, por uma questão de correspondência, configura-se em uma maneira correta de se referir a ele. Em qualquer ocasião real de uso, entretanto, nem todos os termos do conjunto são "certos". Como é que em determinadas ocasiões de uso alguns termos do conjunto são selecionados e outros rejeitados?[8] (tradução nossa, ênfase do autor).

---

8. No original: "The problem' of vocational formulation is this: for any location to which reference is made, there is a set of terms each of which, by a correspondence test, is a correct way to refer it. On any actual occasion of use, however, not any member of the set is 'right', how is it that on particular occasions of use some terms from the set are selected and other terms are rejected?".

Perante tal reflexão, Schegloff (1972) pondera que, ao fazer referência a um local, o interagente pode estar desempenhando um trabalho interacional extra. Isto quer dizer que o interagente pode fazer uso de determinado termo referencial para mostrar deboche ou arrogância, indicar a sua profissão etc. Nesse aspecto, pensando-se em termos etnometodológicos (Garfinkel, 1967), é preciso lembrar que, seja lá qual for a ação "extra" realizada por um dos participantes da conversa por meio do uso de termos referenciais de lugar, ela deve ser analisada sob a perspectiva dos participantes.

Ainda um último apontamento feito por Psathas (1991, p. 214) diz respeito ao fato de os "conjuntos de direções ou de explicações serem, ao mesmo tempo, 'independentes do contexto' e 'sensíveis ao contexto'".[9] Segundo o autor, os conjuntos de explicações são independentes do contexto por exibirem uma organização recorrente, ordenada e padronizada dentro da estrutura turno a turno da conversa (e.g. uma pergunta sempre pede uma resposta como próxima ação, independentemente do assunto ou dos participantes em questão), e são sensíveis ao contexto por dependerem diretamente das contribuições do interlocutor para serem coconstruídos. Essa declaração de Psathas (1991) corrobora as asserções de Schegloff (1972) respectivas ao fato de os referentes de lugar: 1) serem "sequências inseridas" e 2) prestarem-se para a realização de ações extras, além da simples ação de prover uma informação sobre determinado local, sendo que a completude dessa ação extra depende do conhecimento do interlocutor em relação ao local ao qual se referem os interagentes.

Outro aspecto concernente ao uso de termos referenciais, tanto pessoal quanto de lugar, que importa para o presente estudo é discutido por Heritage (2007). O autor observa que no que diz respeito ao uso desses referentes em conversas cotidianas, os participantes tendem a privilegiar a progressividade da conversa em detrimento do alcance

---

9. No original: "context-free" e "context-sensitive".

da intersubjetividade (Heritage, 1984; 2007). Isto implica dizer que há uma tendência ao abandono do assunto por parte dos copartici-pantes quando eles não são capazes de estabelecer uma base comum de reconhecimento sobre quem ou acerca do lugar sobre o qual se fala (i.e. a pessoa ou o local referido). Heritage (2007) observa ainda que o abandono do assunto acontece geralmente após três tentativas frus-tradas de atingir a base comum de reconhecimento perseguida. Nas palavras de Heritage (1984, p. 259):

> Para resumir, a interação conversacional é estruturada por uma orga-nização de ações que são implementadas através do formato turno a turno. Por conta dessa organização, *um contexto de entendimentos intersubjetivos, explicitamente demonstrado e continuadamente atua-lizado, é sistematicamente sustentado*"[10] (tradução nossa, grifos do autor).

Um aparte se faz necessário para explicar como a intersubjetivi-dade é compreendida por etnometodólogos e, consequentemente, por analistas da conversa. Heritage (1984), ao revisitar a obra de Garfinkel (1967), assevera que, "em resumo, as ações (interacionais) inter-rela-cionadas são as partes fundantes e constituintes da intersubjetivida-de"[11] (p. 256, tradução nossa). O autor explica que, uma vez que a organização da conversa se dá dentro do sistema turno a turno, a ação interacional empreendida pelo segundo falante, em atitude responsi-va à ação disparada pelo primeiro falante, é o que permite ao primei-ro falante perceber se ele foi apropriadamente entendido, de acordo com aquilo que ele quis dizer. O segundo falante, por sua vez, poderá assegurar-se da adequação da análise feita sobre a ação interacional

---

10. No original: "To summarize, conversational interaction is structured by an organization of action which is implemented on a turn-by-turn basis. By means of this organization, *a con-text of publicly displayed and continuously updated intersubjective understandings is syste-matically sustained*".

11. No original: "Linked actions, in short, are the basic building-blocks of intersubjectivity".

do primeiro falante através da próxima ação do primeiro falante, realizada subsequentemente, na posição de terceiro turno de fala.

As considerações tecidas pelos autores revisados até aqui se mostram relevantes para a presente pesquisa pelas contribuições que podem prover para a análise do uso de referentes pessoais e de lugar em situações de interrogatórios no tribunal. Todavia, há que se ressaltar de antemão que, em se tratando do uso de referentes de lugar nos eventos interacionais aqui analisados (i.e. interrogatórios no tribunal), observa-se que há ocasiões nas quais a rota a seguir para se chegar a um determinado local mostra-se interacionalmente irrelevante para os participantes. No que tange ao uso de referentes de lugar, em particular, pode-se dizer que algumas das negociações realizadas entre os participantes não se encontram sob o domínio das perguntas "como chegar lá" ou "onde você está", mas giram simplesmente em torno da pergunta "como é o local".

6. "Quem é quem" e "Como é o local": o alcance da intersubjetividade como ponto-chave da coconstrução do evento interacional "interrogatório"

A interação representada no Excerto 1 refere-se ao momento a partir do ponto em que o réu (R) responde às perguntas feitas por sua defensora (D). É importante esclarecer que o réu, nesse caso, é acusado de, em comunhão de esforços com outro cidadão, ter em depósito, para fim de tráfico, pedras de *crack*. O réu já havia sido interrogado pela juíza em uma interação que envolveu, em boa parte, a descrição do local em que lhe é imputada a acusação de traficância.

Excerto 1[12]

[FCSL02RAGO2008]

01	D:	o JOÃ:O. (0.7) esse senhor que estava conversando
02		ali conosco. ele- (0.2) era- (0.5) m- <morador>
03		daquela ↑casa ou ele esta:va ali °naquela casa°.
04		(0.3)
05	R:	<mora na casa.>
06		(0.4)
07	D:	na casa de fre:nte ↑ou na casa-=
08	R:	=nã:o. (0.4) as
09		casa são tudo (.) pregada uma na o:utra.
10		(1.1)

A defensora inicia seu turno dando preferência à "máxima da minimização" (Stivers et al., 2007), ou seja, ela se refere a uma terceira pessoa pelo nome próprio, "João". Entretanto, após uma pausa curta, a defensora dá continuidade a seu turno, trazendo mais elementos referenciais para identificar a pessoa sobre a qual, mais adiante, perguntará algo. Uma vez posta a identificação sobre a qual "João" se refere, a defensora produz a pergunta que lhe interessa ("era- (0.5)m- <morador> daquela ↑casa ou ele esta:va ali °naquela casa°", linhas 2-3). Em resposta, o réu confirma que (João) mora na casa (linha 5).

Após outra pausa curta, a defensora desenha seu turno de forma a apresentar, ao que tudo indica, uma pergunta que demanda uma escolha entre duas opções ("na casa de fre:nte ↑ou na casa-=", linha 7). Pelo turno da defensora, supõe-se que exista pelo menos mais de uma casa no local, visto seu uso da conjunção alternativa "ou". Não obstante esse fato, a fala da defensora sugere que há no local uma

---

12. As convenções de transcrição utilizadas neste estudo encontram-se no Anexo A, p. 422.

"casa da frente" (linha 7) que, pela projetabilidade de seu turno, subentende-se se contrapor à existência de outra casa. A resposta do réu (linhas 8-9) dá indícios de que ele tomou a descrição sugerida pela defensora de haver duas casas, sendo uma "descolada" da outra. Pelo que se pode depreender dessa resposta, ele rejeita uma parte da descrição proposta pela defensora, mas concorda com a outra. Ou seja, o réu confirma a existência de mais de uma casa no local, porém, realiza um reparo na fala da defensora, explicando que "as casa são tudo (.) pregada uma na o:utra." (linha 9).

Nesse momento da interação, a juíza abandona sua posição de "participante circunstante não casual"[13] e volta a interagir com o réu, como mostra o Excerto 1a a seguir.

Excerto 1a
[FCSLJ02RAGO2008]

11	J:	ma:s quantas ↑são
12		(0.3)
13	R:	só uma só
14		(0.6)
15	J:	>não, o senhor ↓disse-< é um <pré:dio só:>.
16		(.)
17	R:	<n:↑ã::o, ↾ão é pré:dio°>. ((impaciente))
18	J:	>não<, o prédio eu digo UMA <CONstrução só:>.=
19	R:	=>é uma construção só<

---

13. O termo "participante circunstante" foi traduzido do inglês *bystander* (Clark, 1996) para o português por Azevedo e Garcez (2000) e refere-se aos participantes que "estão abertamente presentes, mas não fazem parte da conversa" (p. 59). Nesse sentido, a qualificação "não casual" adicionada pelas autoras deste artigo à expressão "participante circunstante" pretende dar conta de explicar, em parte, o papel desempenhado pelos participantes que compõem a audiência no contexto judicial brasileiro que não são casuais.

20	J:	tá. mas ↑eu quero pergun- (0.3) perguntá assi:m ó
21		(0.9) ã: QUEM ↑E:NTRA ali pode ir passando por
22		tudo quanto é pe:ça, inclusive nessa peça que
23		vocês [consumi]:am?=
24	R:	[não (↑era)] =ʔhã-°não- nós não- .h <não é:> .h
25		era um corredo:r que (fazia) um lado paralelo com
26		mu:ro. (.) e a ca:sa. .hh então, .h então ali,
27		(.) >dentro do corredor< tinha uma peça que a
28		casa, (tu olha,) tu não- não: não: uma parte
29		assi:m >pode abri e fazê uma ↑peça<, então a
30		pecinha pe↓quena que eles tinham a↑li ó. .h
31		>daquela pecinha< não tinha acesso à ca:sa.
32		(.)

Diante da última afirmação do réu que se viu no Excerto 1 (linhas 8-9), a juíza agora toma o turno de fala e o inquire sobre o número de casas existentes no local, iniciando seu turno com a conjunção adversativa "mas" (com isso sinalizando algum tipo de oposição), ao que ele responde haver somente uma. A juíza rejeita prontamente a afirmação da existência de uma única casa no local e devolve ao réu a descrição que ele havia feito da casa em turnos anteriores (não mostrada aqui) e que, claramente, é diferente da que acabara de fazer. Verifica-se que a pergunta da defensora (do Excerto 1, linha 7) fica aqui suspensa e a interação passa a ter como interlocutores principais o réu e a juíza.

Observa-se que, primeiramente, o termo referencial "prédio" revela-se problemático para o entendimento sobre o local em discussão. Schegloff (1972) assevera que o uso de referentes de lugar pode ser empregado, entre outras coisas, para identificar membros pertencentes a uma mesma comunidade. (Por exemplo, o uso do termo "pracinha" para se referir a um parque com brinquedos para crianças pode identificar o falante como pertencente a alguma comunidade da região sul do Brasil.) Nesse sentido, é plausível pensar que o problema interacional surgido por conta do termo "prédio" demonstra que os participantes não são membros da mesma comunidade. Dito de outra forma, enquanto para a juíza o termo prédio dá conta de identificar um imóvel simplesmente, para o réu, ao que parece, "prédio" parece se referir a uma construção vertical (i.e. de mais de um andar). O reparo (Schegloff; Jefferson; Sacks, 1977) feito pela juíza (linha 18) parece dar conta de resolver o impasse criado por conta do termo "prédio". Uma vez estabelecida uma base de conhecimento comum referente ao tipo de construção sobre o qual os participantes estão falando, a juíza questiona o réu sobre como se dá o acesso às peças da construção.

Nesse momento, faz-se relevante pontuar que uma das peças da casa em questão era, supostamente, usada para a prática ilícita de consumo de drogas, informação que pode ser depreendida pela fala da juíza (linhas 22-23). Em resposta à juíza, o réu, entre as linhas 24 e 31, provê uma descrição da construção. A descrição oferecida, no entanto, apresenta-se de forma não linear. Ao contrário, a construção de seu turno apresenta fala entrecortada, várias iniciações de reparo (Shegloff; Jefferson; Sacks, 1977), inserção de elementos semânticos que indicam hipótese (">pode abri e fazê uma ↑peça<", linha 29), entre outras caracterizações de "perturbações" na fala (Silverman; Peräkylä, 1990, p. 296), que correspondem a uma classe de fenômenos que podem marcar as circunstâncias nas quais as pessoas se orientam para a emergência de um assunto delicado (Ostermann; Rosa, no prelo). Nas linhas 30-31, o réu declara haver a existência de uma "pecinha" que não dá "acesso à casa". Essa última informação provida pelo réu parece auxiliar a juíza a formular seu entendimento em relação à disposição da "construção", como pode ser observado no Excerto 1b.

Excerto 1b

[FCSLJ02RAGO2008]

33	J:	pois ↑é [então. ó- (.) <tudo bem>, então-]
34	R:	[né, xx x xx ALI-] ali no local, .h que-
35		que- xx o dia, (eu) fumava. é, os outro [(mal) x
36		xxx.]
37	J:	[<tudo
38		bem.> é o-] en↑tão (.) <é uma peça no me:io dessa
39		construção>.
40	R:	i:sso, [e- e (também não-)]
41	J:	[que ↑não tem comu]nicação com a casa=
42	R:	=↑nã:o
43		tem >(comunicação) com a casa<.=

Embora a fala da juíza seja, em várias oportunidades, sobreposta pela fala do réu (sua fala inicia na linha 33, é expandida entre as linhas 37-39 e termina na linha 41), pode-se observar que ela apresenta, via formulação[14] (Heritage; Watson, 1979), seu entendimento sobre a disposição da construção do local. Haja vista a primeira parte do par adjacente aberto pela formulação da juíza, o réu confirma, por meio de uma repetição (Schegloff, 1996), a descrição proposta por ela ("=↑nã:o tem >(comunicação) com a casa<.=", linhas 42-43), oferecendo assim a segunda parte do par adjacente "formulação-de-cisão" (Heritage; Watson, 1979).

---

14. Conforme explicam Ostermann e Souza (no prelo), formulações referem-se aos métodos que os interagentes utilizam para demonstrar explicitamente sua compreensão de partes da interação (Heritage; Watson, 1979, 1980). Assim, "alguém 'formula' uma conversa quando torna explícito o seu entendimento sobre o que foi dito anteriormente ou sobre o que está acontecendo ali, quer seja no turno imediatamente posterior, ou ainda depois de uma ou várias sequências interacionais, por meio de retomadas" (Ostermann; Souza, no prelo, p. 90).

Uma vez encerrada a sequência interacional cuja questão problemática fora a disposição das peças que constituem a casa, a juíza retoma o tópico feito relevante pela defensora no início da interação mostrada no Excerto 1 e reformula a pergunta da advogada, como pode ser observado no Excerto 1c (linhas 44-46).

Excerto 1c
[FCSLJ02RAGO2008]

44	J:	=tá:, então a
45		pergunta da dou<u>to:</u>ra é se ↑o (0.3) <<u>joã:o</u> mo<u>ra:</u>va na
46		<u>casa</u>.> ↑não na <u>peça</u>, na <u>ca:</u>sa.=
47	D:	=<O JOÃO <u>PAI</u>.>
48		↑NÃO O JOÃO <u>FI</u>LHO. (0.3) >porque ele falou- ele
49		↑mesmo (chamou) antes< o joão <u>fi</u>lho. (0.4) >eu
50		quero sabê< ↑<u>qual</u> dos joão >que morava na ↓casa<
51		(0.3)
52	R:	o:: [o:-]
53	J:	[ele] disse [<PAR]ECE>.=
54	R:	[o pai,] =<u>o:</u> ↑pa:i mo:ra na
55		casa. (0.6) o joã:o o ↓pai (0.3) >porque a↑li é<
56		o: joão, e o joãozinho <u>fi</u>lho. (0.4) então o joão,
57		.hh que morava na ↓casa e tava usando (ele),
58		porque ele <u>mora</u> ↑na casa.=
59	D:	=>nada mais<=

Contudo, no desenrolar da interação, pode-se perceber que outros problemas interacionais emergem e, consequentemente, mais esforços interacionais são demandados por parte dos interlocutores. Observa-se no Excerto 1c que a defensora se autosseleciona (linhas 47-50) logo após o turno da juíza, em um movimento interacional que, ao que parece, opera no sentido de explicitar qual "João" ela solicita que o réu confirme morar na casa.

É sabido que, em contextos institucionais jurídicos, os representantes legais de cada parte, defensores e promotores, possuem uma agenda institucional preestabelecida. Sobre a questão de agendas institucionais — porém em interrogatórios policiais —, Stokoe e Edwards (2008) observam que policiais realizam certas perguntas não porque eles não sabem a resposta, mas com o objetivo de cumprir os procedimentos profissionais demandados pela instituição que representam.

Essa mesma prática parece acontecer nos interrogatórios no contexto jurídico. Portanto, ao analisar o Excerto 1c, lucubra-se sobre a ação interacional empreendida pela defensora por meio da sua pergunta (">eu quero sabê< ↑qual dos joão >que morava na ↓casa<", linhas 49-50) (pergunta feita em formato de sentença declarativa, é preciso que se diga). Pressupõe-se que seja relevante para a agenda da defensora que o réu esclareça, afinal, qual João reside na casa em questão.

Embora não seja possível saber se a ação da defensora esteja calcada em uma agenda predefinida, é interessante notar a estratégia discursiva utilizada por ela para diferenciar um João do outro. Nota-se que a defensora agrega ao nome de cada um dos "Joãos" um marcador que os identifica e, ao mesmo tempo, os diferencia: "João pai" e "João filho". O aumento do volume da fala da defensora evidencia a importância dada por ela para a questão da diferenciação entre as duas pessoas. A defensora ainda expande seu turno e explica a razão pela qual demanda tal diferenciação, ou seja, o fato de o réu ter mencionado o "João filho" em turnos anteriores ("↑NÃO O JOÃO FILHO. (0.3) >porque ele falou- ele. ↑mesmo (chamou) antes< o joão filho. (0.4)", linhas 48-49).

Ao tomar o turno de fala novamente, o réu orienta-se para responder à pergunta da defensora. Nesse ponto, a fala da juíza se sobrepõe à fala do réu e, em discurso reportado direto, ela recupera algo dito pelo réu em turnos anteriores. Ao recuperar o turno, a juíza dá indícios de não estar convencida acerca de quem, de fato, habitava a casa. O réu, no entanto, dá continuidade à sua fala, inclusive sobrepondo seu turno de fala ao da juíza, e reafirma "João pai" como morador da casa (linhas 54-55). Todavia, ao expandir seu turno, o réu reintroduz, como já havia feito em turnos anteriores (não apresentados aqui), a informação da presença do "João filho" na casa.

O turno do réu apresenta mais uma vez, como se pode observar, uma fala "perturbada" em termos de esclarecimento sobre quem, afinal, mora na casa (linhas 56-58). Nesse aspecto, não há, obviamente, como saber de que forma a defensora interpretou a resposta do réu. O fato notável, porém, é que, diante das "perturbações na fala" do réu, ela dá por encerrada a sua participação no interrogatório (">nada mais<=", linha 59). A fala acelerada da defensora pode sugerir que o encerramento de sua participação seja uma estratégia de prevenção à expansão da fala do réu. Em outros termos, pode-se lucubrar sobre uma tentativa por parte da defensora de impedir que o réu traga elementos que, em vez de colaborar com a tese da defesa, possam prejudicá-la.

A juíza, contudo, não dá o assunto por encerrado. Percebe-se o trabalho interacional empreendido por ela na perseguição do esclarecimento do assunto em pauta, no Excerto 1d.

Excerto 1d
[FCSLJ02R]

60	R:	=o xx.
61	J:	qual (.) o que tá <pre:so>?
62		(0.9)
63	R:	é, o que tá preso, >o que tava aqui.< (.)
64		°<conversando.>°
65		(0.2)
66	J:	o senhor diz que ↑esse é que- que mo↑rava na

67		↑ca:sa=
68	R:	=mo:ra na casa.
69		(1.9)
70	J:	é o ↑pai ou o filho.
71		(0.2)
72	R:	é o pai. (0.3) ↑e o fi:lho, tambée:m, ↑mora ali e
73		tal, mas é que (tem uma história), que ele ↑mora
74		ali:, e: °às vezes ele não° mo:ra, (0.3) é- é-
75		aquela coisa. assim aí não xx xx o- (0.8) o xxx
76		xx viu.
77	J:	tá. >então o senhor tá dizendo< que o acusado
78		<joã:o>, (0.6) <mo:ra ali na ca:sa>.
79	R:	↑na casa. o ↑joão, (.) o velho,=

Diante da pergunta da juíza (linha 61), o réu reafirma que o morador da casa "é, o que tá preso, >o que tava aqui.< (.)°<conversando.>°" (linhas 63-64), nesse caso, o "João pai". (Isso pode ser esclarecido por meio da interação mostrada no Excerto 1.) A juíza busca, mais uma vez, uma confirmação sobre ser o pai ou o filho o morador da casa (linha 70), ao que o réu responde ser o pai. Entretanto, em vez de dar seu turno por encerrado, o que poderia ter acontecido já no início da linha 72, o réu volta a mencionar "João filho" dizendo que ele "↑mora ali:, e: °às vezes ele não° mo:ra," (linhas 73-74). A juíza, em seu turno subsequente (linhas 77-78), parece buscar um esclarecimento em relação à informação recém-provida pelo réu. Por meio de uma formulação (Heritage; Watson, 1979; 1980), ela parece organizar a informação trazida pelo réu (">então o senhor tá dizendo< que o acusado <joã:o>, (0.6) <mo:ra ali na ca:sa>."), ao que o réu confirma ser o João "velho" que mora na casa.

Embora, em princípio, juízes não tenham de dar explicações sobre os motivos pelos quais fazem determinadas perguntas aos depoentes, a juíza (Excerto 1e) parece justificar a sua insistência na confirmação da identidade do morador da casa.

Excerto 1e
[FCSLJ02RAGO2008]

80	J:	=mas há ↑pouco o
81		senhor ↑tava fala:ndo que <era o joãozinho>. >que
82		ele tava ali< na fre:nte, >porque parece-< não,
83		não ↑era o joãozinho. o filho de:le, o senhor
84		falou. (0.3) o senhor ↑tem [certeza que o joão mora
85		na ca:sa?]
86	R:	[(((inaudível)))] ↑hã:o, não,
87		não.°n- não ↑tenho. °xxxxxxxxxxxxx°(.) o: que-
88		(0.2) o que mora na casa é o joão, o velho, a
89		casa é do velho.
90		(0.7)
91	J:	e ↑ele [mora ali.]
92	R:	[°xx] ele mora na ca:sa ali o velho.°
93	J:	há ↓pouco pareci:a que o senhor tava falando que
94		↑era o <fi:lho> que mora ali. [e que o-]
95	R:	[>o que que-<] (.) o
96		↑filho mo:ra também ali:. [só que]=
97	J:	[mhm]
98	R:	=não mora
99		defini↑ti:↓vo (.) ele mora um ↑pouco ali >porque
100		de repente< (.) ele sai, ele é andarilho. ele é
101		usu↑ário, ele [é an]darilho.=
102	J:	[tá.]

A juíza explicita sua não compreensão acerca do assunto em pauta em duas oportunidades (linhas 80-84 e 93-94), ao pontuar o fato de o réu ter dito que o "João filho" morava na casa. A questão finalmente dá vistas de se encaminhar para uma solução quando o réu emprega um referente pessoal relacionado a um referente de lugar, i.e. "andarilho", que explica a situação do "João filho" em relação à casa. Ao se referir ao "João filho" como "andarilho", o réu parece conseguir traduzir exatamente a situação dessa pessoa em relação ao lugar em questão anteriormente ("prédio"). A fala subsequente da juíza, em posição de sobreposição, sugere que ela aceita o referente "andarilho" como esclarecedor ("tá", linha 102).

7. Conclusão

Percebe-se, a partir da análise de dados naturalísticos provenientes de um interrogatório judicial, que o esclarecimento das perguntas da ordem do "quem" e do "onde" demandam um extenso esforço interacional por parte dos participantes para lidar com a intersubjetividade (Heritage, 1984) inerente ao uso da linguagem. Os dados da pesquisa mostram que a identificação de pessoas e/ou a descrição de lugares pode gerar consequências interacionais para a coconstrução do evento em questão e, por extensão, consequências práticas, no tocante à tomada de decisões que podem implicar, por exemplo, a condenação, a absolvição e a intimação de uma pessoa.

Sendo assim, chamar a atenção para a relevância local e situada que o uso de referentes pessoais e de lugar podem ter em situações de interrogatório no tribunal pode vir a contribuir para a compreensão do evento discursivo "interrogatório" propriamente dito. Nos casos da interação analisada aqui, observa-se que os referentes pessoais e de lugar são empregados pelos participantes profissionais para lidar com situações nas quais a intersubjetividade dos coparticipantes, no sentido de estabelecer uma base comum de reconhecimento sobre "quem é quem" e de "como é o local", mostra-se comprometida. As análises sustentam o argumento de que o uso de referentes pessoais e de lugar exerce um papel importante nas interações de natureza jurídica e mostra-se, em algumas ocasiões, essencial para o andamento do interrogatório e, por consequência, para o processo jurídico como um todo.

Referências

CLARK, Herbert H. *Using language*. Cambridge: Cambridge University Press, 1996.

CLARK, Herbert. Using Language. Tradução de Nelson de Oliveira Azevedo; Pedro M. Garcez. *Cadernos de Tradução*, Porto Alegre, v. 9, p. 49-71, 2000.

DREW, P. Contested evidence in a courtroom cross-examination: the case of a trial for rape. In: DREW, P.; HERITAGE J. (Orgs.). *Talk at work*: social interaction in institutional settings. Cambridge: Cambridge University Press, 1992. p. 470-520.

EHRLICH, S.; SIDNELL, J. "I think that's not an assumption you ought to make": challenging presuppositions in inquiry testimony. *Language in Society*, v. 35, n. 5, p. 655-676, 2006.

ENFIELD, N. J.; STIVERS, T. *Person reference in interaction:* linguistic, cultural, and social perspectives. Cambridge: Cambridge University Press, 2007.

GARFINKEL, H. *Studies in Ethnomethodology*. Englewood Cliffs, 1967.

HERITAGE, J. A change-of-state token and aspects of its sequential placement. In: _____; ATKINSON, J. M. (Orgs.). *Structures of social action*. Cambridge: Cambridge University Press, 1984. p. 299-345.

_____. Intersubjectivity and progressivity in references to persons (and places). In: ENFIELD, N. J.; STIVERS, T. (Orgs.). *Person reference in interaction*: linguistic, cultural and social perspectives. Cambridge: Cambridge University Press, 2007. p. 255-280.

HERITAGE, J.; WATSON, D. R. Formulations as conversational objects. In: PSATHAS, G. *Everyday language*. New York: Irvington Press, 1979. p. 123-162.

_____; _____. Aspects of the properties of formulations in natural conversations: some instances analysed. *Semiotica*, n. 30, p. 245-262, 1980.

KOMTER, M. *Dilemmas in the courtroom*: a study of violent crimes in the Netherlands. New Jersey: Lawrence Erlbaum Associates, 1998.

OSTERMANN, A. C.; ROSA, D. Do que não se fala: assuntos tabus e momentos delicados em consultas ginecológicas e obstétricas. In: OSTERMANN, A. C.; MENEGHEL, S. N. (Orgs.). *Humanização. Gênero. Poder*. Contribuições dos estudos de fala-em-interação para a atenção à saúde. Rio de Janeiro/Campinas: Fiocruz/Mercado de Letras [no prelo].

_____; SOUZA, J. As explicações feitas pelas pacientes para as causas de seus problemas de saúde: como os médicos lidam com isso. In: OSTERMANN, A. C.; MENEGHEL, S. N. (Orgs.). *Humanização. Gênero. Poder*. Contribuições dos estudos de fala-em-interação para a atenção à saúde. Rio de Janeiro/Campinas: Fiocruz/Mercado de Letras [no prelo].

PSATHAS, G. The structure of direction-giving in interaction. In: BODEN, D.; ZIMMERMAN, D. H. (Orgs.). *Talk and social studies in Ethnomethodology and Conversation Analysis*. Cambridge: Polity Press, 1991. p. 227 255.

SACKS, H. *Lectures on conversation*. Oxford: Blackwell, 1992. v. 1 e v. 2.

_____; SCHEGLOFF, E.; JEFFERSON, G. The simplest systematics for turn-taking in conversation. *Language*, v. 50, n. 4, p. 696-735, 1974.

_____; SCHEGLOFF, Emanuel A. Two preferences in the organization of reference to persons in conversation and their interaction. In: PSATHAS, George (Ed.). *Everyday language*: studies in ethnomethodology. New York: Irvington Publishers, 1979. p. 15-21.

SCHANE, S. *Language and the law*. London: Continuum, 2006. 228 p.

SCHEGLOFF, E. Confirming allusions: toward an empirical account of action. *American Journal of Sociology*, v. 102, n. 1, p. 161-216, 1996.

_____. Sequencing in conversational openings. In: GUMPERZ, J.; HYMES, D. (Orgs.). *Directions in Sociolinguistics*: the ethnography of communication. New York: Holt, Rinehart and Winston, 1972. p. 346-404.

SCHEGLOFF, E.; JEFFERSON, G.; SACKS, H. The preference for self-correction in the organization of repair in conversation. *Language*, v. 53, n. 2, p. 361-382, 1977.

SCHNACK, C. M.; PISONI, T. D.; OSTERMANN, A. C. Transcrição de fala: do evento real à representação escrita. *Entrelinhas*, v. 2, n. 2, 2005.

SHUY, R. Foreword. In: SCHANE, S. *Language and the law*. London: Continuum, 2006. p. VIII- IX.

_____. *Creating language crimes*: how law enforcement uses and abuses language. Oxford: Oxford University Press, 2005.

SILVERMAN, David. *Harvey Sacks and Conversation Analysis, Polity Key Contemporary Thinkers Series*. Cambridge: Polity Press; New York: Oxford University Press, 1998.

_____; PERÄKYLÄ, A. Aids counseling: the interactional organization of talk about "delicate" issues. *Sociology of Health and Illness*, v. 12, n. 3, p. 293-318, 1990.

STIVERS, T. Alternative recognitionals in person reference. In: _____; ENFIELD, N. J. (Orgs.). *Person reference in interaction*: linguistic, cultural, and social perspectives. Cambridge: Cambridge University Press, 2007. p. 73-96.

_____ et al. Person reference in interaction. In: _____; ENFIELD, N. J. (Orgs.). *Person reference in interaction*: linguistic, cultural, and social perspectives. Cambridge: Cambridge University Press, 2007. p. 1-20.

STOKOE, E.; EDWARDS, D. "Did you have permission to smash your neighbour's door?" Silly questions and their answers in police suspect interrogations. *Discourse Studies*, v. 10, n. 1, p. 89-111, 2008.

OS INTERROGATÓRIOS POLICIAIS DA DELEGACIA DE REPRESSÃO A CRIMES CONTRA A MULHER:

A leitura do Boletim de Ocorrência

DÉBORA MARQUES*
PAULO CORTES GAGO**

1. Introdução

Neste capítulo, analisamos interrogatórios policiais de uma Delegacia de Repressão a Crimes contra a Mulher (DRCCM)[1], nos quais são discutidos casos de *violência doméstica*, definida como aquela ocorrida no ambiente domiciliar com indivíduos que mantêm relações familiares e afetivas entre si.

---

* Agradeço ao CNPq pela bolsa de doutoramento.
** Esta publicação vincula-se aos projetos de pesquisa FAPEMIG n. APQ 01045-11 e CNPq bolsa PQ n. 300750/2012-9.
1. As Delegacias Especiais da Mulher recebem nomes variados a depender da região, por exemplo, no Estado de São Paulo, elas são conhecidas como Delegacias da Mulher (DM).

A violência doméstica cometida contra mulheres tem sido objeto de ampla discussão em nossa sociedade nos últimos tempos. Até 2006, a maioria dos pequenos crimes considerados de menor potencial ofensivo (os de natureza física, psicológica, sexual, patrimonial e moral) cometidos contra a mulher era encaminhada para Juizados Especiais Criminais (JECrims). Embora possibilitasse uma rápida resolução, já que os casos não eram direcionados ao Judiciário, isso contribuiu para *banalizar* a pena, que, geralmente, se resumia ao pagamento de cestas básicas. Esse panorama foi modificado com a aprovação da Lei Maria da Penha, Lei nº 11.340, de 7 de agosto de 2006, quando, então, houve um avanço significativo na configuração de novos procedimentos democráticos, uma vez que o tema 'violência doméstica' foi trazido à tona e passou a receber o mesmo tratamento que crimes comuns. Isto possibilitou que os culpados passassem a ser julgados com penas mais rigorosas, conferindo maior visibilidade aos problemas que ocorriam dentro dos lares, antes apenas restritos às quatro paredes.

Dentro desse contexto social, nossa proposta é descrever o evento interrogatórios policiais em uma Delegacia da Mulher, baseados no *formato formulaico* (Mackenzie, 2001; França, 2008), i.e., em termos da descrição de fases e tarefas, tendo a fala dos participantes como base para tal descrição. A centralidade da análise das falas e interações entre os participantes justifica-se porque é nesse momento, em que, oficialmente[2], são buscadas *provas testemunhais* para a confecção do Inquérito Policial sobre o possível crime de violência contra a mulher, que dará embasamento à futura ação criminal contra o, então, suspeito.

Apresentamos, nesse capítulo, resultados de uma pesquisa feita em 2009, na qual descrevemos, em termos de fases e de tarefas, o

---

2. Pinto (2009), por exemplo, mostra claramente com os mesmos dados usados aqui como o investigador de polícia atua indiretamente como terceira parte (mediador) entre vítima e suspeito na terceira fase, negociando alguns tipos de acordo. Essa função não é reconhecida oficialmente pelas delegacias de polícia, de uma forma geral, muito menos pelos policiais que realizam os interrogatórios. Tal (re)conhecimento seria de grande valia para a formação de policiais, pois poderiam melhorar suas habilidades de negociadores. Parece ser essa a inspiração dos JECrims.

evento *interrogatório policial* (Marques, 2009). Pudemos perceber a presença de 3 (três) fases nos interrogatórios policiais analisados, em que o inspetor de polícia, enquanto representante da Lei, realiza tarefas diferentes em cada uma delas: (i) Fase I — Identificação dos Participantes; (ii) Fase II — Leitura do Boletim de Ocorrência (BO) e (iii) Fase III — Interrogatório em si, organizado por meio de pares adjacentes de Pergunta-Resposta (P-R)[3], que estão voltados à coleta de provas testemunhais.

Destacamos a Fase II neste trabalho, que é a fase de leitura do BO, a partir da descrição de suas tarefas. Nossa pesquisa pode ser compreendida como uma forma de Linguística Aplicada das Profissões (Sarangi, 2006), que tem na prática profissional, a partir de dados de fala-em-interação, seu foco de atenção. Ancoramo-nos, ainda, no instrumental teórico-metodológico da Análise da Conversa etnometodológica (ACe) como ferramenta para a análise dos dados, em virtude de haver, dentro dessa linha teórica, estudos (e.g. Heritage, 1997; Pomerantz; Fehr, 1997; Drew, 1984) comprometidos com a descrição da perspectiva dos participantes de práticas situadas de ações de linguagem e das implicações institucionais dessas práticas. Ainda, localizamos nossa pesquisa na zona de interface entre a *Linguística* e o *Direito,* i.e. em um tipo de Linguística Forense, uma área nova e profícua[4], em que a análise linguística tenta contribuir para levantar, elucidar ou encaminhar questões relativas ao próprio fazer da atividade jurídica, como têm demonstrado diversos trabalhos, no Brasil e no exterior (Colares, 2010, 2011; Gago; Silveira, 2005; Drew, 1979; O'barr, 1982; Coulthard; Johnson, 2007, 2010). Em todos esses tra-

---

3. Pares adjacentes são sequências de dois turnos adjacentes, produzidos por dois interlocutores distintos, em que a especificidade da primeira parte do par condiciona e determina a especificidade da segunda parte do par (SCHEGLOFF et al., 1977).

4. Veja-se a página da Associação Internacional de Linguística Forense (www.IAFL.org) para mais informações. No momento, é inexistente no Brasil tal área, seja como Grupo de Trabalho da ANPOLL, seja como associação profissional. Há, porém, alguns trabalhos a se mencionar, como a edição especial da *Revista Veredas*, da Universidade Federal de Juiz de Fora, disponível em http://www.ufjf.br/revistaveredas/edicoes-anteriores/volume-9-n%-C2%BAs-1-e-2-2005/ e, recentemente, esta coletânea, organizada por Virgínia Colares (Colares, 2010), Universidade Católica de Pernambuco, Recife.

balhos, compartilha-se a visão de que a linguagem é um elemento central na criação, manutenção e modificação das realidades sociais vividas por aqueles do mundo da lei.

2. Os limites entre privado e o público: a atuação das Delegacias da Mulher no Brasil

Se antes as questões relativas ao campo domiciliar eram consideradas privadas, com a atuação das delegacias, o combate à violência contra a mulher passou a ser exercido em níveis públicos, criminalizando e penalizando os agressores.

Segundo Oliveira (2006):

> No final dos anos 70 e no início da década de 1980, período em que o embrião da Delegacia da Mulher germinava, ocorreram alguns homicídios emblemáticos contra mulheres praticados por seus companheiros, que tomaram grande espaço na mídia. Isto porque envolviam pessoas conhecidas socialmente, despertando grande interesse na opinião pública, que acompanhava o seu desenrolar na justiça. Foi graças à publicização dos homicídios femininos e à contínua absolvição de réus confessos responsáveis pela morte de suas companheiras que o movimento feminista conseguiu pressionar o Estado na implementação das Delegacias da Mulher (Oliveira, 2006, p. 143).

As delegacias especiais para as mulheres se configuram, assim, como um resultado da ação de movimentos feministas, aliados à percepção, por parte do Estado, de que os problemas originados nas famílias estariam saindo do âmbito domiciliar, atingindo os direitos básicos, constituídos por lei.

Esses movimentos feministas no Brasil, de acordo com Machado (2003), estariam ligados à defesa dos direitos das mulheres, lutando pelo direito à sobrevivência e denunciando valores discriminatórios presentes nas leis dos Códigos Penal e Civil.

Segundo Brandão (1997), as discussões acerca dos direitos das mulheres, permeadas por questões dos direitos humanos, intensificaram-se na década de 1990:

> (...) o termo *violência contra a mulher* adquire um sentido instrumental, tornando-se uma categoria política cunhada pela abordagem feminista para denunciar as desigualdades na relação homem/mulher. No âmbito dessa relação, as posições de *vítima* (como atributo feminino) e *agressor* (como atributo masculino) tendem a ser enfatizadas (Brandão, 1997, p. 58).

Conforme aponta Debert (2002), a maioria dos crimes praticados contra as mulheres levados às delegacias especiais são aqueles de lesões corporais e ameaças.

Noronha (1988), em seu livro *Direito Penal*, ressalta que a proteção à pessoa vai mais além do que a *tutela da vida*, abrangendo também suas integridades física e fisiopsíquica: "Trata-se de bem jurídico não apenas individual, mas social também, pois é inquestionável ser o Estado interessado na inviolabilidade corpórea e mental da pessoa" (Noronha, 1988, p. 64).

Assim, o conceito de lesão:

> (...) compreende mais do que se poderia pensar: não é apenas a ofensa à integridade corpórea, mas também à saúde. É o que bem claro deixa a Exposição de Motivos: "Todo e qualquer dano ocasionado à normalidade funcional do corpo humano, quer do ponto de vista anatômico, quer do ponto de vista fisiológico ou mental" (Noronha, 1988, p. 64).

Destarte, nas delegacias especiais em defesa da mulher, tal como aponta Machado (2003), há duas funções distintas: (i) a realização de atividades investigativas e (ii) o atendimento às vítimas. Para a autora, a polarização entre essas duas funções se constitui num dilema, já que cada uma dessas atividades pressupõe e exige lógicas distintas de funcionamento:

> As atividades investigativas são as guardiãs do valor máximo definidor das funções policiais privilegiadas [já as] (...) atividades de atendimento às vítimas de violência são guardiãs máximas do valor da função social das delegacias especializadas (Machado, 2003, p. 79-80).

Essa polaridade acarreta o entrelaçamento entre as ideias de direitos das mulheres e de violências contra elas praticadas com valores culturais, que, para Machado (2003), tendem a "empurrar as violências contra a mulher para o âmbito de uma problemática social e não para uma problemática policial" *(Ibidem)* (grifos nossos).

Um ponto que merece atenção nos casos da Delegacia da Mulher pode ser encontrado no perfil do suspeito; se em crimes convencionais, tais como o estupro (no caso de ser cometido por terceiros), por exemplo, o agressor é um desconhecido, na grande maioria dos casos de uma delegacia, aquele que pratica os crimes é o companheiro da vítima, não se adequando, pois, no estereótipo de criminoso. Ainda, como bem pontua Oliveira (2006, p. 150): "Quanto mais as atividades da delegacia estiverem voltadas para o atendimento e para a psicologização do conflito, mais distante se posiciona da tipologia criminal e do prestígio dentro do sistema de justiça".

Para além dessa familiaridade do suspeito com a vítima, a relação de dependência, seja ela por motivos psicológicos ou financeiros, peculiariza o trabalho nas delegacias especializadas na defesa da mulher, o que culmina, muitas vezes, na desistência do processo penal. Cabe comentar que, enquanto gerávamos nossos dados, em muitos interrogatórios a vítima pedia para cancelar a queixa.

Embora as delegacias de defesa às mulheres ainda apresentem problemas quanto ao pleno cumprimento dos direitos civis, elas exercem um grande avanço no que tange à igualdade de direitos entre homens e mulheres.

3. A Linguística Interacional

O que denominamos de Linguística Interacional é uma área multidisciplinar, da qual participam algumas disciplinas, como a Sociologia, a Antropologia, a Sociolinguística Interacional, a Análise da Conversa etnometodológica, a Linguística Antropológica, enfim, as áreas que utilizam, de alguma forma, *dados reais de interação social* para servirem de base aos seus estudos, reconhecendo aí um lócus relevante e privilegiado de atenção para o fenômeno da vida em sociedade (Couper-Kuhlen; Selting, 2001). Como já dissemos, aqui nos valemo, primordialmente, dos instrumentais teórico-metodológicos da Análise da Conversa etnometodológica (ACe), com sua noção de sequencialidade, e também da Sociolinguística Interacional, principalmente a partir das contribuições de Goffman (1981).

Na verdade, todos esses estudos nutrem-se da ideia cultivada por Goffman (1983) de haver uma *ordem interacional*, paralela às ordens social e institucional, dignas de atenção e negligenciadas por muito tempo na teoria social clássica (Goffman, 1964), a qual nos possibilita especificar um conjunto complexo de direitos e de obrigações dos atores sociais na situação concreta de interação, ligados às identidades pessoais e às institucionais macrossociais. A noção goffmaniana de *ordem institucional da interação* foi seguida pelos analistas da conversa, os quais se voltaram para estudar as práticas discursivas, que tornam as ações e interações sociais mutuamente compreensíveis pelos participantes ratificados em uma dada interação, e que tornam, dessa forma, possível a construção de *realidades sociais* (Heritage, 1997).

Levando em consideração a ideia goffmaniana de que existem ordens sociais e institucionais nas interações, entendemos que os mundos sociais são evocados, tornados disponíveis e acionáveis através das interações realizadas num dado ambiente institucional, i.e, é por meio da análise das *conversas* imersas nesses locais de encontros sociais que *localizamos* os mundos sociais dos quais os participantes fazem parte.

Consideramos importante a distinção de papéis de falantes realizada por Goffman (1981). O autor afirma que dizemos ainda muito pouco, quando afirmamos que alguém está falando. É necessário atentarmos para a multiplicidade de papéis presente na fala de um falante. Assim, ele distingue um *animador*, que é aquele que atua simplesmente como caixa sonora dos enunciados proferidos; um *autor,* que efetivamente escreveu o roteiro, o *script* do texto em questão; e um *responsável*, que é aquele a quem se atribui a responsabilidade legal pelas palavras proferidas. Veremos que essas distinções são altamente produtivas nos interrogatórios da DRCCM.

A ACe propõe que a conversa é constitutiva do próprio mundo social e tem o *status* de *pedra sociológica fundamental* (Sacks; Schegloff; Jefferson, [1974], 2003), já que vivemos em um mundo basicamente conversacional, em que a grande maioria das tarefas cotidianas em sociedade estruturam-se através da interação (Coulon, 1995; Garfinkel, 1967).

A interação social, então, é colocada como o cenário natural, em que as ações humanas são racionalizadas em seus comportamentos intencionais, já que os agentes sociais empregam conhecimentos e regras para produzir e estruturar seus encontros sociais cotidianos. Assim, para a ACe, os métodos de inteligibilidade da ação humana em tempo real podem ser observados a partir da atenção que os próprios participantes dão para as relações sequenciais nas interações. Conforme Sacks apontou (1984, p. 22), há uma "ordem em todos os pontos[5]" dos materiais conversacionais, afirmação dita no sentido de que, em termos práticos, a conversa é *um todo* bem ordenado.

A ACe tem como foco de interesse elucidar e descrever o fenômeno interacional, como ele se organiza e por quais práticas ele é produzido, tal como pontuou Schegloff (1987):

> (...) o esforço é elucidar e descrever a estrutura de um fenômeno coerente, naturalmente delimitado pelo domínio dos fenômenos em inte-

---

5. Apresentaremos daqui em diante as versões originais em língua inglesa em nota de rodapé: "there is order at all points".

ração, como eles são organizados e as práticas pelas quais são produzidos. (..) [A Análise da Conversa está] (...) engajada, dentre outras coisas, no estudo da organização da ação social (Schegloff, 1987, p. 101-102) (tradução nossa).[6]

Para a ACe, o contexto é aquele sequencialmente produzido por meio das ações dos participantes, ou seja, ele é construído, evocado e guiado por meio da interação, o que equivale a dizer que os participantes coconstroem o contexto de suas conversas *em* e *por meio de* suas próprias conversas (Heritage, 1997). Nesse sentido, através do termo *relações sequenciais*, pretende-se captar a ideia de que as ações, interacionalmente construídas, são definidas sequencialmente: se realizamos um convite, ações responsivas poderão ser ou a aceitação ou a recusa, por exemplo.

Levando em consideração a relação de adjacência, ou seja, a noção de sequencialidade, a ACe, por meio da análise dos dados, evidencia que o turno corrente (ou seja, a Primeira Parte do Par — PPP) projeta uma próxima ação, cuja execução se torna relevante no próximo turno (ou seja, a Segunda Parte do Par — SPP).

Para a ACe, em termos linguísticos, a atividade verbal conversacional é organizada em um espaço conceitual chamado de *turno de fala* (Schegloff, 1996); às unidades de fala dá-se o nome de *unidades de construção de turnos* (UCTs), as quais podem ser: (i) lexicais, quando compostas de uma só palavra; (ii) *sintagmáticas*, quando equivalentes a um sintagma; (iii) *clausais*, quando compostas por apenas um núcleo verbal; e (iv) *sentenciais*, quando compostas por orações com mais de um núcleo verbal (cf. Gago, 2005).

Segundo Hutchby e Wooffitt (1998) e Psathas (1995), a ACe é o estudo da organização das ações sociais em locais de interação social, i.e., de fala-em-interação, e que tem como objetivo descobrir os pro-

---

6. No original (...) the effort is to elucidate and describe the structure of a coherent, naturally bounded phenomenon of domain of phenomena in interaction, how it is organized, and the practises by which it is produced. (...) [Conversation Analysis is] (...) engaged, among other things, in the study of the organization of social action (Schegloff, 1987, p. 101-102).

cedimentos e as competências sociolinguísticas sublinhadas na produção e na interpretação da fala em sequências organizadas na interação.

Essa tentativa de descoberta da organização da fala-em-interação dá-se na perspectiva de como os participantes revelam seus entendimentos uns para os outros, a partir das ações que são *sequencial e organizacionalmente construídas turno-a-turno*. Para tanto, a ACe investiga a organização da fala localmente situada, já que os enunciados produzidos *in loco* estão ligados às práticas sociais.

Assim, a ACe volta sua atenção para o estudo das competências dos falantes, as quais são demonstradas ordinariamente por meio de seus comportamentos; com isso, ela objetiva descrever e analisar as estruturas sequenciais nas interações, apresentando, sob esse viés, o *caráter sistematizado das ações sociais* que se processam por meio da fala-em-interação.

4. A fala-em-interação em ambiente institucional

Os interrogatórios policiais ocorrem em um ambiente institucional, fato que acarreta algumas mudanças no que tange aos direitos e deveres dos participantes na fala-em-interação e ao próprio sistema de tomada de turnos em vigor: na polícia, há uma ordem fixa de quem começa a falar. Assim, as interações em ambiente institucional envolvem certas *restrições* em relação ao que é permitido ou não fazer, ao mesmo tempo em que demandam certa especialização de quem ali transita, para que aja como membro competente. De forma geral, baseamo-nos aqui nos princípios delineados em Drew e Heritage (1992) sobre a institucionalidade. A postura assumida é que a fala institucional deve receber a mesma análise empírica realizada pelas demais pesquisas em ACe, através do escrutínio da conduta verbal dos participantes, incluindo suas orientações para identidades locais específicas, que subjazem à organização de suas atividades.

Podemos apontar os seguintes traços distintivos que marcam a institucionalidade da fala: (i) a interação institucional envolve uma orientação para as metas, tarefas ou identidades (ou o conjunto de todas elas) dos participantes, o que equivale a dizer que existe uma restrição relativa na forma convencionalizada de se comportar (inclusive verbalmente) num dado contexto institucional; (ii) a interação institucional envolve características especiais e particulares; e (iii) a fala institucional está associada a padrões inferenciais e a procedimentos particulares do contexto institucional em questão (Drew; Heritage, 1992).

No nosso caso, os participantes da DRCCM estão orientados para as identidades relevantes de suspeito, vítima e inspetor. A pergunta "onde você estava ontem à noite?", feita pelo inspetor de polícia, abre um arcabouço inferencial de interpretação específico e será interpretada provavelmente como uma solicitação de prova, e não como um simples pedido de informação sobre o paradeiro de alguém. É característico dessa instituição que tudo o que for dito no interrogatório poderá ser usado contra ou a favor de suspeito e vítima.

Para Heritage (1997), há dois tipos de pesquisas em contextos institucionais na atualidade, que se sobrepõem de várias formas, mas que se distinguem quanto ao foco. O primeiro tipo examina (i) a *instituição social da interação como uma entidade em si mesma;* o segundo tipo de pesquisa examina (ii) o *gerenciamento/manejo dessas instituições sociais nas interações*. Nossa pesquisa é do segundo tipo. O autor aponta seis lugares básicos para se buscar a institucionalidade da fala: (i) na organização da tomada de turnos; (ii) na organização estrutural global da interação; (iii) na organização da sequência; (iv) no modelo de turno; (v) na escolha lexical; e (vi) na assimetria e em outras formas epistemológicas.

Dos seis lugares propostos, focamos, neste artigo, na análise da *organização estrutural global da interação*, que pode ser feita através da construção de um mapa global da interação, em termos de: (i) seções, como, por exemplo, a abertura e o fechamento e (ii) fases típicas, em que se leva em consideração a realização de certas tarefas/ práticas específicas do ambiente institucional em análise.

Assim, focamos aqui na Fase II, tendo como meta a sua descrição baseada nas tarefas realizadas no evento *interrogatório policial* na DRCCM. Nesse evento de fala, do ponto de vista da instituição, há uma tentativa de busca da verdade, que se processa por meio da coleta de provas testemunhais, organizadas *discursivamente* através das performances dos participantes ratificados — inspetor/vítima e suspeito — durante esse encontro.

5. Metodologia de Pesquisa e os dados analisados

Nossa pesquisa caracteriza-se como uma qualitativa e interpretativa, pois consiste em um conjunto de práticas que têm por objetivo tornar certos fenômenos visíveis, a partir da posição de que a realidade é sempre uma construção de um sujeito, que transforma o mundo em representações, tais como fotos, arquivos de imagens, som, textos etc. Enfatizamos os processos e os significados construídos em seus contextos naturais de ocorrência, tendo na linguagem uma outra fonte de representação (Denzin; Lincoln, 2000).

Utilizamos aqui gravações de dados em áudio, que foram posteriormente transcritas, utilizando-se os seguintes símbolos desenvolvidos por Jefferson (ver Sacks; Schegloff; Jefferson 2003 [1974])[7]. Utilizamos a fonte courier new, 10 pontos, nas transcrições. Quaisquer

---

7. **[colchetes]**-fala sobreposta; **(0.5)** - pausa em décimos de segundo; **(.)** - micropausa de menos de dois décimos de segundo; = - contiguidade entre a fala de um mesmo falante ou de dois falantes distintos;. - descida de entonação; **?** - subida de entonação;, entonação contínua; **?,** - subida de entonação mais forte que a vírgula e menos forte que o ponto de interrogação; **:** - alongamento de som; - autointerrupção; **sublinhado** - acento ou ênfase de volume; **MAIÚSCULA** ênfase acentuada; º - fala mais baixa imediatamente após o sinal; º **palavras entre graus**º trecho falado mais baixo; **Palavra:** - descida entoacional inflexionada; **Palavra:** - subida entoacional inflexionada; ↑ - subida acentuada na entonação, mais forte que os dois pontos sublinhados; ↓ - descida acentuada na entonação, mais forte que os dois pontos precedidos de sublinhado; >**palavras**< - fala comprimida ou acelerada; <**palavras**> - desaceleração da fala; <**palavras** - início acelerado; **hhh** - aspirações audíveis; **(h)** - aspirações durante a fala;.**hhh** - inspiração audível; **(( ))** - comentários do analista; **(palavras)** - transcrição

nomes que possam servir de identificação foram trocados. Mantivemos nomes ocupacionais (e.g. *inspetor*) e de alguns tipos de *status* familiares, como *vítima, suspeito, mãe* etc.

Os dados foram gerados ao longo do ano de 2007, em uma Delegacia da Mulher de uma cidade do sudeste de Minas Gerais, em pesquisa de base etnográfica. Ao longo de seis meses, frequentamos a delegacia, em tempo não contínuo, para assistirmos, como observadores não participantes[8], os interrogatórios policiais (IP) e podermos gravar os dados, com as devidas autorizações de todas as partes envolvidas.

Os participantes ratificados são o inspetor de polícia, a(s) vítima(s) e o(s) suspeito(s), e qualquer outro representante legal (outros adultos, quando há vítimas menores de idade, ou advogados, para qualquer uma das partes). As partes recebem uma intimação, com data, hora e local do encontro, que as obriga a comparecer à delegacia de polícia. No total, foram gravados 10 IPs.

Para este capítulo, usaremos os seguintes IPs: IP I — *Assédio sexual de menor,* em que o possível crime foi cometido contra um menor, vítima de assédio sexual; supostamente, ele teria sido obrigado a praticar sexo oral no cunhado (casado com a irmã da vítima), o qual é ex-presidiário e nega a acusação feita pela a mãe da vítima à polícia; IP II — *Estupro de menor de 12 anos,* em que o possível crime foi cometido contra uma menor de 12 anos de idade, a qual teria se relacionado com o suspeito I (Juliano), que a teria obrigado a fazer sexo anal, utilizar objetos eróticos e fazer sexo com outras pessoas, no caso, com o seu primo (suspeito II — João); IP III — *Tentativa de estupro de menor*, em que o possível crime foi cometido contra uma menor de 16 anos de idade, a qual teria sido assediada pelo "companheiro" de sua

---

duvidosa; ( ) - transcrição impossível; **"aspas"** — para diferenciar os momentos de leitura do BO da fala do inspetor.

8. Participaram como pesquisadoras na geração dos dados Priscila Júlio Guedes Pinto e Débora Marques (uma das autoras deste capítulo), no contexto do Mestrado em Línguística da Universidade Federal de Juiz de Fora (UFJF).

mãe, o possível crime teria acontecido em uma manhã, quando o suspeito, aproveitando que a vítima estava dormindo, teria invadido o quarto da menor e teria começado a acariciá-la nos seios e a se masturbar; IP IV — *Agressão física de ex-marido contra ex-mulher,* em que o possível crime foi cometido contra uma vítima/esposa, a qual acusa o suspeito/marido de agressão física em um show de pagode; testemunhas confirmaram a agressão física e o inspetor encaminhou o caso para a justiça; e IP X — *Agressão física incitada por uma dívida entre irmãos,* em que há uma briga de família envolvendo empréstimo de dinheiro.

6. O contexto interacional da leitura do Boletim de Ocorrência (BO): uma análise da situação de fala

Os interrogatórios policiais na DRCCM contam com fases ritualmente muito bem marcadas. A Fase II corresponde a um dos momentos iniciais dos IPs, e inicia-se com a leitura em voz alta do BO pelo inspetor de polícia, através da qual ele comunica ao suspeito o crime de que é acusado pela vítima. Ambos, vítima e suspeito, encontram-se sentados lado a lado, na frente do inspetor. Em termos de arranjo interacional, temos uma situação triádica.

Um elemento característico dessa fase é a presença de um encaixamento (Goffman, 1974) de vozes no discurso do BO, pois ele traz à tona a voz da(s) vítima(s) por ocasião da confecção do BO. Por outro lado, há a presença também de uma outra voz aí embutida, mas que permanece em segundo plano, que é a de quem redigiu efetivamente o documento, que foi um policial civil ou militar. Para a confecção de um BO, a vítima pode: (i) procurar um posto policial militar mais próximo (geralmente esses postos ficam em bairros) ou (ii) ligar para que a polícia militar vá até o local onde o possível crime/agressão esteja acontecendo, situações em que geralmente um policial militar é quem confeccionará o BO. (iii) Ainda, há casos em que a vítima pode procurar as Delegacias Civis diretamente, sendo atendida, portanto, por um policial civil, que confeccionará o BO.

Em termos interacionais (Goffman, 1981), temos a seguinte *estrutura de participação* associada às vozes nesse discurso: o policial civil ou militar é o *autor* do BO (quem redigiu o *script*), o policial da DRCCM é o *animador* (a caixa sonora de emissão do discurso), mas a única pessoa *responsável*, inclusive juridicamente, pelo que ali está contido é a vítima.

7. A relevância das tarefas na Fase II dos interrogatórios policiais da DRCCM

Em Marques (2009), fizemos uma análise das tarefas constantes da leitura do BO, quando chegamos ao seguinte gráfico:

Gráfico 1
Tarefas desempenhadas na Fase II dos Interrogatórios Policiais da DRCCM

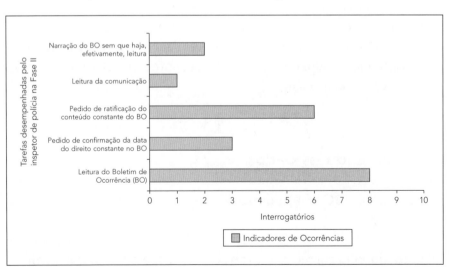

Segundo a análise qualitativa das frequências, as tarefas mais frequentes na Fase II foram apenas duas: (i) leitura do BO, a qual aconteceu em 08 dos 10 interrogatórios gravados; (ii) pedido de ratificação do conteúdo constante no BO, que aconteceu em 06 dos 10 interrogatórios gravados. De forma esparsa, temos ainda (iii) pedido de confirmação da data do possível delito constante no BO, que foi verificado em 03 interrogatórios e (iv) narração do BO sem que haja, efetivamente, leitura, que ocorreu também em 01 dos 10 IPs. Apesar da frequência estatística, uma pergunta decorre: Mas como essas tarefas se realizam na prática? Haverá uma ordem canônica? E as suas variações?

Conforme veremos na análise de dados de fala-em-interação, o que na verdade é chamado pelos inspetores de polícia de leitura do BO (esse termo é usado por eles) abarca na verdade mais tarefas do que simplesmente a leitura, pois aonde se quer chegar efetivamente é na formalização da acusação feita pela vítima, para, então, passar-se ao interrogatório. Por isso, talvez fosse mais apropriado chamar esse momento de apresentação da acusação.

Para efeitos desse trabalho selecionamos 4 IPS (II, III, X e IV, nesta ordem), analisados em função de aspectos interacionais relevantes, nos quais questões relativas à ordem das tarefas bem como outros aspectos interacionais serão destacados. Aparentemente, parece um evento muito bem ordenado, sem muita variação, mas detectamos em nosso *corpus* algumas realizações possíveis, além de outros fenômenos emergentes. Os IPs são autoexplicativos em relação ao contexto da acusação.

8. Analisando os dados

8.1. Leitura do BO em turno solo

Começamos com o IP II, *Estupro de menor de 12 anos*, em que a leitura do BO ocorreu em turno solo do inspetor, sem que nenhum

outro participante tivesse sido selecionado por ele ou se autosselecio-
nasse para falar. A relevância para análise desse IP é que, aqui, o
inspetor teve todo o espaço possível para que pudesse realizar o que
Goffman (1961) chamaria de uma *performance regular* desse papel,
ou seja, fazer o que normalmente um policial faz nessa situação, sem
atropelos ou interocorrências externas:

Excerto 1

[IP II, 2007, 02:20-02:67[9]]

```
20   Inspetor   meu nome é roberto, eu sou inspetor da delegacia e
21              vocês foram convidados pra vir aqui, pra gente se
22              reunir, em função de uma ocorrência datada de dois de
23              agosto, nessa ocorrência a dona elizabeth aqui
24              presente noticia pra nós que "a filha dela é::" de
25              hoje   quatorze   anos   carina,   é::   "teve   um
26              relacionamento,=
27              (0.8)
28   Inspetor   = teve um relacionamento com- foi noticiado que ficou
29              sabendo na data do dia trinta do sete de dois mil e
30              sete que a mesma foi estuprada pelo autor no ano de
31              dois mil e seis.=
32              (0.5)
33   Inspetor   =mês de julho juliano, rua moraes guerra não sabendo o
34              número, diz a vitima que a sua filha foi obrigada a
35              manter   relações   sexuais   com   o   autor   sem   o   seu
36              consentimento, completa dizendo que a sua filha fica
37              entre aspas com um outro rapaz joão rodrigues da silva
38              de trinta e um anos filho de fátima vidal e basílio
39              oliveira da silva, rua tarcisio moreira, centro, diz
40              que o mesmo a obriga- que o mesmo a- ameaça largá-la e
41              obriga   a   menor   a   fazer   sexo   com   outras   pessoas.
42              completa dizendo que joão faz sexo anal com a mesma e
43              que obriga a mesma a utilizar objetos eróticos, diz a
44              solicitante que os dois autores são primos e pede
45              providência."
46              (0.2)
47   Inspetor   aí nós é:: em força disso remetemos a menor pra fazer
48              exames, temos aqui um laudo é:: sob a lavra do::-
49              juliano, joão ((entrega os laudos)) sob a lavra do
50              doutor fábio lourenço, ginecologista obstetra que
51              efetivamente houve a ruptura himenial. tem aqui alguns
52              documentos de orkurt.=
53              (0.2)
```

---

9. Esta transcrição inicia-se na página 02, linha 20, e vai até a página 02, linha 67, na transcrição original, e a cada nova página é iniciada uma nova numeração de linhas, começando na linha 01.

```
54  Inspetor    = e por fim a gente vai conversar sobre isso pra apurar
55              isso aí, a senhora que noticiou isso pra nós, a senhora
56              tem mais alguma coisa pra nós além disso aqui? é isso
57              mesmo? a sua filha se relacionou e é isso mesmo?
58  Mãe         isso.
59  Inspetor    e você moça quer falar alguma coisa=,
60              ((vítima sinaliza negativamente com a cabeça))
61  Inspetor    =não. é isso mesmo?
62              ((mãe e filha gesticulam afirmativamente com a cabeça))
63  Inspetor    então o seu nome é:: juliano, juliano quero saber de
64              você onde entra a sua participação nesta história.
65  Suspeito    eu num tenho participação nenhuma não, eu nem nunca fiz
66  I           nada com ela.
67  Inspetor    não.
```

Após a autoidentificação e formulação de uma explicação do motivo do encontro (linhas 20-23 — "meu nome é (...) dois de agosto"),[10] inicia-se a leitura propriamente dita do BO, na linha 23, com a seguinte elocução — "nessa ocorrência a dona elizabeth aqui presente noticia pra nós que "a filha dela é::"". Percebemos uma certa transposição da realidade sendo ali construída, adaptando-a ao seu novo contexto: o suposto estupro vira uma denúncia de um crime em uma delegacia de polícia e mobiliza o aparelho estatal. Isto é construído através de certas escolhas lexicais, tais como as palavras *ocorrência* e a expressão *noticiar um crime*. Em Direito Penal, quando o Estado fica sabendo de um crime (por exemplo, achou um cadáver na rua), ele próprio aciona a máquina estatal de apuração da verdade; mas em casos de violência doméstica, a vítima deve noticiar a *ocorrência* ao Estado, para que este, então, acione sua máquina administrativa e apure a verdade. É dessa lógica que se trata aqui.

A leitura em si do BO transcorre toda em turno solo, até a linha 45 — "e pede providência.", novamente com uma expressão bastante formulaica: a vítima noticia o crime e pede ajuda ao Estado. Note-se a presença maciça de terceira pessoa do singular nas formas verbais, em vários momentos. O BO obedece a uma regra discursiva de elementos necessários: qualifica-se vítima — "a filha dela é:: de hoje

---

10. Ver Marques e Gago (no prelo) para uma análise da Fase I dos IPs.

quatorze anos carina,", apresenta-se a data do delito[11] — "foi noticiado que ficou sabendo na data do dia trinta do sete de dois mil e sete
que a mesma foi estuprada pelo autor no ano de dois mil e seis.=", e,
após isso, apresenta-se a acusação em si, a partir da linha 34 — "diz
a vitima que a sua filha foi obrigada a manter relações sexuais com o
autor sem o seu consentimento". Nesse caso específico, acrescentamos
um encaixamento a mais: trata-se de uma mãe que fala em nome da
filha, uma vez que esta é menor de idade. Quem tem voz legal é o pai,
o responsável, não o menor. Observe-se o uso dos verbos *dicendi* "foi
noticiado que, diz a vitima que", uma constante aqui.

Podemos perceber, ao longo de toda a leitura do BO, a ausência
de algum outro participante tomando o turno de fala para falar. Houve três momentos com pausas significativas para a interação, nas linhas
27, 46 e 53, onde qualquer participante poderia teoricamente, em
termos de oportunidade aberta no espaço de fala, ter tomado a palavra, mas ninguém o fez.

A próxima etapa desta jornada foi narrar os tipos de prova colhidos até então. Primeiramente, a prova pericial realizada pela polícia — entre as linhas 47 e 52 — "aí nós é:: em força disso remetemos
a menor pra fazer exames, temos aqui um laudo é:: sob a lavra do::-
juliano, joão ((entrega os laudos)) sob a lavra do doutor fábio louren-
ço, ginecologista obstetra"., que culmina em diagnóstico "que efetivamente houve a ruptura himenial."; em seguida, provas da internet,
nas linhas 51-52 — "tem aqui alguns documentos de orkurt."

Na sequência, ocorre uma metacomunicação nas linhas 54-55
— "e por fim a gente vai conversar sobre isso pra apurar isso aí,", na
verdade uma explicação do inspetor sobre sua função no caso, a apuração da verdade. A apresentação da acusação termina com a ratificação pelas partes, no caso, mãe e filha, sobre a acusação feita, nas
linhas 55-61, toda orquestrada pelo inspetor, na forma do par adjacente de pergunta e resposta, e em um ritmo crescente de silêncio: a
mãe responde com um turno de fala mínimo, mas ainda assim verbal

---

11. Apontamos apenas a presença de um autorreparo na linha.

na linha 58 — "isso.", a filha apenas utiliza um gesto com a cabeça na linha 60, sendo o inspetor o *animador* de sua voz, transformando gesto em palavra, ou seja, traduzindo[12] e, por fim, ambas, mãe e filha, silenciam verbalmente, na linha 62, a um novo pedido de confirmação da denúncia pelo inspetor, na linha 61, respondendo apenas negativamente com a cabeça, e, desta vez, nem o inspetor serve de ventríloquo (animador) delas.

A partir desse momento, a interação entra em outra fase (a Fase III), não tratada aqui, a do interrogatório em si, estudada por Pinto (2009).

O turno solo de leitura do BO e apresentação da denúncia parece ter obedecido à seguinte ordem: primeiro o inspetor identificou a vítima, apresentou data e conteúdo da denúncia, depois submeteu essa versão à confirmação da vítima, e somente então ofereceu ao suspeito a oportunidade de falar.

8.2 Discordância da vítima sobre a leitura do BO

O IP III, *Tentativa de estupro de menor,* versa sobre o mesmo tipo de caso anterior (estupro); difere-se apenas porque no primeiro caso o fato se consumou, e aqui, não. Porém, diferentemente daquele caso, o inspetor não leu o BO em turno solo. Durante a sua leitura, uma das partes — a vítima, a menor de idade — manifestou-se, discordando do conteúdo do BO:

---

12. Vemos aqui a força da palavra na justiça; tudo tem que ser verbalizado.

Excerto 2
[IP III, 2007, 02:51- 03:48]

```
51                  (0.4)
52  Inspetor        muito bem, a acomodação é meio precária, mas deu
53                  pra acomodar todo mundo. então,a gente convidou
54                  vocês pra virem aqui por causa de uma ocorrência
55                  que foi redigida dia trinta e um do sete.=
56                  (0.2)
57  Inspetor        =onde a dona marta surerus que tá aqui com a gente
58                  e sua filha paula narraram o seguinte pra polícia
59                  militar
60                  (0.2)
61  Inspetor        ((lendo o BO)) "compareceu a este posto policial a
62                  solicitante que relatou que tem um relacionamento
01                  afetivo com o autor deste bo ((boletim de
02                  ocorrência)), senhor fábio da silva
03                  (0.2)
04  Inspetor        dos santos que tem
05                  (0.2)
06  Inspetor        livre acesso à sua residência, no dia vinte sete do
07                  sete por volta de sete e quarenta e cinco horas,
08                  foi até a residência e aproveitando que a
09                  solicitante estava dormindo, foi até o quarto da
10                  menor paula filha da solicitante com outra pessoa e
11                  começou a acariciá-la na altura dos seios e se
12                  masturbar e quando a mesma acordou percebeu e não
13                  consentiu a ação do autor a ação do autor ter
14                  invadido a residência, a solicitante alega que
15                  ficou sabendo nesta data do fato porque percebeu
16                  alteração no comportamento dos envolvidos e decidiu
17                  questionar
18                  (0.4)
19  Inspetor        a menor (0.2) que ainda- que disse ainda que as
20                  carícias de masturbações aconte- aconteceram em
21                  outras datas."
22  Vítima          não aconteceram.
23  Inspetor        lê comigo por favor então, e ((se dirigindo à mãe
24                  da vítima))
25                  (0.2)
26  Inspetor        "questionou a menor dizendo que as carícias de
27                  masturbações aconteceram em outras datas e ela não
28                  percebeu."
29  Mãe da vítima   se aconteceram ela não percebeu.
30  Inspetor        foi isso que eu li?
31                  ((mãe da vítima sinaliza afirmativamente com a
32                  cabeça))
33  Inspetor        perfeito.
34                  (0.2)
35  Inspetor        "a solicitante nada mais relatou, concordou com o
36                  conteúdo e foi ( ) pegar cópia para pedir
37                  providência." muito bem, é isso mesmo que o senho-
38                  que a senhora ratifica a senhora ratifica o que tá
39                  aqui dona paula?
40  Vítima          ãhãm.
```

41	Inspetor	dona marta é isso mesmo?
42		((mãe da vítima sinaliza afirmativamente com a
43		cabeça))
44	Inspetor	muito bem jovem¡ o que aconteceu afinal?
45	Vítima	eu estava dormindo, aí ele entrou no meu quarto
46		quando eu acordei >meu celular desperta todo dia pra
47		eu poder ir pro colégio, pra aula< aí eu acordei ele
48		tava com a mão no meu peito se masturbando,

A interação inicia-se com uma *small talk* de explicações sobre condições físicas da delegacia na linha 52 — "muito bem, a acomodação é meio precária, mas deu pra acomodar todo mundo", e a interação institucional se dá logo em seguida com a menção da data da ocorrência — "então,a gente convidou vocês pra virem aqui por causa de uma ocorrência que foi redigida dia trinta e um do sete.=". Diferentemente do caso anterior também, mãe e filha aparecem como autoras oficiais da denúncia (mas *responsáveis* nos termos de Goffman) nas linhas 57-59 — "onde a dona marta surerus que tá aqui com a gente e sua filha paula narraram o seguinte pra polícia militar", com explicitação do autor interacional do texto — a polícia militar. Porém, a partir da linha 61, o policial inicia a leitura do BO e age como animador de uma narrativa em terceira pessoa do singular, tendo a mãe da vítima como responsável (Goffman) pelas palavras proferidas, uso de verbos *dicendi* "relatou que" (linha 62), "alega que" (linha 14).

Porém, quando o inspetor lê um fragmento relativo à voz atribuída a menor nas linhas 19-21 - "a menor (0.2) que ainda- que disse ainda que as carícias de masturbações aconte- aconteceram em outras datas." (linhas 19-21), houve uma intervenção direta da menor de idade em sistema de autosseleção para falante no próximo turno, discordando de forma direta, não mitigada - "não aconteceram." (linha 22), um reparo ao outro (Loder; Garcez, 2005). Diante desse evento, a resposta do inspetor foi ater-se ao documento escrito, o que foi feito com um pedido de acompanhamento da leitura pela autora oficial e responsável (Goffman, 1981) pela denúncia. Mas há uma diferença de versões. Na versão apresentada após a discordância, há o acréscimo de uma Unidade de Construção de Turno (UCT) clausal na linha 29 - "e ela não percebeu.", sendo a mãe agora animadora da voz da filha, mas continua como a responsável legal. Ou seja, há mais um encaixamento de vozes aqui.

Esse episódio engendra um autorreparo da mãe no próximo turno, também em autosseleção, modalizando a sua assertiva do BO - "se aconteceram ela não percebeu.", passando a admitir que possam não ter ocorrido em outras ocasiões. Ao final da leitura desta parte do BO, o inspetor faz pedido de confirmação da leitura, fato não muito usual, na linha 30 — "foi isso que eu li?". Fica evidente aqui o peso do documento escrito, que passa a ter mais valor do que o próprio depoimento oral ali revivido. Após um turno composto por uma única UCT lexical, na linha 33 — "perfeito.", o inspetor finaliza de forma canônica a leitura do BO nas linhas 35-37 ""a solicitante nada mais relatou, concordou com o conteúdo e foi ( ) pegar cópia para pedir providência."". A leitura do BO termina com dois pedidos de ratificação, o primeiro nas linhas 37-39, respondido de forma verbal mínima na linha 40 — "ãhãm.", e o segundo na linha 41, dessa vez apenas respondido com gesto corporal nas linhas 42-43.

Nesse caso, a fase do interrogatório tem início com a audição da versão da menor, a partir da linha 44 — "muito bem jovem↓ o que aconteceu afinal?", em pergunta do tipo aberta. Talvez isso esteja ligado à dúvida posta pela discordância da menor. Mas note-se que o inspetor dividiu bem os dois momentos — há uma realidade contida no BO, que precisou ser primeiro confirmada, para depois reabrir a fase de investigação. Os elementos são quase os mesmos do caso anterior, com ordem semelhante, mas não igual, porém com uma diferença crucial que interferirá na condução da própria investigação — a discordância da menor.

8.3 Quando o suspeito fala durante a leitura do BO

No IP X, *Agressão física incitada por uma dívida entre irmãos*, temos um caso distinto em termos de crime: uma briga de família envolvendo empréstimo de dinheiro. Durante a leitura do BO, temos também um fato inusitado: o suspeito se manifesta.

Excerto 3

[IP X, 2007: 02:19-03:28]

```
19  Inspetor        =onde a dona marcela, não é, dona marcela aqui,
20                   marcela gertrudes, não é isso?=
21  Vítima          =isso.=
22                   (1.5)
23  Inspetor        é:: acionou a polícia militar e a polícia militar
24                   escreveu, "compareceu (.) a esse pcc ((nome do
25                   posto da polícia militar)) rio amarelo a vítima,"
26                   que é a dona marcela ali, "relatou que em oito de
27                   nove↓ desse ano, por volta das dezessete horas,
28                   foi agredida fisicamente pelos autores↓
29                   (1.5)
30  Inspetor        marcos lopes silvério, seu irmão", né, é o seu
31                   nome?=
32  Suspeito I      =isso,=
34  Inspetor        =o senhor é irmão da dona marcela, não é
35                   isso?=
36  Suspeito I      =isso.
37                   (1.7)
38                   "hilda da costa figueira silvério" (.) casada
39                   com o senhor não é isso? "cunhada↓"
40                   (1.0)
41  Inspetor        e "leandro (.) matos silvério, sobrinho".
42  Suspeito I      isso.=
43  Inspetor        =quer dizer, é uma família só.
44  Suspeito I      ( )=
45  Inspetor        =né,=
46  Sujeito I       =( )=
47  Inspetor        =é, exatamente, "ambos residentes no mesmo
48                   endereço.
49                   (0.7)
50  Inspetor        pelo seguinte motivo, a vítima efetuou dois
51                   empréstimos para seu irmão↑
52                   (1.2)
53  Inspetor        marcos leite",=
54  Suspeito I      =hum,=
55  Inspetor        =fátima? fátima? tá armada?
56  Funcionária II  eu vou passar em casa pra pegar?((Funcionária
57                   II está saindo para trabalhar na rua))
58  Inspetor        ah, vai pegar?
59  Funcionária II  humhum.
60  Inspetor        tá.
61                   (3.0)
62  Inspetor        é:: "pessoas, porém o mesmo encontra-se com
63                   três prestações em atraso", nessa época né,
64                   dez do nove.=
65  Suspeito I      =é exatamente, eu paguei [a- as duas ] pri-=
```

```
66  Inspetor        [e nessa-]
67  Suspeito I      = meiras,
68  Inspetor        i::sso, e "nessa data os autores encontravam-
69                  se bebendo cerveja, a vítima solicitando ao
01                  autorↄ que efetuasse o pagamento das
02                  prestações em atraso, mas não gostou e entrou
03                  em atrito verbal com a vítima, vindo em ato
04 05               contínuo a agredir a mesma, sendo auxiliado
06                  por hilda e leandro↓ vítima reclama de dores
                    por todo o corpo,
07                  (1.5)
08  Inspetor        relatando ainda que sofreu uma pequena lesão
09                  no cotovelo, relata ainda que acionou a
10                  polícia militar no local do fato por não
11                  conseguir sair (.) de casa após as agressões."
12                  (1.3)
13  Inspetor        aí nós encaminhamos- porque uma uma suspeita
14                  de lesão nós encaminhamos pra:: (.) exame de
15                  corpo de delito, e ela firmou aqui
16                  representações aqui, em face dos senhores
17                  três.
18                  (2.0)
19  Inspetor        bom, de posse disso, a gente aqui num tem nenhuma
20                  (.) competência funcional pra julgar ninguém, aqui
21                  a gente não faz julgamentos,aqui a gente fornece
22                  (.) alguns elementos que é pra quem de direito
23                  julgar, né? no caso é o judiciário, agora o mais
24                  interessante aqui é (.) o fundo familiar pra nós, a
25                  gente não costuma intervir, a polícia não intervém
26                  quando o fundo é familiar. porém, aqui a coisa
27                  declina vários outros sentidos, quer dizer,
28                  (1.7)
```

Nas linhas 19-21, temos a confirmação da identidade da vítima, sendo seguida da identificação do autor do BO nas linhas 23-24 — "é:: acionou a polícia militar e a polícia militar escreveu,". A partir da linha 24, o inspetor iniciou a leitura do BO — ""compareceu (.) a esse pcc ((nome do posto da polícia militar)) rio amarelo a vítima", que é a dona marcela ali, "relatou que em oito de nove" desse ano, por volta das dezessete horas, foi agredida fisicamente pelos autores"" (linhas 24-28), na qual constam data e acusação. A qualificação dos autores sofre uma interrupção, na linha 29, e a partir daí surge uma série de pedidos de confirmação do inspetor durante a leitura do BO, de forma interacional, acerca dos autores, entre as linhas 30 e 43, em que há uma mescla de pedidos de confirmação, como nas linhas 30, 34, 38, e 41, e uma formulação[13] na linha 43 — "=quer dizer, é uma família só.", na qual elabora um cálculo conclusivo da situação. Aqui, todos os pedidos de confirmação, inclusive da formulação, selecionam os endereçados pela fala como próximos falantes.

Porém, em dois momentos distintos, houve autosseleçãodo suspeito I como próximo falante, mas cada uma com um resultado diferente. A primeira ocorreu após o inspetor ler o trecho relativo à situação econômica, nas linhas 62-64 — "é:: "pessoas, porém o mesmo encontra-se com três prestações em atraso", nessa época né, dez do nove.=", quando o suspeito I voluntaria um turno de fala de confirmação nas linhas 65 e 67 — "é exatamente, eu paguei [a- as duas] primeiras", parcialmente em sobreposição à fala do inspetor, mas que abre mão de seu turno de fala para deixar o suspeito terminar seu projeto interacional, confirmando a versão oferecida pelo suspeito — "i::sso,". Note-se que, apesar da confirmação, são dois focos distintos: no BO consta o que falta, na voz do suspeito, o que ele fez. Ou seja, são dois polos distintos, um negativo e o outro positivo.

O relato do BO prossegue até a linha 11, segue-se uma seção de relatos de diligências (providências tomadas), dentre as quais exame de corpo de delito, como é típico em casos de agressão ao corpo, mas desta vez não há relato do resultado do exame, como houve no caso do estupro consumado (excerto 1, IP II). Terá sido isso uma omissão de informação? Significaria isso uma menor importância da agressão sofrida? Como se percebe, a fase do interrogatório é iniciada na linha 19 em diante - "bom, de posse disso, a gente aqui num tem nenhuma (.) competência funcional pra julgar ninguém,", e novamente temos um outro encaminhamento. O inspetor constrói o discurso da neutralidade — "a polícia não intervém quando o fundo é familiar.", em meio a uma série de explicações sobre a função da polícia em casos como esse, mas sua fala é acompanhada de um ato de avaliação — "porém, aqui a coisa declina vários outros sentidos, quer dizer,".

---

13. Formulação é uma ação metapragmática, em que um participante checa o seu entendimento acerca de partes do discurso ou do discurso como um todo com um outro participante. Ver Garfinkel 1986[1970] e Gago (2010).

Como nos exemplos anteriores, temos vários ingredientes em comum — identificação das partes, qualificação da acusação etc., mas também variações. Houve autosseleção de suspeito não interditada pelo inspetor, uso da prática de formulação para avaliar o caso, e também desembocou em uma forma diferente de iniciar o interrogatório.

8.4 Quando a leitura do BO ocupa um lugar mínimo na interação

No IP IV — *Agressão física de ex-marido contra ex-mulher*, o que nos chamou a atenção foi o espaço mínimo ocupado pela leitura do BO em si, e o amplo espaço dedicado a outras tarefas.

Excerto 4
[IP IV, 2007, 02:01-03:04]

```
01              ((conversa  entre  inspetor  e  funcionária  da
02              delegacia))
03  Inspetor    dona rosângela é a senhora, não é isso¡
04  Vítima      Isso.
05              (1.7)
06  Inspetor    a senhora teve comigo aqui, né?=
07  Vítima      =isso.
08              (12.0)
09  Inspetor    então, eu sou o inspetor, "a vítima relatou de que
10              nessa data encontrava-se no interior do pagode no
11              acadêmicos do são francisco, quando aproximou o ex-
12              companheiro dela de nome:: (1.0) geraldo alberto da
13              silveira que lhe agrediu com um tapa (0.5) no
14              rosto, causando escoriações (nas partes). a vítima
15              foi orientada como proceder.", aí a detetive pegou
16              e fez a intimação. é isso MESmo?
17  Vítima      sim. ( )
18  Inspetor    ah, tá, isso aqui ((faz referência ao b.o.)) então são
19              as testemunhas (.) e o endereço, não é?=
20  Vítima      =é.
21  Inspetor    cê tá com o documento seu aí, meu amigo?
22              (9.0)
23  Suspeito    pode ser certificado?
24  Inspetor    tem  documento  de  identidade  não,  carteira  de
25              identidade. me empresta a identidade, pra mim é mais
26              fácil,
27              ((vozes ao fundo de outros funcionários)).
28              (20.0)
29  Inspetor    seu endereço, geraldo¡
```

```
30              ((vozes ao fundo de outros funcionários))
31   Inspetor    juscelino neves dos anjos.
32              (2.3)
33   Inspetor    quinhentos e um bloco z.
34              (3.5)
35   Inspetor    qual o bairro, irmão?
36   Suepeito    montes claros¡
37   Inspetor    montes claros¡
38              (5.0)
39   Inspetor    aqui geraldo.
40              (2.0)
41   Inspetor    dona rosângela, então é isso mesmo que a senhora me
42              disse aqui, né. a senhora me ofereceu aqui ((faz
43              referência ao b.o.)) duas testemunhas, não é ISso?=
44   Vítima      =isso.
45   Inspetor    e o endereço do serviço onde o:: rapaz aí trabalha,
46              muito bem.
47              (0,3)
48   Inspetor    qual que é a sua profissão, ô geraldo?
49   Suspeito    ( )
50   Inspetor    hein?
51   Suepeito    vigilante¡=
52   Inspetor    =vigilante.
53              (5.0)
54   Inspetor    >o que que< aconteceu nesse aqui, ô:: ô meu amigo? cê
55              realmente cê fez uma agressão a ela, as testemunhas
56              aqui confirmaram, por que disso?
57   Suspeito    °ah, é complica::do, né°. ( ) aí a- há muito tempo
58              atrás ela tinha me falado que:: tinha um cara que era
59              doido com ela né, aí eu peguei, nesse dia eu tava lá,
60              durante essa parada aqui eu resolvi sair num saía (.)
61              aí nisso eu saí de casa e ( ) que realmente (.) eu já
62              não gostava do cara porque ela tinha comentado comigo
01              (.) re- re- realmente o cara (.) dava em cima dela, aí
02              nesse dia que a gente separou eu saí, aí (pegou),
03              (lascou) e deu um beijo nesse cara na minha frente.=
04
```

Esse IP caracterizou-se por uma abreviação das partes mais formais que ocorreram nos outros IPs e, por outro lado, uma maior extensão de certas práticas. A sua autoidentificação ocorreu de forma compacta, sem ele sequer mencionar o seu nome — "então, eu sou o inspetor," (linha 09), em seguida engatando na leitura do BO, sem precedê-la também de nenhum verbo *dicendi* que fizesse a passagem de um texto (o seu) para o outro (o do BO) — "a vítima relatou de que" (linha 09). Um exame detalhado da transcrição permite observarmos que a leitura do BO deu-se somente entre as linhas 09 e 15 — ""a vítima relatou de que nessa data encontrava-se no interior do pagode no acadêmicos do são francisco, quando aproximou o ex-companheiro dela de nome:: (1.0) geraldo alberto da silveira que lhe agrediu com um tapa (0.5) no <u>ros</u>to, causando escoriações (nas partes). a vítima foi orientada como proceder.",", passando logo em seguida para a diligência tomada — "aí a detetive pegou e fez a intimação." (linha 15 e 16). O ato que configura a finalização da leitura do BO é o pedido de confirmação à vítima. Note-se que isso é feito em dois momentos, um na linha 16 e outro nas linhas 41-43.

Porém, uma atenção significativamente maior é dada a vários outros atos ligados ao suspeito, entre as linhas 21 e 40 e 45 e 53. O inspetor exige dele documento de identificação, o que não ocorreu em nenhum dos outros casos (linhas 21-28), pede seu endereço residencial (linhas 29-37), endereço comercial (linha 45), e ainda indaga a sua profissão (linhas 48-52). Nesse conjunto de falas do inspetor, um fenômeno chamou-nos a atenção: o uso de vários pronomes de tratamento que denotam cordialidade, amistosidade, igualdade, como "meu amigo" (linha 21), "irmão" (linha 35), "ô geraldo?" (linha 48), "ô meu amigo?" (linha 54), sendo que o último pronome foi já utilizado na fase do interrogatório, que é iniciada de forma totalmente distinta das outras três anteriores — ">o que que< aconteceu nesse aqui, ô:: ô meu amigo? cê realmente cê fez uma agressão a ela, as testemunhas aqui confir<u>ma</u>ram, por que disso?" (linhas 54-56). Nessas elocuções, temos duas perguntas com uma afirmação central no meio — "cê realmente cê fez uma agressão a ela, as testemunhas aqui confir<u>ma</u>ram,". Abre-se um espaço de conversa.

9. Considerações finais

Esperamos ter mostrado, neste capítulo, o caráter institucional do evento de fala *interrogatório policial*, através da análise interacional da Fase II e das tarefas presentes nesse tipo de atividade, bem como de outros aspectos interacionais. Valemo-nos de uma teoria de linguagem interacional, a qual encara a linguagem como uma forma de ação e de constituição da realidade, em relação de mútua constituição.

A esse respeito, mostramos a base interacional desta situação de fala, em que há a presença de um discurso repleto de encaixamento de vozes e com uma situação complexa de falantes: autor, animador e responsável não coincidem na mesma pessoa, e muitas vezes mais de uma pessoa exerce essa função.

Apresentamos a Fase II, na qual predominou a tarefa maior de leitura do BO, composta das seguintes partes: (ii) o pedido de confirmação da data do possível delito constante no BO; (iii) o pedido de confirmação do conteúdo constante no BO; (iv) a leitura da comunicação e (v) a narração do BO sem que haja, efetivamente, leitura. Via de regra, as fases foram bem curtas e preenchidas por tarefas específicas.

O que mais nos chama a atenção em relação a essa análise é o jogo entre o ritual e o emergente. Embora haja certos elementos fixos, altamente ritualizados, e o sistema de tomada de turnos pareça ser de tipo fixo — inspetor seleciona próximo falante —, vimos que em cada um dos IPs houve espaço para o emergente. No Excerto 2 (IP III), uma vítima discordou do conteúdo do BO, no Excerto 3 (IP X) um suspeito voluntariou fala, e no Excerto 4 (IP IV) a leitura do BO ocupou espaço mínimo e foi recheada de outras atividades.

Outro fato que nos chama a atenção, mas que está além do escopo deste trabalho, foram as diferentes trajetórias abertas ao final de cada leitura do BO, no início da fase do interrogatório. Podemos conceber o Excerto 1 como o mais formal e distante de todos — "quero saber de você onde entra a sua participação nesta história.", e o Excerto 4 como o mais amigável de todos - ">o que que< aconteceu nesse aqui, ô:: ô meu amigo? cê realmente cê fez uma agressão a ela, as testemunhas aqui confirmaram, por que disso?" (linhas 54-56), sendo os outros dois localizados entre esses dois polos. Esses desenhos de turno de fala não são fortuitos e caberia investigar como os interrogatórios prosseguiram, para podermos investigar a construção de diferentes papeis efetuadas pelo inspetor como atributos de sua função de investigador policial. Isso parcialmente foi feito em Pinto

(2009), em que a autora estudou trajetórias de negociação iniciadas pelo inspetor em relação à vítima e ao suspeito, em verdadeiro trabalho de mediação de conflitos. Consideramos este estudo bastante promissor, mas ainda há muito caminho a ser percorrido com a pesquisa. Para isso, essa base de dados precisaria ser aumentada e novos dados gerados e em diferentes delegacias de polícia, para que o leque de papéis se abrisse.

Referências

ALVES, V. C. S. F. *A decisão interpretativa da fala em depoimentos judiciais.* Dissertação (Mestrado em Letras) — Área de Concentração Linguística, Faculdade de Letras, Universidade Federal de Pernambuco, Recife, 1992.

ANDRADE, D. N. P.; OSTERMANN, A. C. O interrogatório policial no Brasil: a fala institucional permeada por marcas de conversa espontânea. *Calidoscópio*, v. 5, n. 2, p. 92-104, 2007.

_____; OSTERMANN, A. C.; SILVA, C. R. "Tu conhece a moreninha aquela?": a coconstrução da masculinidade na fala situada de um inspetor policial e de um suspeito em uma interação em contexto de interrogatório policial. In: SIMPÓSIO FAZENDO GÊNERO: CORPO, VIOLÊNCIA E PODER, 8., *Anais...*, Florianópolis, p. 1-5, 2008. Disponível em: <http://www.fazendo-genero.ufsc.br/8/sts/ST9/Negraes-Silva-Ostermann_09.pdf>. Acesso em: 4 jan. 2009.

ATKINSON, J. M.; DREW, P. *Order in court*: the organisation of verbal interaction in judicial settings. London: Macmillan, 1979.

BARREIRA, C.; NOBRE, M. T. Controle social e mediação de conflitos: as Delegacias da Mulher e a violência doméstica. *Sociologias*, Porto Alegre, v. 10, n. 20, p. 138-163, jul./dez. 2008.

BRANDÃO, Elaine R. *Nos corredores de uma Delegacia da Mulher*: um estudo etnográfico sobre as mulheres e a violência conjugal. Dissertação (Mestrado em Saúde Coletiva) — Instituto de Medicina Social, Universidade do Estado do Rio de Janeiro, Rio de Janeiro, 1997.

BRASIL. Lei Federal n. 11.340, de 7 de agosto de 2006.

CHICHITOSTTI, Ângela P. M. Notas sobre violência sexual em Ribeirão Preto (1878-1917). In: ENCONTRO REGIONAL DE HISTÓRIA: PODER, VIOLÊNCIA E EXCLUSÃO, 19., *Anais...*, São Paulo, 8-12 de setembro de 2008. Disponível em: <http://www.anpuhsp.org.br/downloads/CD%20XIX/ PDF/Autores%e%20Artigos/Ângela%20Pires%20Martori%20Chichitostti. pdf>. Acesso em: 4 jan. 2009.

COLARES, V. (Org.). *Direito, linguagem e sociedade*. 1. ed. Recife: Appodi, 2011.

_____. *Linguagem e direito*. Recife: Ed. da UFPE, 2010.

COULTHARD, M.; JOHNSON, A. *Handbook of forensic linguistics*. Abingdon, Oxon: Routledge, 2010.

_____; JOHNSON, A. *An introduction to forensic linguistics*: language in evidence. Abingdon, Oxon: Routledge, 2007.

COULON, A. *Etnometodologia*. Petrópolis: Vozes, 1995.

COUPER-KUHLEN, E.; SELTING, M. (Orgs.). Introducing interactional linguistics. In: _____. *Studies in interactional linguistics*. London: J. Benjamins, 2001.

DEBERT, G. G. Arena de conflitos éticos nas delegacias especiais de polícia. *Primeira Versão*, n. 114, 2002.

_____; OLIVEIRA, M. B. Os modelos conciliatórios de solução de conflitos e a "violência doméstica". *Cadernos Pagu*, Campinas, n. 29, 2007. Disponível em: <http://www.scielo.br/scielo.php?pid=S0104-83332007000200013& script=sci_arttext&tlng=e.>. Acesso em: 4 jan. 2009.

DENZIN, N. K.; LINCOLN, Y. The discipline and practice of qualitative research. In: _____. *The handbook of qualitative research*. Thousand Oaks: Sage Publications, 2000. p. 1-28.

DREW, P. Contested evidence in courtroom cross-examination: the case of a trial for rape. In: ATKINSON, J. M.; HERITAGE, J. *Structures of social action*. Cambridge: Cambridge University Press, 1984. p. 470-520.

LINGUAGEM & DIREITO

_____; HERITAGE, J. Analysing talk at work: an introduction. In: _____;
DREW, P. (Orgs.). *Talk at work*: interaction in institutional settings. Cambrigde: Cambridge University Press, 1992. p. 470-520.

FRANÇA, R. F. Inquérito policial e exercício de defesa. *Jus Navigandi*, Teresina, ano 12, 13 set. 2008. Disponível em: <http://jus2.uol.com.br/doutrina/texto.asp?id=11719>. Acesso em: 4 jan. 2009.

FERRO JÚNIOR, C. M.; DANTAS, G. F. de L. *A descoberta e a análise de vínculos na complexidade da investigação criminal moderna*. Disponível em: <http://jus2.uol.com.br/doutrina/texto.asp?id=10002&p=1, 2006>. Acesso em: 20 jan. 2008.

GAGO. P. C. A prática de formulação na mediação familiar judicial. In: ZYNGIER, S.; VIANA, V. (Orgs.). *Avaliações & perspectivas*: estudos empíricos em Letras. 1. ed. Rio de Janeiro: Publit Projetos Editoriais, 2010. p. 185-204.

_____; SILVEIRA, S. B. Onde está a garantia? Uma abordagem interacional. *Veredas*, v. 9, n. 1-2, p. 1-22, 2005. Disponível em: <http://www.ufjf.br/revistaveredas/files/2009/12/artigo0036.pdf>. Accsso em: 20 jan. 2008.

GAGO. P. C. A organização sequencial da conversa. *Calidoscópio*, v. 3, n. 2, p. 61-73, 2005.

GARFINKEL, H. *Studies in ethnomethodology*. Oxford: Blackwell, 1967.

_____; SACKS, H. On formal structures of practical actions. In: _____ (Org.). *Ethnomethodological studies of work*. London: Routledge & Kegan Paul, 1986 [1970]. p. 160-193.

GOFFMAN, E. Interaction order. *America Sociological Review*, n. 48, p. 1-17, 1983.

_____. *Forms of talk*. Philadelphia, University of Pennsylvania, 1981.

_____. *Frame analysis*. New York: Harper & Row, 1974.

_____. The neglected situation. *American Anthropologist*, v. 66, n. 6, p. 133-136, 1964.

_____. Role concepts. In: _____. *Encounters*: two studies in the sociology of interaction. Indiana: BobbsMerril, 1961.

HERITAGE, J. Conversation analysis and institutional talk: analysing data. In: SILVERMAN, D. (Org.). *Qualitative research*: theory, method and practice. London: Sage Publications, 1997. p. 161-182.

HUTCHBY, I.; WOOFFITT, R. What is conversation analysis? In: _____. *Conversation analysis*. Cambridge: Polity Press, 1998.

KABAN, B.; TOBEY, A. E. When police question children. *Journal of the Center for Children and the Courts*, p. 151-160, 1999.

LODER, L. L.; GARCEZ, P. M. Reparo iniciado e levado a cabo pelo outro na conversa cotidiana em português do Brasil. *DELTA*, São Paulo, v. 21, n. 2, p. 279-312, jul./dez. 2005.

MACHADO, L. Z. *Atender vítimas, criminalizar violências, dilemas das Delegacias da Mulher*, 2003. Brasília. (Série Antropologia, n. 319.)

MARQUES, D. *Interrogatórios policiais da Delegacia de Repressão a Crimes contra a Mulher*: fases e tarefas em uma perspectiva interacional. Dissertação (Mestrado) — Programa de Pós-Graduação em Linguística, Área de Concentração Linguagem e Sociedade, Faculdade de Letras, Universidade Federal de Juiz de Fora, Juiz de Fora, 2009.

MARQUES, D. A tentativa de construção sequencial da verdade num interrogatório policial da Delegacia de Repressão a Crimes contra a Mulher. *Veredas de Estudos Linguísticos*, Juiz de Fora, n. 1, p. 61-79, jan./jul. 2008.

_____; GAGO, P. C. Os interrogatórios policiais da Delegacia de Repressão a Crimes contra a Mulher: a fase de identificação dos participantes [no prelo].

MACKENZIE, I. K. Forensic investigative interviewing. In: GUBRIUM, J. F.; HOLSTEIN, J. A. (Orgs.). *Handbook of interview research*: context e method. London: Sage, 2001.

NAKANE, I. Problems in communicating the suspect's rights in interpreted police interviews. *Applied Linguistics*, n. 281, p. 87-112, 2007.

NORONHA, E. M. *Direito penal*. São Paulo: Saraiva, 1988.

O'BARR WLLIAM, M. Linguistic evidence: language, power and strategy in the courtroom. *Studies on Law and Social Control*. New York: Academic, 1982. p. XV-192.

OLIVEIRA, M. B. *Crime invisível*: mudança de significados da violência de gênero no Juizado Especial Criminal. Dissertação (Mestrado) — Instituto de Filosofia e Ciências Humanas, Universidade Estadual de Campinas, Campinas, 2006.

OSTERMANN, A. C. A ordem interacional: a organização do fechamento de interações entre profissionais e clientes em instituições de combate à violência contra a mulher. *Alfa,* São Paulo, v. 46, p. 39-54, 2002.

_____. Localizing power and solidarity: pronoun alternation at an all-female police station and a feminist crisis intervention center in Brazil. *Language in Society*, v. 32, p. 351-381, 2003.

PAULA, C. R. Como se aplica a justiça penal no Rio de Janeiro. Um estudo sobre as representações sociais dos agentes judiciários. In: ENCONTRO LATINO-AMERICANO DE INICIAÇÃO CIENTÍFICA, 12.; ENCONTRO LATINO-AMERICANO DE PÓS-GRADUAÇÃO, 8., *Anais eletrônicos*..., São Paulo: Univap, (s/d.). Disponível em: <www. Inicepg.univap.br/docs/arquivos>. Acesso em: 20 dez. 2008.

PINTO, P. J. G. *Práticas sequenciais de negociação nos interrogatórios policiais da Delegacia de Repressão a Crimes contra a Mulher*. Dissertação (Mestrado) — Programa de Pós-Graduação em Linguística, Área de Concentração Linguagem e Sociedade, Faculdade de Letras, Universidade Federal de Juiz de Fora, Juiz de Fora, 2009.

POMERANTZ, A.; FEHR, B. J. Conversation analysis. An approach to the study of social action as sense making practices. In: VAN DIJK, T. (Org.). *Discourse as social interaction*. London: Sage Publications, 1997. p. 64-91.

PONCIONI, P. A "feijoada": negociação e violência nas práticas policiais de mediação de conflitos. *Praia Vermelha*: Estudos de Política e Teoria Social, Rio de Janeiro, n. 14 e 15, p. 156-183, 2006.

PSATHAS, G. Discovering sequences in interaction. In: _____. *Conversation analysis*: the study of talk in interaction. Thousand Oaks, CA: Sage, 1995.

SACKS, H. Notes on methodology. In: ATKINSON, J. M.; HERITAGE, J. (Orgs.). *Structures of social action*: studies in conversation analysis. Cambridge: Cambridge University Press, 1984.

_____; SCHEGLOFF, E. A.; JEFFERSON, G. Sistemática elementar para a organização da tomada de turnos para a conversa. *Veredas de Estudos Linguísticos*, v. 7, n. 2, p. 1-67, jan./dez. 2003. Tradução de A simplest systematics for the organization of turn taking for conversation. *Language*, v. 50, n. 4, p. 696-735, 1974.

_____. The preferences for self-correction in the organization of repair in conversation. *Language*, v. 53, n. 2, p. 361-382, 1977.

SARANGI, S. The conditions and consequences of professional discourse studies. In: KIELY, R.; REA-DICKINS, P.; WOODFIELD, H.; CLIBBON, G. (Orgs.). *Language, culture and identity in applied linguistics*. London: Equinox, 2006. p. 199-220.

SCHEGLOFF, E. A. The routine as achievement. *Human Studies*, v. 9, p. 111-152, 1996.

_____. Analysing single episodes of interaction: an exercise in conversation analysis. *Social Psychology Quartely*, v. 50, n. 2, p. 101-114, 1987.

_____; SACKS, H.; JEFFERSON, G. The preference for self-correction in the organization of repair in conversation. *Language*, n. 53, p. 361-382, 1977.

ANÁLISE CONTEXTUAL E LÉXICO-GRAMATICAL DA SENTENÇA CONDENATÓRIA NO CASO ISABELLA NARDONI*

*Cristiane Fuzer***

1. Introdução

Uma proposta de análise mais detalhada da interação entre a linguagem e o contexto social mais amplo com base em uma teoria social desafia pesquisadores das áreas de Linguística e de Direito a focalizarem ainda mais explicitamente "a interligação dos elementos

---

* Este texto é uma versão atualizada do artigo intitulado "Contexto e léxico-gramática em interação: análise de uma sentença condenatória", publicado na revista *Letras*, n. 40 (Fuzer, 2010).

** Professora Adjunta do Departamento de Letras Vernáculas e do Programa de Pós-Graduação em Letras da UFSM, área de Estudos Linguísticos. Agradeço Ulysses Fonseca Louzada, Juiz da 1ª Vara Criminal de Santa Maria, pela leitura crítica da seção 4 e pelo fornecimento de informações referentes ao Direito Processual Penal.

textuais com as práticas humanas em contextos e intercontextos[1] atuais" (Meurer, 2004, p. 148).

Tendo em vista esse desafio, analiso, neste capítulo, a linguagem usada para realizar a seguinte prática social: estabelecer pena de privação da liberdade a pessoas acusadas de praticar um crime contra a vida. Para isso, analiso aspectos do contexto e da léxico-gramática de um texto que foi, de certa forma, ansiosamente aguardado pela sociedade brasileira no início do ano de 2010: a sentença condenatória do caso Isabella Nardoni, publicada em sua íntegra pelos meios de comunicação.[2]

Para a análise, utilizo a noção ampliada de contexto de cultura proposta por Meurer (2004), que explora aspectos da teoria da estruturação do sociólogo Anthony Giddens (1979, 1984), e as variáveis do contexto de situação, descritas por Halliday (1989). Como o texto em análise se configura na materialização linguística de uma atividade institucional (a de julgar e punir) reconhecida socialmente, utilizo a noção de gênero como ação social, com base em Bazerman (2005, 2006, 2007). A léxico-gramática do texto que instancia o gênero sentença é analisada na perspectiva da Gramática Sistêmico--Funcional, especificamente a partir de aspectos do sistema de transitividade proposto por Halliday (1985, 1994) e Halliday e Matthiessen (2004).[3] Com base nesse percurso teórico-metodológico, cujos pressupostos estão revisados a seguir, é analisada a linguagem usada na referida sentença.

---

1. Termo proposto por Meurer (2004) para referir a condição em que "dois ou mais contextos se interligam e interpenetram em uma determinada prática social" (p. 135).

2. O áudio da sessão de leitura da sentença pelo Juiz foi transmitido ao vivo pelas emissoras de televisão Globo, Bandeirantes, SBT, Record e GloboNews. Versões em vídeo podem ser encontradas disponíveis em <www.youtube.com>. O texto escrito na íntegra encontra-se disponível em: <http://oglobo.globo.com/cidades/sp/mat/2010/03/27/caso-isabella-confira-na--integra-sentenca-que-condenou-casal-nardoni-916183672.asp>. Acesso em: 27 mar. 2010.

3. Convém destacar que a ordem de aplicação dessas noções pode ser invertida, iniciando-se a análise pela léxico-gramática até se chegar ao contexto. A escolha por uma ou outra possibilidade depende do propósito da investigação empreendida pelo analista.

2. Fundamentação teórica

Nas análises de textos realizadas com base na Linguística Sistê-mico-Funcional, os significados relacionam-se, simultaneamente, com as rotinas sociais (contexto social) e as formas linguísticas (elementos léxico-gramaticais). Entretanto, como observou Meurer (2004), nas análises que estabelecem conexões entre as variáveis do contexto de situação, metafunções da linguagem e sistemas correspondentes de opções léxico-gramaticais, o nível de profundidade é bem maior do que nas análises concernentes ao contexto de cultura — entendido como as estruturas sociais mais amplas que influenciam o discurso. Em busca de uma análise da interação entre elementos textuais e o contexto mais amplo, apresento, a seguir, uma revisão de princípios fundamentais sobre contexto (de cultura e de situação), gênero dis-cursivo e léxico-gramática.

2.1 Contexto de cultura e contexto de situação

A noção de contexto foi introduzida por Malinowski, em 1923, a partir de seus estudos sobre as interações de grupos nativos nas ilhas Trobriand, no Oceano Pacífico. Em suas observações, o antropólogo polonês concluiu que o significado de uma palavra em uma língua primitiva (entendida como aquela que não é escrita) depende muito do contexto em que é usada (Halliday, 1998). Para se referir ao am-biente imediato do texto, Malinowski cunhou o termo "contexto de situação", que inclui as atividades em que as pessoas estão engajadas, a natureza da interação com outras pessoas e o canal em que a comu-nicação se realiza.

Entretanto, ao longo de suas investigações, Malinowski constatou que, para se compreender adequadamente um texto, é preciso forne-cer também informações acerca da história cultural dos participantes e dos tipos de práticas em que estão engajados. Assim, ele cunhou o termo "contexto de cultura" como outra noção que, associada ao contexto de situação, é fundamental para a compreensão do funcionamento das práticas sociais e, ao mesmo tempo, dos textos (Halliday, 1989). O contexto de cultura refere-se não só a práticas mais amplas associadas a diferentes países e grupos étnicos, mas também a práticas institucionalizadas em grupos sociais (como a família, a escola, a igreja, a justiça etc.).

Em sua teorização sobre o contexto de cultura visando à descrição e explicação da interconexão entre textos e contextos, o linguista brasileiro Meurer (2004) focaliza noções sociológicas interdependentes, derivadas da Teoria da Estruturação (TE) do sociólogo inglês Anthony Giddens (1979, 1984), quais sejam: práticas sociais, prescrições de papéis e estruturas sociais em forma de regras e recursos. Essas categorias são bastante produtivas para a análise da linguagem quando se considera seu contexto de uso, como os eventos discursivos no campo do Direito.

As *práticas sociais*, termo usado a partir de Chouliaraki e Fairclough (1999), são definidas como "atividades em que as pessoas se engajam ao conduzir a vida social" (Meurer, 2004, p. 148). As práticas sociais devem ser examinadas em conjunto com prescrições de papéis e regras e recursos.

Na dimensão das *prescrições de papéis sociais*, definidas como prerrogativas e obrigações, está a noção de agentividade — o poder para agir. Essa dimensão está relacionada, segundo Meurer (2004), com a posição social e a identidade dos indivíduos.

Por fim, *regras e recursos* constituem a estrutura social, expressa nas ações realizadas pelas pessoas de maneira regular e institucionalizada. As regras contêm elementos normativos e códigos de significação. Elementos normativos são estruturas de legitimação, ou seja, técnicas ou procedimentos generalizáveis aplicados de maneira apropriada à reprodução da vida social. Códigos de significação correspondem ao aspecto semântico, que se referem aos significados atribuídos pelos agentes às suas próprias atividades e às dos outros. Os recursos, por sua vez, são as bases do poder e se constituem de alocação e autorização. Recursos alocativos resultam de posses materiais, e recursos autoritativos "derivam da coordenação da atividade dos agentes humanos" (Giddens, 1984, p. 17).

Para Meurer (2004), o conjunto dessas noções ajuda a explicar a relação entre contexto de cultura e linguagem. Embora não ofereça um modelo de análise do contexto de cultura — como fez Meurer (2004) —, Halliday (1989, p. 47) destaca as variáveis do contexto de situação, em cuja descrição "é importante basear-se em alguma indicação das circunstâncias culturais",[4] pois serão úteis para a interpretação de um texto. O contexto de situação, conforme definido por Malinowski, é o contexto imediato em que o texto está funcionando (Halliday, 1989) e, por conseguinte, a instanciação do contexto de cultura (assim como um texto real é a instanciação de um gênero discursivo, como veremos na subseção 2.2). Essa noção tem sido utilizada para explicar por que certas coisas foram ditas ou escritas em uma ocasião particular e o que deveria ou poderia ter sido dito ou escrito, mas não foi. Halliday (1989, 1998) propõe três conceitos fundamentais para descrever um contexto de situação específico: campo, relações e modo.

A variável *campo* refere-se ao marco institucional, em que se inclui a atividade do agente; corresponde ao conteúdo de que trata o falante/escritor e seus objetivos. Descrever o campo implica descrever "o que está acontecendo" (Halliday, 1989, p. 12).

A variável *relações* refere-se aos participantes da interação, suas posições e seus papéis. A descrição dessa variável implica, segundo Halliday (1989), informações sobre os tipos de relações entre os participantes (se temporárias ou permanentes, próximas ou distantes, por exemplo) quando engajados em determinada atividade.

O *modo*, por sua vez, refere-se à função que a língua desempenha no momento da interação, à organização simbólica do texto, ao canal (fônico ou gráfico), ao meio (falado ou escrito) da mensagem e também

---

4. No original: "(...) in describing the context of situation, it is helpful to build in some indication of the cultural background".

ao modo retórico, incluindo categorias como persuasivo, expositivo, didático, dentre outros (Halliday, 1989).

Em cada variável do contexto de situação, a linguagem desempenha, simultaneamente, uma metafunção: ideacional (que se relaciona à variável campo), interpessoal (que se articula à variável relações) e textual (que se relaciona à variável modo) (Halliday, 1989). Essas metafunções são componentes abstratos do sistema linguístico, funções generalizadas que formam a base da organização da linguagem. Cada uma dessas metafunções se realiza no nível léxico-gramatical, conforme apresentado a seguir.

2.2 Texto: realização léxico-gramatical em um contexto de uso

Na Linguística Sistêmico-Funcional (doravante LSF), a linguagem é concebida como um sistema de escolhas instanciado em um meio social de modo que o indivíduo possa desempenhar papéis sociais. Um texto é produto de seu entorno e funciona nele; "texto é significado e significado é opção, uma corrente contínua de seleções" (Halliday, 1998, p. 179). Como o texto realiza-se em orações, o conhecimento do funcionamento da gramática da língua permite analisar e descrever os modos como palavras são selecionadas, organizadas e sequenciadas dentro de um texto para produzir significados em determinado contexto (Droga; Humphrey, 2003). Cada metafunção da linguagem se realiza léxico-gramaticalmente nos textos por meio de diferentes sistemas: transitividade, MODO[5] e Tema-Rema.

O sistema de *transitividade* realiza a metafunção ideacional, que, na perspectiva experiencial, possibilita a análise da oração como representação de experiências. Nessa perspectiva, a oração se compõe de processo, participante e circunstância, os quais constituem o que Halliday e Matthiessen (2004) chamam de "figura".

---

5. Esse sistema é referido com letras maiúsculas para diferenciar da variável contextual *modo*, que é grafado com letras minúsculas.

O sistema de *MODO*, que inclui polaridade e modalidade, realiza a metafunção interpessoal e possibilita analisar-se a oração como troca de informações (proposições) ou bens e serviços (propostas).

Por último, o sistema de *Tema-Rema* realiza a metafunção textual, que possibilita a análise da oração como mensagem num todo organizado que constitui a sequência textual. O Tema é ponto de partida da mensagem e é realizado pelo primeiro componente experiencial da oração. O Rema, por sua vez, é o que se diz sobre o Tema e localiza-se logo após o Tema da oração.

Para verificar-se, por exemplo, como atores sociais ou atividades são representados no discurso, analisam-se componentes do sistema de transitividade do texto. A descrição dos papéis léxico-gramaticais desempenhados por grupos nominais, grupos verbais e grupos adverbiais em orações possibilita identificar com mais clareza quem são os agentes, de que tipos de processos tais agentes participam e sob quais circunstâncias. Na Gramática Sistêmico-Funcional, Halliday e Matthiessen (2004) sistematizam três tipos principais de orações, classificadas conforme os tipos de processos: materiais, mentais e relacionais.

Por meio de *processos materiais*, as pessoas representam experiências cujo desdobramento leva a alguma mudança no mundo físico. Na oração, os participantes desse tipo de processo podem desempenhar diferentes papéis léxico-gramaticais: Ator (realiza o processo), Meta (é afetado pelo processo), Recebedor (é beneficiado pelo processo que gera um bem), Cliente (é beneficiado por um serviço originado pelo processo) e Escopo (completa o significado do grupo verbal para constituir o processo ou especifica o âmbito em que o processo se realiza).

Para representar experiências do mundo da consciência, usam-se *processos mentais* de percepção, cognição, afeição e desejo. Os participantes desse tipo de processo são o Experienciador (aquele que experiencia uma ideia ou um fato) e o Fenômeno (a ideia ou o fato percebido, compreendido, sentido ou desejado).

Para identificar ou classificar uma experiência, podem ser usados *processos relacionais*, que ligam uma entidade à outra. Os participantes envolvidos nesse tipo de processo são denominados Atributo e Portador (quando há atribuição de características a uma entidade) ou Identificado e Identificador (quando o objetivo é identificar uma entidade num contexto específico).

Da articulação entre esses três processos principais emergem outros três intermediários, denominados: comportamentais, verbais e existenciais. *Processos comportamentais* apresentam, simultaneamente, traços semânticos de processos materiais e mentais, constituindo um comportamento do qual participa um Comportante. Já os *processos verbais* constituem-se de traços semânticos relacionais e mentais, configurando um dizer realizado por um Dizente ao enunciar uma Verbiagem, a qual pode ou não ter um Receptor (a quem se diz) e um Alvo (de quem se diz). Por fim, os *processos existenciais* mesclam características semânticas dos processos materiais, relacionais e, por vezes, verbais, atestando a existência de uma entidade, denominada Existente.

Em linhas gerais, pode-se entender o texto como a realização léxico-gramatical das metafunções da linguagem associadas às variáveis do contexto de situação e inseridas num dado contexto de cultura. O texto instancia determinada atividade humana que integra um conjunto de práticas sociais reconhecidas por sua recursividade. Disso advém a noção de gênero discursivo, apresentada na sequência.

2.3 Gênero como ação social

Assim como um contexto de situação instancia um contexto de cultura, um texto instancia um gênero discursivo. Para Meurer (2004, p. 142), gêneros discursivos são "formas de práticas sociais reconhecidas por terem formas e funções que se repetem". Sob essa perspectiva, os gêneros advêm da estrutura social mais ampla e se instanciam em forma de textos.

Certos gêneros tipificam as atividades de determinados grupos sociais. Tipificação é o termo usado por Bazerman (2005, p. 316) para designar o "processo em direção a formas de enunciados padronizados, que reconhecidamente realizam certas ações em determinadas circunstâncias, e a uma compreensão padronizada de determinadas situações". Bazerman (2006, p. 23) define gêneros como "formas de vida, modos de ser. São *frames* para a ação social. (...) São os lugares onde o sentido é construído".

Em vista disso, o termo gênero, usado no decorrer deste trabalho, implica o conceito de discurso como a linguagem em uso num contexto específico para a realização de uma prática social. Bakhtin (2003) teorizou sobre gêneros discursivos a partir do ponto de vista de que todas as esferas das atividades humanas se relacionam com o uso da língua, o qual se efetua em forma de enunciados. Assim, o conceito de gênero como ação social tem, inegavelmente, como base a noção bakhtiniana de gênero do discurso.

3. Panorama de análise

Com base nas noções teóricas abordadas na seção anterior, é possível empreender uma análise da interação entre linguagem e contexto num exemplar do gênero sentença condenatória. O panorama geral de análise está assim delineado:

— contexto de cultura da instituição jurídica brasileira: prática de julgar pessoas que praticaram crime contra a vida e determinar sua punição, tendo por base o Código de Processo Penal e o Código Penal em vigência no país;

— contexto de situação: condenação dos réus Alexandre Alves Nardoni e Anna Carolina Trotta Peixoto Jatobá pela prática, em 29 de março de 2008, de homicídio triplamente qualificado contra a menor Isabella de Oliveira Nardoni, conforme decisão manifestada pelo Tribunal do Júri, em 27 de março de 2010;[6]

---

6. Isso aconteceu dois dias antes do momento em que este trabalho começou a ser escrito.

- gênero discursivo utilizado para realizar a referida prática social no contexto de situação mencionado: sentença condenatória;
- texto: realização de aspectos léxico-gramaticais que, para fins de análise neste trabalho, materializam representações para os atores sociais[7] (réus, vítima, operadores do Direito) em termos de ativação ou passivação (a partir da descrição do sistema de transitividade) e dão maior ou menor proeminência temática aos constituintes da oração como mensagem.

A partir desses quatro níveis interdependentes, discuto como a linguagem é usada na sentença do caso Isabella Nardoni (Anexo 1) para, mais especificamente, mostrar como é construída a representação dos atores sociais envolvidos no processo penal constituído para julgar esse caso que mobilizou a mídia e a sociedade brasileira desde a noite do crime (em 29/3/2008) até o júri popular (de 22 a 27/3/2010).

4. Resultados da análise da sentença condenatória

Como salientou Meurer (2004, p. 135), "com a complexidade do mundo contemporâneo, muitos contextos se sobrepõem e se mesclam, com crescente grau de intercontextualidade". A sentença em análise insere-se num alto grau de intercontextualidade, uma vez que, em termos de contexto de cultura, as regras e os recursos são instanciados em diferentes domínios sociais: no nível pessoal, no nível institucional e no nível social.

No primeiro nível, encontram-se as ações pessoais praticadas pelos réus que vão de encontro à *regra* básica de preservação da vida,

---

7. Tomo esse termo emprestado da Teoria das Representações Sociais, de Moscovici (2010), também usado por van Leeuwen (1997) em seu inventário de formas de representação de atores sociais no discurso (um estudo dessas formas de representação nas alegações finais de um processo penal encontra-se em Fuzer e Barros, 2009).

garantida pela Constituição Federal da República do Brasil (1988). Tais ações são referidas na sentença como: "asfixia mecânica" da vítima, "lançamento inconsciente pela janela" com o objetivo de "ocultar crime anteriormente cometido" (por isso a denominação dada ao crime: "homicídio triplamente qualificado").

Essas ações estão diretamente relacionadas com a instituição jurídica, que tem o papel de julgar e punir transgressores da lei, com a finalidade de manter a ordem social vigente. Em caso de crimes contra a vida, por exemplo, o *recurso* usado é o processo penal, que se inicia com a denúncia oferecida pelo Promotor do Ministério Público com base no inquérito policial (investigação das circunstâncias e da autoria do crime), prossegue com as alegações das partes (acusação e defesa), com os termos de interrogatório, com a sentença de pronúncia (por meio da qual o juiz encaminha o caso para Júri Popular) e se encerra com a sentença condenatória.[8]

No que se refere à dimensão das *prescrições de papéis*, destacam-se os papéis pertinentes aos operadores do Direito, que têm poder para agir judicialmente. Na sentença, há referências lexicais a identidades próprias da instituição jurídica. A maioria dos operadores do Direito é representada no discurso de maneira não personalizada. A ação de denunciar os acusados, por exemplo, está representada como uma realização não de uma pessoa, mas de uma entidade que integra o sistema judiciário, como se verifica na introdução da sentença:

Vistos

1. ALEXANDRE ALVES NARDONI e ANNA CAROLINA TROTTA PEIXOTO JATOBÁ, qualificados nos autos, foram denunciados pelo **Ministério Público** (...). (grifo meu)

Em nenhuma passagem de todo texto da sentença há referência ao Promotor Francisco Cembranelli, que representou o Ministério Pú-

---

8. Uma descrição mais detalhada do sistema de gêneros em que se constitui um Processo Penal encontra-se em Fuzer (2008a).

blico em todo o processo e acabou aclamado como "herói"[9] pela mídia e, por tabela, pela população. A ausência de nomeação desse operador do Direito é típica no gênero sentença,[10] ao contrário do que acontece no contexto midiático, em que a nomeação de determinado ator social é usada sempre que sua identificação, por algum motivo, for considerada relevante em notícias e reportagens sobre o assunto em destaque.

Tampouco o advogado de defesa, os peritos e demais serventuários da justiça (policiais, oficiais de justiça, oficial escrevente e escrivão) têm seus nomes mencionados no texto. Quando mencionados, são referidos apenas por meio da sua função. Essa é uma estratégia de encobrimento que atribui um caráter de impersonalização à instituição jurídica. Já réus e testemunhas são sempre nomeados, para especificar identidade única das pessoas não pertencentes à instituição jurídica (Fuzer, 2008b).

O Conselho de Sentença é composto por sete jurados que representam a vontade do povo no Tribunal do Júri. O critério de seleção desses jurados é o sorteio, e seus nomes também não aparecem na sentença. Os elementos lexicais usados no texto que corroboram esse processo de impersonalização são: "Defesa dos réus em plenário", "Conselho de Sentença", "Tribunal do Júri", "este Egrégio 2º Tribunal do Júri da Capital do Fórum Regional de Santana", "este Conselho Popular", "este Juízo", o "Judiciário", "Egrégio Tribunal de Justiça do Estado de São Paulo", "Estado-Juiz"; "Colendo Supremo Tribunal Federal", "Poder Judiciário", "deste Fórum Regional de Santana".

Do grupo de profissionais do Direito, aparecem nomeados apenas o Juiz (na assinatura) — "Maurício Fossen" — e outros profissionais do Direito que são citados para fundamentar a decisão, nos seguintes termos: "Professor e Magistrado Guilherme de Souza Nucci", "Nobre Desembargador Caio Eduardo Canguçu de Almeida", "não menos brilhante Desembargador Revisor, Dr. Luís Soares de Mello".

---

9. Conforme notícia publicada em: <http://noticias.uol.com.br/cotidiano/2010/03/27/promotor-do-caso-isabella-e-recebido-como-heroi.jhtm>. Acesso em: 27 mar. 2010.

10. Essa característica foi constatada por Fuzer (2009) ao comparar a representação de operadores do Direito em sentenças de dois processos penais já tramitados.

Réus e vítimas são sempre nomeados em todas as peças processuais, inclusive na sentença, para especificar identidade única das pessoas não pertencentes à instituição jurídica (Fuzer, 2008b). Na sentença em análise, os réus e a vítima são referidos ao longo do texto, além de pronomes e elipses, por diversos recursos lexicais:

— nome completo: "Alexandre Alves Nardoni e Anna Carolina Trotta Peixoto Jatobá", "Isabella Oliveira Nardoni";[11]

— papel no contexto do Processo Penal: "os acusados", "os réus", "os agentes", "os autores", "a vítima", "cada um dos réus";

— papel no contexto de individualização da pena: "corréu Alexandre", "corré Anna Jatobá";

— papel no contexto social: "criança Isabella", "sua própria filha", "genitor da vítima Isabella", "enteada", "membros de uma mesma família".

Esses itens lexicais demarcam, ao longo do texto, a posição de pessoas comuns na sociedade como partes do Processo Penal, sem conotações negativas ou positivas. Não são usadas na sentença palavras como "assassinos" ou "criminosos", para se referir a Alexandre Nardoni e Anna Carolina Jatobá, como fez a mídia em diversos textos publicados durante a tramitação do processo judicial.[12] Avaliações negativas são sinalizadas por outros elementos linguísticos que se relacionam a condutas dos réus, horas antes da morte da vítima, quando passearam com a menina pela cidade e visitaram parentes. Tais elementos avaliativos são realizados léxico-gramaticalmente por:

— nominalizações que representam estados emocionais na função de Fenômeno, como em "as circunstâncias específicas (...)

---

11. A expressão "qualificados nos autos", que vem logo após as nomeações, encapsula uma série de outros dados referentes às pessoas em julgamento, tais como: estado civil, data de nascimento, profissão, endereço, números de registros pessoais.

12. A título de exemplos: "Pai e Madrasta são os assassinos de Isabella" (*O Dia* on-line, 19 abr. 2008); "Caso Isabella, saiba como vivem os criminosos na cadeia e com a família" (*Notícia Via 6*, 22 mar. 2009).

demonstram a presença de uma **frieza emocional** e uma **insensibilidade acentuada** por parte dos réus;

— circunstância de modo em oração material, como em "os quais (...) teriam investido **de forma covarde** contra a mesma";

— processo mental, como em "o que **choca** o sentimento e a sensibilidade do homem médio";

— Identificado em oração relacional, como em "**esse desequilíbrio emocional demonstrado pelos réus** constituiu a mola propulsora para a prática do homicídio".

Essas escolhas léxico-gramaticais constroem uma representação para Alexandre Nardoni e Anna Carolina Jatobá como pessoas desequilibradas capazes de praticar assassinato, sem dizer que são "assassinos". No contexto jurídico, só se dirá que existiu crime com o trânsito em julgado. Enquanto houver direito a recursos, os acusados não serão considerados criminosos.[13]

Em conformidade com a proposta de Meurer (2004), cada uma das identidades incorpora diferentes prescrições. No contexto penal, compete ao Promotor do Ministério Público, por exemplo, apresentar a denúncia contra os acusados, com base nas provas do inquérito produzido pelo delegado que comandou as investigações do caso com o auxílio dos peritos do Instituto Médico Legal. Ao advogado de defesa e seus assistentes, por sua vez, compete apresentar uma tese defensiva e fundamentá-la perante o Tribunal do Júri (Nucci; Nucci, 2006). Ao Conselho de Sentença[14] compete decidir pela culpa ou inocência dos réus, mas compete ao juiz oficializar essa decisão e, no caso de condenação, determinar a penalidade a ser aplicada a cada réu (Gibbons, 2003).

---

13. Informação fornecida por Ulysses Fonseca Louzada, Juiz da 1ª Vara Criminal de Santa Maria, em comunicação pessoal.

14. O Conselho de Sentença é composto por sete jurados que representam a vontade do povo no Tribunal do Júri. O critério de seleção desses jurados é o sorteio, e seus nomes também são omitidos na sentença.

A agência desses operadores do Direito, prevista no contexto de cultura da prática Processo Penal, manifesta-se, no nível léxico-gramatical, principalmente quando o ator social desempenha o papel de Ator, Experienciador ou Dizente. A análise quantitativa demonstrou que 54% das orações que constituem o texto da sentença têm, explicitamente ou em elipse, algum operador do Direito como agente. Os réus são representados como agentes em 32% das orações do texto, e em 14% a agência é desempenhada por outros participantes secundários (a mãe da vítima, o psiquiatra, o pai de Alexandre Nardoni). Já para a vítima não há nenhuma ocorrência de representação por agência; ela aparece como Meta em orações materiais que têm os réus como Ator e como Circunstância nas demais orações em que é mencionada, sendo representada, assim, com papel passivo.

Das orações em que operadores do Direito são agentes, 61% apresentam estrutura gramatical passiva, nas quais os réus aparecem como afetados por ações verbais realizadas pelos operadores, a exemplo das orações a seguir:

ALEXANDRE ALVES NARDONI e ANNA CAROLINA TROTTA PEIXOTO JATOBÁ, qualificados nos autos, foram denunciados **pelo Ministério Público** (...)

(...) Após o regular processamento do feito em Juízo, os réus acabaram sendo pronunciados [**pelo juiz**], nos termos da denúncia (...)

Já as orações em que os réus são agentes apresentam, em sua maioria, estrutura operativa (68%), com figuras situadas na instância do crime (incorrer no delito, alterar o local do crime, praticar o crime, investir contra a acusada) e na instância da penalidade (iniciar cumprimento de pena, aguardar trânsito em julgado). Grande parte dessas orações é projetada por processos verbais, como nestes exemplos:

(...) Aponta a denúncia também que **os acusados**, após a prática do crime de homicídio referido acima, teriam incorrido também no delito de fraude processual, ao alterarem o local do crime com o objetivo de inovarem artificiosamente o estado do lugar e dos objetos ali existentes, com a finalidade de induzir a erro o juiz e os peritos e, com isso, produzir efeito em processo penal que seria iniciado (...)

(...) Além disso, reconheceu ainda o Conselho de Sentença que **os réus** também praticaram, naquela mesma ocasião, o crime conexo de fraude processual qualificado.

(...) [**os réus**] teriam, ao final do dia, investido de forma covarde contra a mesma (...)

(...) deverão **os mesmos** iniciar o cumprimento de suas penas privativas de liberdade em relação a este delito em regime prisional SEMI--ABERTO (...)

No nível de organização textual, a associação entre o índice expressivo de orações passivas em que operadores do Direito são agentes e o índice de orações operativas em que os réus são agentes resulta em maior proeminência textual para os réus, que são os participantes agentes de processos que remetem à prática do crime (como incorrer, alterar, induzir, produzir, praticar, investir) e participantes afetados por processos que denotam atividades jurídicas (como denunciar, pronunciar, submeter a julgamento, decidir, condenar).

Em 39% das orações que apresentam operadores do Direito ativados em orações operativas, na maioria das ocorrências o Juiz e o Conselho de Sentença (composto pelos jurados) são, explicitamente ou em elipse, Ator ou Dizente, como nestas ocorrências:

(...) Em razão dessa decisão, [**juiz**] passo a decidir sobre a pena a ser imposta a cada um dos acusados em relação a este crime de homicídio (...)

(...) Além disso, reconheceu ainda **o Conselho de Sentença** que os réus também praticaram, naquela mesma ocasião, o crime conexo de fraude processual qualificado (...)

(...) Assim sendo, frente a todas essas considerações, [**juiz**] majoro a pena-base para cada um dos réus (...)

(...) [**juiz**] condeno-os às seguintes penas: (...)

Com o uso de estruturas operativas, o juiz destaca seu papel decisório com relação à aplicação da pena e o papel analítico dos jurados que compõem o Conselho de Sentença. As orações em que os jurados são representados como agentes de decisão quanto à qualificação dos crimes apresentam-se com estrutura passiva:

(...) a pena a ser imposta a cada um dos acusados em relação a este crime de homicídio pelo qual <u>foram considerados</u> culpados **pelo Conselho de Sentença** (...)

(...) aqui <u>admitidas</u> [**pelos jurados**] como circunstâncias agravantes de pena (...)

A escolha por essa estrutura léxico-gramatical pode ser explicada pelos princípios do sistema de Tema-Rema (Halliday; Matthiessen, 2004). A presença do Conselho de Sentença em posição remática (do processo em diante) sinaliza que Juiz e jurados exercem poderes diferentes na instância do Júri: os jurados têm o poder de decidir pela condenação ou absolvição dos réus, ao passo que o Juiz tem o poder de aplicar as penas previstas para os tipos de crimes reconhecidos pelos jurados. No contexto de cultura jurídico, ambos os papéis são fundamentais à resolução do processo, mas as escolhas léxico-gramaticais identificadas na sentença colocam o Juiz em posição de destaque.

Além dos elementos linguísticos que constroem representações dos operadores do Direito, dos réus e da vítima, há referências lexicais a identidades mais gerais, como: "homem médio", "familiares da vítima", "profissional habilitado", "população não apenas desta Capital, mas de todo o país", "mídia", "populares e profissionais de imprensa", "o ser humano", "sociedade". Com essas expressões, é estabelecida relação entre o papel da instituição jurídica perante os demais grupos sociais. O papel fundamental da instituição jurídica é reproduzido por meio da condenação dos réus, cujas ações perturbaram a ordem social, a qual deve ser mantida por meio das práticas do Judiciário. A necessidade de garantia da ordem pública e de preservação da credibilidade e respeitabilidade do Poder Judiciário é usada como argumento para fundamentar a decisão do juiz de manter os réus presos. Isso é realizado por meio de Circunstâncias de Finalidade, destacadas a seguir:

> (...) a manutenção da prisão processual dos acusados, na visão deste julgador, mostra-se realmente necessária **para garantia da ordem pública,** objetivando acautelar a credibilidade da Justiça (...) daí por que a manutenção de suas custódias cautelares se mostra necessária **para a preservação da credibilidade e da respeitabilidade do Poder Judiciário.** (grifos meus)

Esses elementos evidenciam a preocupação do representante do Estado em assegurar, por meio da manutenção da reclusão dos réus, não só a garantia da ordem pública, mas também "a credibilidade da Justiça" (que, nesse contexto mais amplo, representa a própria instituição[15]). Verifica-se, assim, uma estrutura de legitimação (Giddens, 1984) como parte das regras e dos recursos que constituem a estrutura jurídica a serviço da estrutura social.

As ações praticadas pelos réus tiveram influência sobre a sociedade em geral, provocando reações das pessoas em muitas partes do Brasil desde a notícia sobre a morte da menina e as reportagens sobre as investigações policiais, até a cobertura jornalística dos cinco dias de julgamento dos réus, culminando com a leitura da sentença na íntegra pelo Juiz, transmitida ao vivo pelas principais emissoras de televisão e rádio do país.

As reações de populares em forma de manifestações de apoio à mãe de Isabella Nardoni, de pichações no muro da casa dos pais de Alexandre Nardoni, de vigílias em frente ao Fórum durante o Júri Popular, de uma maneira ou de outra, foram influenciadas pela ampla e intensa divulgação de cada etapa do processo pela mídia ao longo

---

15. A "justiça como instituição" é uma das representações de Justiça estudadas por Bortoluzzi (2008), com base na Teoria da Estruturação. As outras duas representações são "justiça como princípio" e "justiça como um bem".

desses dois anos (e que tem prosseguido até o presente momento mediante a interposição de recursos pelos advogados de defesa dos réus). Se não se pode afirmar que a mídia influenciou a decisão dos jurados pela condenação dos réus, pode-se, por outro lado, dizer que influenciou, de alguma forma, a reação das pessoas que clamavam pela condenação dos réus em frente ao Fórum. Esse contexto, por sua vez, influenciou a atividade institucional no que se referiu à decisão de manter ou não os réus presos enquanto aguardavam julgamento do pedido de recurso. Evidências disso encontram-se textualizadas na sentença, conforme se verifica neste fragmento:

> Portanto, diante da hediondez do crime atribuído aos acusados, pelo fato de envolver membros de uma mesma família de boa condição social tal situação teria gerado **revolta à população não apenas desta Capital, mas de todo o país, que envolveu diversas manifestações coletivas, como fartamente divulgado pela mídia,** além de ter exigido também um enorme esquema de segurança e contenção por parte da Polícia Militar do Estado de São Paulo na frente das dependências deste Fórum Regional de Santana durante estes cinco dias de realização do presente julgamento, **tamanho o número de populares e profissionais de imprensa que para cá acorreram** (grifos meus).

Na função léxico-gramatical de Dizente na oração verbal "fartamente divulgado pela mídia", a mídia é ativada no processo de divulgação de manifestações coletivas. A Circunstância "fartamente" intensifica o processo que a mídia realiza. O que é dito pela mídia ("revolta à população não apenas desta Capital, mas de todo o país") corresponde, semanticamente, à função de Verbiagem da oração e funciona, ao mesmo tempo, como a Meta do processo material criativo "teria gerado", cujo Ator é "tal situação" (que retoma o crime praticado pelos acusados). A função de Verbiagem se realiza, gramaticalmente, como um complexo oracional, em que a oração "que envolveu diversas manifestações coletivas" acrescenta a informação a "revolta".

Com essas escolhas léxico-gramaticais, o Juiz representa apenas uma parte do contexto de situação de que a mídia participou e que interessa à fundamentação da sua decisão. No contexto mais amplo, as manifestações de populares (com cartazes, camisetas que estampavam a foto de Isabella) apareciam nos telejornais intercaladas às cenas da reconstituição do crime e do trabalho dos peritos e às entrevistas com os operadores do Direito (o delegado que investigou o caso, o Promotor, os advogados de defesa), com alguns familiares da vítima (mãe, avó) e dos acusados (pai e irmã de Alexandre) e até com curiosos que faziam plantão na frente do prédio durante a investigação para o inquérito policial. Referências a essas cenas não aparecem no texto da sentença porque, certamente, não servem para fundamentar a decisão de manter os réus encarcerados enquanto aguardam o trânsito em julgado da decisão.

5. Considerações finais

Na análise da linguagem usada para produzir significados na sentença condenatória no caso Isabella Nardoni, buscou-se estabelecer conexões entre dados contextuais e os sistemas correspondentes de opções léxico-gramaticais. Os subsídios teóricos sistematizados por Meurer (2004) a partir de Giddens (1984), em termos de práticas sociais, prescrições de papéis e estruturas sociais em forma de regras e recursos, contribuíram para a compreensão dos significados que emergem do texto quando se olha mais atentamente para seus significados a partir da interação entre o contexto social e a léxico-gramática.

O texto analisado instancia o gênero que a instituição jurídica utiliza para realizar a prática relativa ao cerceamento de liberdade de pessoas que praticam crimes contra a vida. Essa prática social da instituição jurídica é constituída por operadores que realizam papéis específicos prescritos no Código de Processo Penal (Brasil, 1941). Tais papéis aparecem, explicitamente ou em elipse, representados no texto por meio de orações materiais, mentais e verbais que configuram práticas tipicamente jurídicas, como: a) denunciar; b) apresentar defesa; c) considerar, reconhecer e decidir pelo tipo de crime; d) pronunciar, condenar e aplicar pena. Enquanto o Promotor, o advogado de defesa, os jurados e o Juiz são os participantes agentes desses processos, os réus são por tais processos afetados.

Ainda em relação à prescrição de papéis sociais, verificou-se que, dependendo da estrutura oracional adotada para organizar a mensagem, alguns participantes recebem mais destaque do que outros. Estruturas passivas são usadas para dar proeminência aos réus quando afetados por processos que têm operadores do Direito como agentes. Por outro lado, quando os réus estão representados como agentes, tanto na instância da prática do crime quanto na instância da penalidade, há mais recorrência de estruturas operativas. Isso significa que, na sentença do caso Isabella Nardoni, os réus e suas ações delituosas ocupam posição temática na maior parte do texto, demonstrando consonância com o propósito da prática social reservada ao gênero sentença.

Em contrapartida, quando desempenha o papel de agente em estruturas operativas, o Juiz dá proeminência ao seu papel decisório em relação ao papel dos jurados, que são representados como agentes de decisão em estruturas passivas em grande parte das ocorrências. Dessa maneira, tem-se textualizada a distribuição de poder no contexto de cultura judiciário.

As análises realizadas evidenciaram também o alto grau de intercontextualidade da sentença, uma vez que envolvem ações instanciadas em diferentes domínios sociais. No nível pessoal, estão Alexandre Nardoni (pai de Isabella), Anna Carolina Jatobá (a madrasta da menina) e Ana Carolina de Oliveira (a mãe da menina). No nível institucional, estão os operadores do Direito (promotor, peritos, Juiz, jurados que constituíram o Conselho de Sentença) e os réus. No nível da sociedade em geral, aparecem populares como agentes de manifestações coletivas, a mídia como divulgadora de tais manifestações e o casal acusado de provocar a morte de uma criança como causador de tudo isso.

Na redação da sentença, o Juiz faz figurar, para o cumprimento do seu poder — que é o poder do Estado — determinados atores sociais e atividades que instanciam esses níveis. Isso se verifica, por exemplo, na inclusão da mídia como divulgadora apenas das manifestações coletivas motivadas pela notícia da defenestração, com consequente morte, de uma menina de cinco anos pelo próprio pai. Essa inclusão é relevante para o propósito de fundamentar a decisão de manter os réus presos mediante a perturbação pública que seu delito tem ocasionado. Outras situações em que a mídia também esteve envolvida, conforme se mencionou na seção de análise, estão excluídas da sentença, provavelmente para evitar qualquer possibilidade de representação de interferência da mídia no encaminhamento e no resultado do processo judicial em questão. O papel da mídia, no processo que julgou o caso Isabella, foi, na versão do Juiz, tão somente divulgar manifestações de pessoas revoltadas diante do crime.

Contudo, no contexto mais amplo, pode-se considerar que a ação de divulgar os fatos com tamanha frequência e detalhamento pode representar também uma instância de poder que, mesmo indiretamente, pode ter tido algum grau de influência para a condenação dos réus dentro do prazo legal (dois anos) num sistema judiciário relativamente moroso[16] como o brasileiro.

Referências

BAKHTIN, M. *Estética da criação verbal*. 4. ed. Tradução Paulo Bezerra. São Paulo: Martins Fontes, [1979] 2003.

BAZERMAN, C. *Escrita, gênero e interação social*. Tradução e organização Judith Chambliss Hoffnagel e Angela Paiva Dionisio. São Paulo: Cortez, 2007.

---

16. Há diversos trabalhos na área do Direito sobre a morosidade do sistema judiciário brasileiro, como o de Ferrari (2005), Martins (2006), Lara (2007), dentre outros. Segundo Martins (2006), em pesquisa realizada em 2003 com o principal Tribunal do país, o Tribunal de Justiça do Estado de São Paulo, um recurso demora cerca de cinco anos apenas para ser redistribuído. O prazo previsto em lei é de 81 a 120 dias.

BAZERMAN, C. *Gênero, agência e escrita*. Tradução Judith Chambliss Hoffnagel. São Paulo: Cortez, 2006.

_____. *Gêneros textuais, tipificação e interação*. Tradução e organização Angela Paiva Dionisio e Judith Chambliss Hoffnagel. São Paulo: Cortez, 2005.

BORTOLUZZI, V. I. *"Que justiça é essa?"*: as representações de justiça em acórdãos de *habeas corpus* e cartas do leitor. Tese (Doutorado em Letras) — Universidade Federal de Santa Maria, Santa Maria, 2008.

BRASIL. *Constituição da República Federativa do Brasil*, 1988.

_____. *Código de Processo Penal*. Decreto-lei n. 3.689, de 3 de outubro de 1941. Disponível em: <http://www.planalto.gov.br/CCIVIL/Decreto-Lei/Del2848.htm>. Acesso em: 10 abr. 2005.

CHOULIARAKI, L.; FAIRCLOUGH, N. *Discourse in late modernity*. Rethinking critical discourse analysis. Edimburgh: Edimburgh University Press, 1999.

DROGA, L.; HUMPHREY, S. *Grammar and meaning*: an introduction for primary teachers. Australia: Target Texts, 2003.

FERRARI, K. M. M. O princípio da razoável duração do processo e os prazos para a emissão dos pronunciamentos do juiz. *Jus Navigandi*, dez. 2005. Disponível em: <http://jus2.uol.com.br/doutrina/texto.asp?id=8778>. Acesso em: 18 abr. 2010.

FUZER, C. Contexto e léxico-gramática em interação: análise de uma sentença condenatória. *Letras*, PPGL/UFSM, v. 20, n. 40, p. 113-132, jan./jun. 2010.

_____. Figuras ideacionais típicas da prática processual penal em gêneros textuais jurídicos. In: SIMPÓSIO INTERNACIONAL DE GÊNEROS TEXTUAIS, 5., *Anais*..., Caxias do Sul: UCS, 2009. 18 p. Disponível em: <http://www.ucs.br/ucs/extensao/agenda/eventos/vsiget/portugues/anais/textos_autor>. Acesso em: 31 mar. 2010.

_____. Processo Penal como sistema de gêneros. *Linguagem em (Dis)curso*, v. 8, n. 1, p. 43-64, jan./abr. 2008a.

_____. *Linguagem e representação nos autos de um Processo Penal*: como operadores do Direito representam atores sociais em um sistema de gêneros. 2008. Tese (Doutorado em Letras) — Universidade Federal de Santa Maria, Santa Maria, 2008b.

FUZER, C.; BARROS, N. C. A. Accusation and defense: the ideational meta-function of language in the genre closing argument. In: BAZERMAN, C.; BONINI, A.; FIGUEIREDO, D. *Genre in a changing world*: perspectives on writing. Fort Collins, Colorado: The WAC Clearinghouse and Parlor Press, 2009. Disponível em: <http://wac.colostate.edu/books/genre>. Acesso em: 8 set. 2013.

GIBBONS, J. *Forensic linguistic*: an introduction to language in the justice system. USA/UK/Australia: Blackwell Publishing, 2003.

GIDDENS, A. *The constitution of society*. Cambridge: Polity Press, 1984.

_____. *Central problems in sociological theory*. Berkeley: University of California Press, 1979.

HALLIDAY, M. A. K. The notion of "context" in language education. In: GHADESSY, M. (Org.). *Text and context in functional linguistics*. Amsterdam, Netherlands/Philadelphia, USA: John Benjamins Publishing, 1999. p. 1-24.

_____. *El lenguaje como semiótica social*: la interpretación social del lenguaje y del significado. Traducción Jorge Ferreiro Santana. Santa Fé de Bogotá, Colombia: Fondo de Cultura Económica, 1998.

_____. *An introduction to functional grammar*. 2. ed. London/New York: Arnold, 1994.

_____. Part A. In: HALLIDAY, M. A. K.; HASAN, R. *Language, context, and text*: aspects of language in a social-semiotic perspective. Oxford: Oxford University Press, 1989.

_____. *An introduction to functional grammar*. London/New York: Arnold, 1985.

_____; MATTHIESSEN, C. M. I. M. *An introduction to functional grammar*. 3. ed. London: Arnold, 2004.

LARA, J. C. A morosidade do processo judicial. *Jurisway*, fev. 2007. Disponível em: <http://www.jurisway.org.br/v2/dhall.asp?id_dh=203>. Acesso em: 18 abr. 2010.

MARTINS, F. H. *O duplo grau de jurisdição, a morosidade do processo e o acesso à justiça*. São Manuel, abr. 2006. Disponível em: <http://www.fmr.edu.br/npi/resumos/001.pdf>. Acesso em: 18 abr. 2010.

MEURER, J. L. Ampliando a noção de contexto na linguística sistêmico-funcional e na análise crítica do discurso. *Linguagem em (Dis)curso*, Tubarão, v. 4, número especial, p. 133-157, 2004.

MOSCOVICI, S. *Representações sociais*: investigações em psicologia social. Tradução Pedrinho Guareschi. 7. ed. Petrópolis: Vozes, 2010.

NUCCI, G. S.; NUCCI, N. C. F. *Prática forense penal*. São Paulo: Revista dos Tribunais, 2006.

VAN LEEUWEN, T. A representação dos actores sociais. In: PEDRO, E. R. (Org.). *Análise crítica do discurso*. Lisboa: Caminho, 1997. p. 169-222.

ANEXO 1

VISTOS

1. ALEXANDRE ALVES NARDONI e ANNA CAROLINA TROTTA PEIXOTO JATOBÁ, qualificados nos autos, foram denunciados pelo Ministério Público porque no dia 29 de março de 2.008, por volta de 23:49 horas, na rua Santa Leocádia, n. 138, apartamento 62, vila Isolina Mazei, nesta Capital, agindo em concurso e com identidade de propósitos, teriam praticado crime de homicídio triplamente qualificado pelo meio cruel (asfixia mecânica e sofrimento intenso), utilização de recurso que impossibilitou a defesa da ofendida (surpresa na esganadura e lançamento inconsciente pela janela) e com o objetivo de ocultar crime anteriormente cometido (esganadura e ferimentos praticados anteriormente contra a mesma vítima) contra a menina ISABELLA OLIVEIRA NARDONI.

Aponta a denúncia também que os acusados, após a prática do crime de homicídio referido acima, teriam incorrido também no delito de fraude processual, ao alterarem o local do crime com o objetivo de inovarem artificiosamente o estado do lugar e dos objetos ali existentes, com a finalidade de induzir a erro o juiz e os peritos e, com isso, produzir efeito em processo penal que viria a ser iniciado.

2. Após o regular processamento do feito em Juízo, os réus acabaram sendo pronunciados, nos termos da denúncia, remetendo-se a causa assim a julgamento ao Tribunal do Júri, cuja decisão foi mantida em grau de recurso.

3. Por esta razão, os réus foram então submetidos a julgamento perante este Egrégio 2º Tribunal do Júri da Capital do Fórum Regional de Santana, após cinco dias de trabalhos, acabando este Conselho Popular, de acordo com o termo de votação anexo, reconhecendo que os acusados praticaram, em concurso, um crime de homicídio contra a vítima Isabella Oliveira Nardoni, pessoa menor de 14 anos, triplamente qualificado pelo meio cruel, pela utilização de recurso que dificultou a defesa da vítima e para garantir a ocultação de delito ante-

rior, ficando assim afastada a tese única sustentada pela Defesa dos réus em Plenário de negativa de autoria.

Além disso, reconheceu ainda o Conselho de Sentença que os réus também praticaram, naquela mesma ocasião, o crime conexo de fraude processual qualificado.

É a síntese do necessário.

FUNDAMENTAÇÃO

4. Em razão dessa decisão, passo a decidir sobre a pena a ser imposta a cada um dos acusados em relação a este crime de homicídio pelo qual foram considerados culpados pelo Conselho de Sentença.

Uma vez que as condições judiciais do art. 59 do Código Penal não se mostram favoráveis em relação a ambos os acusados, suas penas-base devem ser fixadas um pouco acima do mínimo legal.

Isto porque a culpabilidade, a personalidade dos agentes, as circunstâncias e as consequências que cercaram a prática do crime, no presente caso concreto, excederam a previsibilidade do tipo legal, exigindo assim a exasperação de suas reprimendas nesta primeira fase de fixação da pena, como forma de reprovação social à altura que o crime e os autores do fato merecem.

Com efeito, as circunstâncias específicas que envolveram a prática do crime ora em exame demonstram a presença de uma frieza emocional e uma insensibilidade acentuada por parte dos réus, os quais após terem passado um dia relativamente tranquilo ao lado da vítima, passeando com ela pela cidade e visitando parentes, teriam, ao final do dia, investido de forma covarde contra a mesma, como se não possuíssem qualquer vínculo afetivo ou emocional com ela, o que choca o sentimento e a sensibilidade do homem médio, ainda mais porque o conjunto probatório trazido aos autos deixou bem caracterizado que esse desequilíbrio emocional demonstrado pelos réus constituiu a mola propulsora para a prática do homicídio.

De igual forma relevante as consequências do crime na presente hipótese, notadamente em relação aos familiares da vítima.

Porquanto não se desconheça que em qualquer caso de homicídio consumado há sofrimento em relação aos familiares do ofendido, no caso específico destes autos, a angústia acima do normal suportada pela mãe da criança Isabella, Srª. Ana Carolina Cunha de Oliveira, decorrente da morte da filha, ficou devidamente comprovada nestes autos, seja através do teor de todos os depoimentos prestados por ela nestes autos, seja através do laudo médico-psiquiátrico que foi apresentado por profissional habilitado durante o presente julgamento, após realizar consulta com a mesma, o que impediu inclusive sua permanência nas dependências deste Fórum, por ainda se encontrar, dois anos após os fatos, em situação aguda de estresse (F43.0 — CID 10), face ao monstruoso assédio a que a mesma foi obrigada a ser submetida como decorrência das condutas ilícitas praticadas pelos réus, o que é de conhecimento de todos, exigindo um maior rigor por parte do Estado-Juiz quanto à reprovabilidade destas condutas.

A análise da culpabilidade, das personalidades dos réus e das circunstâncias e consequências do crime, como foi aqui realizado, além de possuir fundamento legal expresso no mencionado art. 59 do Código Penal, visa também atender ao princípio da individualização da pena, o qual constitui vetor de atuação dentro da legislação penal brasileira, na lição sempre lúcida do professor e magistrado Guilherme de Souza Nucci:

"Quanto mais se cercear a atividade individualizadora do juiz na aplicação da pena, afastando a possibilidade de que analise a personalidade, a conduta social, os antecedentes, os motivos, enfim, os critérios que são subjetivos, em cada caso concreto, mais cresce a chance de padronização da pena, o que contraria, por natureza, o princípio constitucional da individualização da pena, aliás, cláusula pétrea" (*Individualização da pena*. 2. ed. Revista dos Tribunais, 2007. p. 195).

Assim sendo, frente a todas essas considerações, majoro a pena-base para cada um dos réus em relação ao crime de homicídio praticado por eles, qualificado pelo fato de ter sido cometido para garantir a ocultação de delito anterior (inciso V, do parágrafo segundo do art. 121 do Código Penal) no montante de 1/3 (um terço), o que resulta em 16 (dezesseis) anos de reclusão, para cada um deles.

Como se trata de homicídio triplamente qualificado, as outras duas qualificadoras de utilização de meio cruel e de recurso que dificultou a defesa da vítima (incisos III e IV, do parágrafo segundo do art. 121 do Código Penal), são aqui utilizadas como circunstâncias agravantes de pena, uma vez que possuem previsão específica no art. 61, inciso II, alíneas "c" e "d" do Código Penal.

Assim, levando-se em consideração a presença destas outras duas qualificadoras, aqui admitidas como circunstâncias agravantes de pena, majoro as reprimendas fixadas durante a primeira fase em mais ¼ (um quarto), o que resulta em 20 (vinte) anos de reclusão para cada um dos réus.

Justifica-se a aplicação do aumento no montante aqui estabelecido de ¼ (um quarto), um pouco acima do patamar mínimo, posto que tanto a qualificadora do meio cruel foi caracterizada na hipótese através de duas ações autônomas (asfixia e sofrimento intenso), como também em relação à qualificadora da utilização de recurso que impossibilitou a defesa da vítima (surpresa na esganadura e lançamento inconsciente na defenestração).

Pelo fato do corréu Alexandre ostentar a qualidade jurídica de genitor da vítima Isabella, majoro a pena aplicada anteriormente a ele em mais 1/6 (um sexto), tal como autorizado pelo art. 61, parágrafo segundo, alínea "e" do Código Penal, o que resulta em 23 (vinte e três) anos e 04 (quatro) meses de reclusão.

Como não existem circunstâncias atenuantes de pena a serem consideradas, torno definitivas as reprimendas fixadas acima para cada um dos réus nesta fase.

Por fim, nesta terceira e última fase de aplicação de pena, verifica-se a presença da qualificadora prevista na parte final do parágrafo quarto, do art. 121 do Código Penal, pelo fato do crime de homicídio doloso ter sido praticado contra pessoa menor de 14 anos, daí porque majoro novamente as reprimendas estabelecidas acima em mais 1/3 (um terço), o que resulta em 31 (trinta e um) anos, 01 (um) mês e 10 (dez) dias de reclusão para o corréu Alexandre e 26 (vinte e seis) anos e 08 (oito) meses de reclusão para a corré Anna Jatobá.

Como não existem outras causas de aumento ou diminuição de pena a serem consideradas nesta fase, torno definitivas as reprimendas fixadas acima.

Quanto ao crime de fraude processual para o qual os réus também teriam concorrido, verifica-se que a reprimenda nesta primeira fase da fixação deve ser estabelecida um pouco acima do mínimo legal, já que as condições judiciais do art. 59 do Código Penal não lhe são favoráveis, como já discriminado acima, motivo pelo qual majoro em 1/3 (um terço) a pena-base prevista para este delito, o que resulta em 04 (quatro) meses de detenção e 12 (doze) dias-multa, sendo que o valor unitário de cada dia-multa deverá corresponder a 1/5 (um quinto) do valor do salário-mínimo, uma vez que os réus demonstraram, durante o transcurso da presente ação penal, possuírem um padrão de vida compatível com o patamar aqui fixado.

Inexistem circunstâncias agravantes ou atenuantes de pena a serem consideradas.

Presente, contudo, a causa de aumento de pena prevista no parágrafo único do art. 347 do Código Penal, pelo fato da fraude processual ter sido praticada pelos réus com o intuito de produzir efeito em processo penal ainda não iniciado, as penas estabelecidas acima devem ser aplicadas em dobro, o que resulta numa pena final para cada um deles em relação a este delito de 08 (oito) meses de detenção e 24 (vinte e quatro) dias-multa, mantido o valor unitário de cada dia-multa estabelecido acima.

5. Tendo em vista que a quantidade total das penas de reclusão ora aplicadas aos réus pela prática do crime de homicídio triplamente qualificado ser superior a 04 anos, verifica-se que os mesmos não fazem jus ao benefício da substituição destas penas privativas de liberdade por restritivas de direitos, a teor do disposto no art. 44, inciso I do Código Penal.

Tal benefício também não se aplica em relação às penas impostas aos réus pela prática do delito de fraude processual qualificada, uma vez que as além das condições judiciais do art. 59 do Código Penal não são favoráveis aos réus, há previsão específica no art. 69, parágrafo primeiro deste mesmo diploma legal obstando tal benefício de substituição na hipótese.

6. Ausentes também as condições de ordem objetivas e subjetivas previstas no art. 77 do Código Penal, já que além das penas de reclusão aplicadas aos réus em relação ao crime de homicídio terem sido fixadas em quantidades superiores a 02 (dois) anos, as condições judiciais do art. 59 não são favoráveis a nenhum deles, como já especificado acima, o que demonstra que não faz jus também ao benefício da suspensão condicional do cumprimento de nenhuma destas penas privativas de liberdade que ora lhe foram aplicadas em relação a qualquer dos crimes.

7. Tendo em vista o disposto no art. 33, parágrafo segundo, alínea "a" do Código Penal e também por ter o crime de homicídio qualificado a natureza de crimes hediondos, a teor do disposto no artigo 2º, da Lei n. 8.072/90, com a nova redação que lhe foi dada pela Lei n. 11.464/07, os acusados deverão iniciar o cumprimento de suas penas privativas de liberdade em regime prisional FECHADO.

Quanto ao delito de fraude processual qualificada, pelo fato das condições judiciais do art. 59 do Código Penal não serem favoráveis a qualquer dos réus, deverão os mesmos iniciar o cumprimento de suas penas privativas de liberdade em relação a este delito em regime prisional SEMIABERTO, em consonância com o disposto no art. 33, parágrafo segundo, alínea "c" e seu parágrafo terceiro, daquele mesmo Diploma Legal.

8. Face à gravidade do crime de homicídio triplamente qualificado praticado pelos réus e à quantidade das penas privativas de liberdade que ora lhes foram aplicadas, ficam mantidas suas prisões preventivas para garantia da ordem pública, posto que subsistem os motivos determinantes de suas custódias cautelares, tal como previsto nos arts. 311 e 312 do Código de Processo Penal, devendo aguardar detidos o trânsito em julgado da presente decisão.

Como este Juízo já havia consignado anteriormente, quando da prolação da sentença de pronúncia — respeitados outros entendimentos em sentido diverso — a manutenção da prisão processual dos acusados, na visão deste julgador, mostra-se realmente necessária para garantia da ordem pública, objetivando acautelar a credibilidade da Justiça em razão da gravidade do crime, da culpabilidade, da intensidade do dolo com que o crime de homicídio foi praticado por eles e a repercussão que o delito causou no meio social, uma vez que a prisão preventiva não tem como único e exclusivo objetivo prevenir a prática de novos crimes por parte dos agentes, como exaustivamente tem sido ressaltado pela doutrina pátria, já que evitar a reiteração criminosa constitui apenas um dos aspectos desta espécie de custódia cautelar.

Tanto é assim que o próprio Colendo Supremo Tribunal Federal já admitiu este fundamento como suficiente para a manutenção de decreto de prisão preventiva:

"HABEAS CORPUS. QUESTÃO DE ORDEM. PEDIDO DE MEDIDA LIMINAR. ALEGADA NULIDADE DA PRISÃO PREVENTIVA DO PACIENTE. DECRETO DE PRISÃO CAUTELAR QUE SE APOIA NA GRAVIDADE ABSTRATA DO DELITO SUPOSTAMENTE PRATICADO, NA NECESSIDADE DE PRESERVAÇÃO DA 'CREDIBILIDADE DE UM DOS PODERES DA REPÚBLICA', NO CLAMOR POPULAR E NO PODER ECONÔMICO DO ACUSADO. ALEGAÇÃO DE EXCESSO DE PRAZO NA CONCLUSÃO DO PROCESSO".

"O plenário do Supremo Tribunal Federal, no julgamento do HC 80.717, fixou a tese de que o sério agravo à credibilidade das instituições públicas pode servir de fundamento idôneo para fins de decretação de prisão cautelar, considerando, sobretudo, a repercussão do caso concreto na ordem pública". (STF, HC 85.298-SP, 1ª Turma, rel. Min. Carlos Aires Brito, julg. 29.03.2005, sem grifos no original)

Portanto, diante da hediondez do crime atribuído aos acusados, pelo fato de envolver membros de uma mesma família de boa condição social, tal situação teria gerado revolta à população não apenas desta Capital, mas de todo o país, que envolveu diversas manifestações coletivas, como fartamente divulgado pela mídia, além de ter exigido também um enorme esquema de segurança e contenção por parte da Polícia Militar do Estado de São Paulo na frente das dependências deste Fórum Regional de Santana durante estes cinco dias de realização do presente julgamento, tamanho o número de populares e profissionais de imprensa que para cá acorreram, daí porque a manutenção de suas custódias cautelares se mostra necessária para a preservação da credibilidade e da respeitabilidade do Poder Judiciário, as quais ficariam extremamente abaladas caso, agora, quando já existe decisão formal condenando os acusados pela prática deste crime, conceder-lhes o benefício de liberdade provisória, uma vez que permaneceram encarcerados durante toda a fase de instrução.

Esta posição já foi acolhida inclusive pelo Egrégio Tribunal de Justiça do Estado de São Paulo, como demonstra a ementa de acórdão a seguir transcrita:

"LIBERDADE PROVISÓRIA — Benefício pretendido — Primariedade do recorrente — Irrelevância — Gravidade do delito — Preservação do interesse da ordem pública — Constrangimento ilegal inocorrente". (In JTJ/Lex n. 201/275, RSE n. 229.630-3, 2ª Câm. Crim., Rel. Des. Silva Pinto, julg. em 9/6/1997)

O Nobre Desembargador Caio Eduardo Canguçu de Almeida, naquele mesmo voto condutor do v. acórdão proferido no mencionado recurso de "habeas corpus", resume bem a presença dos requisitos autorizadores da prisão preventiva no presente caso concreto:

"Mas, se um e outro, isto é, se clamor público e necessidade da preservação da respeitabilidade de atuação jurisdicional se aliarem à certeza quanto à existência do fato criminoso e a veementes indícios de autoria, claro que todos esses pressupostos somados haverão de servir de bom, seguro e irrecusável fundamento para a excepcionalização da regra constitucional que, presumindo a inocência do agente não condenado, não tolera a prisão antecipada do acusado".

E, mais à frente, arremata:

"Há crimes, na verdade, de elevada gravidade, que, por si só, justificam a prisão, mesmo sem que se vislumbre risco ou perspectiva de reiteração criminosa. E, por aqui, todos haverão de concordar que o delito de que se trata, por sua gravidade e característica chocante, teve incomum repercussão, causou intensa indignação e gerou na população incontrolável e ansiosa expectativa de uma justa contra-prestação jurisdicional. A prevenção ao crime exige que a comunidade respeite a lei e a Justiça, delitos havendo, tal como o imputado aos pacientes, cuja gravidade concreta gera abalo tão profundo naquele sentimento, que para o restabelecimento da confiança no império da lei e da Justiça exige uma imediata reação. A falta dela mina essa confiança e serve de estímulo à prática de novas infrações, não sendo razoável, por isso, que acusados por crimes brutais permaneçam livre, sujeitos a uma consequência remota e incerta, como se nada tivessem feito" (sem grifos no original).

Nessa mesma linha de raciocínio também se apresentou o voto do não menos brilhante Desembargador revisor, Dr. Luís Soares de Mello que, de forma firme e consciente da função social das decisões do Poder Judiciário, assim deixou consignado:

"Aquele que está sendo acusado, e com indícios veementes, volte-se a dizer, de tirar de uma criança, com todo um futuro pela frente, aquilo que é o maior 'bem' que o ser humano possui — 'a vida' — não pode e não deve ser tratado igualmente a tantos outros cidadãos de bem e que seguem sua linha de conduta social aceitável e tranquila.

E o Judiciário não pode ficar alheio ou ausente a esta preocupação, dês que a ele, em última instância, é que cabe a palavra e a solução.

Ora.

Aquele que está sendo acusado, 'em tese', mas por gigantescos indícios, de ser homicida de sua 'própria filha' — como no caso de Alexandre — e 'enteada' — aqui no que diz à Anna Carolina — merece tratamento severo, não fora o próprio exemplo ao mais da sociedade.

Que é também função social do Judiciário.

É a própria credibilidade da Justiça que se põe à mostra, assim". (sem grifos no original)

Por fim, como este Juízo já havia deixado consignado anteriormente, ainda que se reconheça que os réus possuem endereço fixo no distrito da culpa, posto que, como noticiado, o apartamento onde os fatos ocorreram foi adquirido pelo pai de Alexandre para que ali estabelecessem seu domicílio, com ânimo definitivo, além do fato de

Alexandre, como provedor da família, possuir profissão definida e emprego fixo, como ainda pelo fato de nenhum deles ostentarem outros antecedentes criminais e terem se apresentado espontaneamente à Autoridade Policial para cumprimento da ordem de prisão temporária que havia sido decretada inicialmente, isto somente não basta para assegurar-lhes o direito à obtenção de sua liberdade durante o restante do transcorrer da presente ação penal, conforme entendimento já pacificado perante a jurisprudência pátria, face aos demais aspectos mencionados acima que exigem a manutenção de suas custódias cautelares, o que, de forma alguma, atenta contra o princípio constitucional da presunção de inocência:

"RHC — PROCESSUAL PENAL — PRISÃO PROVISÓRIA — A primariedade, bons antecedentes, residência fixa e ocupação lícita não impedem, por si só, a prisão provisória" (STJ, 6ª Turma, v.u., ROHC n. 8566-SP, rel. Min. Luiz Vicente Cernicchiaro, julg. em 30.6.1999).

"HABEAS CORPUS. HOMICÍDIO QUALIFICADO. PRISÃO PREVENTIVA. ASSEGURAR A INSTRUÇÃO CRIMINAL. AMEAÇA A TESTEMUNHAS. MOTIVAÇÃO IDÔNEA. ORDEM DENEGADA".

1. A existência de indícios de autoria e a prova de materialidade, bem como a demonstração concreta de sua necessidade, lastreada na ameaça de testemunhas, são suficientes para justificar a decretação da prisão cautelar para garantir a regular instrução criminal, principalmente quando se trata de processo de competência do Tribunal do Júri.

2. Nos processos de competência do Tribunal Popular, a instrução criminal exaure-se definitivamente com o julgamento do plenário (arts. 465 a 478 do CPP).

3. Eventuais condições favoráveis ao paciente — tais como a primariedade, bons antecedentes, família constituída, emprego e residência fixa — não impedem a segregação cautelar, se o decreto prisional está devidamente fundamentado nas hipóteses que autorizam a prisão preventiva. Nesse sentido: RHC 16.236/SP, Rel. Min. FELIX FISCHER, *DJ*, de 17/12/2004; RHC 16.357/PR, Rel. Min. GILSON DIPP, *DJ*, de 9/2/2005; e RHC 16.718/MT, de minha relatoria, *DJ*, de 1º fev. 2005).

4. Ordem denegada. (STJ, 5ª Turma, v.u., HC n. 99.071/SP, Rel. Min. Arnaldo Esteves Lima, julg. em 28/8/2008).

Ademais, a falta de lisura no comportamento adotado pelos réus durante o transcorrer da presente ação penal, demonstrando que fariam tudo para tentar, de forma deliberada, frustrar a futura aplicação da lei penal, posto que após terem fornecido material sanguíneo para perícia no início da apuração policial e inclusive confessado este fato em razões de recurso em sentido estrito, apegaram-se a um mero formalismo, consistente na falta de assinatura do respectivo termo de coleta, para passarem a negar, de forma veemente, inclusive em Plenário durante este julgamento, terem fornecido aquelas amostras de sangue, o que acabou sendo afastado posteriormente, após nova coleta de material genético dos mesmos para comparação com o restante daquele material que ainda estava preservado no Instituto de Criminalística.

Por todas essas razões, ficam mantidas as prisões preventivas dos réus que haviam sido decretadas anteriormente por este Juízo, negando-lhes assim o direito de recorrerem em liberdade da presente decisão condenatória.

DECISÃO

9. Isto posto, por força de deliberação proferida pelo Conselho de Sentença que JULGOU PROCEDENTE a acusação formulada na pronúncia contra os réus ALEXANDRE ALVES NARDONI e ANNA CAROLINA TROTTA PEIXOTO JATOBÁ, ambos qualificados nos autos, condeno-os às seguintes penas:

a) corréu ALEXANDRE ALVES NARDONI:

— pena de 31 (trinta e um) anos, 01 (um) mês e 10 (dez) dias de reclusão, pela prática do crime de homicídio contra pessoa menor de 14 anos, triplamente qualificado, agravado ainda pelo fato do delito ter sido praticado por ele contra descendente, tal como previsto no art. 121, parágrafo segundo, incisos III, IV e V c.c. o parágrafo quarto, parte final, art. 13, parágrafo segundo, alínea "a" (com relação à asfixia) e arts. 61, inciso II, alínea "e", segunda figura e 29, todos do Código Penal, a ser cumprida inicialmente em regime prisional FECHADO, sem direito a "sursis";

— pena de 08 (oito) meses de detenção, pela prática do crime de fraude processual qualificada, tal como previsto no art. 347, parágrafo único do Código Penal, a ser cumprida inicialmente em regime prisional SEMIABERTO, sem direito a "sursis" e 24 (vinte e quatro) dias-multa, em seu valor unitário mínimo.

B) corré ANNA CAROLINA TROTTA PEIXOTO JATOBÁ:

— pena de 26 (vinte e seis) anos e 08 (oito) meses de reclusão, pela prática do crime de homicídio contra pessoa menor de 14 anos, triplamente qualificado, tal como previsto no art. 121, parágrafo segundo, incisos III, IV e V c.c. o parágrafo quarto, parte final e art. 29, todos do Código Penal, a ser cumprida inicialmente em regime prisional FECHADO, sem direito a "sursis";

— pena de 08 (oito) meses de detenção, pela prática do crime de fraude processual qualificada, tal como previsto no art. 347, parágrafo único do Código Penal, a ser cumprida inicialmente em regime prisional SEMIABERTO, sem direito a "sursis" e 24 (vinte e quatro) dias-multa, em seu valor unitário mínimo.

10. Após o trânsito em julgado, feitas as devidas anotações e comunicações, lancem-se os nomes dos réus no livro Rol dos Culpados, devendo ser recomendados, desde logo, nas prisões em que se encontram recolhidos, posto que lhes foi negado o direito de recorrerem em liberdade da presente decisão.

11. Esta sentença é lida em público, às portas abertas, na presença dos réus, dos Srs. Jurados e das partes, saindo os presentes intimados.

Plenário II do 2º Tribunal do Júri da Capital, às 00:20 horas, do dia 27 de março de 2.010.

Registre-se e cumpra-se.

MAURÍCIO FOSSEN

Juiz de Direito

Disponível em: <http://oglobo.globo.com/cidades/sp/mat/2010/03/27/caso-isabella-confira-na-integra-sentenca-que-condenou-casal-nardoni-916183672.asp>. Acesso em: 27 mar. 2010.

A CONSTRUÇÃO DO *SELF* E DO OUTRO NAS NARRATIVAS DE UM SUSPEITO EM UM INTERROGATÓRIO POLICIAL DA DELEGACIA DA MULHER*-**

Débora Marques
Liliana Cabral Bastos

1. Introdução

Em um ambiente institucional como o da Delegacia de Repressão a Crimes contra a Mulher (DRCCM) e, mais especificamente, durante interrogatórios policiais, contar histórias significa contar a versão "verdadeira" dos fatos. O inspetor — quem coordena a interação — tem como meta institucional gerar provas testemunhais e físicas sobre o

---

* Agradecemos ao CNPq pela bolsa de estudos de doutorado (a primeira autora) e pela bolsa de produtividade em pesquisa (a segunda autora), que possibilitaram a realização deste estudo.

** Este capítulo foi publicado também na edição de Linguística Forense da *Revista Virtual de Estudos da Linguagem* (Revel), v. 12, n. 23, 2014. Disponível em: <www.revel.inf.br>.

crime em questão. Nesse contexto, é por meio de uma interação discursiva, coconstruída localmente, que vítima e suspeito negociam, junto ao inspetor, suas versões sobre o ocorrido. Essas versões são empacotadas, muitas vezes, em histórias que os participantes contam. Assim, as provas testemunhais coletadas nesse encontro são discursivamente construídas em episódios narrativos que vítimas e suspeitos trazem à tona durante os interrogatórios policiais.

Neste capítulo, pretendemos discutir como, por meio das histórias que conta, o indivíduo apontado como suspeito (Pedro), em um interrogatório policial, realiza construções identitárias de si mesmo e do outro, no caso, a vítima — sua esposa, Vilma —, que fez a queixa junto à delegacia alegando ter sido agredida fisicamente. Para tanto, assumimos uma abordagem construcionista, segundo a qual não apenas as práticas discursivas são constitutivas da realidade, mas também a análise dessas práticas é um meio privilegiado para o entendimento da produção de sentidos na vida social (Spink; Frezza, 2004 [1998]). Articulamos teorias sobre identidade e narrativa (Mishler, 1986; Bastos, 2008; Labov, 1972; Sacks, 1992 [1968]; Lopes, 2009) objetivando analisar as identidades e as histórias como trajetórias orientadas para propósitos interacionais específicos e com sentidos coconstruídos de modo situado (Bamberg, 2002; Linde, 1993; Schiffrin, 1996; Bastos, 2005).

Os indivíduos que participam do ambiente institucional da Delegacia estão imersos em uma vida social permeada por identidades contextualmente construídas e ligadas por relações de assimetria de poder (Fabrício; Lopes, 2002; Thornborrow; Coates, 2005). Sob essa perspectiva, pretendemos contribuir para tornar inteligível o mundo social presente nesse ambiente institucional, por meio da análise de narrativas emergentes nesse contexto legal.

2. Metologia de pesquisa e dados de análise

Os interrogatórios policiais estão presentes no trabalho investigativo das Delegacias Civis Brasileiras, que recebem queixas de possíveis crimes/delitos, geralmente notificadas por meio de Boletins de Ocorrência (BOs). Quando esses BOs chegam ao conhecimento do delegado, cabe a ele apurar o caso, gerando provas físicas (trocas de correios eletrônicos, fotos etc.) e provas testemunhais (geradas via interrogatório policial).

Essas provas dão base para que a inspetoria (policiais civis que trabalham junto ao delegado) possa produzir um relatório desse inquérito policial, o qual deverá ser encaminhado ao Judiciário, no qual um juiz — baseado no inquérito apresentado e nos interrogatórios que presidir — aplicará a pena adequada em conformidade com a tipificação do crime realizado. Cabe ressaltar que os casos levados às delegacias podem ser arquivados: (i) caso não haja provas suficientes; (ii) caso a vítima não queira dar andamento à queixa; e/ou (iii) caso o Estado, por meio da Delegacia, não tutele a queixa.

Nossos dados de pesquisa foram gerados no período de abril a maio e de agosto a outubro de 2007, em um projeto de pesquisa qualitativa, que articula perspectivas da Análise da Conversa de base etnográfica com a Análise Interacional da Narrativa. Foram gravados, em áudio, dez interrogatórios policiais, dos quais participaram, pelo menos, a vítima, o suspeito e o inspetor. Tanto a vítima quanto o suspeito poderiam estar presentes ou legalmente representados.

Inspiradas por uma metodologia etnográfica, realizamos, durante a geração de dados, notas de campo com o intuito de registrar impressões não captáveis pelo gravador, tais como a apresentação de documentos. Registramos a data, os participantes presentes nos interrogatórios, o posicionamento físico dos participantes na sala onde acontecem os interrogatórios na Delegacia, além de outros comentários gerais que pensávamos serem pertinentes para a nossa pesquisa.

Para a realização das transcrições dos interrogatórios policiais, utilizamos as convenções do sistema adotado na Análise da Conversa (cf. Anexo A).[1] A fim de preservar o anonimato dos participantes deste estudo, todos os nomes pessoais bem como o nome da cidade

---

1. Usamos o sistema desenvolvido por Jefferson, que se encontra em Sacks et al. (2003).

foram substituídos por nomes fictícios quando citados no decorrer das interações.

Para identificar os falantes, usamos identidades institucionais, localmente relevantes, empregadas pelos próprios participantes, seguindo uma perspectiva êmica. Por isso, usamos as identidades usadas pelo próprio inspetor de polícia nesse ambiente institucional: inspetor — é como ele autodenomina-se; vítima e suspeito.[2] Para além, acreditamos que esse tipo de indexação pode se articular com outros movimentos identitários dos participantes, ao mesmo tempo em que registra a força do ambiente institucional no qual a interação ocorre.

3. Os interrogatórios policiais, as Delegacias da Mulher e a violência doméstica

O conceito de violência está ligado a contingências históricas, a questões e a problemas sociais (Minayo, 2006 [1986]). No que tange à violência contra a mulher, os impactos de uma sociedade brasileira contemporânea altamente violenta podem ser observados, por exemplo, em pesquisas quantitativas sobre o tema. Em relação à violência cometida entre familiares,[3] por exemplo, pesquisas apontam que (i) 11% das brasileiras com 15 anos ou mais já foram vítimas de espancamentos cometidos, em 56% dos casos, por seus próprios maridos ou companheiros;[4] (ii) 63% das vítimas de violência no espaço doméstico são mulheres[5]; (iii) a maioria das pessoas não confia na

---

2. A esse respeito, destacamos que outros pesquisadores – tais como Drew (1984) e Sarangi (2000), entre outros que investigam ambientes institucionais – também elegem usar as identidades institucionais em detrimento de nomes próprios em suas transcrições.

3. Para ter acesso às pesquisas realizadas sobre o tema, conferir em: <http://www.sepm.gov.br/nucleo/dado>.

4. Disponível em: <http://www.ibge.gov.br/ibgeteen/datas/mulher/especial.html>. Acesso em: 29 out. 2010.

5. Disponível em: <http://copodeleite.rits.org.br/apc-aa-patriciagalvao/home/noticias.shtml?x=691>. Acesso em: 29 out. 2010.

proteção jurídica e policial à mulher vítima de agressão; (iv) as questões culturais e o álcool estão por trás da violência cometida contra a mulher; e (v) com medo de morrer, as mulheres não abandonam seus agressores.[6]

A mídia e movimentos feministas contribuíram para que, no final da década de 1970 e início da década de 1980, a violência contra a mulher passasse a ser vista como crime na sociedade brasileira.[7] A conscientização de serem crimes a violência doméstica e a lesão corporal contra as mulheres foi fortalecida com a criação das delegacias especiais em defesa da mulher.[8] Assim, se antes as questões relativas ao campo domiciliar eram consideradas privadas, com a atuação das delegacias, o combate à violência contra a mulher passou a ser exercido em instâncias públicas.

Nesse sentido, a mulher agredida — moral, física ou psicologicamente — pode acionar o trabalho investigativo e de repressão à violência por meio da realização de um Boletim de Ocorrência (BO), o qual é, geralmente, expedido por um policial civil ou militar convocado a comparecer ao local do crime. Essa convocação pode ser realizada pessoalmente, em um posto policial, ou por meio de chamadas telefônicas.

De posse do BO, os agentes das Delegacias podem dar abertura ao inquérito policial, que é instaurado quando as partes envolvidas no crime/delito são chamadas à Delegacia para prestarem depoimentos. O teor desses depoimentos é analisado pelos policiais responsáveis[9] pelo caso, para que as medidas necessárias sejam tomadas. A

---

6. Disponível em: <http://www.sepm.gov.br/nucleo/dados/pesquisa-avon-violencia-domestica-2009.pdf>. Acesso em: 29 out. 2010.

7. Por exemplo, os assassinatos de Ângela Street por seu companheiro Doca Street, ambos da elite social, e logo depois, em 1980, os homicídios das mineiras Maria Regina Rocha e Heloisa Ballesteros.

8. As delegacias em defesa da mulher recebem diferentes nomes nos Estados brasileiros. Em São Paulo, é chamada de Delegacia de Defesa da Mulher (DDM) e, na delegacia onde nossos dados foram gerados, Delegacia de Repressão a Crimes contra a Mulher (DRCCM).

9. Na Delegacia em que geramos nossos dados, apenas a delegada era uma mulher, os inspetores de polícia, incluindo aquele que aparece em nossos dados, são homens.

esse cruzamento de informações dá-se o nome de "processo de averiguação dos fatos", que se realiza, discursivamente, no evento denominado interrogatório (Andrade; Ostermann, 2007), momento em que geramos nossos *corpora* de pesquisa.

Após o interrogatório, é confeccionado um relatório em que o policial registra suas impressões coletadas na interação e aponta provas, caso haja, como fotografias, exame de corpo de delito, mensagens de texto provenientes de telefones móveis ou de páginas da internet etc. Esse relatório contribui para a continuação ou para o arquivamento do caso mediante a presença ou não de elementos suficientes que corroborem o crime. O processo é, então, encaminhado ao delegado do distrito policial, e, depois de analisado, direcionado ao Judiciário.

Como mencionado acima, no momento do interrogatório, há uma tentativa de "busca da verdade",[10] e essa busca processa-se por meio da coleta de provas testemunhais, que se organizam discursivamente, sobretudo, por meio das histórias que os participantes contam durante esse encontro.

4. Narrativas

Entendemos narrativa "como uma forma de organização básica da experiência humana, a partir da qual se pode estudar a vida social em geral (...) [e para a qual se considera] que contar histórias é uma prática social, uma atividade histórica e culturalmente situada (...)" (Bastos, 2004, p. 119). Além do caráter situado histórico-social, consideramos também que essas histórias são "situadas na sequência conversacional" de que fazem parte (Bastos, 2004, p. 121). Nesse sentido, o trabalho narrativo é interacional, desempenhado e coconstruído entre participantes dos eventos sociais (Sacks, 1992b [1968]).

---

10. Destacamos que não é nosso objetivo discutir a questão "do que seja ou não verdade", o que nos importará é analisar como, interacional e discursivamente, as identidades são narrativamente construídas no interrogatório policial.

A partir de Labov e Waletzky (1967) e Labov (1972), analisaremos os momentos avaliativos das narrativas que o suspeito conta. Nessa perspectiva, interessa-nos entender como são construídas as avaliações, isto é, os modos como os próprios participantes avaliam as histórias que contam e, sobretudo, como o suspeito avalia a si mesmo e à esposa (vítima no ambiente legal da Delegacia).

Quanto ao trabalho interacional de contar/ouvir histórias — em situações de fala cotidiana e que não sigam um roteiro predefinido —, o narrador, geralmente, tem de negociar com os outros participantes um espaço para contar sua história: ele precisa assegurar um espaço interacional para sua narrativa, já que suspende o andamento regular da troca de turnos ao deter a posse da palavra por um período maior do que o habitual, o que acarreta que seus turnos de fala fiquem mais longos (Garcez, 2002). Contudo, em nossos dados na Delegacia, esse movimento narrativo segue a sistemática de pares adjacentes de Pergunta e Resposta (P-R):[11] é o inspetor quem gerencia a alocação de turnos, ou seja, a seleção do próximo falante corrente, bem como é ele também quem dá o conteúdo temático, ou seja, é ele quem elicia a história por meio da pergunta que faz, oferecendo, com isso, um espaço interacional para que as histórias possam ser contadas.

5. Identidades e *self*

De acordo com Schiffrin (1996), a narrativa é uma das formas de se chegar a um entendimento do *self* que emerge de nossas ações e de nossas experiências. Essa construção está relacionada a como nossas histórias se desenrolam e a um conjunto de significados, de crenças e de práticas socioculturais.

---

11. Pares adjacentes são sequências de dois turnos adjacentes, produzidos por dois interlocutores distintos, em que a especificidade da primeira parte do par condiciona e determina a especificidade da segunda parte do par (Schegloff et al., 1977).

Nesse sentido, em nossas análises, focalizaremos como o suspeito constrói seu *self*, partindo do pressuposto de que este está inserido em um conjunto de significados e de normas regulatórias do que significa, entre outras coisas, o que é ser homem/pai/marido/trabalhador e ser mulher/mãe/esposa/dona de casa na sociedade brasileira atual. Ainda, nos interessará analisar, no contexto dos episódios de relato, que movimentos avaliativos são realizados por ele e em que medida essas avaliações constituem o *self* construído por esse suspeito.

Conforme aponta Mishler (1986), é por meio da linguagem que descrevemos objetos e eventos, explicamos como algo funciona e por que algo aconteceu, ou ainda, persuadimos outras pessoas no curso de uma ação e de experiências narrativas: "nós expressamos, mostramos, declaramos o que somos — e o que gostaríamos de ser — nas histórias que contamos e como as contamos. Em suma, nós desempenhamos nossas identidades" (Mishler, 1999, p. 19).

Desse modo, neste capítulo, ao analisarmos episódios narrativos em que o suspeito constrói identidades para si mesmo e para sua esposa, interessa-nos entender como ele age pela linguagem, ou seja, como, discursiva e interacionalmente, ele constrói-se identitariamente ao contar sua "versão" na Delegacia.

Conforme De Fina (2003) destaca, a construção identitária no discurso pode se voltar para a apresentação do *self* em relação às suas experiências sociais. Nesses casos, ela aponta como a apresentação do *self*, através das estruturas de ações das narrativas, pode representar, esquematicamente, "quem fez o quê". É nesse movimento que os narradores constroem agência para si próprios e para os outros.

6. Avaliação e discurso reportado

A análise das narrativas será centrada na presença de recursos avaliativos e discursos reportados, negociados e construídos pelo suspeito nas narrativas.

As avaliações, segundo Labov (1972), podem ser realizadas através de mecanismos internos e externos. Os de avaliação interna consistem, basicamente, em recursos sintáticos de ênfase e de intensificação. Os mecanismos externos, normalmente, consistem em uma explicitação mais direta de sentimentos e posições do narrador.

Na análise que se segue, examinaremos, sobretudo, o uso de mecanismos de avaliação externa, nos quais o suspeito interrompe a história a fim de qualificar/avaliar as ações da vítima/esposa, assim como suas próprias ações, para seu ouvinte, no caso, o inspetor de polícia.

Para a análise do discurso reportado, seguiremos, basicamente, De Fina (2003), que o conceitua como um recurso narrativo usado para realçar aspectos importantes do mundo das histórias, uma vez que, ao produzir narrativas com discurso reportado, os narradores constroem um espaço de fala narrada no qual certas ações e certas personagens são destacadas, projetando, assim, interpretações particulares sobre o que aconteceu. Por essa via, a autora posiciona o estudo dos discursos reportados na narrativa como um lócus para estudar a agentividade dos discursos construídos narrativamente.

De Fina (2003) aponta que o discurso reportado é, por sua vez, uma estratégia avaliativa central, usada para enfatizar diferentes aspectos e elementos da narrativa. Isso acontece, por exemplo, (i) quando os narradores dão destaque às personalidades de suas personagens, dando voz a elas; (ii) quando os narradores apresentam-se a si mesmos como figuras morais, ativando cenários nos quais diferentes personagens falam; (iii) quando os narradores avaliam os eventos representando as reações das personagens; e (iv) quando os narradores fazem as ações proeminentes, representando-as através do diálogo, em vez de simplesmente recontá-las.

De maneira semelhante, as noções de Goffman (1981) de autor — quem produz uma elocução — e de animador — quem reproduz essa elocução —, nos ajudam a olhar para os estilos de citação, os quais produzem diferentes relações entre as vozes nas narrativas: (i) discurso reportado direto: há uma separação precisa entre as falas do animador e do autor, marcada pelo uso do verbo *dicendi* (ela disse, falou etc.), que cria a ilusão de que aquilo que foi reportado é realmente aquilo que, de fato, foi proferido; (ii) discurso reportado indireto: há a apresentação do "mundo do autor através da voz do animador"; e (iii) discurso reportado indireto livre: há uma fronteira menos clara entre a voz do autor e a voz do animador, bem como as expressões não são claramente atribuídas ao autor ou ao animador (De Fina, 2003, p. 94).

Os discursos reportados, assim, representam aspectos particulares da narração, conforme destaca De Fina (2003, p. 95; tradução nossa):

> (...) dentro da narrativa, o discurso reportado tem a função específica de transmitir a avaliação de quando os narradores usam suas próprias vozes ou quando usam as vozes dos outros para, implicitamente, destacar elementos da história. O discurso reportado, então, constitui-se em uma estratégia de interpretação das características do mundo da história dentro do mundo de contar histórias.[12]

Como veremos, o discurso reportado nas narrativas é um importante dispositivo, que pode ser habilidosamente gerenciado pelo narrador em tentativas de inocentar-se, retirar ou minimizar sua culpa, construindo, por exemplo, identidades com atributos positivos para si mesmo e negativos para o outro.

7. Analisando os dados

Como acima explicitado, analisaremos a narrativa do suspeito examinando recursos avaliativos (Labov, 1972), dentre os quais tam-

---

12. No original: "(...) within narrative discourse reported speech has the specific function of conveying evalution since narrators use their own voices or the voice of others to implicitly highlight elements of the story. Thus reported speech constitutes a strategy of interpreting of features of the story world within the storytelling world". (De Fina, 2003, p. 95)

bém o discurso reportado (De Fina, 2003). Nesse cenário, essas dimensões de análise contribuirão para entender o caráter situado e negociado das interações: os participantes avaliam ao tecer comentários, ao dar impressões emocionais e pessoais sobre algum fato ou história contada. Ao se localizarem como suspeito e vítima no ambiente institucional em análise, por exemplo, os participantes negociam identidades que estão baseadas em aspectos sócio-históricos e em significados locais, coconstruídos no discurso em que se engajam.

Analisaremos, em uma perspectiva discursivo-interacional, como, nas histórias que conta, o suspeito de um interrogatório, Pedro, constrói identidades para si próprio e para a vítima, Vilma. Veremos como, no interrogatório que identificaremos como Interrogatório Policial V[13] (IP V), é analisada uma queixa, na qual Vilma acusa Pedro de lesão corporal.

Em nossas análises, apresentaremos quatro narrativas do suspeito, Pedro, inseridas em respostas às perguntas feitas pelo inspetor, nas quais os movimentos avaliativos e os discursos reportados funcionam na negociação de identidades, para o próprio suspeito e para sua esposa, Vilma.

7.1 Construindo o outro narrativamente: "Ela é um tormento, já deu pra você (.) perceber que ela é agitada"

Nesta subseção, analisaremos como o suspeito Pedro, em suas narrativas, constrói a identidade de sua esposa/vítima, Vilma. Vejamos, no fragmento a seguir, como ele responde ao inspetor a respeito de já ter registrado alguma ocorrência em desfavor da esposa:

---

13. Para fins da análise, os excertos analisados serão numerados e informarão: IP V (Agressão física do marido contra esposa, 2007, 1: 2-6), neste caso, "IP" é a sigla de Interrogatório Policial; "V" – essa indexação está ligada ao modo como foi categorizado e numerado: foram gerados 10 (dez) interrogatórios policiais e "Agressão física do marido contra esposa, 2007" refere-se ao *nome* dado ao IP e ao ano da gravação. Entre parênteses, temos: "1" é o número da página da transcrição e "2-6" diz respeito ao intervalo de linhas recortado no excerto.

Excerto 1

[IP V, Agressão física do marido contra esposa, 2007, 04: 09-41]

09	Inspetor	o senhor::: já registrou alguma ocorrência em desfavor dela, o senhor::,
10		
11	Suspeito	eu (.) registrei uma vez.
12	Inspetor	quanto tempo tem isso?
13	Suspeito	rapaz, eu nem me lembro de cabeça, só que é o seguinte (.) es- eu num
14		eu peguei o número da ocorrência, no dia que eu fiz, num veio- num vim
15		entregar a ocorrência, entendeu, mas (.) ela já fez umas duas ou três que eu
16		num:: nem lembro (.) a gente vive junto já há dez anos (.) entendeu, é::
17		como se diz, o meu casamento já vem ruim já de uns tempos atrás, ela já
18		separou de mim umas dez vezes (.) dentro desses dez anos. toda
19		separação é ela que quer, eu venho relevando pelos filhos, porque eu gosto
20		muito dos meus filhos, gosto dela, mas eu amo meus filhos (.)
21		entendo,[então nós vamos levando]
22		
23		
24		
25	Vítima	[( )]? num sabia dessa não.
26	Inspetor	deixa ele falar, toda vez a senhora interrompe, deixa ele falar um pouquinho,
27		daqui a pouco a senhora já fala de novo (.) mas não adianta aqui a gente
28		aqui ficar tentando falar um mais alto que o outro, deixa ele falar um
29		pouquinho, espera só um minutinho.=
30		
31	Suspeito	=eu sou uma pessoa que o senhor pode ir lá, entendeu, procurar [saber da
32		comunidade]
33	Inspetor	[já fui], já fui.=
34	Suspeito	=eu saio cedo, chego (.) por volta de quatro, cinco horas, o dia que eu
35		carrego caminhão eu não tenho horário pra chegar (.) então eu chego,
36		quero tomar meu banho, e quero descansar. ela é um tormento, já deu pra
37		você (.) perceber que ela é agitada, e eu sou calmo, sou tranquilo (.) por
38		isso que nós estamos vivendo até hoje, entendeu, porque eu relevo muita
39		coisa, tô relevando, pelos filhos (.) entendeu. porque eu [quis
40		
41		

No Excerto 1, há duas histórias sendo contadas por Pedro: essas histórias não são, como veremos, narrativas canônicas, no sentido laboviano, mas contêm elementos que nos permitem compreendê-las pelo menos como narrativas mínimas.

Na primeira, Pedro recria a trajetória do casamento (linhas 17-23), construindo sua narrativa sobre o tipo de relacionamento que

LINGUAGEM & DIREITO

tem com a esposa Vilma — a relação conflituosa, marcada por separações e o amor que sente pelos filhos e que faz com que eles (marido e mulher) vão "levando" a vida e o casamento. Na segunda narrativa, em que constrói a si mesmo, ele recria sua própria trajetória diária de trabalho/vida, construindo-se como um homem trabalhador e como um bom pai, que "releva" os problemas do casamento pelo bem dos filhos ("por isso que nós estamos vivendo até hoje, entendeu, porque eu relevo muita coisa, tô relevando, pelos filhos" (linhas 37-41)).

Nesse ponto inicial do interrogatório, já vemos uma construção de imagem positiva do narrador (essa construção positiva do *self* será vista mais detidamente na próxima seção), em contraponto com uma imagem negativa da vítima/esposa Vilma.

Pode-se observar como Pedro muda o foco da pergunta do inspetor: em vez de relatar sobre as queixas que ele teria feito contra a esposa, ele volta sua narrativa para as vezes em que ela realizou ocorrências contra ele: "ela já fez umas duas ou três que eu num:: nem lembro" (linhas 15-16). Dando sequência, ele constrói Vilma como uma mulher que, ao contrário dele, não luta pela relação dos dois: "ela já separou de mim umas dez vezes (.) dentro desses dez anos. toda separação é ela que quer" (linhas 17-19).

Pedro avalia a esposa, Vilma, como uma pessoa agitada e que atormenta as pessoas ao seu redor, dado o seu temperamento difícil: "ela é um tormento, já deu pra você (.) perceber que ela é agitada, e eu sou calmo, sou tranquilo (.) por isso que nós estamos vivendo até hoje, entendeu, porque eu relevo muita coisa" (linhas 36-39). Podemos notar aqui a presença de avaliação externa, pois o narrador/suspeito, Pedro, interrompe o fluxo da narrativa e dirige-se ao inspetor, interrompendo a narração das ações para adjetivar/avaliar a vítima/esposa, Vilma. O temperamento difícil da esposa é apontando como algo que prejudica o relacionamento e, de certa forma, justifica atitudes impensadas que ela tem e que forçam o outro, no caso, ele — o marido/suspeito, a relevar "muita coisa".

Em outro momento do interrogatório, Pedro avalia Vilma como uma mãe que não cuida suficientemente bem da educação da filha, já que não ajuda a filha, com paciência e atenção, a fazer os deveres da escola.

Excerto 2

[IP V, Agressão física do marido contra esposa, 2007, 03: 12-33]

12	Inspetor	que que o senhor- que que tá acontecendo lá pra tá:: gerando tanto atrito
13		assim.
14	Suspeito	é o seguinte (.) no dia (.) que houve isso aí, semana passada (.) eu
15		cheguei ((inspetor chama funcionária)) eu cheguei (.) por volta de quatro e
16		meia do meu serviço.
17		
18		(1.5)
19	Suspeito	aí tava minha filha e uma sobrinha minha (.) aí perguntei pra ela, cadê a
20		sua mãe, aí ela falou assim, a mãe tá lá no (.) colégio, foi numa reunião
21		da escola.
22		(1.0)
23	Suspeito	eu falei, tá bom.
24		(1.0)
25	Suspeito	aí ela chegou (.) falou pra mim, pedrinho, o diretor falou assim (.) que
26		(.) as nossas duas crianças vão precisar de psicólogo. aí eu falei, vilma,
27		psicólogo das crianças é você mesmo. (.) você vai ensinar um dever à
28		menina, você num tem paciência (.) entendeu (.) a menina (.) pega pra
29		fazer o dever, erra, você bate. então num é assim, é só você maneirar
30		o jeito de lidar com a menina que ela vai melhorar, tanto na escola como
31		no jeito de agir.
32		
33		

Através da história contada, o suspeito argumenta que o desleixo da mãe é que causou os problemas psicológicos que a filha tem. Para construir Vilma como uma mãe desleixada, Pedro fala sobre a conversa que esta teve na escola com o diretor (linhas 25-33). Com isso, pretendemos ver como Pedro, por meio das histórias que conta, parece querer desconstruir-se como suspeito ao construir-se como um bom pai e como um bom marido e, em contrapartida, como ele, ao construir Vilma como péssima mãe e péssima esposa, parece querer desconstruir a identidade institucional de vítima no ambiente da Delegacia.

Na narrativa acima — de natureza mais canônica do que as duas anteriormente analisadas —, que se inicia na linha 14 e vai até a linha 33, Pedro reporta o evento narrado por Vilma a ele, sobre a conversa com o diretor da escola da filha: "aí ela chegou (.) falou pra mim, pedrinho, o diretor falou assim (.) que (.) as nossas duas crianças vão precisar de psicólogo" (linhas 25-27). Como ação responsiva, ele culpa a esposa, Vilma, pelas atitudes da filha, construindo-a como uma mulher que bate e que não tem paciência: "você vai ensinar um dever à menina, você num tem paciência (.) entendeu (.) a menina (.) pega pra fazer o dever, erra, você bate" (linhas 27-29).

Nessa narrativa, Pedro usa o discurso reportado, dando voz primeiramente à filha (linha 20) e depois a Vilma (linhas 25 e 26), trazendo para sua própria história a cena vivida. Com isso, conforme De Fina (2003) aponta, ele enfatiza as ações ao representá-las através do diálogo, em vez de simplesmente recontá-las de forma indireta. A utilização do discurso reportado direto parece atuar, aqui, como uma estratégia avaliativa central, que funciona na construção da "realidade" do evento, dando a entender que o discurso recontextualizado reflete o que "de fato ocorreu".

Além de construir Vilma como uma mãe impaciente, vejamos como, na narrativa a seguir, Pedro a constrói como alguém dissimulado, que planeja e que forja uma agressão.

Excerto 3
[IP V, Agressão física do marido contra esposa, 2007, 04: 48-57 e 05: 01-08]

48	Suspeito	SÓ TAVA EU (.) ela (.) e meus dois filhos (.) ELA DISSE PRA MIM E PRA
49		DIVINA (.) disse que se a gente brigasse, se acontecesse de eu esbarrar
50		ela, ela ia bater com o- com o corpo, com a cabeça, no- no portão, na
51		parede, pra fazer hematoma pra me prejudicar. eu jamais, o senhor pode
52		ver que (.) bater em mulher num é o meu costume (.) que se eu ti- fosse
53		batedor de mulher, eu já tinha batido nela há mais tempo, porque tem <u>dez</u>
54		anos, >o senhor vê<, agora que veio acontecer essa fatalidade.
55		
56		
01		
02		((inspetor conversa com uma funcionária))
03	Suspeito	entendeu, (.) eu fiz isso mesmo pra me defender. outra [vez↑
04		
05	Inspetor	[isso o quê?]
06	Suspeito	POIS É, esse empurrão, igual ela me agrediu, eu simplesmente empurrei
07		ela.=
08	Inspetor	=hum.

No Excerto 3 (linhas 48-52), o suspeito introduz uma narrativa hipotética de Vilma, usando, como recurso avaliativo, o discurso reportado, trazendo a voz dela para a narrativa. Segundo o narrador, por meio do discurso reportado, Vilma planejaria a agressão, caso eles brigassem, de modo a "prejudicar" (linha 51) o marido, Pedro. A forma de construção dessa narrativa foi habilidosa, no sentido de que, usando o discurso reportado da fala da esposa, Pedro conferiu à sua história maior dramaticidade. Ainda, a presença da "Divina" (linha 49) na cena aponta uma possível testemunha do plano arquitetado pela esposa, funcionando, assim, como um argumento de autoridade. Desse modo, Pedro constrói Vilma como uma mulher dissimulada, que planeja e que executa seu projeto de culpar o marido junto à Delegacia.

Nessa perspectiva, Pedro se mostra como um narrador habilidoso, que, por meio de suas avaliações e do uso de discursos reportados diretos, negociou, na interação, atributos considerados negativos na sociedade brasileira para as identidades de mãe e de esposa, avaliando-a, com o uso de adjetivos, como uma mulher (i) agitada, que atormenta, (ii) que não cuida suficientemente bem da educação da filha e (iii) que é dissimulada. Para isso, ele narrou quatro pequenas histórias que manifestaram o comportamento inadequado de Vilma, desqualificando-a como esposa e como mãe, para, depois, tentar desqualificar a agressão e a queixa — motivo do BO — feita por ela na delegacia: "POIS É, esse empurrão, igual ela me agrediu, eu simplesmente empurrei ela.=" (IP V, 2007, 05: 06-07). A seguir, o empurrão é apresentado como uma fatalidade e não como uma ação da qual ele foi o agente.

7.2 A construção do self: "(...) se eu ti- fosse batedor de mulher, eu já tinha batido nela há mais tempo"

Na subseção anterior, discutimos como as práticas narrativas do suspeito, Pedro, construíram a mãe/esposa/vítima, Vilma, de forma negativa. Passaremos, agora, a examinar as histórias que ele contou e que o construíram no ambiente legal da Delegacia.

Para o trabalho investigativo desse ambiente institucional, as construções identitárias de Pedro direcionam-se para a desqualificação da agressão física, na medida em que, em vez de atacar, ele se coloca no papel daquele que se defende das atitudes da esposa. Como já mencionamos, ao dizer, "POIS É, esse empurrão, igual ela me agrediu, eu simplesmente empurrei ela.=" (IP V, 2007, 05: 06-07), ele busca mitigar sua agentividade na ação de agressão.

Vejamos, no Excerto 4, a seguir, parcialmente analisado anteriormente (cf. Excerto 2, na subseção anterior) como ele se constrói como um bom pai:

Excerto 4

[IP V, Agressão física do marido contra esposa, 2007, 03: 12-49]

12	Inspetor	que que o senhor- que que tá acontecendo lá pra tá:: gerando tanto atrito
13		assim.
14	Suspeito	é o seguinte (.) no dia (.) que houve isso aí, semana passada (.) eu
15		cheguei ((inspetor chama funcionária)) eu cheguei (.) por volta de quatro e
16		meia do meu serviço.
17		
18		(1.5)
19	Suspeito	aí tava minha filha e uma sobrinha minha (.) aí perguntei pra ela, cadê a
20		sua mãe, aí ela falou assim, a mãe tá lá no (.) colégio, foi numa reunião
21		da escola.
22		(1.0)
23	Suspeito	eu falei, tá bom.
24		(1.0)
25	Suspeito	aí ela chegou (.) falou pra mim, pedrinho, o diretor falou assim (.) que (.)
26		as nossas duas crianças vão precisar de psicólogo. aí eu falei, vilma,
27		psicólogo das crianças é você mesmo. (.) você vai ensinar um dever à
28		menina, você num tem paciência (.) entendeu (.) a menina (.) pega pra
29		fazer o dever, erra, você bate. então num é assim, é só você maneirar o
30		jeito de lidar com a menina que ela vai melhorar, tanto na escola como no
31		jeito de agir.
32		
33		
34		(1.5)
35	Suspeito	aí ela:: (.) ficou brava, me ofendendo com palavras e coisa e tal, passou.
36		aí daí a pouco↓

37		(1.5)
38	Suspeito	aí ela:: eu falei assim, você foi no seu pai hoje? ela falou (.) fui, não te
39		devo satisfação, filho duma puta, com o perdão da palavra, filho duma
40		égua. não te devo satisfação. (.) aí foi lá dentro, perguntou- perguntou pra
41		essa sobrinha minha (.) entendeu, pergun- aí a minha sobrinha falou num,
42		num- num fui eu que falei que falei com ele que a senhora foi no vô não (.)
43		aí foi perguntou a minha filha, aí a minha filha falou, foi eu mãe, aí ela
44		falou, minha filha (.) o dia que VOCÊ (.) falar pra esse >filho da puta<
45		aonde eu fui (.) você- você vai apanhar, que eu não devo satisfação da
46		minha vida pra essa >filho da puta<.
47		
48		
49		

Nessa narrativa, Pedro coloca-se como um pai atento (e hierarquicamente superior), que sabe e que aconselha a mulher, Vilma, sobre como resolver os problemas da relação com sua filha: "então não é assim, é só você maneirar o jeito de lidar com a menina que ela vai melhorar, tanto na escola como no jeito de agir" (linhas 29-31).

Na linha 38, o suspeito encaixa outra narrativa sobre a ida da esposa, Vilma, à casa do sogro, na qual se constrói como um homem que não revida a agressões verbais. Ele traz a voz dela por meio de discurso reportado direto, no qual ela usa expressões de baixo calão: "filho duma puta" (linha 39) e "filho duma égua" (linha 40). Segundo seu relato, ele não revida com agressão verbal: sua estratégia foi a de voltar para o presente, ou seja, para o evento discursivo na Delegacia, usando a expressão — direcionada ao inspetor — "com o perdão da palavra", que avalia, negativamente, a fala grosseira da esposa.

Na subseção anterior, Pedro construiu quatro narrativas que avaliaram Vilma como uma mulher dissimulada, descontrolada e como uma péssima mãe. Nas narrativas presentes no Excerto 1, exposto na subseção 7.1, das linhas 9-24, ele, em contrapartida, se constrói como um pacificador, como aquele que entende, que aceita e que releva as atitudes tempestuosas da esposa em prol do casamento e do seu amor pelos filhos, construindo-se, assim, como um bom pai e como um marido exemplar: "a gente vive junto já há dez anos (.) entendeu, é::

como se diz, o meu casamento já vem ruim já de uns tempos atrás, ela já separou de mim umas dez vezes (.) dentro desses dez anos. toda separação é ela que quer, eu venho relevando pelos filhos, porque eu gosto muito dos meus filhos, gosto dela, mas eu amo meus filhos (.) entendeu,[então nós vamos levando]" (Excerto 1).

As formulações discursivas de Pedro parecem construir, habilidosa e cuidadosamente, atributos sociais positivos de pai zeloso e de marido compreensivo, o que desacredita uma possível atitude agressiva e impensada por parte dele: "toda separação é ela que quer" já que "eu gosto muito dos meus filhos, gosto dela, mas eu amo meus filhos".

A construção do *self* de Pedro extrapola o espaço doméstico, já que ele narra, argumentando, que tem um ótimo comportamento fora de casa, uma vez que é um bom vizinho, um trabalhador e um pai que se sacrifica dia após dia para dar o melhor para sua família, como pode ser observado nas narrativas presentes no Excerto 1: "=eu sou uma pessoa que o senhor pode ir lá, entendeu, procurar [saber da comunidade]" (IP V, 2007, 04: 31-32). Nesse ponto, o narrador, Pedro, introduz uma breve narrativa sobre sua rotina: "=eu saio cedo, chego (.) por volta de quatro, cinco horas, o dia que eu carrego caminhão eu não tenho horário pra chegar (.) então eu chego, quero tomar meu banho, e quero descansar. ela é um tormento, já deu pra você (.) perceber que ela é agitada, e eu sou calmo, sou tranquilo (.) por isso que nós estamos vivendo até hoje, entendeu, porque eu relevo muita coisa, tô relevando, pelos filhos (.) entendeu. porque eu [quis" (cf. Excerto 1). O caráter dessas ações rotineiras é marcado pelo presente histórico: "saio", "chego" e "carrego".

Na sequência, ele se constrói como uma pessoa calma, realizando o que Labov (1972) chama de avaliação externa intermediária: o narrador atribui uma marca avaliativa para si no próprio curso da narrativa: "então eu chego, quero tomar meu banho, e quero descansar. (...) eu sou calmo, sou tranquilo". Além disso, também se mostra como uma pessoa que sabe relevar — nesse ponto, usando (i) a repetição do verbo relevar e (ii) o uso da forma nominal gerúndio (que marcam a avaliação interna de intensificação), ele conclui, avaliativamente, o quanto ele é compreensivo, razão pela qual o casamento tem durado: "por isso que nós estamos vivendo até hoje, entendeu, porque eu relevo muita coisa, tô relevando, pelos filhos (.)".

Para finalizar, Pedro negocia para si uma posição de homem incapaz de agredir fisicamente uma mulher (cf. Excerto 3), já que, segundo ele "bater em mulher num é o meu costume (.) que se eu ti- fosse batedor de mulher, eu já tinha batido nela há mais tempo" (IP V, 2007, 04: 52-53).

Como vimos, nas narrativas analisadas, Pedro constrói-se de diferentes maneiras: (i) como bom pai, que não causa danos aos filhos; (ii) como aquele que aceita, passivamente e sem revidar, agressões verbais; (iii) como um pacificador, que releva atitudes e agressões da esposa; (iv) como um bom vizinho e como um homem trabalhador; e (v) como aquele que seria incapaz de cometer um ato impensado e uma agressão física a uma mulher.

8. Considerações finais

Neste capítulo, partindo de uma perspectiva construcionista dos estudos sobre narrativas e identidades, buscamos analisar movimentos avaliativos e os discursos reportados, inseridos em narrativas, nas quais o suspeito, Pedro, construiu identidades do *self* e do outro.

Observamos como a vítima, Vilma, foi construída de forma negativa, ou seja, com atributos sociais negativos para as identidades de mãe e de esposa, o que a colocou como uma mãe desleixada e como uma mulher dissimulada, desequilibrada, agitada e com temperamento difícil; em contraponto, vimos como o suspeito, Pedro, construiu-se como um bom pai, como uma pessoa calma, trabalhadora, que releva muitas coisas no casamento em prol de seu amor pelos filhos.

Com nossas análises, esperamos contribuir para o trabalho investigativo daqueles que atuam em ambientes institucionais-investigativos, a fim de que observem que as "respostas" às "perguntas" feitas em cenários de coleta de provas testemunhais podem conter muito mais do que apenas a narração dos "fatos vividos": devem ser vistas como oportunidades discursivo-interacionais de "recriação do vivido" a partir de histórias que, além de trazer as "cenas vividas", constroem os participantes/personagens envolvidos a partir da perspectiva do narrador.

Referências

ANDRADE, D. N. P.; OSTERMANN, A. C. O interrogatório policial no Brasil: a fala institucional permeada por marcas de conversa espontânea. *Calidoscópio*, v. 5, n. 2, p. 92-104, 2007.

BAMBERG, M. Construindo a masculinidade na adolescência: posicionamentos e o processo de construção da identidade aos 15 anos. In: LOPES, L. P. M.; BASTOS, L. C. *Identidades*: recortes multi e interdisciplinares. Campinas: Mercado de Letras, 2002. p. 149-185.

BASTOS, L. C. Narrativa e vida cotidiana. *Scripta*, v. 14, n. 7, p. 118-127, 2004.

_____. Contando estórias em contextos espontâneos e institucionais — uma introdução ao estudo da narrativa. *Calidoscópio*, v. 3, n. 2, p. 74-87, 2005.

_____. Diante do sofrimento do outro: narrativas de profissionais de saúde em reuniões de trabalho. *Calidoscópio*, v. 3, n. 2, p. 76-85, 2008.

DE FINA, A. *Identity in narrative*: a study of immigrant discourse. Amsterdam: John Benjamins, 2003.

DREW, P. Contested evidence in courtroom cross-examination: the case of a trial for rape. In: ATKINSON, J. M.; HERITAGE, J. *Structures of social action*. New York: Cambridge University Press, 1984. p. 470-520.

FABRÍCIO, B. F.; LOPES, L. P. M. Discursos e vertigens: identidades em xeque em narrativas contemporâneas. *Veredas*, v. 6, n. 2, p. 11-29, 2002.

GARCEZ, P. Deixa eu te contar uma coisa: o trabalho sociológico do narrar na conversa cotidiana. In: RIBEIRO, B. T.; LIMA, C.; LOPES DANTAS,

M. T. (Orgs.). *Narrativa, identidade e clínica*. Rio de Janeiro: IPUB-CUCA, 2002. p. 189-213.

GOFFMAN, E. *Forms of talk*. Philadelphia: University of Pennsylvania Press, 1981.

LABOV, W. The transformation of experience in narrative syntax. In: _____. *Language in the inner city*. Philadelphia: University of Pennsylvania Press, 1972. p. 354-396.

_____; WALETZKY, J. Narrative analysis: oral versions of personal experience. In: HELM, J. (Org.). *Essays on the verbal and visual arts*. Seattle: University of Washington Press, 1967. p. 12-14.

LINDE, C. *Life stories*. The creation of coherence. New York: Oxford University Press, 1993.

MINAYO, M. C. S. *Violência e saúde*. Rio de Janeiro: Fiocruz, 2006 [1986].

MISHLER, E. *Storylines*: craftartists' narratives of identity. Cambridge: Harvard University Press, 1999.

_____. Language, meaning and narrative analysis. In: _____. *Research interviewing*. Context and narrative. Cambridge: Harvard University Press, 1986.

LOPES, L. P. M. A *performance* narrativa do jogador Ronaldo como um fenômeno sexual em um jornal carioca: multimodalidade, posicionamento e iconicidade. *Revista da ANPOLL*, v. 27, p. 129-160, 2009.

SACKS, H. Lecture 1. Second stories; "Mm hm". Story prefaces; "Local news". Tellability. In: _____. *Lectures on conversation*. Oxford: Basil Blackwell, 1992a [1968]. v. 1.

_____. Lecture 2. Features of a recognizable 'story'. Story prefaces; sequential locator terms; lawful interruption. In: _____. *Lectures on conversation*. Oxford: Basil Blackwell, 1992b [1968]. v. 1.

_____. Lecture 3. Story organization; tellability; coincidence etc. In: *Lectures on conversation*. Oxford: Basil Blackwell, 1992c [1968]. v. 1.

_____; SCHEGLOFF, E. A.; JEFFERSON, G. Sistemática elementar para a organização da tomada de turnos para a conversa. Tradução de Coord.

Maria Clara Castellões de Oliveira. *Veredas*, v. 7, n. 2, p. 9-73, jan./dez. 1974 [2003].

SARANGI, S. Activity types, discourse types and interactional hybridity: the case of genetic counseling. In: _____; COULTHARD, M. (Orgs.). *Discourse and social life*. London: Longman, 2000. p. 1-27.

SCHEGLOFF, E.; SACKS, H.; JEFFERSON, G. The preference for self-construction in the organization of repairs in conversation. *Language*, n. 53, p. 361-382, 1977.

SCHIFFRIN, D. Narrative as self-portrait. *Language in Society*, v. 25, n. 2, p. 167-203, 1996.

SPINK, M. J.; FREZZA, R. M. *Práticas discursivas e produção de sentidos no cotidiano*. Aproximações teóricas e metodológicas. 3. ed. São Paulo: Cortez, 2004 [1998].

THORNBORROW, J.; COATES, J. The sociolinguistics of narrative — identity, performance, culture. In: _____; _____. *The sociolinguistics of narrative*. Philadelphia: John Benjamins Publishing Company, 2005. p. 1-16.

HERMENÊUTICA ENDOPROCESSUAL:
Abrindo o diálogo entre as Teorias do Processo e a Análise Crítica do Discurso Jurídico*

VIRGÍNIA COLARES**

1. Introdução

Este capítulo propõe o estreitamento teórico entre o Direito e a Linguística, abrindo o diálogo entre a Teoria do Processo e a Análise Crítica do Discurso (ACD). Parte-se do pressuposto de que a prolatação de decisões judiciais é uma prática discursiva mediadora que

---

* Este capítulo foi publicado, numa versão preliminar, sob o título "Análise Crítica do Discurso Jurídico (ACDJ): o caso Genelva e a (im)procedência da mudança de nome" na revista *Revel*, v. 12, n. 23, 2014. Disponível em: <www.revel.inf.br>.

** Virgínia Colares Soares Figueirêdo Alves é professora do Programa de Pós-Graduação em Direito da Universidade Católica de Pernambuco (Unicap) e presidente da Associação de Linguagem e Direito (Alidi), criada em 2012.

ocorre entre um texto (oral ou escrito) e uma prática social, regulada pelos Códigos de Processo Civil e Penal, respectivamente. Por adotar a agenda da ACD como eixo para a análise de decisões judiciais, nomeamos de Análise Crítica do Discurso Jurídico (ACDJ)[1] os procedimentos para análise dessas *práticas sociais*, nesse contexto específico do Judiciário, desde a criação do Grupo de Pesquisa "Linguagem e Direito" na Plataforma Lattes do CNPq, no ano 2000.

O processo judicial é um espaço público em que as partes envolvidas numa lide expõem seus pontos de vista sobre a questão submetida ao juiz-estado, mediante uma atividade interativa dialética. O desfecho, após esse embate democrático, é consubstanciado num documento que registra a sentença, ato final do procedimento. O princípio da fundamentação das decisões judiciais exige do juiz analisar todas as teses jurídicas que foram levantadas pelas partes no desenrolar da jornada processual e não apenas aqueles argumentos que o próprio magistrado entender relevantes. O princípio do devido processo legal institui que relevante é aquilo que foi trazido pelas partes à análise do magistrado, devendo o julgador rejeitar ou acolher cada um desses pontos de vista, mediante fundamentos motivados no ordenamento jurídico. No Brasil

> (...) tem-se, portanto, que sentença é o pronunciamento judicial que tem por conteúdo o estabelecido nos arts. 267 e 269 do CPC e que tem por efeito principal o de pôr fim ao procedimento em primeiro grau de jurisdição e, em não havendo recurso, também ao processo (Wambier, 2003, p. 527).[2]

---

1. "Análise Crítica do Discurso Jurídico" é a disciplina por mim oferecida no Curso de Mestrado do Programa de Pós-Graduação em Direito da Universidade Católica de Pernambuco, desde sua criação, em 2005. Análise Crítica do Discurso Jurídico (ACDJ) é o título do relatório de pesquisa, apresentado em julho de 2009, como resultado do Edital MCT/CNPq n. 50/2006, Ciências Humanas, Sociais e Sociais Aplicadas; Protocolo n. 2546463711149023.

2. A seguir os artigos do Código de Processo Civil (CPC) mencionados pelo autor: Art. 267. Extingue-se o processo, sem resolução de mérito: I – quando o juiz indeferir a petição inicial; II – quando ficar parado durante mais de 1 (um) ano por negligência das partes; III – quando, por não promover os atos e diligências que lhe competir, o autor abandonar a causa por mais

LINGUAGEM & DIREITO

Para fundamentar sua decisão, o magistrado interpreta os pedidos feitos ao Estado com base no ordenamento jurídico e seus códigos de leis. Assegura a Constituição Federal que "(...) todos os julgamentos dos órgãos do Poder Judiciário serão públicos, e fundamentadas todas as decisões, sob pena de nulidade, (...)" (Brasil, 1988, art. 93).

O enfrentamento da *linguagem* pelos juristas processualistas tem recebido diversos olhares ao longo das reflexões na interface Direito e Linguagem. A concepção de linguagem, no campo do Direito, tem variado desde uma insistência em "aplicar leis a fatos concretos", à maneira de uma etiquetagem; até o outro extremo denominado "ativismo judicial", que consiste numa liberdade máxima de interpretação, considerada uma ameaça à segurança jurídica. Entretanto, a discussão realizada pelos juristas restringe-se a escritos denominados de "doutrina" mesmo nos mais avançados níveis de estudos de pós-graduação jurídicos.

Sobre a *textura aberta da linguagem* ou *porosidade dos conceitos,* o estudo de Struchiner (2002) enumera três consequências desse fenômeno inerente às linguagens ordinárias para o Direito. A primeira consequência é uma atitude *formalista* dos juristas positivistas tradicionais, cujo representante apontado por Struchiner (2002) é Jeremy Bentham. "O juiz é a 'boca da lei', seu papel é 'aplicar', 'dizer' ou 'declarar' o Direito e jamais interpretar o Direito", afirma Struchiner (2002, p. 142). Outra consequência é atitude realista dos juristas, defendida por John Chipman Gray (apud Struchiner, 2002). Os *realistas* sustentam a supremacia do poder discricionário do juiz. "As regras emanadas do Legislativo servem apenas como fontes do Direito,

---

de 30 (trinta) dias; IV – quando se verificar a ausência de pressupostos de constituição e de desenvolvimento válido e regular do processo; V – quando o juiz acolher a alegação de perempção, litispendência ou de coisa julgada; VI – quando não concorrer qualquer das condições da ação, como a possibilidade jurídica, a legitimidade das partes e o interesse processual; VII – pelo compromisso arbitral; VII – pela convenção de arbitragem; VIII – quando o autor desistir da ação; IX – quando a ação for considerada intransmissível por disposição legal; X – quando ocorrer confusão entre autor e réu; XI – nos demais casos prescritos neste Código.

Art. 269. Haverá resolução de mérito: I – quando o juiz acolher ou rejeitar o pedido do autor; II – quando o réu reconhecer a procedência do pedido; III – quando as partes transigirem; IV – quando o juiz pronunciar a decadência ou a prescrição; V – quando o autor renunciar ao direito sobre que se funda a ação.

mas não são capazes de, por si mesmas, compelir o juiz a tomar uma determinada decisão", constata Struchiner (2002, p. 143). Para os juristas *realistas*, o juiz é o legislador para cada caso concreto, pois todos os casos funcionam como *casos difíceis*. A terceira consequência da *textura aberta da linguagem* para o Direito *é uma atitude intermediária*, e consiste no denominado *soft positivismo* desenvolvido por H. L. A. Hart. Para Hart (2000), há dois tipos de decisões judiciais: *casos claros* e *casos de penumbra*. Nessa concepção moderada, nos *casos claros* há possibilidade de o juiz decidir de acordo com certo "núcleo de significado da regra", que para Hart encontra-se estabelecido pelas convenções linguísticas. Assim, o papel das cortes é simplesmente aplicar o Direito por meio de raciocínio silogístico, pelo qual é feita uma subsunção do fato à norma. Já nos *casos de penumbra*, o juiz exerce seu poder discricionário numa atividade criativa e construtiva do Direito. "Hart não acredita nem no 'Nobre Sonho' utópico dos formalistas de que as palavras da lei sempre podem oferecer uma única resposta correta, nem no 'Pesadelo' dos realistas jurídicos de que as palavras da lei nunca possibilitam uma resposta correta" (Struchiner, 2002, p. 145). Para o autor, que concorda com Hart, o ceticismo e o formalismo em relação às regras são extremos que nutrem seus pensamentos com apenas um tipo de exemplo, para ambos "(...) às vezes os juízes fazem uma coisa e às vezes outra ?(...)" (Hart, 2000, p. 348, apud Struchiner, 2002, p. 147).

A Linguística Forense pode evidenciar, empiricamente, o modo como os juízes decidem pela análise de decisões judiciais. Com esse propósito, o objetivo específico deste capítulo consiste em identificar, através da ACDJ, na superfície textual da Decisão Judicial n. 0013781-87.2011.8.19.0038, o caso Genelva, marcas das estratégias argumentativas que evidenciem os modos de operação da ideologia.

Este capítulo, a partir da pergunta de partida "quais os efeitos ideológicos e políticos do discurso na prolatação de decisões judiciais no Brasil?", tem como hipótese que o Estado, quando faz uso de leis abstratas e ideais para promover a democracia assegurada pelo Direito Processual Constitucional, promove um ocultamento ideológico que forja a ideia de que a linguagem é neutra e produzida num vácuo social.

2. Aporte teórico: Análise Crítica do Discurso Jurídico (ACDJ)

A linguagem tem papel central na reflexão e na construção das relações de poder e hegemonia. A lacuna ou insuficiência nas Ciências Sociais, constatada por Chouliaraki (2005), de teorizações acerca do papel da linguagem na vida social e ausência das ferramentas apropriadas — nessas Ciências Sociais — para a análise empírica dos materiais verbais produzidos socialmente o fez eleger, como objeto de estudo, as *práticas sociais*. A Análise Crítica do Discurso (ACD) configura-se como um campo de estudos que busca descrever e explicar tal envolvimento da linguagem no funcionamento da sociedade contemporânea. Direcionada ao estudo das dimensões discursivas da mudança social, a ACD apresenta uma *concepção de linguagem* e um suporte de análise para a investigação dos modos como a relação discurso/sociedade se concretiza na prática social. A compreensão que tem Fairclough (1992; 2003) do *processo social* teve influência da obra de Harvey (1996). A produção teórica de David Harvey contribui para entender as mudanças sociais na acumulação capitalista, no urbanismo, na produção dos espaços sociais e políticos do capitalismo contemporâneo. Em *Justice, nature and the geography of difference*, partindo dos conceitos fundamentais na tradição marxista, o autor incrementa o debate das Ciências Sociais, incluindo cinco elementos: semiose, relações sociais, poder, instituições, crenças e valores culturais. A semiose é um elemento central do processo social que é dialeticamente relacionado aos outros. Assim, as relações entre os elementos do processo social são diferentes, mas não são separadas: cada elemento, dialeticamente, interioriza os outros sem reduzir-se a eles; daí a relevância da linguagem para a compreensão das relações sociais, do poder, das instituições, das crenças e dos valores culturais. Esses elementos são parcialmente semióticos, sem se reduzirem à semiose. Portanto, as instituições sociais são organizadas por relações interpessoais que são parcialmente semióticas/discursivas.

Fazendo ancoragem na ACD, a ACDJ tem como fulcro a abordagem das relações específicas — internas e recíprocas — entre linguagem,

Direito e sociedade. Os *textos* produzidos socialmente em eventos autênticos do Judiciário são resultantes da estruturação social da linguagem que os consome e os faz circular. Por outro lado, esses mesmos textos são também potencialmente transformadores dessa estruturação social da linguagem, assim como os eventos sociais são tanto resultado quanto substrato dessas estruturas sociais. Desse modo, a ACDJ empreende uma *hermenêutica endoprocessual* para compreender a *semiose* da decisão judicial. O desafio dessa hermenêutica endoprocessual é dar conta de teorias e métodos interpretativos dos dois domínios de conhecimento em contato: Direito e Linguagem, de um modo transdisciplinar. A transdisciplinaridade requer um pensamento organizador que ultrapassa as próprias disciplinas em colaboração. No caso da *hermenêutica endoprocessual*, essa consiste em dar conta da produção de sentidos no funcionamento linguagem em uso durante a atividade social de prolatar decisões judiciais. Da mesma forma que, no Direito, não cabe mais "aplicar leis a fatos concretos", nas Ciências da Linguagem não cabe conceber os fenômenos linguísticos e semióticos descontextualizados das práticas socioculturais.

Fairclough (1992, 1995) defende o discurso como prática política e ideológica. Como prática política, o discurso estabelece, mantém e transforma as relações de poder e as entidades coletivas em que existem tais relações, às vezes construindo o consenso. Como prática ideológica, o discurso constitui, naturaliza, mantém e também transforma as visões de mundo nas mais diversas posições das relações de poder. O modelo de análise ou agenda da ACD, proposto por Fairclough (1992), constrói-se numa concepção tridimensional do discurso, ou seja, a análise do texto, a análise das práticas discursivas em articulação com a análise das práticas sociais. A noção de prática discursiva explicita o modo como agimos com os gêneros textuais. Segundo o autor, "a prática discursiva (...) envolve processos de produção, distribuição e consumo textual, e a natureza desses processos varia entre diferentes tipos de discurso de acordo com fatores sociais" (Fairclough, 1992, p. 106). Os textos são produzidos mediante o modo como os sujeitos aprenderam a realizá-los em determinados meios sociais, no nosso caso, na instância jurídica, mediante determinado discurso. Esse saber é dinâmico e está em transformação constante. Conforme afirma o autor, "a prática discursiva é constitutiva tanto de maneira convencional como criativa: contribui para reproduzir a sociedade (identidades sociais, relações sociais, sistemas de conhecimento e crença) como é, mas também contribui para transformá-la" (Fairclough, 1992, p. 92).

A relação entre discurso e estrutura social, portanto, tem natureza complexa e dialética, resultando do contraponto entre a determinação do discurso e sua construção social. O discurso reflete uma realidade social mais profunda, assim como a estruturação social se dá de forma idealizada/simbólica, como fonte onde o discurso é representado. A constituição discursiva de uma sociedade decorre de uma prática social que está seguramente arraigada em estruturas sociais concretas (materiais) e, necessariamente, é orientada para elas, não é fruto de um mero livre-arbítrio de indivíduos isoladamente.

Fairclough (2003, p. 23-26) reelabora o arcabouço da abordagem tridimensional do discurso, produzindo uma explicação mais consistente ao incorporar três conceitos centrais: o de *estruturas sociais* (entidades sociais como a economia, a justiça, as classes sociais e a própria linguagem), o de *práticas sociais* (articulações de elementos sociais relacionados a áreas específicas da vida social, como a escola, o Judiciário, a família) e o de *eventos sociais* (o fazer concreto dos agentes sociais materializado em forma de textos, como, no nosso caso, as decisões judiciais). Assim, o *evento social não é produzido nem como uma simples reprodução da estrutura social*, nem como algo absolutamente novo; ele é mediado pela *prática social* que, desse modo, ocupa um lugar privilegiado nesse quadro conceitual. A *prática social*, para Fairclough (2003), consiste na articulação de elementos sociais (alguns não discursivos), a saber: (1) a ação e a interação, relações sociais, pessoas (com crenças, atitudes, histórias etc.); (2) o mundo material; e (3) o discurso que incorpora a *linguagem* que é entendida por esse autor como a base de toda ação social.

O discurso jurídico materializa as práticas sociais de uma tradição através da produção de textos. Portanto, todo discurso é uma construção social, não individual, e somente pode ser analisado ao se considerar o seu contexto histórico-social. Assim, podemos dizer que discurso é o espaço de onde emergem as significações. A *linguagem* que usamos define nossos propósitos, expõe nossas crenças e valores, reflete nossa visão de mundo e a do grupo social em que vivemos, e pode, ainda, servir como instrumento de manipulação ideológica.

O termo *ideologia*, usado pela primeira vez por Destutt de Tracy, em 1796, publicado em 1803, no livro *Éléments d'Idéologie*, em Paris, pela editora Courcier, recebeu inúmeras concepções desde então.[3] Os autores que consagraram o termo, sem dúvida, foram Karl Marx e Friederich Engels, em vários momentos.

Entretanto, a adoção do conceito de ideologia, neste capítulo, não implica necessariamente a sua utilização como algo que ofusca a verdade e leva a uma falsa consciência em contraste com algo que é considerado verdadeiro e real. A ideologia opera por intermédio da linguagem, que viabiliza a ação social, sendo parcialmente constitutiva daquilo que, nas nossas sociedades, é denominado "a realidade". Conforme Thompson (1995, p. 95) "(...) a concepção crítica da ideologia (...) denota uma preocupação com o modo como os sujeitos se envolvem em processos de transformação, destruição ou reforço das suas relações com os outros e com o real social.

3. Procedimentos e categorias de análise

Este texto integra o projeto de uma pesquisa em sequência a outras pesquisas já realizadas.[4] Por essa razão, parte desta seção repete as categorias de análise de outros textos já publicados (Colares, 2011a, 2011b, 2013a, 2013b, 2014). A amostra analisada foi coletada de maneira aleatória e submetida a um tratamento metodológico de

---

3. A gênese do termo ideologia pode ser consultada em Thompson (1995, p. 43-161).

4. Projeto docente: *Direito e ocultamento ideológico*: procedimento teórico-metodológico para análise crítica do discurso das decisões judiciais prolatadas. Resp. Profa. Dra. Virgínia Colares. Registrado sob o n. 03707 na Coordenação Geral de Pesquisa da Universidade Católica de Pernambuco.

anonimização. No nosso grupo de pesquisa *Linguagem e Direito*,[5] adotamos o procedimento metodológico de anonimizar as peças jurídicas autênticas para minimizar a possibilidade de identificação das pessoas envolvidas no processo judicial, tanto as partes como os magistrados. Sabe-se que, juridicamente, não é necessário, pois são documentos públicos coletados nos sites oficiais dos tribunais. Por essa razão, mantém-se o número do processo para que advogados e pesquisadores possam consultar outras peças dos autos na base de dados. Na análise deste documento — *o caso Genelva* — apenas o prenome da autora foi mantido em razão da análise, os demais nomes próprios foram substituídos por "XXXX...". No projeto docente, as referidas decisões judiciais são formatadas, tendo suas linhas enumeradas de modo a facilitar a indicação das marcas textuais no processo de análise ao remeter aos fragmentos recortados das decisões judiciais. As decisões judiciais são transcritas de maneira inalterada, inclusive os equívocos de digitação, pontuação, concordância, negrito, maiúsculas etc. Assim, o texto que contém *o caso Genelva* foi fragmentado em blocos e esses fragmentos também numerados.

A proposta para a *hermenêutica endoprocessual*[6] tem como pano de fundo a ACD e sua agenda tridimensional, com ancoragem na análise do texto, das práticas discursivas e da prática social. As categorias de análise emergem dos dados a partir de leituras prévias. A análise desta sentença tramitada e julgada, *corpus* deste trabalho, usa o conceito de *modalização* como proposto por Pinto (1994), os *operadores argumentativos* na perspectiva ducrotiana, e os *modos de operação da ideologia* propostos por Thompson (1995) como categorias para dar conta do funcionamento dos efeitos ideológicos desse discurso jurídico.

---

5. Grupo de pesquisa Linguagem e Direito na Plataforma Lattes do CNPq, disponível em: <http://plsql1.cnpq.br/buscaoperacional/detalhegrupo.jsp?grupo=1734601LV7GNX9>, com os desdobramentos nas linhas: (1) Análise Crítica do Discurso Jurídico; (2) Criminologia, Linguagem e Sociedade; e (3) Linguística Forense.

6. A qual denominamos Análise Crítica do Discurso Jurídico (ACDJ).

3.1 Modalização

Os modalizadores são marcas textuais explícitas ou implícitas que evidenciam a atitude do enunciador ante aquilo que diz. A modalização subdivide-se em *modalização da enunciação* e *modalização do enunciado*, sem, contudo, haver uma dissociação entre ambas (Parret, 2002).

A modalização da enunciação são as marcas usadas no ato da comunicação, oral ou escrita, enquanto a modalização do enunciado é "o valor que o enunciador atribui aos estados de coisas que descreve ou alude em seus enunciados e/ou aos participantes desses estados de coisas" (Pinto, 1994, p. 97).

Pinto (1994) classifica a modalização do enunciado como: *alética,* que representa um grau de possibilidade; *epistêmica*, que representa um grau de certeza ou de plausibilidade; *deôntica*, que representa um grau de obrigação ou de liberdade; *axiológica,* que representa um grau de adesão; *ôntica*, que representa um grau de factualidade ou de aparência dos estados das coisas descritos.

A modalização da enunciação para Pinto (1994, p. 83-97) pode ser:

1) *declarativa*: para que se reconheça essa modalidade, um texto tem que ser proferido: por quem de direito, no lugar adequado, no momento devido, com tempo de duração e velocidade corretos, com a expressão corporal e os comportamentos esperados, com a forma linguística consagrada, com o vestuário exigido e, ainda, com a utilização dos objetos e instrumentos requeridos;

2) *representativa*: quando o enunciador assume uma divisão igualitária de poderes sobre o universo de referência com o seu interlocutor. O âmbito sintagmático pode ser marcado através dos verbos de asserção, opinião, contestação, retratação, concordância conjugados na primeira pessoa do indicativo;

3) *declarativo-representativa*: quando o enunciador deseja ser reconhecido como detentor da fé pública, os enunciados tendem para uma impessoalização;

4) *expressiva*: quando se refere à afetividade ou ao juízo de valor que o enunciador deposita nos estados das coisas descritos. Textualmente, essa modalidade é marcada pelo uso de palavras e locuções pelas quais se exprimem afetividade e/ou valores;

5) *compromissiva*: o enunciador assume perante o interlocutor o papel de quem se obriga, em algum momento futuro, a tornar verdadeiro o estado de coisa ali expresso por ele; usa verbos de compromisso como jurar, prometer, apostar, ter a intenção, comprometer-se;

6) *diretiva*: busca-se que o interlocutor tenha o comportamento expresso aludido pelo enunciado; essa modalidade distribui-se através de hierarquias, que pode ir da expressão da ordem, aos requerimentos e pedidos, à sugestão, ao conselho, aos pedidos de informação e à interpelação.

3.2 Operadores argumentativos

A argumentatividade está inscrita na própria língua, não é algo a mais acrescentado ao uso linguístico. Todo dizer é um meio de levar o interlocutor a seguir certa direção, chegando a uma conclusão ou servindo para desviá-lo dela (Ducrot, 1977).

A argumentação é entendida como um conjunto de regras internas à língua, que comandam o encadeamento dos enunciados, orientando a enunciação em certa direção. A argumentatividade implícita tem marcas explícitas na própria estrutura da frase: morfemas e expressões que, para além do seu valor informativo, servem, sobretudo, para dar ao enunciado certa orientação argumentativa. Esses elementos explícitos, os articuladores, são denominados *operadores argumentativos* (responsáveis pela força argumentativa dos textos) pela função que desempenham. Esses elementos linguísticos pertencem às *classes gramaticais invariáveis* (advérbios, preposições, conjunções, locuções adverbiais, prepositivas, conjuntivas) ou, então, são palavras que não foram incluídas em nenhuma das dez classes gramaticais, merecendo, assim, "classificação à parte", denominadas palavras *denotativas* ou *denotadores* de inclusão, de exclusão, de retificação etc. (Ascombre; Ducrot, 1976; Ducrot, 1977, 1987).

Na realização das pesquisas com decisões judiciais, identificamos os seguintes *operadores argumentativos* indicadores: de contraposição, de tempo, de lugar, de consequência ou conclusão, de condição, de finalidade, de causa, de autoridade, de comparação, de proporção, de exemplificação, de modo, de alternância, de reformulação, de adição, de síntese, de restrição, de explicação, de parcialidade, de inexatidão, de ênfase/destaque, de assunto, de ordem, do ápice de uma escala, de exceção/exclusão, de inclusão, da conveniência do enunciado, de negação, de corroboração.[7]

3.3 Modos de operação da ideologia

A proposta de análise da ideologia de Thompson (1995, p. 75-76) "(...) está primeiramente interessada nas maneiras como as formas simbólicas se entrecruzam com relações de poder. Ela está interessada nas maneiras como o sentido é mobilizado, no mundo social, e serve, por isso, para reforçar pessoas e grupos que ocupam posições de poder". Para o autor, "(...) estudar a ideologia é estudar as maneiras como o sentido serve para estabelecer e sustentar relações de dominação" (p. 76). Destarte, Thompson desenvolve os procedimentos que adotaremos para identificar os modos de operação da ideologia na superfície do texto. O Quadro 1, a seguir, reproduz o quadro sinóptico com as explicações dadas pelo próprio autor.

---

7. Agradeço à bel. Gláucia Soares Ferreira Pinto, na ocasião, bolsista CNPq de iniciação científica, pelo meticuloso trabalho de categorizar cada um dos *operadores argumentativos* elencados.

Quadro 1

Modos de operação da ideologia (compilado de Thompson, 1995, p. 81)

Modos gerais	Algumas estratégias típicas de construção simbólica
Legitimação Relações de dominação são representadas como legítimas.	Racionalização: uma cadeia de raciocínio procura justificar um conjunto de relações.
	Universalização: interesses específicos são apresentados como interesses gerais.
	Narrativização: exigências de legitimação inseridas em histórias do passado que legitimam o presente.
Dissimulação Relações de dominação são ocultas, negadas ou obscurecidas.	Deslocamento: deslocamento contextual de termos e expressões.
	Eufemização: valorização positiva de instituições, ações ou relações.
	Tropo: sinédoque, metonímia, metáfora.
Unificação Construção simbólica de identidade coletiva.	Estandartização: um referencial padrão proposto como fundamento partilhado.
	Simbolização da unidade: construção de símbolos de unidade e identificação coletiva.
Fragmentação Segmentação de indivíduos e grupos que possam representar ameaça ao grupo dominante.	Diferenciação: ênfase em características que desunem e impedem a constituição de desafio efetivo.
	Expurgo do outro: construção simbólica de um inimigo.
Reificação[8] Retração de uma situação transitória como permanente e natural.	Naturalização: criação social e histórica tratada como acontecimento natural.
	Eternalização: fenômenos sócio-históricos como permanentes.
	Nominalização/passivação: concentração da atenção em certos temas em detrimento de outros, com apagamento de atores e ações.

---

8. Do latim "res, rei", coisa, matéria, remete ao processo histórico das sociedades capitalistas que transformam a subjetividade humana em objetos inorgânicos, perdendo autonomia e autoconsciência.

Para dar conta dos *modos de operação da ideologia*, é necessário observar todos os movimentos no uso da linguagem que a afastam de um sentido mínimo, como o uso das ditas figuras de linguagem ou tropos provindos da Retórica. As *hipérboles*, por exemplo, são instrumentos semânticos para a intensificação do significado. A *ironia* disfarça acusações; é uma maneira aparentemente mais leve de dizer algo que não se deve dizer diretamente ou frente a frente. Poucas figuras semântico-retóricas são tão persuasivas quanto as *metáforas*, que transmitem significados abstratos, complexos, estranhos, novos ou emocionais de maneira indireta. A também conhecida figura retórica do *eufemismo* realiza um ato semântico de suavização e tem um papel importante na construção da argumentação.

Um recurso estilístico que age como estratégia típica de construção simbólica é a *lexicalização*. Através da escolha de expressões, significados semelhantes podem ser expressos de modo variado em palavras diferentes, dependendo da posição, do papel, dos objetivos, do ponto de vista ou da opinião do enunciador, isto é, como uma função das características do contexto. Ainda, herdada da Retórica, temos outras construções simbólicas, como o *jogo de números*, por exemplo, em que muitos argumentos são orientados por dados numéricos e/ou estatísticos para reforçar a credibilidade em movimentos que enfatizam a objetividade.

Van Leuween (1997) apresenta um estudo detalhado sobre a *representação dos atores sociais* que pode ocorrer em um texto pela exclusão ou inclusão. A forma como os atores são descritos no discurso também depende da *ideologia*. De maneira geral, há uma tendência a descrever os membros do intragrupo de uma forma mais neutra ou positiva, e os membros do extragrupo de forma menos neutra e negativa. Do mesmo modo, o enunciador pode suavizar as descrições negativas de membros de seu próprio grupo e enfatizar as características negativas dos outros, até o extremo da construção simbólica de um *inimigo* pelo *expurgo do outro* (Thompson, 1995, p. 81).[9] A exclusão

---

9. No âmbito do Direito Penal, Eugenio Raul Zaffaroni (2011) propõe a tese jurídica da existência do *inimigo*/estranho da sociedade, o ser humano considerado como ente perigoso

pode acontecer pelo apagamento desses atores em determinado evento onde eles simplesmente não são mencionados; ou, ainda, pela supressão dos termos que representam esses atores, cabendo ao enunciatário valer-se de inferências para localizá-los no texto. Ainda para Van Leuween (1997, p. 219), a inclusão dos atores sociais pode ocorrer através de diversas estratégias, subdivididas em (a) ativação e passivação dos atores socias; (b) participação, circunstancialização e possessivação; e (c) personalização e impersonalização. Esse quadro responde se o ator social está representado por um pronome ou um nome; se através das escolhas léxico-gramaticais ele foi agente ou paciente da ação; se os participantes são referidos de forma pessoal ou impessoal; se o ator foi nomeado ou classificado; se foi representado de forma específica ou genérica.

O *uso de inferências* reflete o modo como os atores sociais agem estrategicamente sobre seus enunciados. Warren et al. (1979) propõem três tipos de inferências: (a) inferências lógicas (dedutivas, indutivas ou condicionais) baseadas sobretudo nas relações lógicas e submetidas aos valores de verdade/falsidade na relação entre as proposições; (b) inferências informacionais, baseadas no próprio texto e em conhecimentos lexicais; e (c) inferências avaliativas provindas dos conhecimentos gerais, funcionando como "hipótese de relevância" sobre a consistência, a determinação, a redundância e outros aspectos ausentes na superfície textual.

4. Análise da Sentença de n. 0013781–87.2011.8.19.0038: "o caso Genelva"

A seguir, analisa-se a sentença de n. 0013781-87.2011.8.19.0038, da Comarca de Nova Iguaçu, Cartório 3ª Vara de Família, disponibi-

---

ou daninho, compatível com o conceito de *Estado absoluto hegemônico* no qual existem pessoas imutáveis; em contraponto com a realização dos *Estados constitucionais de direito,* que concebem a pessoa com dignidade e com autonomia ética.

lizada no site oficial do Tribunal de Justiça do Rio de Janeiro (http://
www4.tjrj.jus.br/), decidida em 14 de junho de 2012, e arquivada em
definitivo em 14 de agosto de 2012, no maço n. 2267, aqui denominada de "o caso Genelva". Neste artigo, adota-se o termo *texto* para
remeter ao documento "decisão judicial" na íntegra. Para fins da
análise que se segue, o texto é dividido em 10 *fragmentos* seccionados
de acordo com os tópicos tratados na decisão judicial.[10]

---

1. Comarca de Nova Iguaçu — Cartório 3ª Vara de Família
2. Juiz: XXXXXXXXXXXXXXXXXXXXXXXX
3. Processo: 0013781-87.2011.8.19.0038
4. Pedido de Retificação de Registro Civil formulado por GENEL-
   VA MARIA DA SILVA, qualificada às
5. fls. 02, visando à retificação do seu Registro de Nascimento,
   alegando em síntese que o seu nome vem
6. causando mal-estar na convivência diária, que vem sofrendo
   constrangimento, acrescentando que o
7. registro foi feito por seu pai em dia que estava alterado em
   virtude do exagero no consumo de bebida
8. destilada, requerendo a procedência do pedido. Com a inicial
   de fls. 02/06, vieram os documentos de fls.
9. 07/32. Petição da Autora, fls. 36, informando não ter mais
   provas a produzir. MP às fls. 38/39, opinando
10. pela improcedência do pedido. É O RELATÓRIO.

Fragmento 1

Constata-se que, no Brasil, quando o magistrado remete aos
autos do processo, remete ao seu próprio discurso ou de um de seus

---

10. No âmbito jurídico, uma *sentença* é ato decisório pelo qual o juiz, na primeira instância, põe fim a um processo, aceitando ou não o mérito da causa. O termo *decisão judicial* é mais
abrangente, pois engloba decisões judiciais de segunda instância dos tribunais estaduais e
decisões do Supremo Tribunal Federal, documentos denominados *acórdãos*.

LINGUAGEM & DIREITO

pares, pois o texto que é registrado nos autos, indicando as folhas, como nos fragmentos desta análise, já passou por transformações organizacionais e transformações decorrentes de decisões interpretativas e recebeu tratamento estilístico do mesmo ou de outro magistrado que tomou o depoimento. Considerando as condições de produção da *tomada de depoimentos,* na passagem do texto 1 (oral) para o texto 3 (escrito), observa-se que:

TEXTO 1 — caracteriza-se por sua natureza oral, estrutura discursiva dialogada e uso de palavras do cotidiano — sequências verbais circunstanciais;

TEXTO 2 — produzido oralmente, mas com características estruturais de "escrita". É organizado para ser um documento. É o ditado resumitivo — um relato da interação dialogada do Texto 1. Há predominância de palavras técnicas do uso jurídico;

TEXTO 3 — documento de natureza escrita. É o registro — documentação efetiva — do Texto 2. A distinção entre os Textos 2 e 3 é a mudança no sistema de representação. Fonemas passam a ser representados por grafemas (Colares, 2001, p. 316).

O relatório/relato (Fragmento 1), portanto, já é um texto de terceira mão, ou passou por essas transformações do oral (Texto 1) para o escrito (Texto 3), ou é fruto de informações retiradas da petição inicial que foi escrita pelo advogado.

A *modalização da enunciação* no gênero textual *decisão judicial* é, predominantemente, *declarativa.* Consiste em emitir enunciados límpidos pela necessidade do ritual institucional; prevalece o uso de enunciados assertivos ou exclamativos no modo indicativo. Entretanto, no relatório sob análise (Fragmento 1), o uso dos verbos no gerúndio: *alegando* (linha 5); *vem causando* (linhas 5/6); *vem sofrendo* (linha 6); *acrescentando* (linha 6); *requerendo* (linha 8); *informando* (linha 9); *opinando* (linha 9) sinaliza continuidade/atualidade temporal. Esses usos correspondem a processos verbais do *mundo consciente* do eixo do *dizer.* Tanto o tempo verbal como a organização semântica da atividade são próprios dessa parte textual da *decisão judicial*. O operador argumentativo *em síntese que* (linha 5) realiza a função textual de apresentar as ideias de forma concisa, reduzida, resumida. O *relatório* tem condições de produção peculiares, é redigido pelo magistrado a partir da *petição inicial* ou de *depoimento prestado*, como, no caso, pela autora do processo. Trata-se, portanto, de recortes de fala feitos pelo juiz a partir de suas próprias decisões interpretativas (Alves, 1992).[11]

Nessas condições de produção — discursivamente — os juízes atuam como porta-vozes. Assim, eles não dizem ou não precisam dizer o que eles realmente sabem ou acreditam. Nesses contextos, grande parte do discurso permanece implícita, e informações podem ser inferidas pelos destinatários com conhecimentos ou atitudes compartilhadas. No caso da tomada de depoimentos, outros juízes que dão continuidade ao processo percebem, pelo modelo do evento, as ações representadas no discurso. A *implicitude* (um modo de operação da ideologia) pode ser usada especialmente como uma forma de transmitir significados que, na sua expressão mais explícita, poderiam ser compreendidos como preconceituosos, por exemplo.

Na perspectiva da Retórica, uma das estratégias de argumentação é o *jogo de números* que, persuasivamente, reforça a credibilidade das afirmações a partir de movimentos que enfatizam a existência de objetividade. Em nossas culturas ocidentais, números e estatísticas são modos primários de mostrar objetividade. Nesta decisão, os números aparecem em vários momentos; no Fragmento 1, orientam a consulta ao processo quanto às páginas dos itens a seguir: GENELVA MARIA DA SILVA, qualificada às fls. 02 (linhas 4-5); *inicial de fls. 02/06; documentos de fls. 07/32; Petição da Autora, fls. 36 MP às fls. 38/39.* (linhas 4-5). Passa-se à análise do Fragmento 2, onde inicia a fundamentação da decisão.

---

11. Na lista de referências, *Alves* e *Colares* correspondem à mesma pessoa *Virgínia Colares Soares Figueirêdo Alves*, conforme pode ser consultado na Plataforma Lattes do CNPq. Disponível em: <http://lattes.cnpq.br/7462069887119361>.

---

11. DECIDO. 1. Cuida-se de ação de retificação de registro, com a alegação de que a Autora vem sofrendo

12. constrangimento devido ao nome, contudo, conforme documento de fls. 09, verifica-se que a mesma é

13. nascida em 1971, portanto, com 40 anos de idade e nunca pleiteou a alteração, sendo certo que devido a

14. sua idade o seu nome já está consolidado no ambiente social e familiar, inclusive todos os seus

15. assentamentos, bem como seus eventuais descendentes já se encontram consolidados com a sua atual

16. identificação civil.

Fragmento 2

Pela estrutura textual, é possível verificar como os elementos linguísticos indicam a orientação argumentativa pretendida no texto. No Fragmento 2, acima, *contudo* (linha 12) tanto indica a *escala argumentativa,* como constrói orientação de dúvida quanto às *condições de verdade*, por estabelecer relações de contraste, disjunção/oposição. No caso do Fragmento 2, trata-se de orientação de dúvida quanto às *condições de verdade,* pois o operador argumentativo que se segue é *conforme* (linha 12), que propõe uma evidência na valoração do argumento, baseado em citação de uma fonte dotada de prestígio e credibilidade, os autos do processo judicial.

O *jogo de números,* na construção da decisão, tem a função de ordenar a sequência argumentativa com algarismos arábicos (1., 2., 3. e 4.) em quatro tópicos discursivos, em resposta ao que foi requerido ao juiz-estado, um Pedido de Retificação de Registro Civil.

O argumento de número 1 da decisão busca rebater a motivação do pedido. Ao afirmar que: *a Autora vem sofrendo constrangimento devido ao nome* (linhas 11-12), há um deslocamento do ponto de vista da asserção do relato: *o seu nome vem causando mal-estar na convivência diária, que vem sofrendo constrangimento* (linhas 5-6). No relato, o agente da ação é o *nome* GENELVA MARIA DA SILVA (linha 04); na argumentação da decisão, a ênfase recai na *Autora*, o agente da ação.

Em seguida, o *jogo de números* é usado para calcular a idade da autora. Nas linhas 12-13, o juiz constata: *verifica-se que a mesma é nascida em 1971, portanto, com 40 anos de idade*. A partir daí, uma cadeia de raciocínio procura justificar um conjunto de relações com base em *inferências*, o que caracteriza a *racionalização*, um modo de operação da ideologia por *legitimação*. Do Fragmento 2 destacam-se quatro afirmações produzidas pelo magistrado, a partir do cálculo da idade da autora: (a) *e nunca pleiteou a alteração*, (b) *sendo certo que devido a sua idade o seu nome já está consolidado no ambiente social e familiar*, (c) *inclusive todos os seus assentamentos*, e (d) *bem como seus eventuais descendentes já se encontram consolidados com a sua atual identificação civil*. Essas asserções são *inferências avaliativas*, a partir do cálculo da idade da Autora.

O operador argumentativo *portanto* (linha 13) realiza uma orientação textual de conclusão do cálculo da idade da Autora, o *nunca* (linha 13), do eixo das condições de verdade, refuta a informação que se segue. A expressão *sendo certo que* (linha 13) fortalece a informação que será dada, corroborando-a. A explicação iniciada com *devido* (linha 13) estabelece relações de causa/efeito na *escala argumentativa* para justificar os fatos apresentados como consequência. A orientação textual construída pelo operador *inclusive* (linha 14), constituindo-se o ápice de uma escala argumentativa, ressalta o elemento mais forte da informação *todos os seus assentamentos* (linhas 14-15) ao qual o juiz/enunciador atribui importância; o *bem como* (linha 15) introduz informações adicionais às já apresentadas *eventuais descendentes*.

A presença desses operadores argumentativos concatenando as *inferências avaliativas* do magistrado configura a *narrativização*, as *inferências* trazem informações provindas dos conhecimentos gerais do magistrado, cumprindo exigências de legitimação da decisão que está sendo construída. Essas "informações" são inseridas em uma "história do passado" para legitimar o presente. Assim, constata-se que não foi examinada a motivação do pedido feito em razão do *mal--estar* e *constrangimento* sofridos pela autora em decorrência do nome, mas foi levado em consideração o fato da autora estar com 40 anos de idade *e nunca pleiteou a alteração.*

---

17. A própria Autora narra na sua inicial que: '... a primeira vista o nome (GENELVA) não

18. apresentou qualquer sinal de constrangimento, muito menos se afigurou como risível...'. Acresça-se que a

19. parte Autora não apresentou qualquer prova acerca dos fatos alegados, tendo em vista que na sua petição

20. de fls. 36 informou não ter provas a produzir.

Fragmento 3

O argumento de número 2 responde à indagação anterior, ou seja, justifica o fato de a Autora não ter pleiteado alteração do nome até então: *A própria Autora narra na sua inicial que: ... a primeira vista o nome (GENELVA) não apresentou qualquer sinal de cons-trangimento, muito menos se afigurou como risível....*(linhas 17-18) Trata-se de um argumento para sinalizar uma provável contradição ao Pedido de Retificação de Registro Civil, pois: *A própria Autora narra na sua inicial* (grifo nosso) (linha 17). Em *narrativas,* as informações inseridas em uma história do passado, estaticamente, são usadas para legitimar o presente. O magistrado complementa a argumentação com o fato de que *não apresentou qualquer prova acerca dos fatos alegados* (linha 19).

A orientação espaço-temporal é construída com auxílio do operador argumentativo *a primeira vista* (linha 17), que indica a ordem das ações de modo sequencial. A modalização de *sinal de constrangimento,* com o pronome indefinido *qualquer* (linha 18), imprime força à afirmação, seguidos de *muito menos* (linha 18)*; Acresça-se* *que* (linha 18), *qualquer* prova (linha 19). O texto constrói contraposições que estabelecem relações de contraste/disjunção entre os documentos do Pedido de Retificação de Registro Civil com o da Petição Inicial. O Fragmento 4, adiante, traz a base legal da decisão judicial.

---

21. O art. 56 da Lei de Registros Públicos estabelece que: 'O
22. interessado, no primeiro ano após ter atingido a maioridade civil, poderá, pessoalmente ou por procurador
23. bastante, alterar o nome, desde que não prejudique os apelidos de família, averbando-se a alteração, que
24. será publicada pela imprensa'. Destaca-se, ainda, que a Autora completou a maioridade civil após a
25. vigência da referida lei.

Fragmento 4

No argumento de número 3, apenas o *art. 56 da Lei de Registros Públicos* (linha 21) (renumerado do art. 57, pela Lei n. 6.216, de 1975) é usado como base legal para fundamentar a decisão; entretanto, o nome possui previsão legal de maior destaque em dois diplomas: a Lei de Registros Públicos e o Código Civil. De acordo com Calmon de Passos (2001, p. 59), a *constitucionalização do processo* operou-se em decorrência da emergência da cidadania e da ampliação da cláusula jurídico-constitucional do *devido processo legal*.[12] O atual Código Civil Brasileiro, Lei n. 10.406/2002, destina todo um capítulo aos direitos da personalidade, reconhecendo o homem como expressão máxima de sua proteção, com base na *dignidade da pessoa humana*,[13]

---

12. O jurista uruguaio Eduardo J. Couture, em 1945, redigiu o projeto de Código de Processo Civil do Uruguai, que não foi aprovado na casa legislativa de sua pátria, mas foi adotado, quase sem modificações, por outros países da América Latina. Couture sistematiza o *Direito Processual Constitucional*, ao enfocar a natureza constitucional dos princípios processuais.

13. Conforme os princípios fundamentais da Constituição Federal: "Art. 1º A República Federativa do Brasil, formada pela união indissolúvel dos Estados e municípios e do Distrito

art. 1º § III da Constituição Federal. O Código Civil Brasileiro normatiza a *dignidade da pessoa humana* em onze artigos: 11 e 12, que tratam da natureza e da tutela dos direitos da personalidade; artigos 13 a 15, do direito à integridade psíquica e física; artigos 16 a 19, do direito ao nome e ao pseudônimo; artigo 20, do direito à imagem; e artigo 21, do direito à privacidade. Portanto, o nome decorre da lei expressa como garantia jurídica, estabelecida no Código Civil Brasileiro de 2002, em seu art. 16: "Toda pessoa tem direito ao nome, nele compreendendo o prenome e o sobrenome." Na acepção de Venosa (2010, p. 211):

> O nome é, portanto, uma forma de individualização do ser humano na sociedade, mesmo após a morte. Sua utilidade é tão notória que há a exigência para que sejam atribuídos nomes a firmas, navios, aeronaves, ruas, praças, acidentes geográficos, cidades, etc. O nome, afinal, é o substantivo que distingue as coisas que nos cercam, e o nome da pessoa a distingue das demais, juntamente com outros atributos da personalidade, dentro da sociedade. É pelo nome que a pessoa fica conhecida no seio da família e da comunidade em que vive. Trata-se da manifestação mais expressiva da personalidade.

Complementa o magistrado que *Destaca-se, ainda, que a Autora completou a maioridade civil após a vigência da referida lei* (linhas 24-25). A base legal admite *"Qualquer alteração posterior"* sem prescrever a respeito do momento da *maioridade civil,* sendo necessária a oitiva do Ministério Público após esse período de um ano, como foi feito pela Autora aos 40 anos. O último argumento apresentado pelo juiz para negar o pedido feito por Genelva para retificação do nome aparece no Fragmento 5 que se segue.

Federal, constitui-se em Estado Democrático de Direito e tem como fundamentos: I – a soberania; II – a cidadania; III – a dignidade da pessoa humana; IV – os valores sociais do trabalho e da livre iniciativa; V – o pluralismo político. Parágrafo único. Todo o poder emana do povo, que o exerce por meio de representantes eleitos ou diretamente, nos termos desta Constituição". Disponível em: <http://www.planalto.gov.br/ccivil_03/constituicao/constituicao.htm>

26. Os arts. 57 e 58 da Lei n. 6.015/1973, só permitem alteração do nome quando o

27. mesmo for vexatório e, no presente caso, o nome da Autora com certeza não a expõe ao ridículo, nem

28. mesmo ao vexatório, ou seja, no nome não há nada depreciativo ou tormentoso que justifique a alteração

29. pleiteada, acresça-se que a retificação de registro civil só é possível quando o nome for vexatório, ridículo

30. ou por motivo excepcional, na hipótese de constrangimento, tendo em vista o princípio da imutabilidade do

31. nome.

Fragmento 5

A modalização estabelece a função interpessoal da linguagem, sinalizando quanto ao grau de valoração expresso pelo enunciador, pois assinala alto grau de adesão afetiva ou aprovação intelectual ao conteúdo expresso. Essa enunciação expressiva reflete juízo de valor de quem enuncia, visto que o emissor deposita afetividade nos estados das coisas descritos.

Todo o argumento 4, do Fragmento 5, é marcado por modalizações do eixo da crença, epistêmicas ou axiológicas. Na linha 27, as expressões *no presente caso* (...) e *com certeza* (linha 27) realizam uma modalização axiológica do enunciado. À expressão *com certeza*, seguem-se as asserções: *não a expõe ao ridículo, nem mesmo ao vexatório*. Entretanto, não há evidências na superfície textual que justifiquem o uso de *com certeza* (linha 27), nem quanto ao afastamento da possibilidade de exposição da autora ao *ridículo* e/ou *vexatório*, mesmo porque não foram apresentadas *provas* (linha 20).

O operador argumentativo de reformulação *ou seja* (linha 28) se presta para retificar ou aprimorar o enunciado: *no nome não há nada depreciativo ou tormentoso que justifique a alteração pleiteada* (linhas 28-29). Trata-se de inferências avaliativas, como já dito, provindas dos conhecimentos de quem enuncia a partir de suas convicções, funcionando como "hipótese de relevância" sobre a consistência, a determinação, a redundância e outros aspectos ausentes na superfície textual. Como aferir o que é *depreciativo ou tormentoso* para outrem? Na perspectiva do princípio do devido processo legal e da dignidade da pessoa humana, relevante é aquilo que é atinente à parte e foi trazido ao exame do estado-juiz.

Nas linhas 29 a 31, para rebater a alteração pleiteada, complementa o magistrado: *acresça-se que a retificação de registro civil só é possível quando o nome for vexatório, ridículo ou por motivo excepcional, na hipótese de constrangimento, tendo em vista o princípio da imutabilidade do nome. O princípio da imutabilidade do nome* (linhas 30-31) resta relativizado na nova redação dada ao art. 58 da Lei de Registros Públicos pela Lei n. 9.708, de 1998, a seguir: "Art. 58. *O prenome será <u>definitivo,</u> admitindo-se, todavia, a sua substituição por apelidos públicos notórios*" (grifo nosso). Há duas tendências interpretativas: uma ancorada na teoria do Estado, e outra na dignidade da pessoa humana. Os adeptos da teoria do Estado veem o nome como um dever, não um direito, dando ênfase ao caráter público do nome: prevalece a ideia de que o nome é um sinal identificador necessário para que o Estado e a coletividade possam ter controle sobre as relações jurídicas firmadas por aquele indivíduo. Essa teoria, ainda que relevante, não explica as inúmeras situações em que se torna necessária a tutela do nome nos moldes do art. 5º, X, da Constituição:

> Art. 5º Todos são iguais perante a lei, sem distinção de qualquer natureza, garantindo-se aos brasileiros e aos estrangeiros residentes no País a inviolabilidade do direito à vida, à liberdade, à igualdade, à segurança e à propriedade, nos termos seguintes:
> (...)
> X — são invioláveis a intimidade, a vida privada, a honra e a imagem das pessoas, assegurado o direito a indenização pelo dano material ou moral decorrente de sua violação.

Assim, a mudança no léxico de *imutável* para *definitivo*, no art. 58 da Lei de Registros Públicos de 1973 e de 1998, respectivamente, não consiste numa simples troca de vocábulo; evoca, igualmente, uma mudança de atitude ante o processo judicial e suas relações com os cidadãos, de um modelo de processo judicial mais estatal para a constitucionalização do processo civil que evoca a dignidade da pessoa humana e "concede" aos indivíduos o direito ao nome. O Fragmento 6, que se analisa adiante, traz exemplos de outros julgados para legitimar a decisão atual.

---

32. Neste sentido, os julgados, ora transcritos: 2007.001.16577 — APELAÇÃO CÍVEL DES. JORGE LUIZ
33. HABIB — Julgamento: 07/08/2007 — DÉCIMA OITAVA CÂMARA CÍVEL APELAÇÃO CÍVEL. AÇÃO
34. DE RETIFICAÇÃO DE REGISTRO DE NASCIMENTO.
35. O fato do filho ter sido registrado pelo pai, com o nome escolhido unicamente por este, sem consultar os
36. demais membros da família, não dá azo à retificação, até mesmo, porque não há o que corrigir, tendo em
37. vista que o registro de nascimento atendeu à todos os requisitos legais. Nome que não é vexatório ou
38. ridículo. Princípios da segurança, eficácia e imutabilidade dos registros públicos. Desprovimento do
39. recurso.

Fragmento 6

Uma estratégia de argumentação, na construção textual, é fornecer exemplos concretos, ilustrando ou tornando o ponto central defendido pelo enunciador mais plausível. A história concreta a que remete o n. 2007.001.16577 (linha 32) consta de processo judicial que tem o mesmo assunto da lide em julgamento e que fora julgado de modo semelhante, ou seja, pelo indeferimento da mudança de nome. A *ilustração* com uma história concreta torna a argumentação mais convincente do que argumentos abstratos, tornando-a mais persuasiva. Como modo de operação da ideologia, o agrupamento de casos semelhantes produz uma *unificação*, pela *estandardização*, um referencial padrão é proposto como fundamento partilhado.

A *dissimulação* é um modo de operação da ideologia que nega ou obscurece relações entre as informações. No caso das linhas 35-36, ocorre um tipo específico de *dissimulação*, o *deslocamento* contextual de termos e expressões. No pedido feito ao estado-juiz, a Autora afirma *que o registro foi feito por seu pai em dia que estava alterado em virtude do exagero no consumo de bebida destilada* (linhas 6-8); ao rebater/responder no Fragmento 7, fica evidente o deslocamento do que fora dito, pois o magistrado argumenta que *O fato do filho ter sido registrado pelo pai, com o nome escolhido unicamente por este, sem consultar os demais membros da família, não dá azo à retificação* (linhas 35-36). Além do *deslocamento*, há a conhecida figura retórica do *eufemismo*, um ato semântico de suavização. A representação negativa feita do pai pela autora *em virtude do exagero no consumo de bebida destilada* foi minimizada, suavizada pelo magistrado, a, mais uma vez, inferir que a queixa era pelo fato de só ele ter escolhido e registrado o nome "Genelva". O fato de o registro civil ter sido feito por um pai embriagado não foi levado em consideração. Essa *inferência informacional* modifica significativamente o que foi dito pela parte Autora, no pedido de retificação de registro civil, para o que argumentou o magistrado.

O operador argumentativo de ênfase *até mesmo* (linha 36) ressalta a informação a que o enunciador atribui maior importância *porque não há o que corrigir, tendo em vista que o registro de nascimento atendeu à (sic) todos os requisitos legais* (linhas 36-37), introduzida pelo operador argumentativo *porque*. Para justificar sua decisão, o juiz evoca a legalidade formalista dos *requisitos legais*.

Em enunciação *declarativa*, introduz, em grau de necessidade, o enunciado *Nome que não é vexatório ou ridículo* (linhas 37-38), evocando mais princípios, *Princípios da segurança, eficácia e imutabilidade dos registros públicos* para declarar e sentenciar o *Des-*

provimento do recurso. (linhas 38-39). O próximo fragmento apresenta mais um exemplo de julgado que evoca o *princípio da imutabilidade do nome.*

---

40. 2007.001.24673 — APELAÇÃO CÍVEL DES.

41. FERDINALDO DO NASCIMENTO — Julgamento: 10/07/2007 — DÉCIMA NONA CÂMARA

42. CIVEL AÇÃO DE RETIFICAÇÃO DE REGISTRO. MUDANÇA DO PRENOME. PRINCÍPIO DA

43. IMUTABILIDADE. NÃO COMPROVAÇÃO DE SITUAÇÃO VEXATÓRIA

44. O entendimento jurisprudencial é de que só deve ser mitigado o princípio da imutabilidade em se tratando

45. de nome vexatório. Aplicabilidade do artigo 57 da Lei de Registros Públicos, que só permite a alteração

46. por motivo excepcional. No presente caso, não há constrangimento ou exposição ao ridículo que enseje a alteração

47. pleiteada. Manutenção da sentença. RECURSO CONHECIDO E DESPROVIDO.

Fragmento 7

Na construção da argumentação, mais um exemplo de caso semelhante é apresentado. O agrupamento de julgados produz a *unificação* do entendimento pelos magistrados em relação à lei, pela *estandartização* vai sendo construído o referencial padrão. As linhas 44-46 coroam a argumentação de que o *princípio da imutabilidade* não pode ser mitigado.

A remissão ao *entendimento jurisprudencial* (linha 44) constrói a simbolização da unidade, uma identificação coletiva dos juízes, estratégia típica da *unificação*. As sentenças configuram-se fundamentos racionais, que fazem apelo à legalidade das regras, um modo de operação da ideologia por *legitimação*.

LINGUAGEM & DIREITO

Nas linhas 44-48, é evocado *o princípio da imutabilidade* (linha 44), que, como visto na análise do Fragmento 5, pode ser relativizado pela mudança da redação do art. 58 da Lei de Registros Públicos e da constitucionalização do processo civil.

---

48. ANTE O EXPOSTO, acolhendo na íntegra a promoção de fls. 38/39, JULGO IMPROCEDENTE o pedido, extinguindo

49. o processo, com resolução do mérito, nos termos do art. 269, I, do CPC.

50. P.R.I. Sem Custas. Transitada em julgado, arquive-se. Arquive-se.

Fragmento 8

O Fragmento 8 finaliza a sentença com uso da impessoalização *"Transitada em julgado, arquive-se. Arquive-se"* (linha 50). Assim o juiz, através de enunciação *declarativo-representativa,* põe fim ao processo judicial do pedido de retificação de registro civil formulado ao Estado por *GENELVA MARIA DA SILVA.*

Como dito na Introdução deste capítulo, o *devido processo legal* institui que relevante é aquilo que foi trazido pelas partes à análise do magistrado, devendo o julgador rejeitar ou acolher cada um desses pontos de vista, mediante *fundamentos motivados* no ordenamento jurídico. A conclusão de que *não há constrangimento ou exposição ao ridículo que enseje a alteração pleiteada* (linha 47) e consequente *Manutenção da sentença* (linha 48) não decorre de *fundamentos motivados* no ordenamento jurídico, mas em *inferências avaliativas* provindas dos conhecimentos gerais do magistrado ou outros aspectos ausentes na superfície textual desta decisão judicial prolatada e julgada.

O art. 269 do Código de Processo Civil prevê que "Haverá resolução de mérito: I — quando o juiz acolher ou rejeitar o pedido do autor". O pedido foi julgado *improcedente.*

4. Discussão e conclusões

Neste artigo, buscou-se identificar, através da ACDJ, na superfície textual da Decisão Judicial n. 0013781-87.2011.8.19.0038, marcas das estratégias argumentativas que evidenciem os modos de operação da ideologia. A análise evidencia que inexiste a almejada *objetividade* na prolatação da decisão que, ao contrário, prevalece a *subjetividade* natural às linguagens ordinárias humanas. Muito provavelmente, o mesmo diploma legal onde o magistrado ancorou sua argumentação/ fundamentação foi o ponto de partida para o pedido de retificação de registro civil feito pelo(a/s) o(a/s) advogado(a/s) da autora.[14] Genelva Maria da Silva considera que o fato de o nome vir *causando mal- -estar na convivência diária, que vem sofrendo constrangimento,* e ainda *acrescentando que o registro foi feito por seu pai em dia que estava alterado em virtude do exagero no consumo de bebida destilada* (linhas 5-8) são o suficiente para seu pedido se enquadrar numa *exceção* e estar *motivadamente* albergado no art. 57 da Lei de Registros Públicos.

A *porosidade dos conceitos* ou *textura aberta da linguagem,* incorporada por Hart (2000) a partir de Waissnann (1978),[15] não se confina aos denominados *conceitos indeterminados* admitidos nas

---

14. Art. 56. O interessado, no primeiro ano após ter atingido a maioridade civil, poderá, pessoalmente ou por procurador bastante, alterar o nome, desde que não prejudique os apelidos de família, averbando-se a alteração que será publicada pela imprensa (renumerado do art. 57, pela Lei n. 6.216, de 1975) (Brasil, Lei n. 6.015).

Art. 57. A alteração posterior de nome, somente por *exceção* e *motivadamente,* após audiência do Ministério Público, será permitida por sentença do juiz a que estiver sujeito o registro, arquivando-se o mandado e publicando-se a alteração pela imprensa, ressalvada a hipótese do art. 110 desta Lei (redação dada pela Lei n. 12.100, de 2009).

15. Waissnann (1978) recebeu influência dos encontros filosóficos com Wittgenstein. Ambos partiam do pressuposto de que o significado de uma afirmação é o seu método de verificação. A ideia de *textura aberta* surge do conceito de *hipótese* elaborado por Wittgenstein (1994, 1996), durante a fase intermediária entre os livros *Tratactus* (1994[1921]) e *Investigações* (1996 [1953]). Para Wittgenstein, uma *hipótese* admite múltiplas verificações independentes, mas não é possível obter uma combinação conclusiva. No máximo, pode-se admitir que uma delas é provável em decorrência das evidências usadas para confirmá-las.

discussões dos doutrinadores jurídicos — a polissemia é um fenômeno muito mais amplo. Além disso, os *significados* só existem na língua inerte, em estado de dicionário; os *sentidos* são construídos nas situações autênticas, nos contextos de uso. Nossa proposta para a *hermenêutica endoprocessual* consiste nesse olhar crítico[16] sobre a linguagem em uso na tramitação do processo. A *constitucionalização do processo* pela inserção de princípios requer um enfrentamento *corpo a corpo* da linguagem, pois a interpretação requer esse trabalho de colocar as cenas em câmera lenta, como tentamos na análise para buscar (re)construir os sentidos prováveis para os termos "*exceção*" e "*motivadamente*", por exemplo.

Na revisão da literatura, vimos que Harvey (1996) enumera cinco elementos: semiose, relações sociais, poder, instituições, crenças e valores, como necessários para entender o *processo social* e suas mudanças na produção dos espaços sociais e políticos. Propomos para a *hermenêutica endoprocessual* um aprofundamento dessas ideias para compreender a semiose do *processo social* de tramitação do processo judicial. O termo jurisdição remete a "dizer o Direito", e esse dizer se dá pelo uso da linguagem em relações interpessoais dialeticamente articuladas.

A dita *objetividade* pode estar enviesada pelo ponto de vista que deixa suas pistas na superfície textual pelo uso de palavras que insinuam os modos de operação da ideologia. Não existe discurso inocente ou, como afirma Bakhtin (1997), não existe uma fala adâmica, todo dizer está comprometido com a inevitável materialidade do mundo, nossos espaços e tempos sociais.

Os dois principais argumentos do magistrado para considerar o pedido feito ao Estado como improcedente são: a idade da autora na época do Pedido de Retificação de Registro Civil e o "princípio da imutabilidade do nome", que aparece nos Fragmentos 5, 7, 8 e 9. A partir da data de nascimento de Genelva Maria da Silva, Autora do processo, e do cálculo de sua idade (40 anos), o juiz faz ilações acer-

---

16. Na perspectiva da agenda da Análise Crítica do Discurso (ACD).

ca do fato de seu nome já estar consolidado no ambiente social e familiar, sobre assentamentos e eventuais descendentes.

No caso Genelva, resta saliente a tendência do magistrado em negar o *pedido de retificação de registro civil* com base no *princípio da imutabilidade* inferido do diploma legal. Dessa maneira, sua atitude, ante a textura aberta da linguagem, aproxima-se da concepção de linguagem dos positivistas tradicionais para os quais "o juiz é a 'boca da lei', seu papel é 'aplicar', 'dizer' ou 'declarar' o direito e jamais interpretar o direito" (Struchiner, 2002, p. 142). Por outro lado, o juiz passa a ser o legislador para o caso concreto, na medida em em que usa a argumentatividade para construir as condições de verdade, e a gradação em escalas argumentativas para aquilo que deseja persuadir os outros operadores do Direito. As ocorrências de *inferências avaliativas* nos Fragmentos 2, 5 e 10 salientam a inclusão de informações, a partir do ponto de vista do juiz-enunciador em decorrência do cálculo da idade da Autora. No Fragmento 2, as quatro afirmações produzidas pelo magistrado não constam dos autos do processo, são inserções por decisão interpretativa do juiz de algo que não existia nos autos. Essa constatação, a que só a análise linguística tem acesso, pode contribuir para as discussões no âmbito das Teorias do Processo, neste diálogo que propomos. No Fragmento 5 (linhas 28-29) a valoração provinda do conhecimento do juiz-enunciador a partir de suas convicções, funcionando como "hipótese de relevância" sobre a exposição ao ridículo e o vexatório, aspectos ausentes na superfície textual, vai de encontro à perspectiva do princípio do *devido processo legal* e da *dignidade da pessoa humana*, para os quais "relevante" é aquilo que é atinente à parte e foi trazido ao exame do estado-juiz (Fragmento 1, linhas 5-8). Nas linhas 47-48, há uso de duas *inferências avaliativas* em relação ao constrangimento ou exposição ao ridículo.

Observam-se, pelo menos, trinta exemplos concretos de uso de *operadores argumentativos* ao longo da análise, mobilizados para realizar a *racionalização,* ou seja, construir uma cadeia de raciocínio para justificar o conjunto de relações estabelecidas a partir do ponto de vista do juiz-enunciador. Se as Teorias do Processo pregam/doutrinam *objetividade* na prolatação de decisões judiciais, no caso Genelva, coletado no site oficial, ao contrário, prevalece a *subjetividade* natural às linguagens humanas ordinárias.

Referências

ALVES, V. C. S. F. *A decisão interpretativa da fala em depoimento judiciais.* Dissertação (Mestrado em Linguística) — Programa de Pós-Graduação em Letras e Linguística, Ed. da UFPE, Recife, 1992.

ASCOMBRE, J.; DUCROT, O. L'Argumentation dans la langue. *Languages*, Paris, Didier-Larousse, n. 42, 1976.

BAKHTIN, M. *Estética da criação verbal.* 2. ed. São Paulo: Martins Fontes, 1997.

BRASIL. Constituição (1988). *Constituição da República Federativa do Brasil.* Brasília: Senado, 1988. Disponível em: <http://www.planalto.gov.br/ccivil_03/constituicao/constituicao.htm>. Acesso em: 10 jun. 2014.

_____. Lei n. 6.015, de 31 de dezembro de 1973. Regulamenta os serviços concernentes aos Registros Públicos. Disponível em: <http://www.planalto.gov.br/ccivil_03/leis/l6015.htm>. Acesso em: 13 jun. 2014.

CALMON DE PASSOS, J. J. A instrumentalidade do processo e devido processo legal. *Revista de Processo*, São Paulo, n. 102, p. 55-67, abr./jun. 2001.

CHOULIARAKI, L. Media discourse and the public sphere. *DELTA*, São Paulo, EDUC, número especial 21, p. 45-72, 2005.

COLARES, V. Aquilo que não consta nos autos, existe no mundo? *Jus et Fides*, Recife, n. 1, p. 303-364, 2001.

_____. Análise crítica do discurso jurídico: os modos de operação da ideologia. *Filosofia do Direito*. Florianópolis: FUNJAB, 2013a. v. 1, p. 288-307.

_____. Anistia constitucional: a escolha da base jurídica como estratégia para dizer não. In: _____. *A ordem jurídica justa*: um diálogo euroamericano. Florianópolis: Conpedi, 2011a. v. 20, p. 11126-11141.

COLARES, V. Análise crítica do discurso jurídico: o caso da vasectomia. In: TFOUNI, L. V.; INDURSKY, F.; INDURSKY, F.; MONTE-SERRATN, D. M. (Orgs.). *A análise do discurso e suas interfaces*.São Carlos: Pedro & João Editores, 2011b. p. 97-124.

_____. Language and law: ways to bridge the gap(s) In: SOUSA-SILVA R.; FARIA, R.; GAVALDA, N.; MAIA, B. (Orgs.). In: EUROPEAN CONFE-RENCE OF THE IAFL: BRIDGING THE GAPS BETWEEN LANGUAGE AND THE LAW, 3., *Proceedings*..., Porto, Universidade do Porto, v. 1, p. 178-203, 2013b.

_____; CALADO, V. Extradição de Cesare Battisti: um estudo da informatividade jurídica da mídia num editorial pernambucano. In: TEIXEIRA, J. P. A.; ANDRADE, L. D. (Orgs.). *Jurisdição, processo e direitos humanos*. Recife: APPODI, 2014. p. 10-17.

DESTUTT DE TRACY. *Élements d'idéologie*: l'idéologie proprement dite. Paris: Vrin, 2012. v. 1.

DUCROT, O. *Princípios de semântica linguística*: dizer e não dizer. São Paulo: Cultrix, 1977.

_____. *O dizer e o dito*. Campinas: Pontes, 1987.

FAIRCLOUGH, N. *Analysing discourse*: textual analysis for social research. London/New York: Routledge, 2003.

_____. *Critical discourse analysis*. London: Longman, 1995.

_____. *Discourse and social change*. Cambridge: Polity Press, 1992.

FOWLER, R.; HODGE, B.; KRESS, G.; TREW, T. *Language and control*. London: Boston & Henley/Routledge & Kegan Paul, 1979.

HART, H. L. A. Una mirada inglesa a la teoría del derecho norteamericana: la pesadilla y el nobre sueño. In: CASANOVA, P.; MORENO, J. J. (Orgs.). *El ámbito de lo jurídico*. Barcelona: Critica, 2000.

HARVEY, D. *Justice, nature and the geography of difference*. Oxford: Blackwell, 1996.

PARRET, H. *Enunciação e pragmática*. Campinas: Pontes, 2002.

PINTO, M. J. *As marcas linguísticas de enunciação*: esboço de uma gramática enunciativa do português. Rio de Janeiro: Numen Editora, 1994.

RIO DE JANEIRO. Tribunal de Justiça do Rio de Janeiro. Sentença n. 0013781-87.2011.8.19.0038, da comarca de Nova Iguaçu, Cartório 3ª Vara de Família, decidida em 14/6/2012 e arquivada em definitivo em 14/8/2012, no Maço n. 2.267. Disponível em: <http://www4.tjrj.jus.br>. Acesso em: 10 maio 2014.

STRUCHINER, N. *Direito e linguagem*: uma análise da textura aberta da linguagem e sua aplicação ao Direito. Rio de Janeiro/São Paulo: Renovar, 2002.

THOMPSON, J. B. *Ideologia e cultura moderna*. Petrópolis: Vozes, 1995.

VAN LEEUWEN, T. A representação dos actores sociais. In: PEDRO, Emília Ribeiro. *Análise crítica do discurso*. Lisboa: Caminho, 1997. p. 169-222.

VENOSA, S. de S. *Direito civil*: Parte Geral. 10. ed. São Paulo: Atlas, 2010.

WAISSNANN. F. Veririability. In: FLEW, A. G. N. (Org.). *Logic and language*. Oxford: Basil Blackwell, 1978. p. 117-144.

WAMBIER, L. R. *Curso avançado de processo civil*. 6. ed. São Paulo: Revista dos Tribunais, 2003. v. 1.

WARREN, W. H.; NICHOLAS, D.; TRABASSO, T. Event chains and inferences in understanding narratives. In: FREEDLE, R. O. (Org.). *New direction in discourse processing*. New Jersey: Ablex, 1979.

WITTGENSTEIN, L. *Investigações filosóficas*. São Paulo: Nova Cultural, 1996 [1953].

_____. *Tractatus lógico-filosófico*. São Paulo: Universidade de São Paulo, 1994 [1921].

ZAFFARONI, E. R. *O inimigo no Direito Penal*. 3. ed. Rio de Janeiro: Revan, 2011.

ANEXO A

Convenções de Transcrição

Os símbolos usados foram desenvolvidos por Jefferson e encontram-se em Sacks, Schegloff e Jefferson (2003 [1974]).

[colchetes]	fala sobreposta
(0.5)	pausa em décimos de segundo
(.)	micropausa de menos de dois décimos de segundo
=	contiguidade entre a fala de um mesmo falante ou de dois falantes distintos
.	descida de entonação
?	subida de entonação
,	entonação contínua
?,	subida de entonação mais forte que a vírgula e menos forte que o ponto de interrogação
:	alongamento de som
—	autointerrupção
_sublinhado	acento ou ênfase de volume
MAIÚSCULA	ênfase acentuada
º	fala mais baixa imediatamente após o sinal
º **palavras**º	trecho falado mais baixo
Palavra:	descida entoacional inflexionada
Palavra:	subida entoacional inflexionada
↑	subida acentuada na entonação, mais forte que os dois pontos sublinhados

↓	descida acentuada na entonação, mais forte que os dois pontos precedidos de sublinhado
>palavras<	fala comprimida ou acelerada
<palavras>	desaceleração da fala
<palavras	início acelerado
hhh	aspirações audíveis
(h)	aspirações durante a fala
hhh	inspiração audível
(( ))	comentários do analista
(palavras)	transcrição duvidosa
( )	transcrição impossível
th	estalar de língua

SOBRE OS AUTORES

ANA CRISTINA OSTERMANN (aco@unisinos.br) é Ph.D. em Linguística pela University of Michigan, EUA (2000). Realizou estágio de pós-doutorado na University of California, Los Angeles, EUA (2008-2009), em projeto de interface entre Antropologia, Sociologia e Linguística Aplicada. É professora titular no Programa de Pós-Graduação em Linguística Aplicada da Universidade do Vale do Rio dos Sinos (Unisinos) e bolsista de Produtividade em Pesquisa do CNPq. Em 2014, recebeu o Prêmio Pesquisadora Gaúcha Destaque da FAPERGS. Lattes: <http://lattes.cnpq.br/8555609827722273>

ARTUR STAMFORD DA SILVA (artur.silva@ufpe.br) é professor associado da UFPE, Faculdade de Direito do Recife. Doutor em Direito (UFPE, 2002). Pós-doutor em Teoria dos Sistemas (Universidad Adolfo Ibàñez-Chile, 2015). Pesquisador em Sociologia do Direito, com ênfase em decisão jurídica e movimentos sociais, sob a ótica da Teoria dos Sistemas. Docente de pós-graduação: PPGD (Direito); PPGDH (Direitos Humanos); PPGIT (Inovação Terapêutica). Presidente da Associação Brasileira de Pesquisadores em Sociologia do Direito (ABraSD). Pesquisador do Moinho Jurídico.

CRISTIANE FUZER (cristianefuzer@gmail.com) é doutora em Letras pela Universidade Federal de Santa Maria (UFSM), pós-doutorado em Linguística Aplicada na Pontifícia Universidade Católica de São Paulo (PUC-SP) e professora da Universidade Federal de Santa Maria (UFSM). Atua na linha de pesquisa Linguagem no Contexto Social e no projeto Systemics across Languages (SAL). É membro da Associação de Linguística Sistêmico-Funcional da América Latina (ALSFAL) e do GRPesq Linguagem como Prática Social. É coordenadora do projeto de ensino e extensão Ateliê de Textos. Lattes: <http://lattes.cnpq.br/5169963931397212>

Daniela Negraes Pinheiro Andrade (daniela.negraes@yahoo.com.br) é doutoranda pelo Programa de Pós-Graduação em Linguística Aplicada da Universidade do Vale do Rio dos Sinos (Unisinos) como bolsista Capes/Fapergs. Realizou programa de estágio de doutorado sanduíche na University of California, Los Angeles (UCLA). No mestrado, pesquisou interações em contexto de audiências de instrução e julgamento. Atualmente, pesquisa interações médico-paciente em contexto de programa educacional para cuidados de saúde voltado para pacientes cardiopatas.

Débora de Carvalho Figueiredo (deborafigueiredo@terra.com.br) possui graduação em Direito e mestrado e doutorado em Letras/Inglês pela Universidade Federal de Santa Catarina. Tem artigos publicados em periódicos e em livros nacionais e internacionais. Atualmente é professora-adjunta da Universidade Federal de Santa Catarina. Tem experiência na área de Linguística Aplicada e Ensino de LE, atuando principalmente na área de Análise Crítica do Discurso. Seus interesses de pesquisa se voltam para questões de gênero, poder e identidade nos discursos profissionais, midiático e jurídico.

Débora Marques (debora.marquesjf@gmail.com) é doutora em Estudos da Linguagem (2010) pela Pontifícia Universidade Católica do Rio de Janeiro. É mestre em Linguística (2009) pela Universidade Federal de Juiz de Fora; professora de Língua Portuguesa (2006) e Língua Espanhola (2007) pela Universidade Federal de Juiz de Fora.

GUSTAVO FERREIRA SANTOS (gustavosantos@uol.com.br) Professor da Universidade Federal de Pernambuco e da Universidade Católica de Pernambuco. É coordenador adjunto da Área de Direito para Mestrado Profissional, na Coordenação de Aperfeiçoamento de Pessoal de Nível Superior — Capes. Bolsista de Produtividade em Pesquisa do CNPq, investiga os direitos fundamentais relacionados à comunicação social: liberdade de expressão, liberdade de imprensa e direito à comunicação. Coordena o Programa de Pós-Graduação em Direito da Universidade Católica de Pernambuco.

HENRIQUE CARVALHO CARNEIRO (hccarneiro@hotmail.com) é doutor em Sociologia e Teoria do Direito pela Universität-Bielefeld, mestre em Direito pela UFPE e membro da Seção para Sociologia do Direito da Sociedade Alemã de Sociologia (DGS).

IGOR ARAGÃO BRILHANTE (iab.igor@hotmail.com) é mestre em Direito pela Universidade Católica de Pernambuco (2012), com dissertação sobre a Advocacia Pública, aprovada com distinção. Procurador da Fazenda Nacional desde 2006, com passagens pelo Rio Grande do Sul, Distrito Federal e Pernambuco e atual lotação na Procuradoria Seccional de Criciúma/SC. Autor do *Antimanual do advogado público*.

LEONOR SCLIAR-CABRAL (leonorsc20@gmail.com) é professora *emeritus*, titular aposentada pela UFSC e pós-doutorada pela Universidade de Montreal, Canadá. Pesquisadora do CNPq desde a década de 1970, coordena o Grupo de Pesquisa Produtividade Linguística Emergente, alimentando o banco mundial de dados CHILDES e os Projetos Ler & Ser: Combatendo o Analfabetismo Funcional e Cátedra Unesco Meceal na UFSC. Presidiu a Abralin no biênio 1997-1999.

LILIANA CABRAL BASTOS (lilianacbastos@gmail.com) possui mestrado e doutorado em Letras pela Pontifícia Universidade Católica do Rio de Janeiro, com bolsa sanduíche na Universidade de Georgetown, Washington, D.C., e pós-doutorado na Universidade de Harvard, MA.

É professora associada da PUC-Rio e pesquisadora do CNPq. Atua na Área de Linguística Aplicada, com pesquisa em análise da narrativa e da interação. No presente, seus tópicos de interesse são identidade, exclusão e violência em diversos contextos da vida contemporânea. Lattes: <http://lattes.cnpq.br/2129326437841299>

LÚCIA GONÇALVES DE FREITAS (luciadefreitas@hotmail.com) é doutora em Linguística pela Universidade de Brasília (UnB). Realizou estágio de doutorado no exterior (PDEE-Capes), no Center for Advanced Research in English, na Universidade de Birmingham, Inglaterra. É professora do Mestrado Interdisciplinar Educação, Linguagem e Tecnologia da Universidade Estadual de Goiás (UEG). Seu interesse de pesquisa é a relação linguagem, gênero e Direito. Lattes: <http://lattes.cnpq.br/6936306486720882>

MARCELLE VIRGÍNIA DE ARAÚJO PENHA (marcelle.araujopenha@gmail.com) é graduada em Direito pela Universidade Federal de Pernambuco (2014) e integrante do grupo de pesquisa Moinho Jurídico — Mostruário de Observação Social do Direito. Bolsista de iniciação científica pelo CNPq por dois anos consecutivos (2010 e 2011) e bolsista Fundação de Amparo à Ciência e Tecnologia do Estado de Pernambuco (Facepe) (2012). Experiência em pesquisa na área de Sociologia do Direito, com ênfase em Teoria dos Sistemas (Niklas Luhmann), direitos fundamentais e direito à saúde.

NETÍLIA SILVA DOS ANJOS SEIXAS (netiliaseixas@gmail.com) é mestre e doutora em Linguística pela Universidade Federal de Pernambuco (UFPE), especialista em Teoria e Metodologia da Comunicação e graduada em Comunicação Social, habilitação Jornalismo, pela Universidade Federal do Pará (UFPA), onde atua como professora na Faculdade de Comunicação e no Programa de Pós-Graduação Comunicação, Cultura e Amazônia. Líder do Grupo de Pesquisa História da Mídia na Amazônia (CNPq). Tem experiência na área de Comunicação e de Discurso, com interesse também pela história e memória da mídia no Pará e na Amazônia, sob vários aspectos, inclusive o da linguagem, enunciação e discurso. Lattes: <http://lattes.cnpq. br/2301685130625189>

PAULO CORTES GAGO (pcgago@letras.ufrj.br) é professor-associado da Universidade Federal do Rio de Janeiro (UFRJ), do Departamento de Letras Anglo-Germânicas, e pesquisador do Programa Interdisciplinar de Pós-Graduação em Linguística Aplicada, desenvolvendo pesquisa na Área de Linguagem e Interação, com foco em práticas profissionais em contextos institucionais, como o jurídico, médico, jornalístico. Atua como bolsista Produtividade de Pesquisa do CNPq e parecerista em periódicos. Lattes: <http://lates.cnpq.br/2985163605469859>

RICHARD MALCOLM COULTHARD (r.m.coulthard@bham.ac.uk) é professor emérito de Linguística Forense da Universidade de Aston e professor permanente da Universidade Federal de Santa Catarina, Brasil. Suas principais publicações são: *An introduction to Forensic Linguistics* e *A handbook of Forensic Linguistics*. É coeditor da revista *Language and Law/Linguagem e Direito*, membro fundador da International Association of Forensic Linguists e presidente de honra da Associação de Linguagem e Direito. Lattes: <http://buscatextual. cnpq.br/buscatextual/visualizacv.do?id=K4377556T5>

RUI SOUSA-SILVA (r.sousa-silva@forensis.pt) é professor auxiliar e pós-doutorando em Linguística Forense e Cibercrime do Centro de Linguística, Universidade do Porto. Doutor em Linguística Aplicada pela Aston University (UK), propôs na sua tese *Detecting plagiarism in the Forensic Linguistics turn* um método de deteção de plágio translingue. É autor e coautor de vários artigos sobre análise de autoria (computacional) e coeditor, com Malcolm Coulthard, da revista internacional bilingue *Language and Law/Linguagem e Direito*.

VINICIUS DE NEGREIROS CALADO (vinicius@caladoesouza.com.br) é mestre (2012) e bacharel em Direito (2000) pela Universidade Católica de Pernambuco — Unicap, com especialização em Direito Tributário pela Universidade Federal de Pernambuco (UFPE) (2002). Professor da Unicap. Sócio fundador e atual 1º Secretário da Associação de Linguagem & Direito (Alidi). Advogado e presidente da Comissão de Direito e Saúde da OAB/PE (2016). Membro do Grupo de Pesquisa Linguagem e Direito (CNPq). Lattes: <http://lattes.cnpq.br/2328562382853560>

VIRGÍNIA COLARES (virginia.colares@gmail.com) é professora do Centro de Ciências Jurídicas e do PPGD da Universidade Católica de Pernambuco (Unicap). É líder do Grupo de Pesquisa Linguagem e Direito (CNPq), desenvolvendo investigações na Área da Análise Crítica do Discurso Jurídico e Hermenêutica Endoprocessual. Atualmente é presidente da Associação de Linguagem & Direito (Alidi). Lattes: <http://lattes.cnpq.br/7462069887119361>

VIVIANE M. HEBERLE (heberle@cce.ufsc.br) é professora titular do Departamento de Língua e Literatura Estrangeiras da Universidade Federal de Santa Catarina e bolsista de Produtividade em Pesquisa do CNPq. Atua no Curso de Graduação em Letras/Inglês e nos Programas de Pós-Graduação em Inglês e em Estudos da Tradução da UFSC. Seus interesses de pesquisa concentram-se em Linguística Aplicada, Análise Crítica do Discurso, Multimodalidade e Linguística Sistêmico-Funcional. Lattes: <http://lattes.cnpq.br/5454393901838165>